"十三五"国家重点图书出版规划项目

国家出版基金项目
NATIONAL PUBLICATION FOUNDATION

《中国经济地理》丛书

孙久文　总主编

湖南经济地理

周国华　唐承丽　贺艳华　彭　鹏　等◎著

HUNAN

经济管理出版社
ECONOMY & MANAGEMENT PUBLISHING HOUSE

图书在版编目（CIP）数据

湖南经济地理/周国华等著.--北京：经济管理出版社，2024.10
ISBN 978-7-5096-9328-5

Ⅰ.①湖…　Ⅱ.①周…　Ⅲ.①区域经济地理—湖南　Ⅳ.①F129.964

中国国家版本馆 CIP 数据核字（2023）第 187802 号

审图号：湘 S（2024）105 号

组稿编辑：申桂萍
责任编辑：谢　妙
责任印制：黄章平
责任校对：王淑卿

出版发行：经济管理出版社
　　　　　（北京市海淀区北蜂窝 8 号中雅大厦 A 座 11 层　100038）
网　　址：www.E-mp.com.cn
电　　话：（010）51915602
印　　刷：唐山昊达印刷有限公司
经　　销：新华书店
开　　本：720mm×1000mm/16
印　　张：20.25
字　　数：397 千字
版　　次：2024 年 10 月第 1 版　　2024 年 10 月第 1 次印刷
书　　号：ISBN 978-7-5096-9328-5
定　　价：98.00 元

《中国经济地理》丛书

总　序

今天，我们正处在一个继往开来的伟大时代。受现代科技飞速发展的影响，人们的时空观念已经发生了巨大的变化：从深邃的远古到缥缈的未来，从极地的冰寒到赤道的骄阳，从地心游记到外太空的探索，人类正疾步从必然王国向自由王国迈进。

世界在变，人类在变，但我们脚下的土地没有变，土地是留在心里不变的根。我们是这块土地的子孙，我们祖祖辈辈生活在这里。我们的国土面积有960万平方千米之大，有种类繁多的地貌类型，地上和地下蕴藏了丰富多样的自然资源，14亿中国人民有五千年延绵不绝的文明历史，经过近40年的改革开放，中国经济实现了腾飞，中国社会发展日新月异。

早在抗日战争时期，毛泽东主席就明确指出："中国革命斗争的胜利，要靠中国同志了解中国的国情。"又说："认清中国的国情，乃是认清一切革命问题的基本根据。"习近平总书记在给地理测绘队员的信中指出："测绘队员不畏困苦、不怕牺牲，用汗水乃至生命默默丈量着祖国的壮美山河，为祖国发展、人民幸福作出了突出贡献。"李克强同志更具体地提出："地理国情是重要的基本国情，要围绕服务国计民生，推出更好的地理信息产品和服务。"

我们认识中国基本国情，离不开认识中国的经济地理。中国经济地理的基本条件，为国家发展开辟了广阔的前景，是经济腾飞的本底要素。当前，中国经济地理大势的变化呈现出区别于以往的新特点。第一，中国东部地区面向太平洋和西部地区深入欧亚大陆内陆深处的陆海分布的自然地理空间格局，迎合东亚区域发展和国际产业大尺度空间转移的趋势，使我们面向沿海、融入国际的改革开放战略得以顺利实施。第二，我国各区域自然资源丰裕程度和区域经济发达程度的相向分布，使经济地理主要标识的区内同一性和区际差异性异常突出，为发挥区域优势、实施开发战略、促进协调发展奠定了客观基础。第三，以经济地理格局为依据调整生产力布局，以改革开放促进区域经济发展，以经济发达程度和市场发育程度为导向制定区域经济政策和区域规划，使区域经济发展战略上升为国家重大战略。

因此，中国经济地理在我国人民的生产和生活中具有坚实的存在感，日益发挥出重要的基石性作用。正因为这样，编撰一套真实反映当前中国经济地理现实情况的丛书，就比以往任何时候都更加迫切。

在西方，自亚历山大·洪堡和李特尔之后，编撰经济地理书籍的努力就一直没有停止过。在中国，《淮南子》可能是最早的经济地理书籍。近代以来，西方思潮激荡下的地理学，成为中国人"睁开眼睛看世界"所看到的最初的东西。然而学者对中国经济地理的研究却鲜有鸿篇巨制。中华人民共和国成立特别是改革开放之后，有关中国经济地理的书籍进入大爆发时期，各种力作如雨后春笋。1982 年，在中国现代经济地理学的奠基人孙敬之教授和著名区域经济学家刘再兴教授的带领和推动下，全国经济地理研究会启动编撰《中国经济地理》丛书。然而，人事有代谢，往来成古今。自两位教授谢世之后，编撰工作也就停了下来。

《中国经济地理》丛书再次启动编撰工作是在 2013 年。全国经济地理研究会经过常务理事会的讨论，决定成立《中国经济地理》丛书编委会，重新开始编撰新时期的《中国经济地理》丛书。在全体同仁的努力和经济管理出版社的大力协助下，一套全新的《中国经济地理》丛书计划在 2018 年全部完成。

《中国经济地理》丛书是一套大型系列丛书。该丛书共计 40 册：概论 1 册，思想史 1 册，"四大板块"共 4 册，34 个省（自治区、直辖市）及特别行政区共 34 册。我们编撰这套丛书的目的，是为读者全面呈现中国分省区的经济地理和产业布局的状况。当前，中国经济发展伴随着人口资源环境的一系列重大问题，复杂而严峻。资源开发问题、国土整治问题、城镇化问题、产业转移问题等，无一不是与中国经济地理密切相连的；京津冀协同发展、长江经济带战略和"一带一路"倡议，都是以中国经济地理为基础依据而展开的。我们相信，《中国经济地理》丛书可以为一般读者了解中国各地区的情况提供手札，为从事经济工作和规划工作的读者提供参考资料。

我们深感丛书的编撰难度巨大，任重道远。正如宋朝张载所言"为往圣继绝学，为万世开太平"，我想这代表了全体编撰者的心声。

我们组织编撰这套丛书，提出一句口号：让读者认识中国，了解中国，从中国经济地理开始。

让我们共同努力奋斗。

孙久文

全国经济地理研究会会长

中国人民大学教授

2016 年 12 月 1 日于北京

序　言

　　湖南是华夏文明的重要发祥地和中华民族农耕文化的发源地之一，因大部分区域位于洞庭湖以南而得名，又因境内最大河流湘江贯穿南北，故简称"湘"。湖南省位于我国中部、长江中游南岸，东以幕阜山、武功山、罗霄山等山系为屏，与江西相隔；南枕南岭，与广东、广西毗邻；西倚云贵高原，与贵州、重庆交界；北以滨湖平原与湖北接壤。全省土地总面积21.18万平方千米，截至2019年末，共辖14个地市州、122个县（市、区），常住人口6918.4万人，在全国31个省区市（不包含港澳台地区）中居第7位。湖南是一个农业大省，是我国重要粮食生产基地，优越的自然条件为农、林、牧、渔综合发展提供了有利条件，农业经济长期占据重要地位。湖南还有"有色金属之乡"和"非金属矿之乡"的美誉，境内矿产资源丰富，为有色冶金工业、建筑材料工业和江南褐色能源发展提供了强有力的资源保障。

　　中华人民共和国成立70余年以来，湖南历经了经济恢复与探索时期（1949~1977年）、经济结构调整时期（1978~2000年）、经济快速发展时期（2001~2012年）、经济发展转型时期（2013年至今）四个阶段，经济社会发展在探索中不断前进。全省经济规模不断扩大，发展质量和效益有所提升，地区生产总值由1978年的146.99亿元上升到2019年的39894.10亿元，居全国第9位，增长了43.52倍（按1978年可比价），其高新技术产业增加值逐步提升，2019年占地区生产总值的23.80%；产业结构、需求结构深刻变革，转型升级成效明显，三次产业结构从1978年的40.7∶40.7∶18.6发展到2020年的10.2∶38.1∶51.7，农产品加工业产值突破万亿元，新型工业化加快推进，装备制造、农产品加工、新材料成为万亿产业，千亿工业产业达到14个。此外，全省投资贡献率逐步降低，消费拉动作用不断增强，消费支出对经济增长的贡献率达到56.60%。湖南积极融入中部地区崛起战略和长江经济带发展战略，对接"一带一路"，全方位、多层次、宽领域的开放型经济发展格局正在逐步形成。长株潭城市群地区、大湘西地区、洞庭湖生态经济区、湘南地区陆续纳入国家战略，协调发展总体态势向好，相对经济差距逐步缩小，经济联系强度显著增加，经济发展格局不断优化；人民生活水平显著改善，获得感、幸福感、安全感不断提升。2019年城镇居民与农村居民人均可支配收入分别为39841.90元、15394.80元，分别是1978年的14.14倍和15.31倍（按1978年可比价）。不过，湖南经济社会发展整体水平依然低于全国平均水平，经济结构性矛盾仍然存在，地区之间的差距依然较为明显，城乡差距仍未明显缩小，服务业发展有待进一步加快，创新发展能力亟待增强。

湖南省地处东部沿海地区和中西部地区过渡带、长江开放经济带和沿海开放经济带结合部，拥有"沿海内陆，内陆前沿"的独特地理区位，具有承东启西、联南贯北的重要战略地位，在推动中部地区崛起和长江经济带发展中起着重要作用。然而，面对新时期国际环境复杂性和新阶段国内高质量发展的要求，湖南的发展机遇与挑战并存，对其经济地理的研究具有重大意义，同时也具有迫切性和艰巨性。鉴于此，我们总结历史、面向未来，深入考察了湖南省经济社会发展的资源环境基础，系统分析了其发展演变历程、主要成效及问题，专题探讨了区域经济差异与联系、产业发展与布局、开放型经济发展格局、新型城镇化、农业与农村发展、基础设施布局、生态建设与可持续发展等内容，并提出了湖南省经济社会发展的总体战略，以期为今后湖南省社会发展与经济建设提供借鉴。

新时代，长江经济带发展、中部地区崛起等国家战略为湖南发展提供了区域发展新机遇，新技术革命带来产业升级新动力，共建"一带一路"、自贸试验区建设等引领开放新格局，新型工业化、信息化、城镇化、农业现代化同步发展创造经济增长新空间，强大内需市场成为高质量发展新支撑。新时代的湖南，是锐意进取的湖南，正着力打造国家重要先进制造业高地、具有核心竞争力的科技创新高地和内陆地区改革开放高地，必将在推动高质量发展上闯出新路子，在构建新发展格局中展现新作为，在推动中部地区崛起和长江经济带发展中彰显新担当，奋力谱写新时代坚持和发展中国特色社会主义的湖南新篇章。

周国华

2021年9月

目　录

第一章　地理区位与行政区划

　　湖南省位于我国中部、长江中游南岸，因大部分区域处于洞庭湖以南而得名"湖南"；又因省内最大河流湘江贯穿省境南北，历史上多次置湘州，简称"湘"。湖南自古盛植木芙蓉，五代时就有"秋风万里芙蓉国"之说，因此又有"芙蓉国"之美称。省会驻长沙市。

第一节　地理区位

一、自然地理区位

　　湖南省介于 108°47′~114°15′E，24°38′~30°08′N，东西间直线距离长约 667 千米，南北间直线距离长约 774 千米。全省土地总面积 21.18 万平方千米，约占全国陆地总面积的 2.21%，在全国各省区市面积中居第 10 位、中部地区居第 1 位。湖南省为典型的内陆省份，境内东以幕阜山、武功山、罗霄山等诸山系与江西相隔，南枕南岭与广东、广西两省毗邻，西倚云贵高原与贵州、重庆交界，北以滨湖平原与湖北接壤，在我国区位上具有承东启西、连南接北的重要战略地位。省境最北端达石门县壶瓶山，最南端为江华瑶族自治县河路口镇姑婆山，最西端为新晃侗族自治县茶坪乡韭菜塘，最东端至桂东县清泉镇黄连坪[1,2]。

　　从全国自然地理格局特征来看，湖南省具有显著的过渡性特点，位于我国大陆第二级与第三级阶梯的交界处，地处云贵高原向江南丘陵和南岭山脉向江汉平原的过渡地带。在全国总地势、地貌轮廓中，属于自西向东呈梯级降低的云贵高原东延部分和东南山丘转折线南端[3]。

二、经济地理区位

　　湖南省扼长江以南交通之要津，融汇"过渡带"与"结合部"的"一带一部"特色，地处东部沿海地区和中西部地区的过渡带、长江开放经济带和沿海开放经济带的结合部,兼具"沿海的内陆,内陆的前沿"的地理区位特色,属于东中西三大地带的中部地带,是我国战略腹地。省境内以北的洞庭湖通江达海,南邻珠三角和粤港澳,西接西南腹地,为促进中部崛起、融入长江经济带和长江中游城市群、发挥"一带一部"区位优势以及建设内陆经济开放高地的主阵地和前沿窗口。湖南省区位条件优越,京广线、浙赣线、枝柳线、石长线、洛湛线、湘黔线等铁路主干线纵横交错呈"井"字形贯穿湖南境内,长株潭城际铁路开通建成,长株潭综合交通一体化加速推进,高铁、城际铁路、磁悬浮列车、高速公路、航空等综合交通运输体系完备,交通区位优势明显。长株潭城市群作为"两型"社会建设综合配套改革试验区、中部首个以城市群为单位的国家自主创新示范区以及长江中游城市群之一,已成为对接长三角、中三角、粤港澳大湾区、中西部地区,以及实现跨越式发展和快速迈入发达社会的前沿阵地[4](见图1-1)。

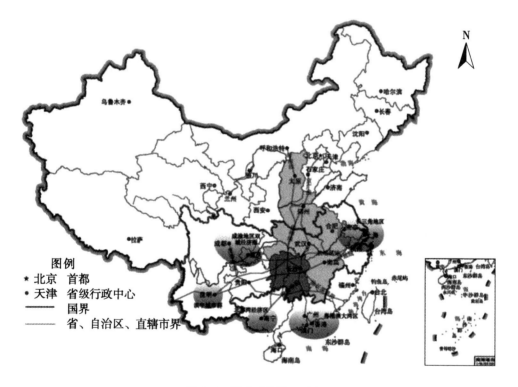

图 1-1　湖南省区位示意图

资料来源:天地图,1∶48000000;审图号 GS(2019)1823 号,自然资源部。

第二节　历史沿革

　　湖南省历史悠久，是中华民族农耕文化的重要发源地之一。依据湖南省行政建制的演变，可将其历史沿革划分为秦汉时期、魏晋南北朝时期、隋唐五代十国时期、宋元时期、明清时期、民国时期六个阶段[5-8]。

一、秦汉时期

　　秦统一六国后，实行郡县制，初分全国为 36 郡，以郡辖县。由此，行政区划进入郡县时代。湖南地区设置有黔中郡、长沙郡。秦黔中郡治，故城在今怀化市沅陵县治西 20 里，所辖地区主要包括现怀化市、湘西土家族苗族自治州以及常德部分地区。长沙名郡始于秦，附郭设湘县，郡治在今长沙市，所辖地主要在湘江流域，包括现湖南省境内的长沙、株洲、衡阳、湘潭、邵阳、娄底、郴州、永州、岳阳 9 市以及广东省部分地区。

　　汉朝时期，分全国为 13 部，西汉实行州、郡、县三级制，与封国并行。西汉湖南境内设有武陵郡、桂阳郡、零陵郡和长沙国，国、郡下辖 36 个县。王莽新朝时期曾废长沙国改立长沙郡，桂阳郡改南平郡，武陵郡改建平郡，零陵郡改九嶷郡。东汉时恢复原郡名，但长沙不再立国而保留长沙郡。东汉湖南省境内主要有长沙、武陵、桂阳、零陵 4 个郡，另有苍梧郡辖县错入湖南境内，下辖 38 个县和 5 个侯国。

二、魏晋南北朝时期

　　三国时期，湖南地区为蜀汉和东吴角逐之所。赤壁之战后，荆州分为南北两部，曹魏得南郡以北，孙吴据南郡以南，湖南属南荆州。湖南省境内有南郡、武陵郡、零陵郡、长沙郡、桂阳郡、临贺郡、衡阳郡、湘东郡、天门郡、昭陵郡 10 个郡，下辖 61 个县。

　　西晋时，全国分 20 州，湖南分属荆州、广州，荆州含今湖南省境内的南平郡、武陵郡、天门郡、长沙郡等 9 郡，广州辖临贺郡的一小部分。东晋偏安江左，湖南分属荆州、湘州和江州，荆州辖南平郡、武陵郡、天门郡、南义阳郡 4 郡；湘州领长沙郡、衡阳郡、湘东郡、零陵郡、营阳郡、邵陵郡、临贺郡 7 郡；江州辖今湖南省境内的桂阳郡、平阳郡 2 郡。南朝宋、齐和梁前期，湖南分属湘州、郢州和荆州，陈朝在今湖南境内所置郡县共计 21 个郡 65 个县，分隶于湘、沅、荆三州。

三、隋唐五代十国时期

隋文帝统一南北朝后，废除天下郡置，改州、郡、县三级制为州县二级制。隋炀帝继位后，改州为郡，实行郡县二级制，废南朝所置的衡东、永阳、邵陵、平阳、岳阳、药山、南阳、夜郎、南平、南义阳等郡，在今湖南省境内共设8个郡：长沙郡、武陵郡、沅陵郡、澧阳郡、巴陵郡、衡山郡、桂阳郡、零陵郡，下辖34个县。

唐初改郡为州，武德四年置潭州总管府，管辖潭州、衡州、永州、郴州、连州、南梁州、南云州、南营州8州。武德七年改总管府为都督府，统辖潭州、衡州、永州、郴州、连州、邵州和道州。为加强对州郡的监督管理，贞观太宗依山川地势分全国为10个道，开元中增为15个道，道下为州（或郡），州下设县。湖南分属山南东道、江南西道和黔中道、黔中道黔州都督府，广德二年又置湖南观察使，湖南之名始出于此。

五代十国，今湖南大部分地区属楚国，楚分其所辖地为28个州1个监，在湖南设有13个州和1个监，下置46个县，大多为唐代故州、县，仅新置2个县、更名3个县。13个州为潭州（设长沙府，为国郡）、衡州、澧州、朗州、岳州、永州、郴州、道州、邵州、辰州、锦州、溪州、叙州。1监为桂阳监，行政区划级别与州郡平等，辖今桂阳、临武、蓝山、嘉禾4县。

四、宋元时期

宋代湖南商品贸易繁荣，湘江之畔的潭州（长沙）为当时的大城市。宋朝行政区划，实行州、县二级制，湖南初隶江南道，后道改为路，路下设州、府、军、监，各辖若干县，湖南分属荆湖南路、荆湖北路，境内共有12个州郡、3个军：鼎州武陵郡、澧州澧阳郡、岳州巴陵郡、辰州泸溪郡、沅州潭阳郡、靖州、潭州长沙郡、衡州衡阳郡、道州江华郡、永州零陵郡、邵州邵阳郡、郴州桂阳郡、茶陵军、桂阳军、武冈军。

元朝实行行省制，湖南绝大部分地区属湖广行省，小部分隶属四川行省。共14个路3个州：岳州路、常德路、澧州路、辰州路、沅州路、靖州路、天临路、衡州路、道州路、永州路、郴州路、宝庆路、武冈路、桂阳路，茶陵州、耒阳州、常宁州。元朝政府还在今湘西少数民族聚居地实行土司制度，置有10多个长官司或蛮夷长官司，分别隶属思州军民安抚司、新添葛蛮安抚司和四川行省永顺等处军民安抚司管辖。

五、明清时期

明朝除北京、南京外，全国分13个省，省设布政使司，后改为承宣布政使司，实行省、府（州）、县三级制。湖南属湖广布政使司，辖地在今湖南境的有7个府2个州2个司：岳州府、长沙府、常德府、衡州府、永州府、宝庆府、辰州府、郴州、靖州、永顺军民宣慰使司、保靖州军民宣慰使司。

清初承袭明朝制度，湖南属湖广总督和湖广布政使司。雍正二年，偏沅巡抚更名湖南巡抚。至此，现行的湖南省行政区域作为独立的地方一级政权组织才基本确立下来。1761年清朝统一中原后，分全国为18省，后增奉天省、吉林省、黑龙江省、台湾省、新疆省，共23省。清朝地方政权实行省、道、府、县四级制，湖南省总计4个道、9个府、4个直隶州、5个直隶厅、67个县。直隶州、直隶厅直接隶属道与省，而不由府管辖。湖南省4个道分别为长宝盐法道、岳常澧道、辰沅永靖道、衡永郴桂道。

六、民国时期

中华民国成立后，湖南的行政设置几经变化。1914年，湖南废府、州、厅建置，形成省、道、县三级制，全省分为湘江、衡阳、辰沅、武陵4道，共75个县。1922年，撤销道制，实行省、县二级制。1935年，设湘西绥靖区，将指定绥靖范围的19个县划为慈石庸、沅泸辰溆、永保龙桑、芷黔麻晃、乾凤古绥5个行政督察区。1940年，将全省划分为10个行政督察区。曾一度增置阳明县（后改为阳明特别区），不久后便撤销；并先后增设长沙、衡阳2个省辖市，怀化、隆回2个县。至1949年8月5日湖南和平解放前，全省共有长沙和衡阳2个直辖市、10个行政督察区、77个县（见表1-1）。

表1-1 1949年湖南省直辖市及行政督察区辖县情况

行政督察区名称	督察驻地	辖县数量	辖县名称
第一行政督察区	治岳阳	8	岳阳县、长沙县、湘阴县、临湘县、浏阳县、平江县、湘潭县、醴陵县
第二行政督察区	治耒阳	8	耒阳县、衡阳县、衡山县、攸县、茶陵县、常宁县、安仁县、鄢县
第三行政督察区	治郴县	10	郴县、桂阳县、永兴县、宜章县、资兴县、临武县、汝城县、桂东县、蓝山县、嘉禾县
第四行政督察区	治常德	9	常德县、澧县、桃源县、石门县、华容县、南县、慈利县、安乡县、临澧县
第五行政督察区	治益阳	6	益阳县、湘乡县、安化县、汉寿县、宁乡县、沅江县
第六行政督察区	治邵阳	6	邵阳县、新化县、武冈县、新宁县、城步县、隆回县
第七行政督察区	治零陵	8	零陵县、祁阳县、宁远县、道县、东安县、永明县、江华县、新田县
第八行政督察区	治永顺	6	永顺县、龙山县、大庸县、保靖县、桑植县、古丈县

行政督察区名称	督察驻地	辖县数量	辖县名称
第九行政督察区	治沅陵	8	沅陵县、溆浦县、辰溪县、凤凰县、乾城县、永绥县、泸溪县、麻阳县
第十行政督察区	治洪江	8	会同县、芷江县、绥宁县、黔阳县、晃县、靖县、通道县、怀化县

资料来源：湖南省政府门户网站。

第三节　行政区划

中华人民共和国成立之后，为顺应经济社会发展不断变化的需要，湖南省行政建制不断演变，但整体行政区划格局趋于稳定并逐步成形。

一、中华人民共和国成立以来的行政区划演变

中华人民共和国成立以后至改革开放以前，是湖南省各级行政区划频繁变动的时期。1949年初，为恢复国民经济和进行社会主义改造，我国行政区划大幅调整。当时，湖南省设长沙、衡阳、郴县、常德、益阳、邵阳、零陵、永顺、沅陵、会同10个专区，另设长沙、衡阳2个市，共辖77个县。1954年通过的《中华人民共和国宪法》明确提出要实现民族区域自治，据此，湖南省先后设立通道侗族自治县、江华瑶族自治县、新晃侗族自治县、城步苗族自治县。1957年又设立湘西土家族苗族自治州。改革开放之后，芷江侗族自治县、靖州苗族侗族自治县与麻阳苗族自治县也相继成立，民族地区行政区划进一步得以完善。此外，1949年初期也是湖南省际行政区划调整变更阶段。如1952年经中南军政委员会批复湖北省蒲圻县的下万垸划归湖南省湘阴县，湖南省湘阴县的新运洲划归湖北省蒲圻县；1955年国务院批准贵州省锦屏县的平察、善理、新四、营寨4乡划归湖南省靖县；1957年江西省遂川县的桥头乡、大地乡划归湖南省桂东县；1958年广东省乐昌县白云乡的牛头窝和坳背村划归湖南省宜章县。此阶段是社会主义建设的探索期，各级行政区划也不断变更。截至1977年底，湖南省下辖10个行政公署、1个自治州、1个特区、3个地级市、7个县级市、90个县[5-8]。

1978年以后是湖南省各级行政区划逐渐成形的时期。除长沙市、株洲市和湘西土家族苗族自治州外，湘潭、衡阳、邵阳、岳阳、常德、张家界、郴州、永州、益阳、怀化、娄底11个地级市均在此阶段确立。为适应经济体制改革的客观需求，我国于20世纪80年代步入撤县设市的高峰期。1979~1997年，湖南省共计完成吉首、资兴、醴陵、大庸、湘乡、耒阳、吉首、涟源、沅江、临湘、浏阳、武

冈、常宁13个县的撤县设市工作。此外，1979年国务院同意恢复津市市，韶山区于1990年撤区改市，1997年洪江市和黔阳县合并，设立县级洪江市。针对盲目"县改市"带来的城乡发展问题，1997年国家暂停实行撤县设市政策，直到2014年，中共中央、国务院在《国家新型城镇化规划（2014—2020年）》中提出，"对具备行政区划调整条件的县可有序改市，把有条件的县城和重点镇发展成为中小城市"，撤县设市才再次进入大众视野。为顺应新型城镇化进程，国务院有序开启撤县设市等区划调整工作，湖南省宁乡、邵东和祁阳3县分别于2017年、2019年、2021年获民政部批准撤县设市。在乡镇行政区划演变层面，改革开放以来，历经两轮乡镇行政区划调整，湖南省乡镇级区划数有所缩减，但乡镇规模小、布局散等问题仍然突出。根据乡镇区划实际情况，2015年湖南省委、省政府出台《中共湖南省委 湖南省人民政府关于开展乡镇区划调整改革工作的意见》，开始新一轮乡镇行政区划调整，主要通过撤乡设镇、乡镇合并、镇改街道等实现乡镇区域重组，优化整合乡镇发展资源，促进城乡发展一体化[5-8]。

截至2019年末，全省辖13个地级市、1个自治州，36个市辖区、18个县级市、61个县、7个自治县（合计122个县级行政区划单位），411个街道、1134个镇、309个乡、83个民族乡（合计1937个乡级行政区划单位），5398个居委会、23866个村委会（见表1-2）。

表1-2 2019年湖南省行政区划 单位：个

地级市州	县级市	市辖区	县及自治县	镇	乡
长沙市	浏阳市、宁乡市	芙蓉区、天心区、岳麓区、开福区、雨花区、望城区	长沙县	69	5
株洲市	醴陵市	荷塘区、芦淞区、石峰区、天元区、渌口区	攸县、茶陵县、炎陵县	61	7
湘潭市	湘乡市、韶山市	雨湖区、岳塘区	湘潭县	35	10
衡阳市	耒阳市、常宁市	珠晖区、雁峰区、石鼓区、蒸湘区、南岳区	衡阳县、衡南县、衡山县、衡东县、祁东县	114	31
邵阳市	武冈市、邵东市	双清区、大祥区、北塔区	新邵县、邵阳县、隆回县、洞口县、绥宁县、新宁县、城步苗族自治县	112	54
岳阳市	汨罗市、临湘市	岳阳楼区、云溪区、君山区	岳阳县、华容县、湘阴县、平江县	88	14

续表

地级市州	县级市	市辖区	县及自治县	镇	乡
常德市	津市市	武陵区、鼎城区	安乡县、汉寿县、澧县、临澧县、桃源县、石门县	107	20
张家界市		永定区、武陵源区	慈利县、桑植县	34	30
益阳市	沅江市	资阳区、赫山区	南县、桃江县、安化县	71	10
郴州市	资兴市	北湖区、苏仙区	桂阳县、宜章县、永兴县、嘉禾县、临武县、汝城县、桂东县、安仁县	99	37
永州市		零陵区、冷水滩区	祁阳县、东安县、双牌县、道县、江永县、宁远县、蓝山县、新田县、江华瑶族自治县	111	40
怀化市	洪江市	鹤城区	中方县、沅陵县、辰溪县、溆浦县、会同县、麻阳苗族自治县、新晃侗族自治县、芷江侗族自治县、靖州苗族侗族自治县、通道侗族自治县	103	90
娄底市	冷水江市、涟源市	娄星区	双峰县、新化县	55	14
湘西土家族苗族自治州	吉首市		泸溪县、凤凰县、花垣县、保靖县、古丈县、永顺县、龙山县	75	30

资料来源:《湖南统计年鉴 2020》。

二、各市州地理概况

湖南省地域辽阔,下辖 14 个市州。各市州独特的地理位置、自然环境、资源基础与交通条件,深刻影响着当地经济社会发展,并进一步作用于区域经济发展格局的形成与演变。

1. 长沙市

长沙市为湖南省会城市,也是湖南省政治、经济、文化、交通、科技、金融和信息中心,地理区位介于 111°53′~114°15′E,27°51′~28°41′N。长沙市地处湘江下游和长浏盆地西缘,地势南高北低,市域总面积为 1.18 万平方千米。2019 年末,全市常住人口 839.45 万人,城镇化率达 79.56%,地区生产总值为 11574.22 亿元,比上年增长 8.1%,人均地区生产总值 139877 元,三次产业结构比重为 3.1∶38.4∶58.5。

作为首批国家历史文化名城、世界"媒体艺术之都"的长沙,连续多年被评为"中国最具幸福感的城市"。历史文化与现代文明在此交相呼应,市域内旅游资源丰富,主要景点有岳麓山、岳麓书院、橘子洲、花明楼、世界之窗、开福寺、新民学会旧址等。除此之外,长沙市地下矿藏种类繁多,非金属矿产资源丰富，浏阳菊花石全国独有，海泡石储量全国第一。在交通运输方面，长沙是我国综合交通枢纽和国家物流中心，公路、铁路、航空、水运交通便利。106国道、107国道和319国道贯穿全境，京广高铁、沪昆高铁、渝厦高铁在此交会，长株潭城际铁路也于2017年底全线投入运营，长沙黄花国际机场则是中国十大区域性航空枢纽之一。依托便利的交通条件与良好的工业基础，长沙市着力发展电子信息、工程机械、新材料、食品、生物制药等产业，进一步培育区域经济竞争力。

2. 株洲市

株洲市地处湖南省东部，与长沙、湘潭、衡阳、郴州等毗邻，位于112°57′~114°07′E，26°03′~28°01′N。境内地形以丘陵为主，山坡、洼地多，平地少，市域总面积为1.12万平方千米。2019年末，全市常住人口402.85万人，城镇化率为67.91%，地区生产总值达3003.13亿元，人均地区生产总值74618元，三次产业结构比重为7.4∶45.2∶47.4。

株洲境内矿产资源丰富，截至2019年，全市已发现矿种44种，探明资源储量矿种20种。其中，能源矿产5种、金属矿产16种、非金属矿产22种、水气矿产1种。随着京广线、浙赣线、湘黔线的开通，株洲市成为重要铁路枢纽，是我国贯穿南北、连接东西的重要通道。丰富的矿产资源与便利的交通条件，使株洲市成为中华人民共和国成立后首批重点建设的八个工业城市之一，并由此带动其城市经济发展，因此被称作"火车拉来的城市"。

3. 湘潭市

湘潭市是长株潭国家自主创新示范区的核心成员，湖南省重要的工业城市，地处111°58~113°05′E，27°21′~28°05′N。湘潭市域内地形以低山、丘陵为主，下辖5个县（市、区），总面积为5015平方千米。2019年末，全市常住人口288.2万人，城镇化率63.8%，比2018年末提高0.9个百分点，地区生产总值为2257.63亿元，人均地区生产总值78575元，三次产业结构比重为6.4∶49.3∶44.3。

湘潭市是我国早期重点建设的工业城市之一。近年来，湘潭市积极培育高新技术产业，加快发展智能装备制造、汽车及零部件、食品医药、信息技术、新材料等产业，先后获评"全国制造业信息化重点城市""国家863新材料成果转化基地"。同时，湘潭是毛泽东、彭德怀等革命先烈的故乡，是重要的湖湘文化发源地之一。依托优美的自然环境与深厚的文化底蕴，湘潭市文化旅游业方兴未艾。在交通运输方面，2条国道、6条高速公路贯穿境内；湘黔铁路、京广铁路、洛湛铁路在市境经过，长株潭城际铁路，使长沙、株洲、湘潭三市联系更加紧密。

4. 衡阳市

衡阳市位于湖南省中南部，是湘南地区的政治、经济、文化中心。衡阳市地理坐标为110°32′~113°17′E，26°07′~27°28′N，境内地形以山地、丘陵、岗地、平原为主，湘江干流及其支流蒸源河、耒水等流经衡阳。衡阳市行政区域总面积为1.53万平方千米，2019年末，全市常住人口730.06万人，城镇化率54.93%，地区生产总值达3372.68亿元，人均地区生产总值46379元，三次产业结构比重为11.3∶32.4∶56.4。

衡阳市矿产资源丰富，被称作"有色金属之乡""非金属之乡"，已探明资源储量的矿产资源达60余种，其中，钠长石储量位居全国第一，黄金与钙芒硝储藏量位居全省之首。除此之外，衡阳有祁东黄花菜、常宁茶油、衡山红脆桃等特色农产品，是全国重要的商品粮、油、猪生产基地。衡阳市宗教、书院文化历史悠久，境内旅游资源较为丰富，主要景点包括南岳衡山、蔡伦竹海、江口鸟洲、石鼓书院等。衡阳市区位条件优越，交通便捷发达。依托一条湘江黄金水道、一座南岳机场、五个高铁站、八条高速路、九条铁路，衡阳市已基本形成"铁公水空"立体化交通运输体系，成为陆港型国家物流枢纽承载城市。

5. 邵阳市

邵阳位于湖南省中部，资水上游，史称"宝庆"，地理位置为109°49′~112°57′E，25°58′~27°40′N。邵阳市属于江南丘陵大地形区，以山地丘陵为主，总面积为2.08万平方千米。2019年末，全市常住人口730.24万人，城镇人口和乡村人口分别为356.20万人和374.04万人，城镇化水平为48.78%，比上年提高1.29%，地区生产总值2152.48亿元，人均地区生产总值29339元，三次产业结构比重为16.3∶27.7∶56.0。

邵阳拥有丰富的水资源、动植物资源、矿产资源以及旅游资源。在交通运输方面，邵阳市境内河川水系发育，水路、公路交通顺畅便捷。21世纪以来，邵阳市进一步加快公路、铁路与航空交通建设，2004年洛湛铁路全面建成通车，邵阳进入"铁路时代"；随着娄邵铁路新线、连接沪昆高铁和京广高铁的怀邵衡铁路相继建成，邵阳成功步入"高铁时代"；2017年邵阳武冈机场通航，标志着邵阳进入立体交通行列。

6. 岳阳市

岳阳位于湖南省东北部，处于洞庭湖与长江的交汇口，不仅是湖南省域副中心城市，也是一座具有2500多年历史的城市，其地理坐标为112°19′~114°09′E，28°26′~29°51′N。境内地势东高西低，地貌类型多样，以山地、丘陵、平原为主。岳阳市下辖3区4县，代管汨罗市、临湘市2个县级市，行政区域面积为1.48万平方千米。2019年末，全市常住人口577.13万人，城镇常住人口

341.66 万人，占总人口比重为 59.20%，地区生产总值达 3780.41 亿元，人均地区生产总值 65357 元，三次产业结构比重为 10.1∶40.4∶49.6。

岳阳市临湖而建、临湖而兴，有丰富的自然与人文资源，集名山、名水、名楼、名人、名文于一体，是闻名遐迩的旅游胜地。基于良好的水热条件，岳阳市优质特色农产品丰富，截至 2020 年，共有华容芥菜、华容黄白菜苔、华容潘家大辣椒、华容大湖胖头鱼、岳阳王鸽等 14 种农产品入选中国地理标志农产品。除此之外，岳阳市交通较为发达，境内城陵矶港是长江八大深水良港之一，也是中国最大的内陆港；市域内京港澳、杭瑞、许广、武深等高速公路相互交织；京广铁路和浩吉铁路在岳阳境内互联互通；岳阳三荷机场也于 2018 年底正式投入运营。

7. 常德市

常德市位于湖南西北部，地处洞庭湖之滨，西倚武陵山脉，是长江经济带重要的节点城市，洞庭湖生态经济区的重要组成部分。地理位置为 110°28′~112°18′E，28°24′~30°08′N，地形以丘陵、山地、平原为主。常德市行政区域面积为 1.82 万平方千米。2019 年末，全市常住人口 577.1 万人，其中，城镇人口 314.2 万人，农村人口 262.9 万人，常住人口城镇化率为 54.4%，地区生产总值达 3624.2 亿元，人均地区生产总值 62493 元，三次产业结构比重为 10.9∶40.4∶48.7。

优越的气候条件和丰富的水土资源，使得常德市多种农作物产量居全省前列，并成为全国重要的商品粮、棉、油、猪和鱼的生产基地。此外，常德市矿产资源丰富，矿种齐全，截至 2019 年，已发现矿种 141 种，且金刚石、砂矿、膨润土等多种矿产储藏量大，质量较好。常德市交通便利，境内 2 条国道、7 条省道、3 条高速公路纵横交错；焦柳铁路、黔张常铁路、石长铁路复线 3 条铁路线贯穿全境；境内桃花源机场为国家 4D 级机场。

8. 张家界市

张家界市原名"大庸市"，位于湖南省西北部，是我国著名的旅游型城市之一，位于 109°40′~111°20′E，28°52′~29°48′N。张家界下辖 4 个县级行政单元，市域总面积达 9516 平方千米。2019 年末，全市常住人口 154.92 万人，城镇化率为 50.48%，地区生产总值达 552.1 亿元，人均地区生产总值 35767 元，三次产业结构比重为 12.6∶14.7∶72.7。

张家界市地形条件复杂，以山地为主，其次有岩溶、丘陵、岗地、平原等，独特的自然条件造就了市内丰富的旅游资源，全市旅游等级景区（点）共 23 家，其中 4A 级及以上旅游等级景区（点）12 家。2019 年全市全年接待国内外游客 8049.3 万人次，旅游总收入达 905.6 亿元。旅游业的发展以便利的交通为基础，2019 年末张家界市公路通车里程 9057.4 千米；铁路营业里程 214 千米；张家界荷花国际机场客运量达 287.1 万人次。

9. 益阳市

益阳市位于洞庭湖南岸，湖南省中北部，是长株潭"3+5"城市群成员之一，地理位置为 110°43′~112°56′E，27°59′~29°32′N。益阳市地势南高北低，南部为丘陵山区，北部为洞庭湖平原。益阳市共辖 2 区 3 县 1 县级市及大通湖管理区、国家级益阳高新技术产业园区，总面积为 1.23 万平方千米。2019 年末，全市常住人口 442.07 万人，城镇人口 233.98 万人，城镇化率 52.93%，地区生产总值 1792.46 亿元，人均地区生产总值为 40578 元，三次产业结构比重为 15.6∶42.6∶41.8。

益阳市地处资江流域，水能与矿泉水资源丰富。矿产资源也较丰富，目前已发现矿产资源 50 多种，矿产地 200 多处，其中，陶粒页岩、锰、钒、钨、锑、水泥用灰岩等保有资源储量居全省前列。益阳市交通发达，全市已建成 7 条高速公路，截至 2019 年，全市高速公路通车里程达 433 千米；铁路交通线有沪昆铁路、石长铁路、益湛铁路、石长铁路复线和常益长高铁线路等。

10. 郴州市

郴州市位于湘粤赣三省交会处，地理坐标为 112°13′~114°14′E，24°53′~26°50′N，被称为湖南的"南大门"。郴州位于南岭与罗霄山脉交界处，境内地势东南高西北低，地形较为复杂多样，以山地丘陵为主。郴州市行政区域总面积为 1.94 万平方千米。2019 年末，全市常住人口 475.46 万人，城镇人口 266.47 万人，城镇化率达 56.04%，地区生产总值 2410.89 亿元，人均地区生产总值 50760 元，三次产业结构比重为 9.8∶38.4∶51.8。

在资源储备方面，郴州矿石品种丰富、储藏量大，其中钨、铋资源储量极高，分列全球第一位、第二位，钼和石墨资源储量位列全国第一。在交通运输方面，现已形成高速公路、国道、省道纵横交错的交通格局；京广高铁贯穿全境，郴资永线、郴桂线、郴宜线三条轨道交通线路尚在规划之中；郴州北湖民用机场于 2019 年 1 月正式动工，并于 2021 年正式通航。

11. 永州市

永州市位于湖南省南部，处于湘江、潇水交汇处，故雅称"潇湘"，其地理坐标为 111°06′~112°21′E，24°39′~26°51′N。永州市三面环山，地势西南高、东北低，地貌复杂多样，以丘陵山地为主，全域分属湘江、珠江、资江三大水系。永州市总面积为 2.24 万平方千米。2019 年末，全市常住人口达 544.61 万人，城镇化率达 50.9%，地区生产总值 2016.86 亿元，人均地区生产总值 37013 元，三次产业结构比重为 17.4∶31.0∶51.6。

永州市地处亚热带季风气候区，四季分明、水热充足，主要农产品有水稻、蔬菜、油料、生猪等。永州市已发现矿种60余种，探明储量的有40余种，矿产资源总量较为丰富。铁路、公路、航空运输便利，2019年末全市公路通车里程2.31万千米；洛湛铁路、湘桂铁路贯穿永州全境，并在永州市区交会。

12. 怀化市

怀化市地处大湘西地区，是武陵山经济协作区中心城市和节点城市，地理位置为108°47′～111°06′E，25°52′～29°01′N。怀化市总面积为2.76万平方千米，山地面积约占总面积的70%，地形地貌构造较为复杂，沅水自南向北贯穿境内。2019年末，怀化常住人口达498.33万人，城镇化率为49.03%，地区生产总值为1616.64亿元，人均地区生产总值32453元，三次产业结构比重为13.9∶27.7∶58.4。

怀化市物产与矿产资源较为丰富，全市活立木蓄积量居湖南首位，森林覆盖率达70%以上，茯苓和天麻等中药材的产量位居全省前列，已探明矿藏45种，石煤、硅砂等的储量居全国前列。怀化市南接广西、西连贵州，是全国综合交通枢纽城市，2019年末公路通车里程2.08万千米，高速公路通车里程717千米；渝怀、焦柳、沪昆3条铁路交会于此，铁路营业总里程802千米，高速铁路营业里程225千米。

目前，怀化市主要产业部门有食品、生物医药、建材、电子信息、军民融合特色产业等。

13. 娄底市

娄底市位于湖南省中部地区，是环长株潭城市群重要的组成部分，湖湘文化主要发源地之一，地理坐标为110°45′～112°31′E，27°12′～28°14′N。娄底地势西高东低，为山地与盆地混合型地形，境内涟水、资江等河网密布、水系发达。市域总面积为8117平方千米。2019年末，全市常住人口达394.13万人，城镇人口194.11万人，城镇化率为49.25%，全市地区生产总值为1640.58亿元，人均地区生产总值41675元，三次产业结构为10.6∶38.6∶50.8。

娄底市是湖南省主要产煤区，煤炭保有储量在全省居首位，并且煤炭资源种类齐全、品质较好。除此之外，白云石、石灰岩、大理石、石墨、黄铁矿等建材和有色金属资源储量也位居全省前列。区位条件优越，境内贯穿2条国道、2条省道；洛湛铁路和湘黔铁路在娄底市区交叉，使娄底成为区域重要的铁路枢纽。

14. 湘西土家族苗族自治州

湘西土家族苗族自治州（以下简称湘西州）位于湖南省西北部，地处湖南、广西、贵州、重庆四省的交界处，为国家承接产业专业示范区。湘西州西接云贵高原、北交鄂西山地，地理位置介于 109°10′~110°22.5′E，27°44.5′~29°38′N。东为雪峰山脉，地形地貌复杂，地势西北高东南低，水系主要属沅江水系。行政区域总面积约 1.55 万平方千米。2019 年末，全市常住人口达 263.83 万人，城镇人口为 125.98 万人，城镇化率全省最低，为 47.75%，全市地区生产总值为 705.71 亿元，人均地区生产总值为 26691 元，三次产业结构为 13.4∶28.1∶58.5。

湘西州为少数民族聚居区，2020 年第七次全国人口普查少数民族人口约占总人口的 77.47%。湘西州得天独厚的自然风光与别有韵味的民俗风情孕育了丰富的旅游资源，全州共有 35 个旅游等级景区（点），其中，有 12 个 4A 级以上景区，著名景点有凤凰古城、里耶古城、苗疆长城等。除此之外，湘西州水热资源丰富，境内锰、钒、铅、锌、汞等矿产资源丰富。湘西州交通便利，境内贯穿杭州—瑞丽、包头—茂名、张家界—南充 3 条国家高速公路，张家界—花垣、龙山—吉首 2 条省级高速公路；焦柳铁路、黔张常铁路穿境而过。

参考文献

［1］中共湖南省委政策研究室.湖南概况［M］.长沙：中共湖南省委政策研究室，1984.

［2］高冠民，窦秀英.湖南自然地理［M］.长沙：湖南人民出版社，1981.

［3］罗望林.湖南省经济地理［M］.北京：新华出版社，1988.

［4］刘茂松.湖南经济区位与湖南主导产业重构［J］.湖南社会科学，2000（2）：41-45.

［5］张河清.湘江沿岸城市发展与社会变迁研究（17 世纪中期~20 世纪初期）［D］.成都：四川大学，2007.

［6］湖南地方志编纂委员会.湖南省志第二卷：地理志（上册）［M］.长沙：湖南人民出版社，1962.

［7］郑宝恒.民国时期湖南省行政区划变迁述略［J］.益阳师专学报，2000（1）：58-60.

［8］向炫.湖南省行政区划改革研究［D］.长沙：湖南大学，2012.

第二章 自然地理条件与资源禀赋

湖南省自然地理位置显著的过渡性特征，决定了省域范围内自然地理条件的复杂性，进一步影响着资源禀赋条件的丰富性和多样性。湖南省自然资源种类多样、分布广泛，且空间组合良好，为生产生活奠定了优越的自然资源基础。同时，随着生产力的飞速发展以及城镇化进程的深化，人口、科技、文化等经济社会资源得到挖掘、发展和提升，为湖南省高质量发展营造了良好的环境。

第一节 自然地理条件

一、地形地貌

湖南省境内东、南、西三面山地环绕，中部为丘岗起伏，北部为敞开状的洞庭湖平原，呈西高东低、南高北低、朝东北开口的不对称马蹄形盆地。境内山地分布广，地貌岭谷相间，丘陵盆地交错，最低点为临谷花州，海拔23米；最高点为炎陵县境内位于罗霄山脉中段的酃峰，峰顶海拔2115米。

全省地貌类型多样，有半高山、低山、丘陵、岗地、盆地和平原。境内东部湘赣交界的幕阜山脉、连云山脉、九岭山脉、武功山脉、万洋山脉、诸广山脉等呈东北—西南走向雁形排列，海拔多在1000米以上；南部为大庚、骑田、萌渚、都庞和越城诸岭组成的五岭山脉，即南岭山脉，呈东西向分布延伸，为长江流域与珠江流域的分水岭，海拔多在1000米以上，山间盆地较多，谷地多为交通要道；西部有海拔在1000~1500米的武陵山脉、雪峰山脉盘踞，是湖南省东西交通的屏障，其中雪峰山是资水和沅水的分水岭，也是中国第二、第三级阶梯的分界线；东北部为湖南省地势最低的洞庭湖以及湘、资、沅、澧"四水"尾闾的河湖冲积平原，海拔多在50米以下，地势平坦；中部绝大部分为断续红岩盆地、灰岩盆地及丘陵、阶地，为主要的地势过渡地带，海拔多在500米以下，衡阳盆地、邵阳盆地、长沙—浏阳盆地、株洲—渌口盆地、湘潭—湘乡盆地、茶陵—永兴盆地、攸县—醴陵盆地等错列其中，衡山是五岳之南岳，主峰祝融峰海拔 1300.2 米[1,2]。

二、气候特点

湖南省地处东亚季风气候区的西侧，东南距海 400~800 千米，加之受山脉地形阻隔等的影响，使得湖南气候为具有典型大陆性特点的中亚热带季风湿润气候，既有大陆性气候的光温丰富特点，又有海洋性气候的雨水充沛、空气湿润特征。北部和南部分别属北亚热带和中亚热带湿润季风气候区，具有南北过渡性。湖南气候的大陆性特征主要表现在气温年际变化大，冬冷夏热、四季分明，最冷月多出现在 1 月，而最热月多出现在 7 月。湖南季风性气候特征主要表现在冬夏盛行风向相反，多雨期与夏季风的进退密切相关，雨热同季，降雨量年际变化大。总体气候特征大致可归纳为以下几点：

1. 气候温暖，四季分明

湖南省气候呈现出明显的四季差异，冬季寒冷、春季温暖、夏季炎热、秋季凉爽。境内各地年平均气温在 16℃~19℃，气温年较差在 19℃~25℃，气温年较差大。夏季最高气温在 38.4℃~41.8℃，日最高气温大于等于 30℃ 的天数为 80~110 天，日最高气温大于等于 35℃ 的天数为 20~40 天；冬季最低气温在 −7℃~−13℃，日最低气温小于等于 0℃ 的天数在 15~25 天。夏季最热月（7 月）受副热带高气压的控制高温炎热，加之受丘陵盆地对副高下沉空气压缩增温作用的影响，以及南岭山脉对南来暖湿气流越山下沉产生的焚风效应，使得湖南成为长江中游以南的高温中心，夏季平均气温大多在 26℃~30℃。冬季最冷月（1 月）受东南西三面环山、北面敞口等特殊地形的影响，北方干冷空气长驱直入湖南腹地，且受阻于南岭山地，在河谷和丘陵盆地内堆积，使得湖南冬季寒冷程度较同纬度的邻省更严重，全省冬季平均气温在 4℃~7℃，冬季气温最低的为湘北滨湖地区。春、秋两季平均气温大多在 16℃~19℃，秋季气温略高于春季。

湖南省湘南地区一般 3 月初入春，湘西北地区入春迟至 3 月 20 日左右，春季一般可维持 65~75 天，入春后气温逐渐回升，但常有阴雨连绵、低温寡照等天气；5 月中旬起由南至北先后入夏，夏季一般维持 4 个月左右，为四季中最长的季节（湘南地区夏季较长，约达 4 个半月，湘西北地区夏季较短，约 3 个半月），温高暑热、天气晴朗、骄阳似火、蒸发强盛，而降雨集中易引发洪涝灾害；9 月底前后湖南各地相继进入秋季，湘西北地区在 9 月中旬率先入秋，秋季最短，一般在 2 个月左右，通常前一个月秋高气爽，后一个月则秋风秋雨；冬季一般始于 11 月下旬或 12 月初，湘南地区极个别山间盆地入冬推迟 20 天左右，冬季历时约3个月，冬季气温比较湿冷，时而伴有降雪或发生雨凇冰冻天气[1,3]。

2. 热量充足，雨水集中

湖南省光照丰富、热量充足，日平均气温在0℃以下的天数平均每年不到10天，热量条件在国内仅次于海南、广东、广西、福建，与江西接近，较其他省均具有优势。省内大部分地区日平均气温稳定在0℃以上的活动积温为5600℃~6800℃；大于或等于10℃的活动积温为5000℃~5840℃，可持续238~256天；15℃以上的活动积温为4100℃~5100℃，可持续180~208天。全年日照在1300~1900小时，夏秋多、冬春少，无霜期为253~311天。高温中心主要分布在洞庭湖平原、衡邵盆地与河谷地带，并向东、西、南三面逐渐递减。

湖南省雨水丰沛，降水集中，年平均降雨量在1200~1800毫米。降水呈现出季节分配不均的特点，夏春多、秋冬少，春夏两季降水约占全年降水总量的70%以上，秋冬两季仅占30%，且降水量春多于夏、秋多于冬。春夏之交多暴雨，4~6月降水占全年降水的40%。降水变化与夏季风进退大体一致，夏季风强弱的不稳定性导致湖南省各地雨季起止时间不一，湘南地区为3月下旬（或4月初）至6月底，湘中地区及洞庭湖地区为3月底（或4月上旬）至7月初，湘西地区为4月上中旬至7月上旬，湘西北地区为4月中旬至7月底。夏季风年际之间出现异常，往往导致雨季提早或推迟、延长或缩短，易形成洪涝或干旱天气。湖南省降水还呈现出空间分布不均的特点，多雨区主要分布在以安化为中心的雪峰山脉北段区域，年降水量1700毫米以上；以桂东为中心的湘东南山地丘陵地区，年降水量1600毫米以上；以浏阳为中心的湘东北的幕阜山、连云山一带，湘南九嶷山以北道县、蓝山、江华等地，年降水量1500毫米以上；湘西北澧水上游桑植一带，年降水量1400毫米以上。少雨区则主要分布在湘北洞庭湖地区、衡邵盆地地区以及湘西南云贵高原边缘一带，多年平均降水量均在1300毫米以下[1,2]。

3. 春温多变，夏秋多旱

湖南春季乍寒乍暖，天气变化较为剧烈，春季气温虽然逐渐回暖，但北方南下的冷空气仍能长驱直入湖南省境内，促使气温骤降，并常伴随大风、冰雹、暴雨等强对流天气，冷空气过后，天气转晴，气温逐渐回升。一般年份，3~4月每月有3~4次冷空气入侵，日平均气温一般下降约10℃以上，有时甚至超过15℃；5月有2~3次冷空气入侵，日平均气温可下降7℃以上。并且，湖南夏秋少雨，除湘西北地区外，湖南大部分地区在6月下旬到7月上旬雨季结束，雨日和降雨量都显著减少。7~9月各地总降雨量一般在300毫米左右，加之受高温影响，蒸发量大，常导致干旱[1,2]。

4. 严寒期短，暑热期长

湖南省具有冬季严寒期较短，但冬季持续时间较长，且阴湿多雨的特点。省内各地大多数年份没有严寒期，只有少数年份有5~10天严寒期，且多出现在1月中下旬，即"三九"期间。若以候平均气温大于小于5℃作为冬冷期，则阳明山以南地区（江华、江永、宁远、道县、蓝山等地）基本无冬冷期，永州、郴州一带仅有几天冬冷期，湘东、湘西南地区一般有10~20天冬冷期，长沙以北及湘西北地区有30~40天冬冷期。从降雪天数来看，有些年隆冬期间虽有几天或十几天可见冰雪雨凇，但一般年份降雪只有2天左右即会消失。湘北地区降雪天数一般维持在10天左右，湘南地区仅5天左右。地表水面发生结冰的天数，湘北地区为20~25天，其他地区一般不超过20天。

湖南夏季暑热期长。按照候平均气温大于等于28℃为暑热期标准，一般自6月底或7月初开始，至7月底或8月上中旬结束，个别年份延至9月初，暑热期可达1.5~2个月。湘中地区的长沙、衡阳一带气温最热，日平均气温在30℃以上的酷热天气长沙每年平均大约有28天，衡阳为33天左右。一次酷热天气持续的时间一般在10天左右，湘中地区可达半个月。日最高气温大于等于35℃的日数，平均每年衡阳有33天，长沙有26天。

三、河流水系

湖南省河流众多、河网密布、水系发达，呈不对称分布（见图2-1），总长度5千米以上的河流有5341条，淡水面积达1.35万平方千米，全省水系以洞庭湖为中心，湘、资、沅、澧"四水"为骨架，主要属长江流域洞庭湖水系，约占全省总面积的96.7%，其余属珠江流域和长江流域的赣江水系及直入长江的小水系。河流可通航里程1.5万千米，内河航线贯通95%的县（市、区）和30%以上的乡镇。境内洞庭湖为全国第二大淡水湖，滨湖为平坦的河湖冲积平原，系全省地势最低的地区，湘、资、沅、澧"四水"汇注于此，构成了完整的洞庭湖水系。受东南西三面环山向东北倾斜的"马蹄形"地形分布的影响，湘江、资水、沅水和澧水四大水系分别由东、南、西三面汇注入洞庭湖，经城陵矶注入长江，形成以洞庭湖为中心的辐射状水系。全省水系南以南岭山脉与珠江分界，东以湘赣交界山脉与鄱阳湖流域分界，西以川黔丛山与乌江及清水江分界，北抵长江[3,4]。

1. 洞庭湖

洞庭湖位于湖南省北部，长江荆江河段南岸，为长江重要的调蓄湖泊，是湖南省第一大湖，居全国五大淡水湖的第二位，也是中国第三大湖，仅次于青海湖、鄱阳湖，历史上曾是我国第一大湖，号称"八百里洞庭"。洞庭湖水系在

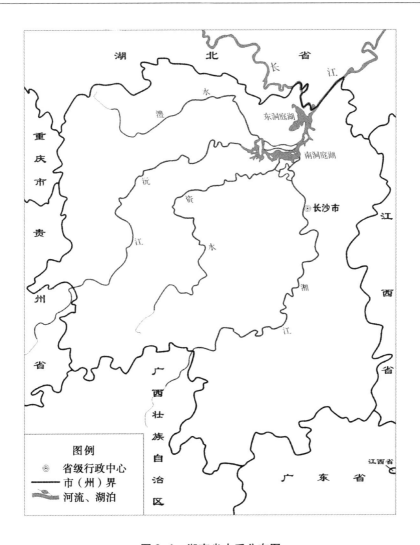

图 2-1 湖南省水系分布图

资料来源：天地图，1∶6000000；审图号：湘 S（2020）037 号，湖南省自然资源厅。

湖南省境内流域面积为 27269 平方千米，洞庭湖入湖水系组成复杂，南、西面有湖南"四水"（湘、资、沅、澧），北有长江荆江"三口"（松滋、太平、藕池口），东面还有汨罗江、新墙河等河流，经湖泊调蓄后由城陵矶汇入长江。洞庭湖可划分为东洞庭湖、西洞庭湖以及南洞庭湖三大部分。东洞庭湖位于湖区东部，在木合铺、新洲、大东口至磊石山、鹿角之间，西有藕池河东支于新洲注入，南受西、南洞庭湖的转泄及湘江的入汇，东有汨罗江、新墙河注入，使东洞庭湖成了"三口""四水"的总汇合区，再由岳阳向东北流至城陵矶汇入长江。西洞庭湖指赤山岛以西的湖泊，现仅存目平湖与七里湖，主要水系为沅江、澧水二水尾闾。南洞庭湖指赤山岛以东与磊石山以南的湖泊，介于东、西洞庭湖之间，南接湘水、资水尾闾，北与大通湖相连。南洞庭湖现存湖泊较大者有万子、横岭两湖，主要是湘、资两水尾闾。

2. 湘江

湘江又称湘水，为湖南省最大河流，是长江七大支流之一。湘江发源于广西临桂海洋坪龙门界，东北流至全州会灌江及罗江，北流进入湖南省境经永州市纳入潇水，松柏纳春陵水，衡阳汇蒸水及耒水，衡山纳洣水，渌口纳渌水，湘潭纳涓水和涟水，长沙汇浏阳河与捞刀河，至新康纳沩水，最后经濠河口流入洞庭湖，汇江入海。湘江流域面积为94660平方千米，其中湖南省内流域面积85383平方千米，也是洞庭湖水系最大的河流；干流全长856千米，其中湖南境内干流长670千米。零陵以上为上游，零陵至衡阳为中游，衡阳以下为下游。河源与河口高差460余米，平均比降0.134‰，水能蕴藏丰富。京广、湘黔、浙赣、湘桂、醴萍、醴茶、洛湛等铁路与湘江干支流纵横交错，构成四通八达的水陆交通网。

3. 资水

资水为长江二级支流，又称资江，为湖南省第三大河流。资水有西源和南源，西源赧水为正源，发源于南岭山脉北麓湖南城步苗族自治县雪峰山东麓，东北流经武冈、洞口，先后纳蓼水及平溪水，至隆回纳辰水，至邵阳县双江口；南源夫夷水发源于广西资源县越城岭山脉的最高峰桂林猫儿山，流经资源、新宁、邵阳，至双江口与西源汇合。赧水与夫夷水汇合后始称资水。经邵阳市纳邵水，新邵以下纳石马江、大洋江、渠江，安化（东坪）以下纳敷溪，于益阳以下的甘溪港注入洞庭湖。资水干流全长713千米，其中在湖南境内全长630千米；流域面积28142平方千米，其中湖南省内流域面积为26738平方千米；多年平均径流量227亿立方米。河流大部分流经山地丘陵区，河谷两岸又与山脉逼近，从而加速雨水的集流过程，水位陡涨陡落，具有山区河流的特性，涨落迅速、容易成灾。

4. 沅江

沅江又称沅水，为湖南省第二大河流。沅江发源于贵州东南部，分南北两源，南源为正源，南源龙头江发源于贵州都匀云雾山鸡冠岭，北源重安江发源于麻江县，南北两源在凯里岔河口汇合后称清水江，东流至湖南黔城镇汇合潕水后始称沅江。沅江东流至洪江市，折向北流经辰溪、沅陵又折向东北，经桃源、常德市区、汉寿注入洞庭湖。沅江干流全长1033千米，在湖南境内全长568千米，流域面积为89163平方千米，其中湖南省内流域面积为51066平方千米，多年平均径流量653亿立方米。流域上游及支流中上游皆为崇山峻岭，沿途河谷深切、岸坡陡峻。中游及部分支流的下游地区为丘陵地带，山丘与盆地相间分布。下游河谷宽阔，阶地发育，河口附近为冲积平原。沅江流域多年平均年降水量1250毫米，年径流深770毫米。沅江洪峰多发生在5~7月，汛期入湖水量占湖南"四水"的40%~50%，下游尾闾地区易发洪水。

5. 澧水

澧水位于湖南省西北部，为湖南省第四大河流。澧水分北、中、南三源，北源为主源，发源于桑植杉木界；中源发源于湘鄂边境八大公山东麓，又名绿河；南源发源于永顺龙家寨，亦名上洞河。三源在龙江口汇合后往南经桑植、张家界市区至慈利纳溇水，至石门纳渫水，经临澧至澧县纳道水、涔水，流至津市小渡口注入洞庭。澧水干流全长388千米，流域面积为18496平方千米，其中湖南省内流域面积为15505平方千米。上游崇山峻岭，山峰海拔2000米左右，峡谷壁立，河床陡峻，滩多水急。中游峡谷与盆地相间，大部分为丘陵。下游两岸山势较低，张公庙以下为冲积平原。澧水流域多年平均年降水量1425毫米；年径流深816毫米，居"四水"之首。河流多年平均含沙量0.23千克/立方米，泥沙含量偏高，流域水土流失严重。澧水洪水多为暴雨山洪性质，陡涨陡落，多发生在6~7月，且易与长江干流洪水遭遇，故澧水尾闾地区常遭洪水威胁。

四、自然地理区划

湖南省南北跨度约5°，使得境内水分、热量、土壤、植被等自然要素呈现出明显的南北区域差异，加之湖南省距海较远，东南西三面环山、南高北低、西高东低的特殊地形，使得南北差异减弱，东西差异更加明显。根据湖南省自然地理环境分异及自然要素组合情况，大致可划分为四大综合自然地理区域及十六个基本自然分区（见表2-1）[5]。

表2-1 湖南省十六大基本自然分区特征比较

区名	景观特征	地貌类型	土壤	植被	其他特征
洞庭湖环湖丘陵区	景观季相变化最显著的地段	岗地、丘陵	棕红壤	马尾松灌丛、油茶为主	区内临湘是全省绝对最低温区域（-18.1℃）
洞庭湖平原湖泊区	微域景观类型变化极迅速	平原	水稻土、潮土	水生植被、人工植被比重大	洞庭湖为典型的洪道型湖泊，泥沙落淤全国第一
暮连岭谷区	谷岭相间，景观垂直差异明显	山地、丘陵	红壤、黄壤、黄棕壤	马尾松、毛竹林分布广，谷地多经济林	谷地冬温比同纬度的洞庭湖区偏高

续表

区名	景观特征	地貌类型	土壤	植被	其他特征
武功岭谷区	盆宽岭窄	丘陵、山地	红壤、紫色土、水稻土	马尾松、灌丛、油茶比重大	典型的红壤区，红色风化壳厚
长株潭丘陵区	人工景观比重大	丘陵	红壤、水稻土	马尾松、映山红、芒萁组成的荒地灌丛为主	人类活动对景观影响很大，污染严重，城市热岛效应明显，城市肥力圈
衡阳盆地区	多系红土劣地的盆地	盆地、丘陵	紫色土、水稻土	植被覆盖率低，有马尾松疏林及灌丛	水土流失极为严重，干旱
邵祁岩溶丘陵区	多灌丛裸岩的丘陵区	岩溶丘陵盆地	石灰岩、红壤、水稻土	马尾松、毛竹、茶树、乌桕、枣、柿稀疏分布	地表水缺乏，风化壳厚度微域差异明显
沅澧岭谷区	多红岩谷地	低山丘陵	紫色土、红黄壤为主	马尾松、柏木、油茶为主	张家界、索溪峪天然风景区
雪峰山北部区	景观类型多样	破山地	黄壤为主	植被垂直差异明显，毛竹、茶生长好	多雨中心，植物区系复杂
雪峰山南部区	山体完整，高度景观带明显	具有山原特色的山地	黄壤为主	常绿阔叶林基带明显，高于雪峰山北部	雪峰山东麓是一条理想的景观界线
武陵山地盆地区	基带冬温偏高	岩溶山地	黄色石灰土、黄壤为主	多子遗珍稀植物	地下水丰富，岩溶地貌发育
武陵山原山地区	岩溶微域景观类型多样	岩溶山原为主	黄色石灰土与黄壤为主	以常绿、落叶阔叶混交林为主	中国岩溶漏斗密集带
罗霄山区	山地景观结构复杂	侵蚀山地	红黄壤为主	基带厚，植物种类多	省内最高峰所在，多雨中心之一，可达2200毫米
桂宁岩溶丘陵区	冬温最高之岩溶丘陵区	丘陵盆地	红壤、水稻土为主	马尾松、疏林檫丛为主	水土流失严重，多荒漠
九嶷山地区	沟谷景观略带热带色彩	山地，局部有岩溶峰丛	红壤、黄棕壤为主	湖南植物最丰富最复杂之地	植被覆盖率高
大南山区	湖南省受寒潮影响最小区域	山地	黄壤、黄棕壤为主，局部红壤及草甸土	有完整的四个高度植被带	山顶有山原型草甸，山下甘溪河为全省的暖窝子

资料来源：李万. 自然地理区划概论［M］. 长沙：湖南科学技术出版社，1990.

1. 湘北洞庭湖平原区

湘北洞庭湖平原区位于湖南北部，由洞庭湖湖泊河汊、河湖冲积平原及环湖低丘岗地所组成，涉及常德、益阳、岳阳、长沙等地。区内自然条件优越，农业开发历史较早，主产水稻、棉、油、麻、蚕茧、湘莲和水产，是湖南主要的粮、棉、鱼产地，也是我国重要的商品粮和淡水养殖基地。地貌类型以湖泊、平原、阶地为主，低山丘陵零星分布于隆起地带。本区光热较为充足，年平均气温为 16.3℃～17.0℃，1 月平均气温为 3.8℃～4.7℃，7 月平均气温为 28.5℃～29.3℃，大于等于 10℃ 的活动积温为 5200℃～5300℃，大于等于 15℃ 的活动积温为 4400℃～4600℃，无霜期为 266～286 天。该区为省内少雨区之一，年降水量 1200～1500 毫米，4～9 月降水量为 800～1000 毫米，约占年总降水量的 67%。地带性土壤以红壤为主，水稻土主要有潮沙土泥、黄泥、白散泥、紫泥、青泥、烂泥等。本区自然特征可概括为地势低平，热量丰富；水域广阔，水源充足；土层深厚，土地肥沃；降水偏少，洪涝、大风寒潮等灾害较为频繁。

2. 湘东湘中丘陵区

湘东湘中丘陵区位于湖南东中部，涉及长沙、湘潭、株洲、娄底、邵阳等地，土地面积为 7.28 万平方千米。地貌类型以丘陵为主，间有海拔较高的山地。大部分属湘江流域，多为红岩丘陵，是我国中亚热带常绿阔叶林的典型地域，丘陵中间分布着 100 米左右的盆地，其中较大的主要有衡阳盆地、零陵盆地、新邵盆地等。本区光照充裕、热量丰富、降水较多，是一个光、热、水充足的地区，为农业生产提供了优越条件。本区是湖南重要的水稻、茶叶、柑橘产区，其自然特征可概括为我国中亚热带的典型地段；夏秋干燥酷热；多红岩盆地与灰岩丘陵，红土劣地比重大；经济开发力度大，工业"三废"污染严重。

3. 湘南山地丘陵区

湘南山地丘陵区位于湖南南部，涉及永州、郴州等地，土地面积 3.23 万平方千米。本区山地丘陵广布、山势险峻、地形崎岖，自然景观和土地利用具有显著的垂直地带差异。本区气候暖湿，有利于柑橘、茶叶的生长。夏季南来的暖湿气流经山地抬升作用，往往带来丰沛的降水。湘南山地丘陵区的自然特征可概括为光热资源丰富，降水充沛，生物生产量高；以花岗岩中山为主体，间有灰岩、红岩丘陵盆地的山地丘陵地貌；受华南静止锋的影响，春秋多低温阴雨天气；垂直带谱明显，基带厚。本区农业生产条件优越，是湖南重要的经济作物产区，出产甘蔗、烟草、柑橘等，也是湖南重要的用材林基地。

4. 湘西武陵—雪峰山区

湘西武陵—雪峰山区位于湖南西部，包括怀化、湘西州等地，土地面积为 7.96 万平方千米。区域内山脉绵亘、溪河纵横，是全省森林的重点分布区，具有森林面积大，草山草坡多，生态环境优越，林木生长迅速，生态系统演替更新快，生物资源丰富的特点。大部分地域属资水、沅水、澧水的上中游地段，水量丰富且落差大，蕴藏着丰富的水能资源。本区年平均气温为 16.1℃ ~ 17.2℃，1 月气温为 4.3℃ ~5.7℃；夏季气温较低，7 月温度为 26.5℃ ~28.9℃，大于等于 10℃ 的积温 5000℃ ~5300℃，大于等于 15℃ 的积温为 4200℃ ~4500℃，无霜期为 270~305 天。降水东西差异较大，东部雪峰山区年降水量在 1400 毫米以上，安化一带年降水量为 1700~1800 毫米，为全省的多雨中心之一；西部地区年降水量在 1300 毫米以下，通道、新晃一带年降水量少于 1200 毫米，为全省少雨中心之一，伴有干旱灾害发生。区内以黄红壤、山地黄壤、山地棕黄壤、山地草甸土、紫色土、石灰土等为主，水稻土以黄泥田为主，其次为紫泥田等。武陵山、雪峰山地区的自然地理特征可概括为山地宽广，光照发育，兼有山原特色；水热相适，光照偏少，山地气候明显；水系发达，水资源丰富；土壤类型多，红壤和山地黄壤广泛分布；生态环境多样，动植物资源丰富。

第二节　自然资源

一、土地与土壤资源

1. 土地资源

湖南省土地总面积为 2118.4 万公顷，占全国土地总面积的 2.2%，在全国各省（自治区、直辖市）中居第 10 位。2018 年末，全省耕地面积为 415.5 万公顷，约占全省土地总面积的 19.6%；林地面积为 1218.9 万公顷，约占全省土地总面积的 57.5%；园地面积为 65.0 万公顷，约占全省土地总面积的 3.1%；建设用地面积为 154.6 万公顷，占全省土地总面积的 7.3%（见表 2-2），集中分布在建设开发适宜程度较高的城镇。

表 2-2　2018 年湖南省土地利用情况

土地利用类型	耕地	园地	林地	牧草地	建设用地	未利用地	合计
面积（万公顷）	415.5	65.0	1218.9	1.4	154.6	136.0	2118.4

资料来源：2018 年湖南省土地利用变更数据。

总体上看，湖南省土地资源的特点主要体现在以下几个方面：一是资源总量丰富、类型齐全。既有较多的宜农地，又有广阔的宜林地，还有一定的宜牧地，丰富多样的土地类型为湖南因地制宜发展农业、林业、牧业、渔业等多样化生产活动提供了有利条件。二是自然生产力高。境内水、热、光条件及其组合关系好，土地的有机质含量高，使全省大部分土地具有较高的自然生产力，为单位土地面积产量提升提供保障。三是地区分布集中。宜农土地主要分布于湘中丘陵区和湘北平原区，两区宜农土地占全省宜农土地总面积的40%以上，两区耕地、水田占全省耕地总面积、水田总面积的一半以上，形成湘北、湘中地区耕地多、水田多和耕地比重大、密度大的特点，湘西和湘南地区耕地较少[6,7]。

其中，耕地资源是区域经济社会稳定与可持续发展的重要基础，受自然与非自然因素的叠加影响，具有优劣等别之分。湖南省内有超过60%的耕地为11等，总体耕地质量不高。此外，由于境内地形地貌复杂多样，水热条件的区域差异明显，导致全省耕地质量呈现一定的地域分异特征：①全省耕地质量呈现东高西低、北高南低的分布规律，湘北、湘东地区耕地明显优于湘南、湘西地区。②优质耕地主要分布在平原和丘陵河谷地带，中等质量耕地主要分布在丘陵地区、中低山区及部分台地，较差质量的耕地主要分布在山地区域[6,7]。

2. 土壤资源

湖南省内土壤类型主要分为地带性土壤和非地带性土壤，共有9个土类，24个亚类，111个土属，418个土种。土壤总覆盖面积为1700.5万公顷，占全省土地面积的80.3%。境内广泛分布低山和中山，形成土壤垂直带谱。全省大部分山地土壤垂直带谱的组成为山地红壤、山地黄壤、黄棕壤和山地草甸土，其中，湘西山地的土壤垂直带谱依次是黄红壤亚类、山地黄壤、山地黄棕壤和山地草甸土等土类。地带性土壤主要是红壤、黄壤，大致以武陵源雪峰山东麓一线划界，此线以东红壤为主，以西黄壤为主。非地带性土壤主要有潮土、水稻土、石灰土和紫色土等。不同土壤类型在形态、结构、肥力等基本特征上存在显著差异，进而在地域空间上形成差异化的利用类型[3]。

红壤是全省的主要土壤，面积约占全省土地总面积的36.3%，土层深厚，酸性强，含有机质少，富含铁、铝，养分缺乏，肥力较低。主要分布于武陵雪峰山以东的丘陵山麓及湘、资两水流域，适宜发展油茶、茶叶、柑橘等经济作物。黄壤面积占全省土地总面积的15.4%，主要分布于雪峰山、南岭山区，土壤呈酸性反应，自然肥力比红壤高。潮土（优良旱土）只占全省土地总面积的2.5%，是由江河、湖泊沉积物形成的，土层深厚、质地适中、养分丰富、适应性较广，大部分已发育为水稻土。水稻土是湖南省的主要农用土壤，占全省土地总面积的19%，一般层次明显，有犁底层，铁的活动性强。水稻土和潮土分布于洞庭湖地区和湘、资、沅、澧"四水"流域沿岸，是全省粮食作物的生产基地，适宜发展水稻、棉花、麻类、油菜等农作物。石灰土面积占全省土地总面积的6.9%，主要分布于省境西北的武陵山地区，湘中和湘南的石灰岩地区，表土近中性，石灰含量丰富，适宜油桐、乌柏、生漆和柏木等的生长。紫色土面积约 133.3 万公顷，占全省土地面积的 6.3%，主要分布于衡阳盆地和沅麻盆地，富含磷、钾，适宜经济作物生长[3,8]。

二、水资源

湖南省水资源丰富，全省多年平均降水量为 1450 毫米，多年平均水资源总量为 1689 亿立方米，其中，地表水资源量为 1682 亿立方米，地下水资源量为 391.5 亿立方米（地下水非重复量为 7 亿立方米）。2019 年，全省平均年降水量为 1463.7 毫米，较常年偏多 4.3%；水资源总量为 3100.1 亿立方米，较常年偏多 130.1 亿立方米。水资源总量居全国第 6 位，人均占有量为 2500 立方米，略高于全国水平，具有一定的水资源优势。全省水能资源大多集中在各河流的上游和干流中游、下游的峡谷区，水能资源理论蕴藏量 12263.7 兆瓦，其中，0.5 兆瓦以上技术可开发量 12085.9 兆瓦，经济可开发量 11414.8 兆瓦[3,9,10]。

但由于受地理位置、地形地貌、水文气候等因素的影响，水资源的时空分布不均、年际变化大、调蓄容量有限及人为破坏大等多重因素叠加，山地、丘陵区干旱和湖区洪涝的威胁依然较大，"水多、水少、水脏"等问题，仍然是湖南省经济社会实现可持续发展与高质量发展的重要制约因素。其中，"水多"是指洪涝灾害频繁，主要发生在湖区（岳阳、常德、益阳等）和山区（怀化、邵阳、永州、郴州、湘西自治州等）；"水少"是指干旱问题突出，湖南一年四季都可能发生旱灾，并具有夏秋重、插花旱，尤以湘中旱重的特点，湖南旱灾发生的区域，以衡邵丘陵、盆地及郴州和湘东丘陵区最多，湘西山区和洞庭湖区较少，且旱灾发生季节性特征明显；"水脏"是指水污染问题仍然较为突出，湘、资、沅、澧"四水"流域水环境形势严峻，水质污染防治任务艰巨。

三、矿产资源

湖南省地跨南岭、鄂西-湘西、钦-杭等三大重点成矿区带，火成岩、沉积岩、变质岩系发育，底层出露齐全，三大岩系多期次侵入，形成特殊的成矿条件，是我国矿产资源最为丰富的省区之一，素有"有色金属之乡"和"非金属矿之乡"的美誉。全省矿产资源具有矿种多、大宗矿产少，共伴生矿产多、单一矿产少，难选冶贫矿多、富矿少，探明资源储量分布相对集中的特点。

从矿产资源类型和总量上看，截至 2019 年底，全省已发现矿种 121 种，探明资源储量矿种 88 种。其中，能源矿产 10 种，金属矿产 56 种，非金属矿产 76 种，水气矿产 10 种。实施地质勘查项目 11 个，新发现大中型矿产地 5 处。37 种矿产资源保有量居全国前 5 位，62 种矿产资源保有资源储量居全国前 10 位。

其中，钨、锡、铋、锑、石煤、普通萤石、海泡石粘土、石榴子石、玻璃用白云岩等矿种的保有资源储量居全国之首，钒、重晶石、隐晶质石墨、陶粒页岩等矿种居全国第二，锰、锌、铅、汞、金刚石、水泥用灰岩、高岭土等矿种也在全国具有重要地位。同时，矿产资源找矿潜力巨大，铅、锌、钨、铋、钼、磷的预测资源量为其资源储量的 2 倍以上，煤、铁、银、萤石的预测资源量为其资源储量的 3 倍以上，金、锑、重晶石、岩盐、各类石灰岩、高岭土等的预测资源量是其资源储量的 5 倍以上。丰富的矿产资源，为矿业发展提供了强有力的资源保障，形成了煤炭、黑色金属、有色金属、贵金属、稀土等生产加工为主，盐化工、磷化工、氟化工、陶瓷加工、玻璃生产、水泥生产等同步发展的矿业格局，支撑湖南省成为全国有色冶金工业、建筑材料工业的重要基地和江南褐色能源的产地之一[3]。

从矿产资源的分布情况看，全省矿床分布呈现明显的区域性和相对集中性。钨、锡、钼、铋、铅、锌、石墨主要集中在郴州、衡阳地区，锑主要分布在娄底、益阳地区，锰主要分布在永州、湘西自治州、怀化和湘潭地区，金、银主要集中在衡阳、怀化、岳阳和郴州地区，汞主要集中在湘西地区，煤主要分布在娄底、邵阳、郴州地区，岩盐主要集中在衡阳和常德地区，石膏主要集中在常德和邵阳地区，铁矿主要集中在衡阳和株洲地区，磷矿主要集中在常德、长沙和怀化地区[11]。

但是，湖南省在矿产资源开发方面也存在诸多问题：一是金属矿共伴生矿多、单一矿产少，贫矿多、难选冶矿多。品位大于 30% 的锰矿仅为总储量的 30% 左右，含硫大于 35% 的富硫铁仅占 12.7%，铅锌品位大于 5% 的矿仅占 36%；铁、磷等矿产资源量大但质差，在现有的技术水平下，难以利用；87.2% 以上的有色金属矿区含有 2 种以上的有益共伴生组分，含 10 种以上的共伴生组分占 4.7%。二是矿山企业规模总体偏小，竞争力较弱，高附加值产品较少，传统产业改造升级和新兴产业发展任务较重。三是传统能源矿产资源贫乏，石油、天然气没有探明储量，呈现"缺煤无油少气"的局面。新能源有潜力但优势不明显，核电有资源优势但短期难以投产。四是矿山开发引致的环境问题突出，特别是矿山地质灾害、废渣污染等问题，矿山保护与恢复治理任务艰巨[11,12]。

四、生物资源

湖南省属亚热带常绿阔叶林区，主要自然生态系统类型为森林和湿地生态系统。森林生态系统拥有 5 个森林类型、12 个植被型组、23 个植被型亚组、63 个群组、143 个群系，湿地生态系统分为江河、湖泊、沼泽湿地，在全球范围内具有很高的代表性和典型性，拥有全球 200 个具有国际意义的生态区，即武陵雪峰山脉和南岭罗霄山脉亚热带常绿阔叶林生态区，跨北纬20°~30°典型亚热带5个纬度，被誉为全球同纬度地带最有价值的生态区。生物资源丰富多样，是全国乃至全球珍贵的生物基因库之一[3]。全省丰富多样的生物资源，彰显了湖南具备良好的生态系统基底，为经济社会的良性发展提供了必要的有利条件。

1. 植物种类多样，群种丰富

湖南省属中亚热带常绿阔叶林地带，但植被分布总体上呈现一定的地带性特征，湘北耐寒的植物种类相对较多，湘南耐热的植物种类比重更大。以武陵山—雪峰山为界，以西多属华中植物区系，以东多属华东植物区系，形成了典型的中亚热带丘陵植被景观。从垂直带谱特征来看，常绿阔叶林的上限在湘西北为500~600米，湘南为1000~1200米。

湖南省是中国植物资源较丰富的省份之一，区系成分复杂、地理成分多样、起源古老，被植物界誉为自白垩纪以来变动不大的古老植物王国，是古老孑遗裸子植物富集之乡。全省有维管束植物208科、1089属、5922种（含变种）。有种子植物约5000种，居全国第7位，其中包括水杉、珙桐、绒毛皂荚等国家保护珍稀野生植物55种，占全国总量的17.7%。被列为国家一级重点保护植物16种，包括银杏、资源冷杉、银杉、南方红豆杉、伯乐树等；国家二级重点保护植物48种，包括华南五针松、白豆杉、连香树、杜仲等[3]。

全省有木本植物103科478属2470种。其中乔木树种近800种，木质优良、经济价值较高的约500种，面积蓄积量及可伐量最大的是针叶林，马尾松所占比重最大。优质用材林树种有杉、松、楠、樟、梓、檫、栲等；经济林有油桐、油茶、乌桕等。2019年，省内已批准建设自然保护区180个，面积为136.53万公顷，其中，国家级自然保护区23个、省级自然保护区30个。2019年完成造林面积33.3万公顷，年末林地面积为1299.6万公顷，活立木蓄积5.95亿立方米，森林覆盖率达59.9%，比2018年增长0.08%；森林蓄积量5.66亿立方米，比2018年增加2300万立方米；湿地保护率75.77%，比2018年增长0.04%[3]。

粮食作物品种繁多，仅稻谷品种就有90000多个，包括水稻与旱稻，籼稻与粳稻、糯稻，早熟与中熟、迟熟，高秆与矮秆等多种性状的类型。粮食作物除水稻外，还有玉米、高粱、薯类、豆类（黄豆、黑豆、绿豆、蚕豆、豌豆、豇豆）、麦类（小麦、荞麦、燕麦）等。油类作物有茶子、桐子、油菜籽、芝麻、向日葵、棉籽、蓖麻等。经济作物主要有棉花、苎麻、黄（红）麻、烤烟等。药用植物主要有黄连、天麻、厚朴、白术、杜仲、前胡、川芎、尾参、白芍等100多种常用著名中药材。此外，还有水果、蔬菜及各种花卉资源。植物类农副土特产品有8大类88种，中外驰名的大宗产品有柑橘、茶叶、湘白莲、花菜、玉兰片、龙牙百合、薏米、辣椒等[3]。

2. 动物种类繁多，分布较广

湖南省地处中亚热带，温和的气候条件和繁茂的植被资源，为动物资源的生存繁衍提供了适宜的场所。全省有陆生脊椎动物 916 种，其中列为国家一级重点保护陆生野生动物的有 17 种，包括黄腹角雉、林麝、麋鹿、云豹、中华秋沙鸭等；列为国家二级重点保护陆生野生动物的有 81 种，包括穿山甲、雕鸮等。有野生哺乳动物 66 种、鸟类 500 多种、爬行类 71 种、两栖类 40 种、昆虫类 1000 多种、水生动物 200 多种。有华南虎、云豹、金猫、白鹤、白鳍豚等 18 种国家一级保护动物，有猕猴、短尾猴、穿山甲、大鲵、江豚等 28 种国家二级保护动物，有白鹭、野鸭、竹鸡等 49 种三级保护动物。湖南省还是全国著名的淡水鱼区，天然鱼类有 160 多种，以鲤科为主，主要有鲤、青、草、鳙、鲢、鳊、鲫、鲂等，著名鱼种有中华鲟、白鲟、银鱼、鲥鱼、鳗鲡等。在家畜、家禽中，以宁乡猪、滨水牛、湘西黄牛、湘东黑山羊、武冈铜鹅、临武鸭、浏阳三黄鸡等最为著名[3]。

第三节　经济社会资源

一、人口

人口是区域经济社会发展最活跃的要素，人口的总量、流动、结构与布局等基本特征与产业经济发展、公共设施布局、城乡空间部署等密切相关，是影响区域经济地理布局的重要因素。湖南省是中国人口大省，常住人口总量在全国排名第 7 位。2019 年末，全省常住人口 6918.4 万人（见表 2-3），其中，城镇人口 3958.7 万人，城镇化率 57.22%，比上年末提高 1.2 个百分点；全年死亡人口 50.3 万人，人口死亡率 7.28‰；出生人口 71.8 万人，人口出生率 10.39‰；人口自然增长率为 3.11‰。

表 2-3　2019 年末湖南省常住人口数量及构成

指标	年末数（万人）	比重（%）
常住人口	6918.4	100
其中：城镇	3958.7	57.22
乡村	2959.7	42.78
其中：男性	3571.0	51.62
女性	3347.4	48.38

续表

指标	年末数（万人）	比重（%）
其中：0~15 岁（含不满 16 周岁）	1482.4	21.43
16~59 岁（含不满 60 周岁）	4147.2	59.94
60 岁及以上	1288.8	18.63
其中：65 岁及以上	922.9	13.34

资料来源：《湖南省 2019 年国民经济和社会发展统计公报》。

1. 人口总量及其变化

中华人民共和国成立以来，湖南省人口总量（户籍人口）从 1949 年的 2986.83 万人增加到 2019 年的 7319.53 万人，人口总规模增长了近两倍（见图 2-2），年均增长约 61.89 万人，总体增长趋势呈现由快速增长转向增速放缓的趋势，并呈现一定的阶段性特征[13]。1949 年以后到 20 世纪 70 年代中期，随着经济社会发展的恢复，人民生活得到一定保障，这一历史时期人口总量增长迅速，平均每年增长约 80 万人；20 世纪 70 年代中期以后，受计划生育政策的影响，人口迅猛增长的势头受到控制，人口增速有所下降，1975~1995 年，湖南省人口总量增加约 1400 万，年均增长约 70 万人；20 世纪 90 年代中期以后，湖南省人口总量增长的惯性依然存在，但人口增长趋势线明显放缓，人口增速进一步下降，1995~2015 年的 20 年间人口总量增长约 850 万人，比上个阶段的 20 年总增长量下降了近 40%。尤其是 2015 年以来，人口低水平增长的态势越发明显。

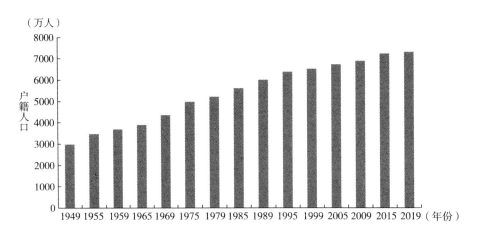

图 2-2　1949 年以来湖南省人口总量变化态势

资料来源：《湖南统计年鉴 2020》。

人口增长包括人口机械增长和人口自然增长。人口机械增长即因人口迁入和迁出而引起的人口数量变化，主要通过人口流动数据体现。人口自然增长即出生人口数减去死亡人口数。20世纪70年代以来，在计划生育政策的影响下，湖南省人口自然增长呈现死亡率低、出生率和自然增长率由高转低的基本态势，人口总量增速放缓，并在2015年之后开始出现增速下降的现象（见图2-3），2019年人口出生率下降到10.39‰，自然增长率首次下降到4‰以下。受经济社会的发展、人们生活水平的提高、生育观念的变化、已婚育龄妇女总量减少等多重因素的叠加影响，进入"十三五"时期后湖南省开始出现同期出生率下降、死亡率上升的现象，形成全省人口增速下降并总量收缩的人口增长态势[14,15]。同时，也进一步说明2016年"全面二孩"政策的实施虽然短期内对刺激人口增长有提振作用，但对全省人口增长放缓的总体趋势影响并不明显。

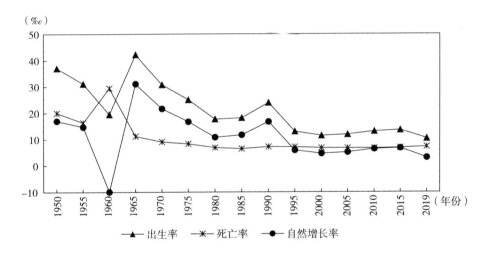

图2-3 湖南省人口自然变动情况

资料来源：《湖南统计年鉴2020》。

2. 人口流动情况

区域户籍人口与常住人口的差值可在一定程度上体现跨区域人口流出流入的总体情况与规模。湖南省是人口流动相对较多的省份，从第六次人口普查以来的湖南省户籍人口与常住人口规模的变化情况来看（见表2-4），湖南省总体表现为人口净流出，为人口输出型省份。人口流出量经历着波动性变化过程，但总体呈现流出量下降的态势，全省人口净流出规模从2010年的519.43万人下降到2019年的401.13万人，减少将近120万人。这表明由于经济社会发展水平的提升、产业转移、政策支持等的影响，湖南省内人口吸引力提升，人口净流出的规模收缩,并出现人口回流趋势。湖南省人口外流的方向主要为浙江、广东、江苏、福建、上海等沿江、沿海和经济发达地区,其次是江西、云南、贵州等邻近省份。从流动人口在湖南省内各市州的分布情况来看,主要集中于长沙、株洲、岳阳、郴州、怀化等城市。这进一步说明区域经济、社会、文化发展水平的差异性是影响人口流动的主要因素,交通便利、经济发展水平较高的城镇地区成为吸引人口流入的集聚地。

表2-4   2010~2019年湖南省人口流动情况   单位:万人

年份	户籍人口	常住人口	流出量
2010	7089.53	6570.10	519.43
2011	7135.60	6595.60	540.00
2012	7179.87	6638.93	540.94
2013	7147.28	6690.60	456.68
2014	7202.29	6737.24	465.05
2015	7242.02	6783.03	458.99
2016	7318.81	6822.02	496.79
2017	7296.26	6860.15	436.11
2018	7326.62	6898.77	427.85
2019	7319.53	6918.40	401.13

资料来源:历年《湖南统计年鉴》。

从2010年以来湖南省各县(市、区)常住人口的增减情况来看(见图2-4),2010~2019年全省常住人口增长高值区(增长10万人以上)主要分布在东部长株潭市区、衡阳市珠晖区和蒸湘区,北部常德市武陵区、岳阳市岳阳楼区,中部娄底市娄星区;同时有27个县(市、区)出现人口负增长。全省人口增长速度相对较快的县(市、区)主要位于长株潭城市群及其周边岳阳、娄底、邵阳等中心城市的城区,而人口流失最快的县(市、区)则主要位于偏远山区以及发展较好的区域(具有较强的人口吸引力)的周边地区。

3. 人口密度

人口是带动产业经济、配套设施等其他要素集聚的主体,人口的空间分布格局是影响区域经济社会发展及其发展格局的重要因素。自然因素、经济因素、社会因素、政策因素等共同决定了人口的空间集聚程度,适宜的自然地理条件、充足的资源环境容量、较强的经济发展基础、良好的人口发展政策等是吸引人口集聚的主要因素。

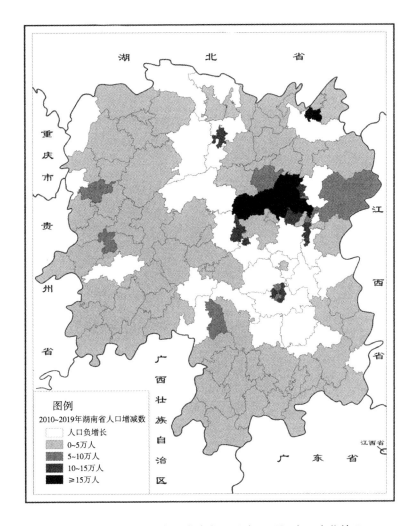

图 2-4　2010~2019 年湖南省各县（市、区）人口变化情况

资料来源：天地图，1：6000000；审图号：湘 S（2020）037 号，湖南省自然资源厅。

　　人口密度是单位土地面积上的人口数量，是反映一个地区人口分布状况的重要指标。截至 2019 年底，湖南省人口密度达到 326 人/平方千米，是全国平均水平（145 人/平方千米）的两倍以上，且全省人口集聚状况在空间布局上呈现一定的非均衡性。以区（县）为分析单元，对全省 2019 年人口密度的空间格局进行分析（见图 2-5），发现湖南省人口密度分布表现出显著的东高西低空间分异特征，长株潭地区、洞庭湖地区和湘中南地区人口密度相对较高，而湘西和湘南地区人口密度较为稀疏；人口向南北、向京广高铁沿线地区集聚的特征明显；总体呈现出向经济发展基础、区位条件、交通通达性较好的大中城市集聚，西部、南部山区人口稀疏的不均衡发展态势。湖南省人口密度最高的为长沙市芙蓉区,每平方千米人口总量超过 1.3 万人,最低的为怀化市通道县,每平方千米人口总量仅有 96 人,人口密度的空间分布差异大。

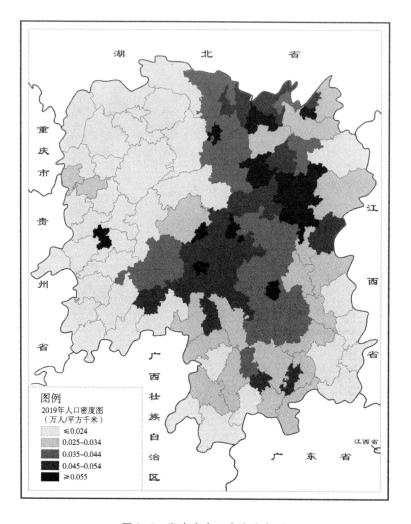

图 2-5　湖南省人口密度分布图
资料来源:天地图,1:6000000;审图号:湘 S(2020)037 号,湖南省自然资源厅。

4. 人口结构

(1)人口性别结构。男女两性人口比例的协调程度对人口、经济、社会、资源、环境、国家安全、民族繁荣等具有重要影响,人口性别比(以女性人口为 100,男性人口对女性人口的比例)是衡量男女两性人口是否均衡的重要标志，国际社会公认的出生人口性别比的正常阈值范围为 103～107，总人口性别比的正常阈值范围为 92～102。根据湖南省历次人口普查数据及全国人口变动情况抽样调查数据（见表 2-5），早在 1949 年初期，湖南省便已经开始显现人口性别比例失调的问题，到 2020 年湖南省第七次全国人口普查时虽下降至104.77，但仍超出总人口性别比正常阈值范围近 3 个百分点，这说明湖南省人口性别比例失调的问题依然严峻。

表 2-5 湖南省总人口性别比

时间	第一次 1953 年	第二次 1964 年	第三次 1982 年	第四次 1990 年	第五次 2000 年	第六次 2010 年	第七次 2020 年
总人口性别比（以女性为100）	111.63	108.13	108.07	108.01	108.96	105.81	104.77

资料来源：国家统计局历次全国人口普查数据。

影响人口性别比的原因是多样的，受经济发展水平、现实生活需要、传统生育观念、人口基本素质等因素的叠加影响，湖南省人口性别比失调问题长期存在并呈现较为明显的地域差异性（见表 2-6）。经济较为发达的长株潭城市群地区（长沙、株洲、湘潭）、洞庭湖地区（常德、益阳）的出生人口性别比失衡的程度相对较轻，失衡最严重的主要分布在经济相对落后的湘南、湘中、湘西地区，如永州、娄底、郴州、衡阳、邵阳、怀化等。此外，人口性别比的地域差异性还体现在民族地区和非民族地区的差异上，特别是省内少数民族集聚、经济欠发达的湘西地区，民族地区出生人口性别比要显著低于非民族地区的出生人口性别比[16]。

表 2-6 湖南省第六次、第七次人口普查各市州常住总人口性别比

市州	第六次	第七次	市州	第六次	第七次
长沙市	103.42	102.49	张家界	104.38	103.48
株洲市	104.39	102.81	益阳市	103.41	102.98
湘潭市	104.01	103.02	郴州市	107.60	107.16
衡阳市	107.76	106.50	永州市	108.70	108.54
邵阳市	107.95	106.97	怀化市	106.64	106.11
岳阳市	107.19	104.92	娄底市	106.31	105.04
常德市	101.67	100.52	湘西自治州	105.32	105.97

资料来源：湖南省统计局。

从不同年龄阶段的人口性别比构成情况来看,湖南省面临出生性别比长期偏高、各年龄段男女性别比失衡的问题,出生人口性别比从第四次人口普查的110.16上升到第六次人口普查的123.23,说明湖南省人口性别比失衡问题进一步加重。随着时间的推移,将会导致婚姻性别挤压等问题,同时会引发婚姻的地区挤压、物质条件挤压等,对社会稳定、家庭和谐造成巨大的负面影响。第六次人口普查湖南省未婚人口性别比高达143.79,30~49岁的大龄未婚男性比女性多出65万人[15]。

(2)人口年龄结构。根据历次湖南省人口普查结果及经济社会统计数据,生成湖南省人口年龄"金字塔"(见图2-6、图2-7),2000年和2010年人口"金字塔"总体呈现两头窄中间宽的稳定性形态,但局部变化明显,总体来看,全省0~14岁少年儿童人口比重在21世纪以后出现缩减,近年来有所上升,但总体变化幅度不大;15~64岁成年人口比重最大但总体呈现持续下降态势,65岁及以上老年人口比重持续增速明显。到2019年末,湖南省全部常住人口中,0~14岁(含不满15周岁)人口为1396.6万人,占总人口的比重为20.19%;15~59岁(含不满60周岁)人口为4233.0万人,占总人口的比重为61.18%;60岁及以上人口为1288.8万人,占总人口的比重为18.63%,其中65岁及以上人口为922.9万人,占总人口的比重达13.34%(见表2-7)。

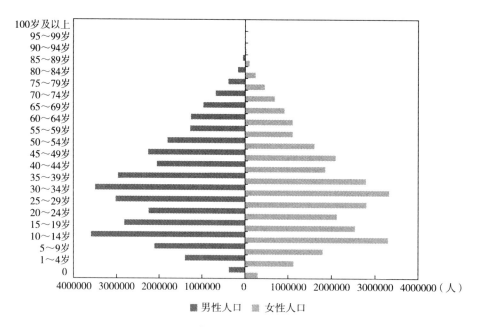

图2-6 2000年湖南省人口年龄"金字塔"

资料来源:2000年中国人口普查资料。

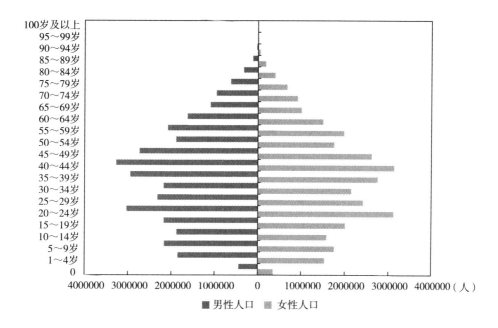

图 2-7　2010 年湖南省人口年龄"金字塔"

资料来源：2010 年中国人口普查资料。

表 2-7　湖南省人口年龄结构变化　　　　　　　　　　单位：%

年份	0~14 岁	15~64 岁	65 岁及以上
1989	27.93	66.29	5.78
2000	22.13	70.40	7.47
2005	18.70	72.03	9.27
2010	17.62	72.60	9.78
2015	18.49	70.10	11.41
2019	20.19	66.47	13.34

资料来源：相关年份《湖南省人口普查统计公报》及《1%人口抽样调查主要数据公报》。

　　按照 65 岁以上人口占总人口的比重超过 7%或 60 岁以上人口占总人口的比重超过 10%的老龄化社会划分标准，1996 年湖南省 60 岁及以上人口占总人口的比重达到 10.22%，标志着湖南省开始进入老龄化社会，是全国较早进入人口老龄化社会的省份之一，比全国进入老龄化社会（1999 年）早 3 年。2019 年末，湖南省 60 岁以上老年人口比重达 18.63%，居全国第 12 位，高于全国平均水平

0.50 个百分点，老龄化程度相对较高。从老龄人口占比的总体变化趋势来看，湖南省老龄人口比重总体依然呈现逐步增长态势，且呈现老年人口基数大、老年人口增速快、高龄老人增长快、空巢家庭比例高等特征。人口快速老龄化加大了社会保障和公共服务压力，凸显劳动力有效供给约束，人口红利减弱，持续削弱社会活力和创新动力，影响经济潜在增长率[14,16,17]。养老问题将成为重大社会问题，人口老龄化对湖南省经济社会发展的深层次影响将越来越明显，如何妥善解决老龄化社会中日益凸显的诸多现实问题，将成为今后湖南开拓经济社会发展新局面所要面临的艰巨任务。

与此同时，从劳动年龄人口总量与占比情况来看，湖南省目前尚处于人口红利期。人口红利期指的是一个国家或地区在一个时期内生育率迅速下降，对儿童与老年抚养和赡养的负担相对较轻，总人口中劳动适龄人口比重上升，从而在老年人口比例达到较高水平之前，形成一个劳动力资源相对丰富，对经济发展十分有利的黄金时期。20 世纪 90 年代初，湖南省开始进入人口红利期，近年来劳动年龄人口占比持续下降，表明湖南省劳动力资源优势在不断减弱，虽然短期内劳动力资源依然充裕，但已经进入人口红利期的末期。湖南省劳动力资源优势在不断减弱，社保支出压力不断增大，总抚养系数较低的人口红利将难以持续[16,17]。

（3）人口文化素质结构。人口受教育程度是人口素质结构的重要组成部分，是体现一定阶段、一定区域范围内人口科学文化质量的重要指标，对区域人口发展与经济社会进步影响重大[18]。根据湖南省《2015 年全国 1% 人口抽样调查主要数据公报》，全省常住人口中，具有大专及以上文化程度人口为 713.74 万人；高中及中专文化程度人口为 1376.77 万人；初中文化程度人口为 2591.46 万人；小学文化程度人口为 1836.87 万人。同 2010 年第六次全国人口普查相比，每 10 万人中具有大学程度的由 7595 人上升为 9766 人；具有高中程度的由 15420 人上升为 18838 人；具有初中程度的由 39528 人下降为 35458 人；具有小学程度的由 26785 人下降为 25133 人。

总体来看，湖南省人口受教育水平逐步提高，其中，具有大专及以上、高中及中专文化程度的人口迅速增长，初中文化程度人口持续增长，小学文化程度人口逐渐减少，文盲、半文盲人口大量减少。根据湖南省历次人口普查数据，同第五次人口普查相比，第六次人口普查时期，具有大专及以上程度的人口占比由 3.16% 提高到了 8.26%，高中及中专文化程度人口占比由 12.05% 提高到了 16.76%，初中文化程度人口占比由 38.50% 提高到了 42.97%，小学文化程度人口占比由 41.27% 下降到了 29.11%，文盲、半文盲人口占比由 5.03% 下降到了 2.90%（见表 2-8、图 2-8）。全省人口素质持续不断提高，表明人才红利的新优势正在逐步显现。在全省总体人口受教育程度提高的同时，依然存在诸多问题，特别是经济发达地区与经济欠发达地区、城市地区与乡村地区的人口受教育水平差距较大，在当前新型城镇化和乡村振兴战略推进过程中，政府应进一步加大城乡教育投入，特别是增加欠发达地区、乡村地区教育投入，优化城乡教育设施布局和教育资源配置。

表 2-8　湖南省五次人口普查人口受教育程度　　　　单位：万人

类别	第二次 1964 年	第三次 1982 年	第四次 1990 年	第五次 2000 年	第六次 2010 年
大专及以上	9.77	24.56	68.99	185.17	499.19
高中及中专	40.99	353.64	486.61	707.25	1013.39
初中	160.27	932.53	1370.42	2259.38	2597.71
小学	1256.03	2325.78	2552.16	2421.99	1760.09
文盲、半文盲	1255.57	943.97	742.56	294.96	175.43

资料来源：《湖南统计年鉴 2019》。

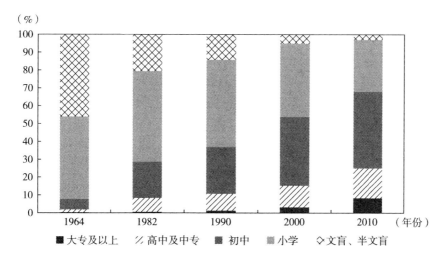

图 2-8　湖南省人口受教育程度构成变化情况

（4）劳动力从业结构。人口职业构成是区域劳动力人口在各个社会部门的分配比例。2019 年末，湖南省全社会从业人员达到 3666.48 万人，其中，第一产业从业人员 1409.24 万人，占比 38.4%；第二产业从业人员 810.04 万人，占比22.1%；第三产业从业人员1447.2万人，占比39.5%。从1990年以后湖南省按三次产业划分的从业人员构成变化情况来看（见图2-9），随着经济社会发展、经济结构变化、人口文化素质提高等背景环境的变化，湖南省第一产业从业人员比重持续下降，第二产业从业人员比重相对稳定，第三产业从业人员比重不断上升。但与全国平均水平相比，湖南省第一产业从业人员比重仍然高于第二、第三产业的比重，与发达地区省份相比，第三产业发展较为缓慢[19]。

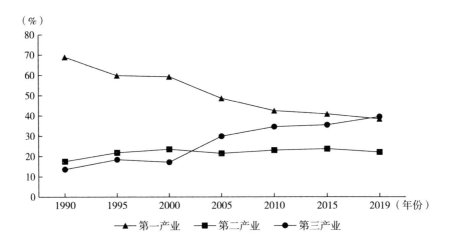

图2-9 湖南省按三次产业划分的从业人员构成

资料来源：《湖南统计年鉴2020》。

（5）人口城乡结构。1949年以来，随着经济社会的快速发展，城镇建设水平不断提高，湖南省城镇人口增长较快（见图2-10），城镇人口由1949年的235.95万人增长至2019年的3958.7万人，年均增长53.2万人。城镇化率由1949年的7.9%提高到2019年的57.22%，年均增长近1个百分点，乡村人口持续减少。在新型城镇化和乡村振兴战略加快实施的背景下，预计到2025年、2035年湖南省城镇化水平将分别达到或超过60%和70%，湖南城乡人口格局将发生新的变化。

二、民族

湖南省是一个多民族省份，全国56个民族在湖南均有分布。2010年全国第六次人口普查数据显示，湖南省共有少数民族人口655.14万人，占全省总人口的9.97%，占全国少数民族总人口的5.76%。少数民族中人口较多的是土家族、

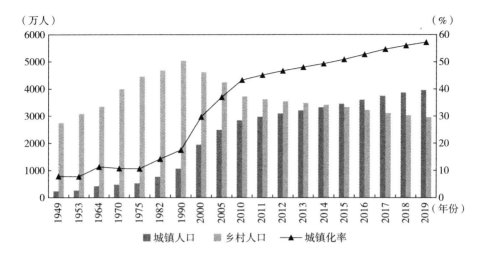

图 2-10　中华人民共和国成立以来湖南省城乡人口变化趋势

资料来源:《新中国成立 70 周年湖南经济社会发展成就系列报告》。

苗族、侗族、瑶族、白族、回族、壮族。2019 年,土家族、苗族、侗族、瑶族、白族 5 个民族人口超过了 10 万人,土家族、苗族人口在 100 万人以上。湖南省还是土家族、苗族、侗族、瑶族、白族等少数民族的主要分布区,占全国本民族人口比重分别为土家族 32.79%、苗族 23.05%、侗族 28.88%、瑶族 27.04%、白族 6.23%[3]。

湖南省境内少数民族在空间上总体呈大杂居、小聚居的分布格局,分布广泛,遍及全省 14 个市州、122 个县(市、区),但多数分布在湘西、湘南一带。湘西土家族苗族自治州、怀化市、张家界市、永州市、邵阳市、常德市 6 个市州集中了全省 96% 以上的少数民族人口。少数民族人口 100 万人以上的有湘西土家族苗族自治州、怀化市和张家界市;100 万人以下 10 万人以上的有永州市、邵阳市和常德市[4]。

湖南省民族地区包括 1 个民族自治州(湘西土家族苗族自治州,辖龙山县、永顺县、保靖县、花垣县、古丈县、凤凰县、泸溪县和吉首市)、7 个民族自治县(城步、麻阳 2 个苗族自治县,新晃、芷江、通道 3 个侗族自治县,靖州苗族侗族自治县、江华瑶族自治县)、3 个比照民族自治地方享受有关优惠政策的县(桑植县、永定区、武陵源区)、6 个少数民族人口过半县(绥宁县、会同县、沅陵县、江永县、石门县、慈利县)和 84 个民族乡。民族自治地方和民族地区分别占全省国土面积的 17.8% 和 28.0%[3]。

从少数民族人口在全省各市州的分布情况来看,土家族主要分布在湘西州、张家界市和常德市,苗族主要聚居在湘西州、怀化市和邵阳市,侗族主要集中在怀化市，瑶族以永州市为主，白族主要分布在张家界市，回族主要分布在常德市、邵阳市，壮族主要聚居地在永州市，维吾尔族主要分布在常德市[4]。

从地理分布情况来看，湖南省少数民族多分布在武陵山、雪峰山、南岭山脉及罗霄山等边远山区，且大多集中在自北由西到南、与外省接壤的边界地区，如土家族、苗族主要集中在武陵山脉和雪峰山以西的地区，雪峰山南麓则为侗族的主要分布区域，湘南五岭山区以及罗霄山为瑶族的主要分布地[3]。

三、技术

科学技术是第一生产力。近年来，湖南省以建设创新型省份为重要目标，积极推行创新驱动发展战略，不断加大科技创新投入，积极推动高新技术产业化，科技创新呈现量质齐升的良好局面。除了增加科研经费支出外，湖南省还积极打造长株潭国家自主创新示范区、环洞庭湖国家现代农业科技示范区、国家农村农业信息化示范省等科技创新平台，积极建设国家重点实验室、工程研究中心、企业技术中心等，营造科技进步的良好环境，加快科技创新资源集聚。

2019 年末，全省有国家工程研究中心（工程实验室）16 个，省级工程研究中心（工程实验室）246 个。国家地方联合工程研究中心（工程实验室）38 个。国家认定企业技术中心 54 个。国家工程技术研究中心 14 个，省级工程技术研究中心 429 个。国家级重点实验室 18 个，省级重点实验室 306 个。签订技术合同 9023 项，技术合同成交金额 490.7 亿元。登记科技成果 814 项。获得国家科技进步奖励成果 23 项、国家技术发明奖 5 项、国家自然科学奖 3 项。岳麓山实验室、生物种业创新中心、先进轨道交通装备创新中心建设稳步推进。岳麓山大学科技城、马栏山视频文创产业园分别新增企业 1012 家、812 家。专利申请量 106113 件，比上年增长 12.3%，其中，发明专利申请量 39104 件，增长 10.4%。专利授权量 54685 件，增长 11.7%，其中，发明专利授权量 8479 件，增长 2.6%。工矿企业、大专院校和科研单位专利申请量分别为 56251 件、19157 件和 963 件，专利授权量分别为 30344 件、9142 件和 577 件。高新技术产业增加值 9472.9 亿元，增长 14.3%[20]（见图 2-11）。

科技创新平台是湖南省建设创新型省份、驱动创新发展的重要载体和支撑。随着创新发展新理念的贯彻和践行，在高新技术开发区得到进一步深入发展的同时，众创空间、星创天地等一批新型科技创新平台得到快速成长，为湖南省各行各业技术创新、转型发展提供了强有力的技术支撑。从省内科技创新平台的空间布局情况来看，创新平台载体在全省均有分布，呈东密西疏、中（中心

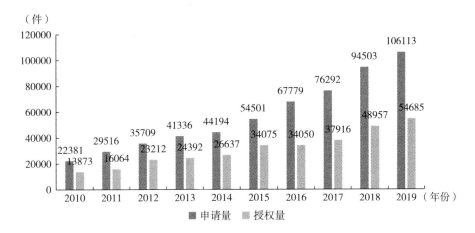

图 2-11　2010-2019 年湖南省专利申请量和授权量

资料来源：历年《湖南省国民经济和社会发展统计公报》。

城市）密外（城市外围）疏的分布特征。长株潭城市群作为省域经济发展的核心引领区，集聚了大量的科技创新资源。特别是岳麓区拥有全省约 1/5 的科技创新平台，成为湖南省科技创新平台的集聚核心，具有浓郁的人文底蕴、深厚的教育历史，拥有三所"双一流"建设高校，是全省的智密区；同时拥有国家级高新区——长沙高新技术产业开发区，以及大批研发人才、资金、相关项目等资源，集聚了粉末冶金国家重点实验室、国家混凝土机械工程技术研究中心、生物医学和生命分析化学国际科技合作基地等一大批重点实验室、工程技术中心、众创空间等科技创新平台。而远离省会以及市州城区的县级单元，区位优势不足，创新基础差，科技创新平台缺乏，成为科技创新平台分布的边缘区[21,22]。

　　然而，与全国其他地区，特别是与发达地区相比，湖南省在创新投入、专利申请等方面均存在动力不足的现象，从 R&D 经费投入强度来看，2019 年湖南省比全国平均水平低 0.25 个百分点，远远落后于北京、上海、天津、江苏和广东等发达省份（见图 2-12）。科技创新投入具有很强的循环累积效应，科技创新效果的显现依赖于长期投入和持续累积，长期以来湖南省科技创新投入的相对不足，制约着湖南省创新发展的步伐，突出表现在关键技术缺失，如在电子信息产业中，大量专利技术来源于国外，微电子、光电子和基础材料技术发展滞后；在装备产业中，精密驱动件、控制件等关键部件依赖进口，仍处于价值链的中低端[21,22]。

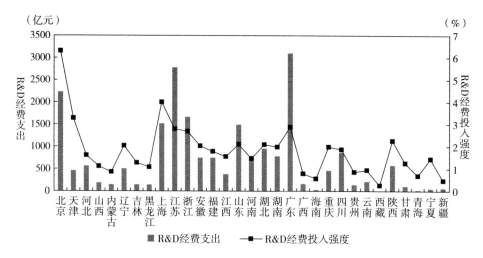

图 2-12　全国各地区研究与试验发展（R&D）经费支出情况

资料来源：《2019 年全国科技经费投入统计公报》。

四、文化与旅游资源

1. 地域文化

湖南省历史悠久，是华夏文明的重要发祥地之一，相传炎帝神农氏在此种植五谷、织麻为布、制作陶器，坐落于株洲市的炎帝陵成为凝聚中华民族的精神象征；舜帝明德天下，足历洞庭，永州九嶷山为其陵寝之地。在漫长的历史发展过程中，湖南形成了类型丰富、风格独特的文化资源宝库，成为中华文化独具特色的重要组成部分。省内历史遗存众多，出土和发现的澧县城头山古城遗址、里耶秦简、走马楼三国吴简、凤凰古南方长城、岳麓书院、岳阳楼，是湖南悠久历史的浓缩与见证。其中，出土于宁乡黄材镇的四羊方尊，是目前世界上发现的最精美的商代青铜器，也是中国现存最大的商代青铜方尊；出土于桃源县漆家河的商代皿方罍，是迄今为止出土的方罍中最大、最精美的一件，堪称"方罍之王"；湘西龙山出土的里耶秦简，是继秦始皇兵马俑之后秦代考古的又一重大发现。特别是长沙马王堆汉墓的发掘震惊世界，出土的素纱禅衣薄如蝉翼，仅重 49 克；安葬其中已 2100 多年的辛追夫人出土后仍保存完好，被誉为世界第八大奇迹[23]。

（1）方言文化。湖南省是一个方言复杂的地区，包括湘方言、西南官话、赣方言、客家方言，另外，还有湘南土话、乡话等尚未确定归属的方言。春秋时期"古代楚语"已经成形，汉朝的"南楚"方言是湘语的直接源头。移民是湖南方言形成的主要原因，五代以前湖南的移民主要来自中国北方，他们的方言在湖南形成古代"楚语",进一步演变成湘语,形成官话和土话。五代以后湖南的移民主要来自中国东南的江西、福建、广东,他们的方言在湖南形成早期的赣语、客家话和土话。

在少数民族聚居的地区,许多人既能说本民族语言,又能用汉语、方言进行交际。湘方言(也叫湘语)是湖南省最具代表性的方言,在全省分布地域最广,遍及湘江、资江流域的40个地区,包括长沙、株洲、湘潭、衡阳、邵阳、岳阳、益阳、娄底等;湘语从内部语音差异上看,又有新湘语和老湘语的区别,老湘语广泛流行于湖南中部宁乡、衡阳等地,新湘语流行于长沙、株洲等大中城市;根据内部差异,湘方言又可以分为三类,即长益语系、娄邵语系和辰溪语系。西南官话是湖南省的第二大汉语方言,西南官话方言点为湘西北、湘南两片,湘西北片与湖北、四川、贵州境内的西南官话连成一片,湘南片与广西境内的西南官话连成一片[23]。

(2)饮食文化。湖南的饮食文化历史悠久,澧县彭头山遗址出土的盆形陶釜与筒形陶釜,距今8000~9000年,是境内最早的炊具佐证。长沙马王堆西汉古墓轪侯墓中出土的竹简食单,罗列了100多种食品,并出土多款实物,其中的火焙小鱼至今仍是湖南人餐桌上的佳肴之一。

湖南的饮食习俗丰富多彩,既有逐步融汇的趋同性,也有相对明显的地域特征和民族特色。主食皆以稻米为主,佐以红薯、玉米、小麦等杂粮;菜食多以猪、牛、羊、鸡、鸭、鱼等肉类及四季鲜蔬为原料;烹饪口味以辣味为重,辣椒在湖南人的饮食中有着非同寻常的分量;经过长期的烹饪实践,菜肴的制作逐渐形成了湘菜系列;茶、烟、酒是各地均较普遍的大众市饮嗜好,咀嚼槟榔则主要流行于长沙、湘潭、株洲一带,呈快速传播势态[23]。

湖南省气候温和、四季分明、阳光充足、雨水集中,得天独厚的自然条件有利于农、牧、副、渔的生产。湖南物产丰饶,造就了独具特色的湖湘饮食文化,并且由于地区物产、社会风俗以及自然条件的不同,逐步形成了以湘江流域、环洞庭湖区和湘西地区3处地方风味为主的湖南菜系。湖南菜,简称"湘菜",以品种丰富、味感鲜明而富有地方特色,是汉族饮食文化八大菜系之一,早在汉朝时期就已经形成菜系,烹调技艺已有相当高的水平。其菜肴风味是鲜辣浓香,在烹调技艺上,以炒、腊、蒸、煨、煎、烧见长,自成体系以来,就以其丰富的内涵和浓郁的地方特色,声播海内外,并同其他地方菜系一起,共同构成华夏饮食文化的精华[23]。

湘江流域风味以长沙、湘潭、衡阳为中心,是湘菜的主流风味,特点是油重色浓,酸辣、香鲜、软嫩并重,制法以煨、炖、腊、蒸、炒见长,代表菜有腊味合蒸、麻辣子鸡、海参盆蒸、组庵鱼翅、百鸟朝凤等。环洞庭湖区风味以常德、益阳、岳阳为中心，以烹制河鲜、家禽和家畜见长，烹饪多用炖、烧、腊为主，特点是芡大油厚、咸辣香软，炖菜常用火锅上桌热煮，通常是边煮边吃边下料，代表菜有洞庭金龟、冰糖湘莲、网油叉烧洞庭鳜鱼等。湘西风味以吉首、怀化、张家界为中心，以制作山珍野味、腊肉、腌肉见长，口味重咸、香、酸、辣，菜品有着浓厚的土家族、苗族、侗族等民族特色，代表菜有红烧寒菌、板栗烧菜心、炒血鸭、湘西酸肉等。此外，永州血鸭、东安鸡、临武鸭、邵阳猪血丸子、武冈烤铜鹅、新化三合汤等都是湖南菜的典型代表，已有上百年历史[23]。

（3）曲艺文化。湖南的曲艺起源于唐代，除民族民间传统歌调之外，江浙等地时兴的小令、小调也陆续传入。宋时，曲艺在湖南已相当流行，到清代已形成自己的特色，达到更高的水平。清初，王船山曾做《愚鼓词》27 首，愚鼓即渔鼓，是湖南的主要曲种之一。到清中叶，不但有了更多的专业艺人，而且出现了印刷唱本的作坊。清代戏曲作家杨恩寿曾为同治年间长沙著名艺人张跛作《小传》，盛赞他所唱《刘伶醉酒》一折"惟妙惟肖"，足见当时的曲艺已具有较高水平。进入 20 世纪，湖南的曲艺不但拥有丰富的传统节目，还能及时反映现实生活，逐渐具有鲜明的时代特色。代表湖南特色和艺术水平的曲艺品种，主要是弹词（有长沙、益阳、湘潭、浏阳等支派），丝弦（有常德、津市、武冈、辰溪、浏阳等支派），顺口溜、单人锣鼓和相声等。少数民族曲种还有侗族的嘎琵琶、雷却、甘结，苗族的排话、古老话等。中华人民共和国成立后，湖南曲艺（包括少数民族曲艺）在传承创新中得到更大的发展[23]。

湖南省现有地方戏曲 19 种，艺术表演团体近 100 个，其中最有影响的是湖南花鼓戏。花鼓戏《老表轶事》入选 2007～2008 年度国家舞台艺术精品工程重点资助剧目。大型山水实景节目《天门狐仙——新刘海砍樵》成功上演。此外，音乐、舞蹈、美术、书法、摄影等艺术形式也都取得了丰硕成果，涌现了何纪光、李谷一、宋祖英、张也、陈思思等一大批著名湘籍歌唱家[23]。

（4）建筑文化。湖南省传统建筑以湘西、湘南传统民居最具代表性，在我国建筑史上占有重要地位。湘西位于湖南省西北部，地处湘、鄂、川、黔四省边区，乃古蛮夷之地，深受巴蜀文化和楚文化及道家哲学思想的影响，传统民居在城镇的布局上不求方正规矩，而是依山就势、灵活变化，使人工环境与自然环境浑然一体，尤以苗族、土家族吊脚楼独领风骚。湘南主要包括永州、郴州地区以及邵阳、益阳部分地区，其传统民居因地制宜，根据需要随地形灵活布置，建筑布局以三合或四合天井院为基本单位，以长方形的小天井院落巧妙地与基本单元平面有机组合。由于接近广东沿海地区，建筑形式受到西方建筑的影响，瓶式栏杆、山花、拱券、柱头等西洋装饰逐渐出现在当地的民居之中，形成了有别于湖南其他地区的传统民居特色[23]。

2. 旅游资源

湖南是旅游资源与旅游产业大省，境内山水风光秀美奇特，历史文化底蕴深厚，民俗风情多姿多彩，是海内外闻名的旅游胜地。浑然天成的山水风光与历史璀璨的文化遗产交相辉映，形成了湖南省别具一格的旅游风景画。

湖南省山水秀美，以独特的气候、水文及地质地貌条件为基础，形成了种类丰富、数量繁多的自然旅游资源。张家界以其独特的地质地貌，集奇、幽、野、险、秀于一身，以峰称奇、以谷显幽、以林见秀，有奇峰3000多座，有"三千奇峰、八百秀水"的美称，被联合国列为世界自然遗产。南岳衡山五岳独秀、八百里洞庭烟波浩渺、世外仙境桃花源和猛洞河、崀山、壶瓶山风光更是充满诗情画意。还有湖南文化思想坐标之称的云阳山和"民族脊梁"之称的雪峰山，有奔流不息的湘、资、沅、澧"四水"，碧波万顷的东江湖，闻名全国的浏阳河，都是湖南自然风光的典型代表[24,25]。

湖南省人文旅游资源丰富多样、相对分散，历史文化遗迹、名人文化、红色文化、民俗文化等是湖南人文旅游资源的主要内容。湖南省具有上下五千年的古老历史，留下了深厚的文化底蕴和众多的历史文化遗存，形成了历史文化名城、名镇、名村及寺塔祠庙、亭桥楼阁等众多人文旅游景点。湖南省人杰地灵，留下了历史上众多文人墨客的经世之作，也是近现代众多领袖人物的故乡，留下的许多历史遗迹和红色旅游资源，吸引着海内外大批游客前往。此外，湖南的影视文化、歌厅文化、酒吧文化、休闲文化、动漫文化、湘菜文化全国驰名，《天门狐仙》《魅力湘西》等旅游演艺节目点亮了游客的夜间生活[24,25]。

总体来说，湖南省旅游资源具有以下几方面的特点：一是旅游资源种类丰富多样，旅游资源品位较高（见表2-9）。全省有世界遗产3处（武陵源风景区、崀山、永顺老司城遗址），国家级生态旅游示范区3个（大围山国家生态旅游示范区、东江湖国家生态旅游示范区、黄桑生态旅游区），中国红色旅游经典景区28处，中国绿色旅游示范基地和中国康养旅游示范基地各1处。截至2019年底，全省共有国家等级旅游景区482家，其中，5A级旅游景区9家，4A级旅游景区121家，3A级及以下旅游景区352家。2018年湖南省入选世界十大最物超所值的旅行目的地，是全国唯一获此殊荣的省份。二是旅游资源类型组合良好。自然旅游资源与人文旅游资源兼备，名山大川、湖泊溪流、森林草原等自然旅游资源并存，文化遗址、名人故居、神话传说、民族风情等人文旅游资源多样，有利于各类旅游资源的组合开发。三是旅游资源丰度的区域差异较大、地域特色显著。湘东、湘西北地区旅游资源数量相对较少，但等级较高，具有较高的旅游影响力；湘西南、湘东南地区旅游资源数量较多，但大多等级不高；湘中地区则为旅游资源相对贫乏区。人文旅游资源主要集中在湘东北与湘东地区，湘西地区则以自然旅游资源为主[24,25]。

表 2-9　湖南省重点旅游景区名录

市州	5A 级旅游景区	4A 级旅游景区
长沙市	岳麓山-橘子洲景区、花明楼景区	靖港古镇景区、世界之窗、湖南省森林植物园、宁乡沩山密印景区、天心阁、浏阳苍坊旅游区、洋湖湿地景区、石燕湖生态旅游公园、千龙湖生态旅游度假区、关山古镇、长沙生态动物园、长沙海底世界、长沙黑麋峰国家森林公园、大围山国家森林公园、杨开慧纪念馆、雷锋纪念馆、湖南省博物馆、浏阳秋收起义园纪念园景区、田汉文化园旅游区、新华联铜官窑古镇景区、长沙滨江文化园、长沙铜官窑国家考古遗址公园、宁乡紫龙湾旅游区
株洲市	炎帝陵景区	神农城炎帝文化主题公园、方特欢乐世界、酒仙湖景区、云阳山国家森林公园、农谷国家森林公园、炎陵红军标语博物馆
湘潭市	韶山旅游区	昭山景区、水府旅游区、湘乡东山书院、湘乡茅浒水乡度假村旅游区、盘龙大观园、彭德怀纪念馆、昭山城市海景水上乐园
衡阳市	南岳衡山旅游区	罗荣桓故居-纪念馆、石鼓书院、蔡伦竹海旅游风景区、常宁印山文化旅游区
邵阳市	崀山景区	邵阳黄桑生态旅游区、隆回大花瑶虎形山景区、湘窖生态文化酿酒城、湖南云山国家森林公园、新邵白水洞旅游区
岳阳市	岳阳楼洞庭湖-君山岛景区	幕阜山国家森林公园、南岳圣安寺景区、张谷英旅游区、平江石牛寨景区、君山野生荷花世界旅游区、平江起义纪念馆、任弼时纪念馆、屈子文化园景区
常德市		林伯渠故居-纪念馆、石门夹山旅游区、清水湖旅游区、常德市规划展示馆、城头山旅游景区、柳叶湖旅游度假区、花岩溪国家森林公园、枫林花海维回民族风情园、澧县彭山景区、桃花源旅游区
张家界市	武陵源-天门山旅游区	江垭温泉度假村、万福温泉旅游度假区、张家界土家风情园、张家界大峡谷景区、溪布老街景区、黄龙洞旅游景区、龙王洞旅游景区、宝峰湖旅游区、贺龙纪念馆、慈利地缝景区
益阳市		奥林匹克公园、山乡巨变第一村旅游区、安化茶马古道风景区、九天峰峦旅游区
郴州市	东江湖旅游区	莽山森林公园、天堂温泉、王仙岭旅游区、苏仙岭旅游区、龙女景区、板梁古村景区、汝城福泉山庄、飞天山国家地质公园、安仁稻田公园、九龙江国家森林公园、万华岩旅游区、汝城县沙洲红色旅游景区、湖南西瑶绿谷国家森林公园、宝山工矿旅游景区
永州市		阳明山国家森林公园、舜皇山国家森林公园、柳宗元文化旅游区、浯溪碑林景区、九嶷山-舜帝陵风景名胜区、双牌阳明山旅游区、桐子坳景区、勾蓝瑶寨景区、零陵东山景区、道县濂溪故里景区
怀化市		芷江抗战受降纪念旧址、通道皇都侗文化村旅游区、洪江古商城、沅陵凤滩景区、靖州县飞山景区、溆浦县穿岩山风景区、通道转兵纪念馆、通道县芋头古侗寨、黄岩生态旅游区、通道横岭古侗寨景区
娄底市		双峰曾国藩故里旅游区、梅山龙宫风景名胜区、湄江旅游区、紫鹊界梯田风景名胜区、新化县三联峒冰泉景区、湖南大熊山国家森林公园

续表

市州	5A 级旅游景区	4A 级旅游景区
湘西自治州		凤凰古城旅游区、芙蓉镇景区、乾州古城景区、浦市古镇景区、里耶古城遗址景区、永顺县老司城景区、猛洞河漂流景区、红石林景区、凤凰南华山神凤文化景区、矮寨奇观旅游区、凤凰奇梁洞景区、湘西民族文化园景区

资料来源：根据国家文化和旅游部及湖南省文化和旅游厅公布的 A 级景区资料整理。

根据区域经济分区、旅游资源特色等方面的地域差异性，形成了湖南省内 5 条精品旅游线路和 2 条红色文化线路（见表 2-10）。5 条精品旅游线路分别为时尚都市·历史文化游（长株潭板块）、魅力湘西·世界遗产游（大湘西板块）、天下洞庭·湿地生态游（环洞庭湖板块）、诗意湘南·寻根祈福游（大湘南板块）、神韵雪峰·户外休闲游（雪峰山板块）。2 条红色文化线路分别为伟人故里·红色潇湘路（红三角）、不忘初心·重走长征路（湘赣边—长征国家公园湖南段—湘鄂西）[26]。

表 2-10　湖南省主要旅游线路

	旅游线路	主要旅游节点
5 条精品旅游线路	时尚都市·历史文化游	长沙-岳麓山（岳麓书院）、橘子洲旅游区（5A）-国金中心-化龙池-坡子街小吃一条街-火宫殿-太平街-湘江剧场-洋湖湿地艺术旅游区（4A）-湖南省博物馆（4A）-湖南广电影视基地-铜官古镇-株洲动力谷-醴陵瓷都-湘潭盘龙大观园（4A）-窑湾、万楼旅游区
	魅力湘西·世界遗产游	长沙-常德桃花源风景区（4A）-张家界大峡谷（4A）-武陵源风景名胜区（5A）-黄龙洞（4A）-宝峰湖（4A）-天门山（5A）-湘西芙蓉镇（4A）-老司城（4A）-红石林（4A）-墨戎苗寨-矮寨奇观旅游区（5A）-十八洞村-凤凰古城（4A）-怀化洪江古城（4A）-黔阳古城（4A）-邵阳崀山（5A）
	天下洞庭·湿地生态游	长沙-湖南省博物馆（4A）-简牍博物馆-雨花非遗馆-洋湖湿地公园（4A）-铜官古镇-灰汤温泉国家级旅游度假区-益阳沅江南洞庭-常德花岩溪景区（4A）-柳叶湖旅游度假区（4A）-岳阳岳阳楼-君山岛（5A）-东洞庭湖湿地公园-屈子祠（4A）-洋沙湖旅游度假区
	诗意湘南·寻根祈福游	长沙-株洲炎帝陵（5A）-衡阳南岳衡山（5A）-永州零陵古城、柳子庙-宁远舜帝陵（4A）-古舜帝庙遗址公园-紫霞岩-九嶷山-宁远文庙-郴州莽山国家森林公园（4A）-东江湖旅游区（5A）
	神韵雪峰·户外休闲游	长沙-娄底新化紫鹊界梯田（4A）-邵阳隆回虎形山-怀化溆浦穿岩山景区（4A）-芷江抗日战争胜利受降纪念馆（4A）-通道转兵纪念馆（4A）-通道皇都侗寨-邵阳绥宁黄桑（4A）-城步南山国家公园-武冈云山景区（4A）-新宁崀山景区（5A）

续表

	旅游线路	主要旅游节点
2条红色文化线路	伟人故里·红色潇湘路（红三角）	长沙-湘潭韶山旅游区（5A）-彭德怀纪念馆（4A）-长沙宁乡花明楼景区（5A）-岳麓山、橘子洲旅游区（5A）-第一师范旧址（4A）
	不忘初心·重走长征路	长沙-岳阳平江起义纪念馆-长沙浏阳胡耀邦故居-秋收起义纪念馆（4A）-株洲李立三故居-茶陵县工农兵政府旧址-炎陵红军标语博物馆（4A）-郴州桂东军规广场-汝城沙洲景区（4A）-宜章湘南暴动旧址-永州道县陈树湘烈士纪念园-邵阳城步老山界-怀化通道转兵纪念馆（4A）-湘西龙山茨岩塘-永顺湘鄂川黔革命根据地旧址-张家界湘鄂川黔革命根据地纪念馆-贺龙故居

资料来源：湖南省文化和旅游厅。

参考文献

［1］高冠民，窦秀英.湖南自然地理［M］.长沙：湖南人民出版社，1981.

［2］朱翔.湖南地理［M］.北京：北京师范大学出版社，2014.

［3］江涌，等.湖南年鉴［J］.长沙：湖南年鉴社，2020.

［4］湖南省水利厅.湖南省第一次水利普查公报［R］.2020.

［5］李万.自然地理区划概论［M］.长沙：湖南科学技术出版社，1990.

［6］程柱，谭永生.湖南省耕地质量等别年度监测评价与应用研究［J］.国土资源导刊，2017，14（4）：1-4.

［7］程柱.湖南省耕地质量评价与分析研究［J］.国土资源导刊，2016，13（2）：50-54.

［8］罗望林.湖南省经济地理［M］.北京：新华出版社，1988.

［9］湖南省水利厅.2018年湖南省水资源公报［EB/OL］.http：//slt.hunan.gov.cn/slt/xxgk/slxw/slxw_1/201909/t20190909_10266144.html.

［10］湖南省水资源综合规划领导小组办公室.湖南省水资源综合规划［Z］.2007.

［11］湖南省人民政府.湖南省矿产资源总体规划（2016-2020年）［Z］.2016.

［12］湖南省国土资源规划院.《湖南省国土空间规划（2018-2035）》专题研究——资源环境承载力与国土空间适宜性评价研究［R］.2018.

［13］邓楚雄，李民，宾津佑.湖南省人口分布格局时空变化特征及主要影响因素分析［J］.经济地理，2017，37（12）：41-48.

［14］王毓君."全面二孩"政策下湖南省可生育人群生育意愿及人口预测［D］.衡阳：南华大学，2018.

［15］湖南省发展和改革委员会.湖南省"十三五"人口发展规划［EB/OL］.（2017-02-20）.http：//fgw.hunan.gov.cn/xxgk_70899/tzgg/201703/t20170309_4061770.html.

［16］陈毅华，苏昌贵.基于六普数据的湖南省人口老龄化发展态势与对策研究［J］.经济地理，2013，33（1）：21-26+40.

［17］廖闻菲.人口老龄化对湖南经济社会的影响及对策［N］.湘声报社，2020-11-21（005）.

［18］蒋志远.西藏人口受教育程度的结构差异问题及其对策研究——基于六普数据的分析［J］.西北人口，2016，37（3）：51-55.

［19］颜泳红，周聪.湖南省人口结构变动对经济增长水平的影响［J］.湖南工业大学学报（社会科学版），2016，21（1）：32-37.

［20］湖南省统计局，国家统计局湖南调查总队.湖南省2019年国民经济和社会发展统计公报［EB/OL］.（2020-03-17）.http：//www.hunan.gov.cn/hnszf/zfsj/tjgb/202003/t20200319_11815838.html.

［21］吴佳敏.湖南省科技创新平台的空间格局及其影响因素研究［D］.长沙：湖南师范大学，2019.

［22］郭夏爽.湖南省科技创新资源的空间格局及其影响因素［D］.长沙：湖南师范大学，2020.

［23］湖南省地方志编纂委员会.湖南省志第二十六卷：民俗志［M］.北京：五洲传播出版社，2005.

［24］黄雄伟.湖南省旅游资源分区评价研究［J］.中国国土资源经济，2005（11）：32-34+47+49.

［25］徐飞雄.湖南旅游业［M］.长沙：湖南地图出版社，1999.

［26］湖南省文化和旅游厅.湖南省文化和旅游厅关于公布"锦绣潇湘"湖南旅游精品线路的通知［EB/OL］.http：//whhlyt.hunan.gov.cn/whhlyt/cyfz/cyxm/202003/t20200317_12264112.html.

第三章 经济发展过程与总体评价

改革开放以来，湖南省经济社会发展成就巨大，综合经济实力显著提升。

第一节 经济发展过程

依据各时期经济发展思路与实际状况，将改革开放以来湖南省经济发展过程分为经济结构调整时期（1978~2000 年）、经济快速发展期（2001~2012 年）、经济发展转型时期（2013 年至今）三个阶段，各阶段的 GDP 变化情况如图3-1 所示。

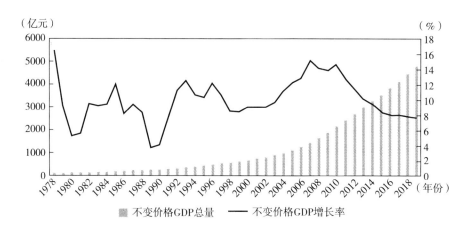

图 3-1 1978~2019 年湖南省地区生产总值变化情况

资料来源：《湖南统计年鉴 2020》。

一、经济结构调整时期（1978~2000 年）

改革开放以来，随着党的工作重心转移、经济体制改革深化和开放水平提升，湖南省经济总量实现大幅度增长，经济结构也发生了重大调整，主要表现在所有制结构、三次产业结构以及区域经济格局三个方面。

1. 由计划经济逐步转向市场经济

改革开放以前，湖南省所有制结构以公有制经济为主，个体、私营经济所占比重很小。改革开放后，湖南省在不断发展壮大公有制经济的同时，大力发展非公有制经济，积极探索公有制的多种实现形式，基本形成公有制经济与非公有制经济优势互补、协同发展的新格局。一方面，积极深化国有企业改革，增强国有经济活力与竞争力，使之与市场经济发展相互融合。1979~1984 年，以放权让利为重点，扩大国有企业经营管理自主权[1]；1985~1993 年，以两权分离为特征，转换企业经营机制；1994 年以后，推动国有企业建立现代企业制度，进行战略性调整。另一方面，在"四不限制"等相关政策的支持下，非公有制经济得到快速发展，到 2000 年末，非公有制经济占湖南省经济总量的比重达到 40%。

在此期间，农村经济体制改革也逐步深入。湖南省农村经济改革起源于1978 年岳阳市华容县万庾公社兔湖垸大队在湖南省率先试行家庭联产承包责任制。1981 年 10 月，湖南省委提出，要以完善、稳定农业生产责任制作为重点，发展包干到户的联产承包责任制。束缚农业生产力发展的所有制关系被打破，农业农村发展活力大幅提升，并且随着农村经济体制改革逐步深入，农业生产不断发展，农民生活水平进一步提高，农村居民人均可支配收入由 1978 年的142.56 元上升至 2000 年的 2197.2 元。

乘着改革开放的东风，全方位多层次的对外开放新格局也逐步形成。自1991 年开始，湖南省取消对外贸企业的补贴，实行统一政策，促进平等竞争，外贸企业走上自主经营、自负盈亏、自我发展、自我约束之路；1992 年，湖南省开始实行开放带动战略，实行"三外"联动，逐步扩大对外开放水平；1994年，湖南省步入以汇率并轨为中心、全面深化外贸体制改革阶段，对外贸易得以进一步发展。至 2000 年末，湖南省进出口总额上升到 251259 万美元，对外经济贸易实现跨越式发展。

2. 三次产业结构得到优化调整

1978 年 12 月，党的十一届三中全会提出将党的工作重点转移到经济建设上来。改革开放初期，湖南省进一步贯彻"调整、改革、整顿、提高"的方针，大力调整国民经济农轻重三类产业、积累与消费、生产性与非生产性建设投资等比例失调问题，实现经济波动停滞向平稳上升的过渡。历经 20 余年的经济建设，湖南省三次产业结构由 1978 年的 40.7：40.7：18.6 调整为 2000 年的22.1：36.4：41.5，整体来看，第一产业所占比重不断下降，第三产业所占比重持续上升，三次产业内部结构持续优化（见图 3-2）。

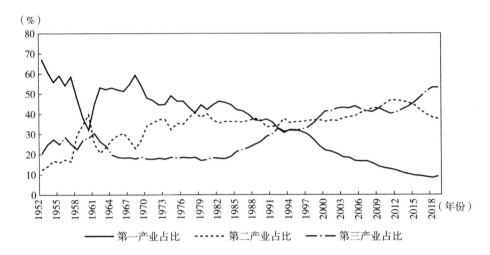

图 3-2　1952~2019 年湖南省三次产业结构变化情况

资料来源：《湖南统计年鉴 2020》。

第一，农业生产结构不断优化调整。改革开放之初，农业生产结构调整主要是改善粮食作物与经济作物的比例。1984 年，湖南省委、省政府作出调整粮食品种结构、大力发展优质稻的决定。1985 年，湖南省农村工作会议提出，要补齐养殖业发展短板，促进种养殖业协调发展。1997 年，湖南省人民政府出台《关于加快农业结构调整的决定》，着重强调农业现代化、集约化发展。在这一段时间里，湖南省农业产业结构发生了重大转变。1978 年，全省种植业、林业、牧业、渔业产值比重分别为 79.3%、3.9%、15.9%、0.9%，2000 年则分别调整为种植业 50.6%、林业 4.1%、牧业 38.8%、渔业 6.5%。

第二，第二产业在湖南省经济社会发展中的主导作用日益突出。1978~2000年，湖南省第二产业产值年均增长速度为 11.55%，其中，工业经济持续稳定发展，工业增加值年均增速达到 11.3%。改革开放之初，湖南省工业产业发展计划突出扶持轻工业发展，重点发展能源、消费品和原材料工业，以协调轻重工业比例（见表 3-1）。20 世纪 90 年代，湖南省重点发展冶金、机电、建材、石化和食品工业 5 大支柱产业，并逐渐步入以重工业为主导的重化工业阶段。在此期间，湖南省工业发展取得了较大的成就，但依然处于工业化初期，工业发展仍面临"重工不强、轻工不轻"、产品附加值较低、发展后劲不足等问题。

第三，第三产业比重逐步上升，成为新的经济增长点。改革开放以前，湖南省第三产业发展相对落后，直至 1990 年后其发展步伐加快。1978~2000 年，第三产业占地区生产总值比重由 18.6% 提升到 41.5%，产值达到 1473.39 亿元。特别是"八五计划"和"九五计划"期间，第三产业地区生产总值年均增速分

表 3-1　1978~2000 年湖南省轻重工业产值比例变化　　　单位：%

年份	轻工业	重工业	年份	轻工业	重工业
1978	39.1	60.9	1990	44.4	55.6
1979	38.2	61.8	1991	44.0	56.0
1980	42.2	57.8	1992	41.9	58.1
1981	46.3	53.7	1993	39.0	61.0
1982	46.0	54.0	1994	41.9	58.1
1983	45.8	54.2	1995	42.6	57.4
1984	45.2	54.8	1996	44.4	55.6
1985	44.4	55.6	1997	44.7	55.3
1986	45.6	54.4	1998	38.5	61.5
1987	46.1	53.9	1999	37.6	62.4
1988	45.3	54.7	2000	35.7	64.3
1989	44.1	55.9			

资料来源：《湖南省志（1978~2002）：经济和社会发展计划志》。

别达到 12.4%、11.7%，均快于第一、第二产业发展速度。1999 年，第三产业产值首次超过第一、第二产业，三次产业结构调整为"三二一"。但是，此阶段的"三二一"结构层次偏低，基础薄弱，经济效益也不高，甚至成为湖南省整体经济增长相对滞缓的重要原因[2]。

3. 重视区域经济格局调整

改革开放以来，湖南省秉持重点地区优先发展和薄弱地区重点扶持的发展思路，提出区域发展新战略，并积极建设改革开放示范区，以发挥地区特色优势、优化区域经济发展格局。一方面，区域发展战略不断更新调整。例如，1982 年提出要在经济上联结长沙、株洲、湘潭 3 市，打造湖南省经济中心，并于 1999 年明确提出推进长株潭一体化发展；1992 年初提出建设"五区一廊"的战略构想，提出将长沙、株洲、湘潭、岳阳、衡阳 5 区打造成湖南经济特区，形成高速度、高效益、高科技、外向型的经济发展走廊；1995 年出台《湖南省加速西线开发 1994~2010 年总体规划》，着力扶持湘西地区开发，缩小地区发展差距；1996 年《湖南省国民经济和社会发展第九个五年计划》决定实施"一点一线"发展战略,以长株潭城市群地区为经济发展增长极,以京广铁路和京珠高速公路为发展线,带动湖南省经济发展与对外开放。另一方面,积极建设不同类型的开发开放示范区,推进改革试点与探索。例如,1988 年提出将郴州、零陵地区和衡阳市作为由沿海向内地改革开放推进的过渡试验区[3];同年,在怀化地区设立山区开放开发试验区。

二、经济快速发展时期 (2001~2012 年)

进入 21 世纪以后,中国加入世界贸易组织,泛珠三角经济圈建设、中部地区崛起战略相继提出,湖南省面向良好的外部发展机遇,积极参与全球化进程,区域开放度进一步提高。与此同时,环长株潭城市群建设、湘南承接产业转移示范区建设、大湘西武陵山经济协作区建设相继上升到国家战略层面[4]。在国际国内各种因素的综合作用下,全省国民经济快速增长,经济活力不断提升,城镇化与工业化水平得到快速发展。

1. 经济发展机遇增多

从国际层面来看,2001 年 12 月 11 日,中国加入世界贸易组织,标志着我国对外开放进入了一个全新的阶段。湖南省抓住机会积极参与经济全球化,借鉴和吸收国际、国内的发展经验和优秀成果,努力开拓国内外市场,形成了全方位、多层次、宽领域的开放格局。从国家层面来看,2003 年国家提出泛珠三角概念,泛珠三角经济圈形成,该地区区域合作发展逐步加强,为湖南省承接珠三角地区产业转移提供了便利条件,大大推动了其产业结构的优化调整。2006 年,中部地区崛起战略研究工作正式启动,为广大中部地区提供了巨大的发展机遇,推动湖南省经济社会进入加速发展阶段[5]。从省域层面来看,2007 年长株潭城市群地区被列为国家"两型社会"建设综合配套改革试验区,正式纳入国家区域发展战略[6];湘南地区于 2011 年获批国家级承接产业转移示范区,在相关政策措施的支持下,产业基础设施日益完善、产业结构优化升级,经济社会快速发展;2011 年武陵山片区区域发展与扶贫攻坚试点工作正式推进,湘西地区基础设施与公共服务水平得以提升,经济发展活力不断增强、人民生活水平大幅提升。

2. 国民经济快速增长,经济活力不断增强

首先,湖南省国民经济快速增长。湖南省地区生产总值从 2001 年的 3831.9 亿元增加到 2012 年的 21207.23 亿元,年均增长率达 12.40%,高出全国同期地区生产总值增长率 1.88 个百分点。湖南省人均地区生产总值从 2001 年的 6120 元提高到 2012 年的 32048 元,按不变价格计算,增加了 2.42 倍。其次,产业结构更加合理。2001~2012 年,第一、第二、第三产业年均增长率分别为 4.44%、

15.65%、12.04%，2012 年第一产业产值为 2567.85 亿元、第二产业产值为 9926.66 亿元、第三产业产值为 8712.72 亿元，三次产业结构由 2001 年的 21.5：36.9：46.1 调整为 2012 年的 12.1：46.8：41.1，工业化进程加快、水平提高，改变了低层次服务业为主的产业结构形态，产业结构趋于合理化，经济发展活力不断增强。与此同时，对外开放程度不断提升。中国加入世界贸易组织，为湖南省扩大出口与引进外资创造了有利条件。这一阶段，湖南省对外贸易总量逐年增长，进出口总额增长了近 8 倍，实际利用外商直接投资金额增长了近 9 倍。

3. 城镇化进程加快，人民生活水平稳步提升

这一时期，湖南省加快推进城镇化建设，湖南省城镇化水平由 2001 年的 30.8%增长到 2012 年的 46.65%，年均增长 1.44 个百分点。尤其是重点加强长株潭城市群地区的发展。2001～2012 年，长株潭城市群地区城镇化水平由 2001 年的 40.45%增长到 2012 年的 60.83%，2012 年该地区城镇人口占湖南省城镇总人口比重达到 28.32%，地区生产总值占湖南省比重达到 42.6%。同时，为促进城镇化的相对均衡发展，重点建设湘西、湘南地区各具特色的区域性中心城市，进一步强化优势县域城镇集聚功能等。随着城镇化、工业化的推进，人民生活水平也稳步提升。2001～2012 年，城镇居民人均可支配收入和农村居民人均可支配收入同步提升，2012 年农村居民人均可支配收入达 7440.2 元、城镇居民人均可支配收入达 21318.8 元，城镇和乡村居民的恩格尔系数分别为 37.3%、43.9%，分别达到富裕水平和小康水平。

三、经济转型发展时期（2013 年至今）

2012 年底，党的十八大报告明确指出："要适应国内外经济形势新变化，加快形成新的经济发展方式，把推动发展的立足点转到提高质量和效益上来"，我国经济发展更加注重稳定性与协调性，经济增速进一步放缓。2015 年 10 月党的十八届五中全会提出了创新、协调、绿色、开放、共享的五大发展理念，新发展理念要求实现更高质量、更有效率、更加公平、更可持续地发展。2017 年党的十九大提出，我国经济已由高速增长阶段转向高质量发展阶段，这一论断对湖南省努力推动湖南经济向高质量发展阶段迈进具有重要的现实意义。因此，实现经济由高速发展向高质量发展转型是这一时期湖南省经济发展的主要任务。

1. 经济发展增速趋缓

在供给侧结构性改革和适度扩大总需求政策的共同作用下，我国经济出现一系列积极变化，经济发展呈现增速换挡、结构优化、动能转换、方式转变的

新常态特征。随着全球经济下滑与全国经济发展转型，湖南省经济增长速度明显下降。一方面，地区生产总值增速减缓。2013 年以来，湖南省地区生产总值增长速度逐步降至 10% 以下，三次产业生产总值增长速度也呈波动下降趋势，2019 年湖南省地区生产总值增长速度为 7.6%，较上年回落 0.2 个百分点。但总体来说，湖南省仍长期高于全国地区生产总值增速，增长速度在中部六省中位居前列。另一方面，规模以上工业企业利润增速放缓。2019 年湖南省工业品出厂价格指数下滑至 99.6%，同比下降 3.6 个百分点，挤压了湖南省规模以上工业企业的利润空间，全年规模以上工业企业利润总额同比增长 6.6%，增速较上年回落 2.7 个百分点。

2. 向高质量发展转型

这一时期，湖南省坚持主要经济发展指标紧扣"稳中求进"总基调，坚持"创新引领""开放崛起"两大战略驱动，大力推动供给侧结构性改革，促进湖南社会经济转型升级与健康可持续发展，打造高质量发展的湖南"样板"。2015 年湖南省第三产业产值占湖南省地区生产总值的 46%，超过第二产业，并且呈持续增长态势，第三产业对经济增长的贡献率明显提升，三次产业结构比例由"二三一"再次调整为"三二一"。与 2000 年前后低层次的"三二一"结构不同，新时期湖南省产业结构基础更牢、质量更高，整体表现为：以工程机械、轨道交通、航空动力产业等为代表的先进装备制造业以及以电子信息产业为代表的高新技术产业蓬勃发展，文化与科技融合的新兴文化创意产业竞争力进一步增强，基于大数据和云计算的地理信息、医疗健康、文化教育、金融物流等新型服务业成长为经济发展转型期湖南省主要产业增长点。

全民共享经济发展成果，是增进人民福祉、促进经济社会高质量发展的必然要求。"十三五"期间，湖南省加快推进"精准扶贫"，高质量打赢脱贫攻坚战，让贫困人口和贫困地区早日共享改革发展的成果。此外，湖南省着力推进就业、教育、卫生、社保等基本公共服务均等化，进一步缩小地区、城乡差距，增进全体人民的福祉。2017 年党的十九大提出要实施乡村振兴战略，建立健全城乡融合发展的体制机制，为缩小城乡发展差距、促进区域协调发展提供了新的思路，为实现湖南省经济高质量发展奠定了坚实的基础。

党的十九大报告提出的"建立健全绿色低碳循环发展的经济体系"为新时代高质量发展指明了方向，绿色发展是我国经济从高速增长转向高质量发展的重要标志。近年来，湖南省积极探索生态文明体制机制建设、推进突出环境问题整改、支持制造业绿色发展，以协同推进经济高质量发展与生态环境高水平保护。2015 年，湖南省出台《湖南省生态文明体制改革实施方案（2014－2020年）》，着力完善生态文明制度体系，探索构建生态补偿机制，助推生态文明建设长效化。截至 2019 年底，湖南累计有 67 家单位获批国家绿色制造示范单位，绿色制造体系建设取得新进展。

第二节 经济发展取得的主要成就

改革开放以来，湖南省积极贯彻落实改革开放路线、方针与政策，努力建设绿色湖南、创新型湖南、数字湖南和法治湖南，全省国民经济和社会事业蓬勃发展。经济发展的主要成就有：经济总量规模不断扩大，发展质量和效益有所提升；产业结构、需求结构深刻变革，转型升级成效明显；各片区、各市州区位优势得以发挥，经济发展格局不断优化；人民生活水平显著改善，获得感、幸福感、安全感不断提升。

一、经济总量持续扩大，质量效益有所提升

改革开放 40 多年来，湖南省经济总量持续扩大，地区生产总值由 1978 年的 146.99 亿元上升到 2019 年的 39894.1 亿元，居全国第 9 位，按 1978 年可比价计算，增长了 43.52 倍，年均增长率达到 9.70%。人均 GDP 也呈逐年增长趋势，由 1978 年的 286 元增加到 2019 年的 57540 元，按 1978 年可比价计算，增长了 32.05 倍。湖南省城镇化发展与经济增长同步推进。科学规划大、中、小城镇规模和布局，加快实行户籍制度改革，有序推进农业转移人口市民化，常住人口城镇化水平不断提升。1978 年湖南省城镇化率为 11.5%，2015 年城镇人口数量超过乡村人口数量，2019 年湖南省城镇化率提升到 57.22%。

科技创新对经济增长的贡献率不断提高。近年来，湖南省加大科技投入，强化创新基础，先后涌现出了超级计算机、超级杂交稻、磁悬浮技术、"海牛号"深海钻机等一批世界先进科技成果。高新技术产业持续向好发展，成为湖南省重要的经济发展引擎，2019 年湖南省高新技术企业突破 6000 家，较上年增长 30.9%。高新技术产业总体保持较快的发展速度，2019 年实现高新技术产业增加值 9472.89 亿元，占地区生产总值的 23.8%，同比增长 14.3%，高新技术产业投资比上年增长 37.8%。

"绿色发展"成效较为显著。湖南省先后制定出台了《关于坚持生态优先绿色发展 深入实施长江经济带发展战略 大力推动湖南高质量发展的决议》《湖南省污染防治攻坚战三年行动计划（2018—2020 年）》，并同步制定蓝天、碧水、净土保卫战三年实施方案等，为生态文明建设提供制度保障。产业发展新旧动能加快转换，2019 年湖南省万元地区生产总值能耗下降 4.29%，能源消费

总量增长 2.94%。

二、经济结构深刻变革，转型升级成效明显

改革开放初期，湖南省为典型的农业经济，第一产业增加值占 GDP 比重高达 40.7%，第二、第三产业占比分别为 40.7%、18.6%，第三产业发展明显不足。改革开放后，湖南省在加强农业基础地位的前提下，大力发展第二产业，加快提升第三次产业。经过 40 多年的努力，湖南省逐步形成了以农业为基础，以机械、石化、钢铁、烟草、电子信息、汽车、建筑业为主体的第二产业和生产性服务业、生活性服务业全面发展的产业新格局。1978~2017 年，湖南省第一产业增加值年均增长 4.4%，第二产业年均增长 11.9%，第三产业年均增长 11.6%；产业结构总体呈现由低级向高级演变的态势，逐步由"一二三"演变为"二三一"，再到"三二一"。40 多年来，第一产业增加值占全省地区生产总值的比重持续下降，由 1978 年的 40.7% 下降到 2019 年的 9.2%，降低了 31.5 个百分点[7]；第二产业和第三产业交替发展，第二产业占比由 1978 年的 40.7% 下降到 1990 年的 33.6% 后，逐步提升到 2011 年的最高点 48.5%，再下降到 2019 年的 37.6%。与此同时，第三产业快速发展，2019 年占湖南省生产总值的比重超过了 50%，达 53.2%，比 1978 年上升了 34.6 个百分点。

三次产业内部结构也逐步优化升级（见表 3-2）。第一产业由"粮猪"经济向农林牧渔业全面发展。在农林牧渔业总产值中，农业占比由 1978 年的 77.1% 下降为 2019 年的 47.7%，降低了 29.4 个百分点。生产方式由分散型、粗放型、低效型向合作型、规模型、科技型转变，农业现代化水平日趋提高。湖南省鼓励用新技术改造传统产业，大力培育和发展高新技术产业，工业经济由技术含量低、门类单一的结构向技术密集、门类齐全的发展格局转变。第三产业发展迅速，交通运输、批发零售等传统服务业得到了长足发展，为方便群众生活、增加就业发挥了重要作用。金融保险、房地产、信息咨询、旅游等一大批现代服务业呈现加速发展态势，大大提高了服务业的整体质量和水平。

湖南省需求结构持续改善，经济增长由投资带动转变为消费、投资双轮驱动。2019 年湖南省最终消费支出对 GDP 增长的贡献率为 52.7%，拉动 GDP 增长 4 个百分点；资本形成总额对 GDP 增长的贡献率为 45.2%，拉动 GDP 增长 3.4 个百分点；货物和服务净流出对 GDP 增长的贡献率为 2.1%，拉动 GDP 增长 0.2 个百分点（见表 3-3）。并且，投资需求由国有投资向非国有投资转变，消费需求由数量型、温饱型向质量型、享受型转变。

表3-2　1978~2019年湖南省就业结构指标　　单位：%

年份	第一产业就业人数比重	第二产业就业人数比重	第三产业就业人数比重	年份	第一产业就业人数比重	第二产业就业人数比重	第三产业就业人数比重
1978	78.43	13.39	8.18	1999	56.26	23.30	20.44
1979	77.24	13.99	8.77	2000	59.29	23.49	17.22
1980	76.94	14.13	8.93	2001	57.60	20.76	21.64
1981	77.06	13.86	9.08	2002	55.81	20.78	23.41
1982	76.96	13.80	9.24	2003	53.10	21.40	25.50
1983	75.80	13.94	10.26	2004	50.31	21.48	28.21
1984	73.78	15.49	10.73	2005	48.58	21.52	29.90
1985	71.35	16.81	11.84	2006	46.60	21.60	31.80
1986	70.12	17.61	12.27	2007	44.90	22.00	33.10
1987	69.26	18.31	12.43	2008	44.00	22.40	33.60
1988	68.39	18.35	13.26	2009	43.02	22.78	34.19
1989	68.08	17.80	14.12	2010	42.43	22.98	34.58
1990	68.92	17.54	13.55	2011	41.95	23.29	34.77
1991	68.89	17.70	13.41	2012	41.52	23.61	34.87
1992	67.51	18.71	13.78	2013	41.03	23.90	35.08
1993	63.99	20.30	15.71	2014	40.83	23.68	35.48
1994	61.06	21.50	17.44	2015	40.67	23.51	35.82
1995	59.75	21.82	18.43	2016	40.49	23.27	36.24
1996	56.77	23.06	20.17	2017	39.69	22.82	37.49
1997	56.14	22.53	21.33	2018	39.12	22.37	38.51
1998	55.58	22.83	21.60	2019	38.44	22.09	39.47

资料来源：《湖南统计年鉴2020》。

表3-3　2000~2019年三大需求对湖南省地区生产总值增长的贡献率和拉动

年份	最终消费支出		资本形成总额		货物和服务净流出	
	贡献率（%）	拉动（百分点）	贡献率（%）	拉动（百分点）	贡献率（%）	拉动（百分点）
2000	68.7	6.2	23.1	2.1	8.2	0.7
2001	55.7	5.0	40.0	3.6	4.3	0.4
2002	53.1	4.8	44.1	4.0	2.8	0.3
2003	48.8	4.7	49.0	4.7	2.2	0.2

续表

年份	最终消费支出		资本形成总额		货物和服务净流出	
	贡献率（%）	拉动（百分点）	贡献率（%）	拉动（百分点）	贡献率（%）	拉动（百分点）
2004	44.2	4.9	50.2	5.6	5.6	0.6
2005	56.2	6.9	49.6	6.1	−5.8	−0.7
2006	49.1	6.3	51.2	6.6	−0.3	0.0
2007	51.9	7.8	52.2	7.9	−4.1	−0.6
2008	47.3	6.7	52.8	7.4	−0.1	0.0
2009	42.4	5.9	59.0	8.2	−1.4	−0.2
2010	43.2	6.3	57.5	8.4	−0.7	−0.1
2011	42.5	5.4	59.8	7.7	−2.3	−0.3
2012	41.8	4.8	60.1	6.9	−1.9	−0.2
2013	42.2	4.3	60.2	6.1	−2.4	−0.2
2014	46.5	4.4	57.0	5.4	−3.5	−0.3
2015	50.4	4.3	53.1	4.5	−3.5	−0.3
2016	54.9	4.4	47.1	3.8	−2.0	−0.2
2017	54.3	4.3	48.8	3.9	−3.1	−0.2
2018	58.9	4.6	42.3	3.3	−1.2	−0.1
2019	52.7	4.0	45.2	3.4	2.1	0.2

资料来源：《湖南统计年鉴2020》。

三、居民收入不断增长，生活水平得以改善

改革开放以来，湖南省坚持把保障和改善民生作为经济社会发展的根本出发点和落脚点，以发展强保障，以保障惠民生。特别是党的十八大提出全面建成小康社会以来，湖南省持续统筹城乡发展，大力推进工业化、城市化和农业现代化进程，城乡居民收入增长加快，人民生活水平持续提高，人民获得感、幸福感不断增强[8]。

湖南省城乡居民生活水平和质量明显提高，城乡居民人均可支配收入整体上呈现增加趋势，消费结构与收入分配格局也明显改善。首先，湖南省城镇居民人均可支配收入持续增长。2019年城镇居民与农村居民人均可支配收入分别为39841.9元、15394.8元，按可比价计算，分别是1978年的14.14倍和15.31倍（见图3-3）。其次，随着城乡居民可支配收入的增长，城乡居民消费支出结

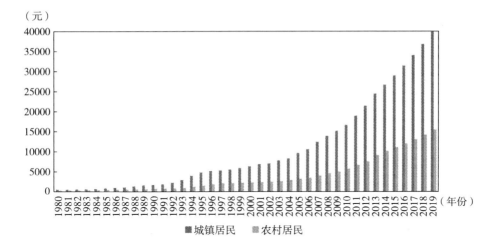

图3-3 1980~2019年湖南省城乡居民可支配收入变化

资料来源:《湖南统计年鉴2020》。

构持续优化。湖南省城镇、乡村居民恩格尔系数分别由1978年的57.4%、69.9%下降到2019年的27.9%、28.8%。另外,城乡居民收入来源也从单一向多元化发展。城镇居民收入中工资性收入不再占据绝对主体,城镇居民工资性收入占可支配收入比重由1978年的94.47%下降到2019年的54.05%,且城镇居民转移性收入、财产性收入与经营净收入在逐年增加。随着农村劳动力的转移以及各项惠农政策的实施,全省农村居民收入结构进一步优化,2019年农村居民工资性收入约占可支配收入的40.43%,经营性收入占比34.22%,转移性收入占比23.99%,财产性收入占比1.36%。

民生水平的提升除体现为收入的持续稳定增长外,也表现为就业形势的总体平稳、社会保障的不断完善以及三大攻坚战取得显著成效。一是就业稳步增长。2019年,湖南省劳动力资源5436万人,其中,经济活动人口3754.04万人,占69.1%。湖南省2019年从业人员达到3666.48万人,比1978年增加1386.43万人,从业人员占总人口的比重由1978年的44.1%上升到50.1%,升幅达6个百分点。二是社会保障不断完善,在教育、养老、医疗卫生等领域的投入不断提升。2019年湖南省财政民生支出增长7.7%,占财政支出的70.3%。城乡居民基本医疗保险与养老保险大体实现全覆盖,九年义务教育全面普及,创造了城乡义务教育一体化发展新局面。三是三大攻坚战取得显著成效。作为精准扶贫首倡地的湖南,"十三五"期间,湖南省通过设立省级债务化解基金,集中整治非法金融活动等,有效防范化解地方金融风险;湖南省统筹打好蓝天、碧水、净土保卫战和各项标志性战役,生态环境质量明显改善;湖南省51个贫困县全部摘帽, 6920 个贫困村全部出列, 682 万农村建档立卡贫困人口全部脱贫, 产业扶贫、教育扶贫、易地搬迁扶贫、生态扶贫、健康扶贫等取得显著成效, 群众幸福感、获得感、安全感逐步增强。

四、地区经济协调发展，经济格局不断优化

区域协调发展是社会和谐、政治稳定和经济可持续发展的重要保障[9]。改革开放以来，随着"3+5"城市群建设、湘南国家级承接产业转移示范区、大湘西武陵山片区区域发展与扶贫攻坚试点建设、洞庭湖生态经济示范区建设等区域发展战略的实施，湖南优势地区辐射带动作用增强，优势地区和边远地区经济发展趋向协调。

从各市州来看，湖南省 14 个市州的经济发展整体呈现增长趋势，两头小、中间大的经济发展格局趋于优化。长沙市作为湖南省的省会，成为湖南省经济实力最强的地级市，2019 年其地区生产总值超 1 万亿元，城镇化水平近 80%；2019 年岳阳市、常德市、衡阳市和株洲市的地区生产总值超过了 3000 亿元；湘西土家族苗族自治州与张家界市的地区生产总值较低，分别为 705.71 亿元和552.1 亿元，尚未突破千亿元（见表 3-4）。

表 3-4 2019 年湖南省 14 个市州经济发展情况

市州	地区生产总值（亿元）	第一产业增加值占比（%）	第二产业增加值占比（%）	第三产业增加值占比（%）	年末常住人口（万人）	城市化水平（%）
长沙市	11574.22	3.11	38.36	58.54	839.45	79.56
岳阳市	3780.41	10.07	40.36	49.57	577.13	59.20
常德市	3624.20	10.92	40.36	48.72	577.15	54.45
衡阳市	3372.68	11.27	32.37	56.36	730.06	54.93
株洲市	3003.13	7.35	45.24	47.41	402.85	67.91
郴州市	2410.89	9.81	38.35	51.84	475.46	56.04
湘潭市	2257.63	6.42	49.31	44.28	288.15	63.81
邵阳市	2152.48	16.32	27.67	56.01	730.24	48.78
永州市	2016.86	17.37	31.04	51.59	544.61	50.90
益阳市	1792.46	15.64	42.59	41.78	442.07	52.93
娄底市	1640.58	10.63	38.57	50.80	394.13	49.25

续表

市州	地区生产总值（亿元）	第一产业增加值占比（%）	第二产业增加值占比（%）	第三产业增加值占比（%）	年末常住人口（万人）	城市化水平（%）
怀化市	1616.64	13.89	27.73	58.38	498.33	49.03
湘西州	705.71	13.44	28.09	58.46	263.83	47.75
张家界市	552.10	12.58	14.74	72.68	154.92	50.48

资料来源：《湖南统计年鉴2020》。

从各经济区来看，长株潭城市群地区作为湖南省经济发展的增长极，具备资源、产业、技术、人才等多方面的优势。2019年，长株潭城市群地区以全省13.3%的土地，聚集了湖南省22.1%的人口、湖南省四成以上的地区生产总值、40.1%的固定资产投资、56.3%的进出口，核心增长极作用明显。湘南地区作为湖南省的"南大门"，以承接东部地区产业转移与跨区域合作为重点促进经济发展。大湘西地区经济发展基础虽然较为薄弱，但旅游产业与特色农产品加工业的发展对地区经济具有较大的促进作用。近年来，湘南、湘西地区呈现强劲发展势头，2012~2019年，湘南地区生产总值年均增长9.4%、湘西地区生产总值年均增长8.6%，两个地区发展速度虽然仍慢于长株潭城市群地区（9.9%），但增速差距逐步缩小。湘南地区与长株潭城市群地区生产总值增速差距由2012年的1个百分点缩小到2019年的0.3个百分点，湘西地区与长株潭城市群地区的差距由1.5个百分点缩小到0.1个百分点。洞庭湖地区是湖南省重要的商品粮、棉、油、鱼基地，洞庭湖生态经济区以实现生态保护与经济发展为主要目标，着重推进绿色经济发展，地区生产总值约占湖南省地区生产总值的1/4，有希望成为湖南省第二个强大的经济增长极。

第三节　经济发展存在的主要问题及对策

改革开放以来，湖南经济结构不断优化，经济保持稳中有进，经济运行的质量效益也较高。但与此同时，湖南经济社会发展整体水平依然低于全国平均水平，社会经济结构性矛盾仍然存在，地区之间的差距依然较为明显，农业农村发展不充分，城乡差距仍未明显缩小，服务业发展仍有待进一步加强，创新发展能力有待提升等问题依然存在。

一、社会经济整体水平依然低于全国平均水平

湖南省人均地区生产总值一直低于全国平均水平[10]。改革开放以来，湖南省人均地区生产总值不断上升，但湖南省与全国人均地区生产总值的差距呈现逐步扩大趋势，由 1978 年的相差 99 元增加到 2019 年的相差 13041 元。2019 年，湖南省人均地区生产总值为 57746 元，全国人均地区生产总值是湖南省的 1.22 倍，江苏、浙江和福建等东部沿海省份人均地区生产总值达 10 万元以上，是湖南的 2 倍左右。湖南省 14 个市州中有 8 个市州人均地区生产总值未达到 5 万元，而闽浙苏三省则没有人均地区生产总值低于 5 万元的地市（见图 3-4）。

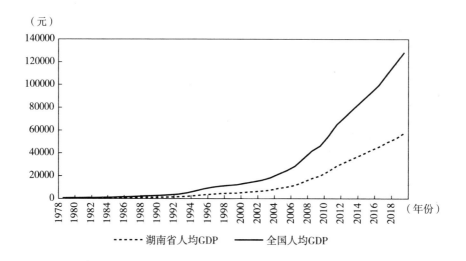

图 3-4　1978~2019 年全国人均 GDP 与湖南省人均 GDP 对比
资料来源：《湖南统计年鉴 2020》。

湖南省城镇化水平低于全国平均水平。湖南省作为传统农业省份，城镇化发展起步较低。近年来，湖南省城镇化建设进程加快并取得长足进步，但人口城镇化水平相对不高。整体来看，2019 年湖南省城镇化水平较全国低 3.38 个百分点，与城镇化水平最高的广东省差距达 14.2 个百分点，城镇化总体水平偏低。从各市州城镇化水平来看，除长沙、株洲、湘潭三市之外，湖南省其余 11 个市州城镇化水平均低于全国平均水平（见图 3-5）。

为此，湖南省需要着力提升社会生产力发展综合水平与城镇化水平，促进地区经济社会持续稳定发展。一是以供给侧结构性改革为主线，促使资源要素实现最优配置，积极谋划储备一批重大项目，助推实体经济发展，加快提升制

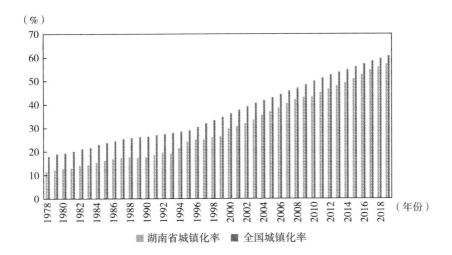

图 3-5 1978~2019 年全国城镇化水平与湖南省城镇化水平对比

资料来源:《湖南统计年鉴 2020》《中国统计年鉴 2020》。

造业竞争力,提升经济增长的质量和数量;二是要积极推进以人为核心的城镇化,充分发挥城镇对经济社会发展的带动和支撑作用,稳步提升城镇经济发展、社会文化、生态环境、公共服务与居民生活品质,高质量推进新型城镇化进程。

二、区域发展不平衡问题依然明显

湖南省内部自然地理环境与社会经济发展基础存在明显的地域差异,长株潭城市群地区、湘南地区、大湘西地区、洞庭湖生态经济区四大经济板块,在产业结构、城镇化进程、交通基础设施建设等方面存在明显差距,区域发展的不平衡问题较为突出[11]。长株潭城市群地区发展程度较高,其次为洞庭湖生态经济区,而湘南和大湘西地区则相对落后。2019 年,长株潭城市群地区人均地区生产总值达 110957 元,分别是洞庭湖生态经济区、湘南地区、大湘西地区的1.93 倍、2.49 倍和 3.40 倍。在地方一般公共预算收入方面,长株潭城市群地区为 1266.71 亿元,占湖南省一般公共预算收入的 42.1%,湘南地区、大湘西地区、洞庭湖生态经济区地方一般公共预算收入分别为 435.82 亿元、376.75 亿元、408.53 亿元,与长株潭城市群地区差距显著。

但是作为重要的经济增长极,无论是长株潭城市群还是长沙市,其带动辐射能力依然有限。与全国其他城市群相比,长株潭城市群综合发展水平仅处于中等水平,在全国和国际社会中的竞争力仍有待提升。此外,受粤港澳大湾区、武汉城市圈、成渝城市群的虹吸效应与挤压作用的影响,长株潭城市群对周边地区,特别是湘西、湘南地区的辐射带动作用也受到抑制。长沙市作为长株潭城市群的核心增长极，具有较强的集聚和扩散效应，地区生产总值在省内遥遥领先。2019年，长沙市地区生产总值为11574.22亿元，但相比于邻近的广州与武汉（地区生产总值分别突破2.3万亿元和1.6万亿元），经济规模尚存在较大的差距。此外，湖南省省域副中心城市——岳阳市与衡阳市，中心城区人口不足200万，城市规模和经济实力与长沙市存在较大差距，对所在地区以及周边区域的辐射带动作用也非常有限。

为持续推进区域协调发展，一要加快推进长株潭一体化，引导洞庭湖区产业转型升级，加快湘南湘西承接产业转移示范区建设，促进四大板块的协调发展；二要进一步壮大核心增长极，强化核心城市的辐射带动效应，以长株潭区域为核心，带动周边地区与整个湖南省发展，以岳阳、郴州、怀化三市为核心打造洞庭湖区、湘南地区与大湘西地区的增长极，辐射带动周边城市、小城镇及乡村地域的经济社会发展。

三、城乡发展不平衡问题仍然突出

湖南省是农业大省，但农业农村发展依然不充分，农业增效、农民增收压力较大。首先，农业产业内部结构不甚合理，2019年全省农作物播种面积共8123千公顷，粮食作物播种面积达4616千公顷，占比56.8%；在畜牧业结构中，生猪养殖"一家独大"，2019年湖南省生猪产值达1300亿元，占畜牧业总产值的68.9%；其次，农业机械化水平相对较低，2019年湖南省主要农作物耕种收综合机械化水平为51.5%，比上年提高3个百分点，但仍低于全国平均水平近20个百分点。此外，湖南省农村居民人均可支配收入有待提升。2019年湖南省农村居民人均可支配收入为15359元，低于全国平均水平16201元，与浙江、江苏等东部发达省份更是相去甚远。

城乡之间的差距一直存在且不断扩大。从城乡居民收入和消费水平来看，湖南省城乡居民可支配收入和消费性支出逐步增加，但城乡居民收入与消费水平差距仍然较大。按1978年不变价格计算，城镇与农村居民可支配收入在1978~2019年分别增长了14.1倍和15.3倍，城镇与农村居民人均可支配收入比值由1978年的2.27倍增至2019年的2.59倍，差距不断扩大。由于居民收入对消费水平高低起着直接决定性作用，湖南省城乡居民人均消费性支出差距也较大，2019年二者比值为1.93∶1。从城乡基础设施与公共服务配置来看，改革开放以来，城乡基础设施建设与公共服务水平得到了显著提升，但城乡电力、交通、水利、环保等基础设施互联互通程度不高，教育、医疗卫生等基本公共服务均等化不足问题仍较为突出。例如，2019年全省设市城市生活污水处理率达97.60%，而全省乡镇集中式污水处理设施覆盖率仅为20%，对污水进行基本处理的行政村比例仅为 30% 左右。

为进一步缩小城乡发展差距，促进农村经济社会发展，一方面，要建立健全城乡融合发展的体制机制与政策体系，促进城乡空间、经济、社会、生态、文化等多维度的融合发展，推进城市基础设施和公共服务向乡村延伸，以补齐农村发展短板，实现城乡共荣共生；另一方面，需深入贯彻乡村振兴战略的产业兴旺、乡风文明、生活富裕、治理有效、生态宜居五大总体要求，着力优化农业产业体系、提升农业机械化水平与精深加工能力、推进农村三产融合发展、开展农村人居环境整治工程等，以实现农业高质高效、乡村宜居宜业、农民富裕富足的乡村发展目标。

四、创新能力有待进一步提升

近年来，湖南省科技创新驱动发展取得了较为显著的进步，但区域创新资源配置不合理问题仍较为突出。一是湖南省科技创新财力资源投入不足、分布较为集中。全省研发投入强度常年低于全国平均水平，研发投入在各市州之间存在空间依赖和集聚特征，"东高西低"的格局特征显著，并在西部、南部周边市州呈现出大面积的低水平连片聚集现象[12]。此外，由于创新资源配置的顶层设计尚不完善，资源共享和对外公开程度不够，省内各区域以及高校、科研院所等各部门之间的科技创新资源缺乏有效的整合统筹及战略协同，造成财力分散、项目分散和区域分散，无法形成集成优势。二是受区位条件、经济发展情况、区域社会环境、区域创新环境等多重因素的影响，湖南省科技创新平台存在明显的空间分异。长沙、株洲、湘潭三市科技创新平台数约占全省的 70%，科技创新平台空间分布呈现长沙市"一城独大"的局面。

由于创新资源的不合理配置，部分地区缺乏良好的创新环境，科技创新人才供应与吸引能力不足。整体上看，长株潭城市群地区仍是湖南省科技创新人才集聚地，但其仍处于吸纳人才阶段，还未能培养释放人才产生溢出效应辐射周边地区[13]。且受本土就业机会与发展空间有限、周边区域吸引力较高等的影响，湖南省科研型、创新型人才流失较为严重。高校和科研院所是知识创新的策源地、人才培育的主阵地，但长沙市 57 所高校毕业生本地就业率整体不高，2019 年，中南大学、湖南大学毕业生在长沙就业率分别为 25.7%、21%，远低于华南理工大学 85.5%、复旦大学 73.9% 的毕业生本地就业率[14]。

为进一步提升创新发展能力，首先，湖南省需从科技创新顶层设计出发，增加科技创新资源投入，加快科技资源优化整合，汇聚创新引领发展合力；其次，健全科技创新平台体系建设，推进资源共享，打造多点支撑的区域创新格局；此外，需进一步壮大创新人才队伍，深入实施芙蓉人才行动计划、海外高层次人才引进计划和湖湘高层次人才集聚工程，培养引进一批高素质人才，着力营造有利于创新发展和凝聚人才的环境。

参考文献

[1] 湖南国企 40 年改革发展纪实：千帆竞发逐浪行 [EB/OL]. (2018-10-30). https：//baijiahao. baidu. com/s？id=1615710692656789436&wfr=spider&for=pc.

[2] 唐承丽，周国华.知识经济与湖南面向 21 世纪产业结构调整 [J]. 经济地理，1999 (1)：26-30.

[3] 周巍.郴州，开放向南 [N]. 郴州日报，2018-09-07(003).

[4] 刘冬荣，彭佳捷，吕焕哲.区域建设用地开发强度时空格局分析——以湖南省为例 [J]. 中国国土资源经济，2016，29 (7)：53-59.

[5] 盛垒，杜德斌，钟辉华.中部崛起与湖南的机遇和挑战 [J]. 经济地理，2005 (6)：787-791.

[6] 周国华，陈炉，唐承丽，等.长株潭城市群研究进展与展望 [J]. 经济地理，2018，38 (6)：52-61.

[7] 周玲.经济总量大跨越　经济结构大调整——改革开放 40 年湖南经济社会发展成就系列报告之五 [EB/OL]. (2018-10-11). http：//tjj. hunan. gov. cn/hntj/tjsj/hnsq/ggkfssn/201810/t20181011_5117296. html.

[8] 嬗变四十载　奋进新时代 [EB/OL]. (2018-11-21). http：//tjj. hunan. gov. cn/hntj/tjsj/hnsq/ggkfssn/201811/t20181121_5246590. html.

[9] 冉富强.区域协调发展的国家义务与法治保障 [J]. 江西社会科学，2013，33 (8)：165-169.

[10] 李玲玲，魏晓，陈威."中部塌陷"与湖南经济的崛起 [J]. 经济地理，2004 (6)：776-779+800.

[11] 邓楚雄，李民，宾津佑.湖南省人口分布格局时空变化特征及主要影响因素分析 [J]. 经济地理，2017，37 (12)：41-48.

[12] 李红，王泽东，魏晓，等.湖南省区域经济格局演变与空间战略结构优化 [J]. 经济地理，2020，40 (11)：39-46+85.

[13] 罗建，史敏，廖婷.湖南省研发投入的空间格局与创新协调发展对策 [J]. 经济地理，2020，40 (2)：125-131.

[14] 唐宇文，谈文胜，蔡建河，等.2020 年湖南经济发展报告 [M]. 北京：社会科学文献出版社，2020.

第四章　产业发展与布局

中华人民共和国成立以来，湖南省在巩固提升农业生产力的同时，大力发展现代工业和现代服务业，湖南省经济总量不断增长，产业结构逐渐向中高端迈进，产业布局更加优化。

第一节　三次产业结构演变

产业结构转变是产业发展的核心，也是经济发展过程中的重要特征和解释经济增长速度及模式的本质因素。改革开放以来，湖南省经济不断发展，经济增长十分显著，其产业结构演变在经济发展过程中发挥着关键作用[1]。探讨湖南省产业结构的演变特征，对于加速湖南省新型工业化进程，促进湖南省经济高质量发展具有十分重要的现实意义。

一、三次产业结构演变进程

改革开放以来，湖南省产业结构先后经历了从"一二三"到"二三一"再到"三二一"的转变。如图4-1所示，三次产业结构从1978年的40.7∶40.7∶18.6发展到2020年的10.2∶38.1∶51.7。按照三次产业所占比重的变化，大致可以将湖南省三次产业结构的演变过程分为三个阶段：

第一个阶段是1978~1992年，湖南省作为农业大省，长期以农业发展为主，1978年第一产业比重为40.7%。1978年以来，随着个体经济和民营经济等非公有制经济的发展，湖南省传统服务业迅速恢复发展，第三产业呈现不断上升的历史趋势[1]。所以该阶段的三次产业比重呈现出第三产业占比稳步上升、第一产业占比总体下降的特征。到1992年，第二产业、第三产业占比均超过第一产业，三次产业结构调整为32.8∶34.2∶33.0，第三产业占比较1978年提升了14.4个百分点，第一产业、第二产业占比分别降低了7.9个和6.5个百分点[2]。

第二个阶段是1993~2015年，是工业、服务业交替发展阶段。1999年第三产业比重首次超过第二产业,三次产业结构调整为 24.2∶37.1∶38.7,第三产业比重超过第二产业一直持续到 2006 年,当然,这与当时湖南省经济发展水平不一致,是工业发展速度慢,产业结构虚高的表现[1]。2007 年第二产业比重再次超过第三产业,三次产业结构调整为 16.9∶42.4∶40.7。之后,第二产业占比呈现先增长后下降的趋势。2007~2011 年始终保持增长趋势,从 42.4%增长到 48.5%。2012 年之后,受全球经济下行趋势的影响,第二产业增长速度变缓,占比从 2012 年的 48.4%下降到 2015 年的 45.6%,2015 年三次产业占比为 9.6∶45.6∶44.8。总体而言,第二产业、第三产业合计比重上升,第一产业比重持续下降。

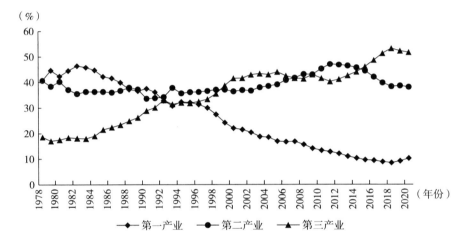

图 4-1 1978~2020 年湖南省三次产业结构变化

资料来源:《湖南统计年鉴 2021》。

第三个阶段是 2016~2020 年,服务业主导阶段。党的十八大以来,经济发展步入新阶段,经济结构战略性调整和转型升级加快推进。2016 年,湖南省第三产业比重超过第二产业,三次产业比重为 9.4∶43.2∶47.4。到 2018 年,第三产业占比首次超过 50%,达到 51.8%,第一、第二产业占比分别下降到 8.5%、39.7%。2019 年,三次产业结构基本维持此比例。2020 年,三次产业结构为 10.2∶38.1∶51.7,第一、第二、第三产业对经济增长的贡献率分别为 8.1%、53.9%和 38.0%。从第三产业内部结构来看,与制造业发展密切相关的交通运输业、计算机服务和软件业、批发业、金融业、租赁和商务服务业等生产性服务业发展迅速。此外,享誉全国乃至全球的湖南娱乐、传媒、高端服务业等行业的持续快速发展,有力地支撑了湖南经济的发展和影响力的塑造[3]。

二、产业结构的区域差异

1. 长株潭城市群

长株潭城市群包括长沙、株洲、湘潭三市，该地区是湖南省的政治经济中心，在整个湖南省的经济发展有着举足轻重的地位，对国家加快推进新型工业化转变经济增长方式的重要战略举措有着重要作用[4]。长株潭城市群经济发展迅速，经济发展水平明显高于湖南省其他地区。2019 年，该地区的地区生产总值达到 16835.0 亿元，占湖南省经济总量的 41.57%，是带动湖南省经济发展的主导区域。

长株潭城市群产业结构良好。2019 年该地区的三次产业结构比例为 4.3：41.1：54.6。其中，第一产业比重远远低于第二、第三产业，且低于湖南省平均水平 4.9 个百分点；第二产业比重占 41.1%，高于湖南省平均水平 3.5 个百分点；第三产业比重最高，占 54.6%，高于湖南省平均水平 1.4 个百分点。以上数据说明，长株潭城市群以第二、第三产业为主，尤其是第三产业发展水平高于湖南省平均水平。

2. 洞庭湖地区

洞庭湖地区包括常德、益阳、岳阳三市，是我国粮食、棉花、油料、淡水鱼等重要农产品生产基地，农产品加工业实力较强。因为农业比重大、农村人口多，生态保护区、蓄滞洪区发展制约，基础设施滞后、工业化和城镇化水平不高、地方财力薄弱等因素影响，该地区也是湖南发展较慢的地区。2019 年，该地区的地区生产总值达到 9197.06 亿元，占湖南省经济总量的 22.71%。2019 年，三次产业结构为 11.5：40.8：47.7。第一产业占到 11.5%，高于湖南省平均水平 2.3 个百分点。第二产业占到 40.8%，高于湖南省平均水平 3.2 个百分点；第三产业比重为 47.7%，低于湖南省平均水平 5.5 个百分点。以上数据说明，洞庭湖地区作为传统农业区，第一产业比重较大，高于湖南省平均水平；第二产业发展水平也高于湖南省平均水平；但第三产业发展水平低于湖南省平均水平，尤其是与长株潭城市群相比还有较大差距。

3. 湘南地区

湘南地区包括衡阳、郴州、永州三市，该地区是珠三角等东部沿海地区产业向中西部地区转移的重要接纳区和前沿地带，在经济区位上具有明显优势，且交通便利，京港澳高速、二广高速、京广铁路等穿境而过，但是总体发展速度偏慢，经济总量占湖南省比重低，且呈连续下滑态势。2005 年，湘南地区的地区生产总值占湖南省的比重为 22%，2010 年占 20.4%，2019 年下降到 19.26%。2019 年湘南地区的三次产业比例为 12.4：33.9：53.7，第一产业比重偏高，比湖南省平均水平高 3.2 个百分点。该地区农业生产以水稻、玉米等粮食作物，以及烤烟、油菜、茶叶、水果等经济作物的种植和加工为主。第二产业比重略低于湖南省平均水平 3.7 个百分点，主要以能源、有色冶金、机械、化工、建材、纺织和食品等工业发展为主。第三产业比重略高于湖南省平均水平 0.5 个百分点[5]。

4. 大湘西地区

大湘西地区包括邵阳、怀化、湘西州、张家界、娄底五市州，受区位条件、自然资源和发展基础等因素制约，是传统的老、少、边、山、穷地区，与湖南省平均水平和优势区域经济发展相比，经济总量小，发展速度慢。2019 年地区生产总值为 6667.5 亿元，占湖南省的比重仅为 16.46%。近些年，湖南省加快推动大湘西地区全面小康建设和武陵山片区区域发展与扶贫攻坚，大湘西地区的基础设施、生态环境以及社会各项事业有了很大改善，但是与其他地区相比，还有很大差距。

大湘西地区工业基础薄弱。2019 年，三次产业结构比例为 13.7：29.3：56.9。第一产业比重明显偏高，高于湖南省平均水平 4.5 个百分点，远高于长株潭城市群 9.4 个百分点。从内部结构来看，该地区的林业、牧业所占比重明显高于湖南省平均水平，渔业所占比重远远低于湖南省平均水平，粮食生产中旱粮所占比重较大，经济作物以柑橘、油料、烤烟等为主。第二产业比重严重偏低，分别比湖南省平均水平和长株潭城市群低 8.3 个、11.8 个百分点。该地区工业以电力、矿产、制药、食品、林化工为主。大湘西是全国旅游资源最富集的地区之一。近几年，大湘西地区大力推进旅游业等第三产业发展，大力开发以张家界为代表的自然旅游资源和以凤凰古城为代表的文化旅游资源，第三产业发展迅速，涨幅最大，其比重甚至高于湖南省 3.7 个百分点，说明第三产业有很大的发展空间（见表 4-1）。

表 4-1　2019 年湖南省四大板块的产业结构　　　　　　单位：%

地区	人口占全省比重	GDP占全省比重	人均GDP增速	第一产业比重	第二产业比重	第三产业比重
长株潭城市群	22.12	41.57	6.1	4.3	41.1	54.6
洞庭湖地区	23.07	22.71	7.8	11.5	40.8	47.7
湘南地区	25.30	19.26	7.5	12.4	33.9	53.7
大湘西地区	29.51	16.46	7.9	13.7	29.3	57.0
全省	—	—	7.1	9.2	37.6	53.2

资料来源：《湖南统计年鉴 2020》。

第二节 主导产业发展

主导产业是指某一经济体在经济发展的某个阶段对产业结构的调整和总体经济水平的发展起导向性和带动作用，并具有市场前景广阔和技术创新能力强等特点的产业。

一、主导产业演替

湖南省是一个传统的农业大省，农业经济长期占据突出地位。中华人民共和国成立以来，湖南在巩固提升农业生产力的同时，大力发展现代工业和服务业，相继取得了一系列建设成就。但是，其经济发展一直落后于沿海发达地区和周边部分省份，一个最直接的原因就是行业分布过散、未形成主导产业优势[6]。

1978年以后，湖南省委、省政府"有计划有步骤地调整工业结构"，"八五"期间，湖南省"在进一步巩固农业优势基础上，充分利用湖南省资源、经济及技术优势，在工业上逐步培育形成轻纺食品工业、石油化学工业、机械电子工业、冶金有色工业、建材建筑业5大主导行业。"九五"期间继续重点培育重大"八五"计划提出的5大主导行业。其中，冶金工业重点以板、线、管材和有色金属加工业为主；机械电子工业主要以汽车、摩托车、工程机械、电工电器、计算机和显示器件等为主；建材建筑业主要以高标号和特种水泥、优质浮法玻璃、新型建筑材料为主；化学工业主要以石油化工系列产品开发、农用化工、精细化工、基础化工原料为主。食品工业以名烟名酒和粮油肉深加工为主[7]。1993年，湖南省工业产值首次超过农业产值，成为国民经济的第一大产业。2002年，5大主导产业的销售收入、实现利税分别占湖南省独立核算工业企业的60%以上和80%以上[8]。

之后，在政府引导下，湖南省集中力量发展优势产业。"十一五"至"十三五"期间，湖南省优势产业加速壮大，尤其是装备制造业竞争优势不断凸显。同时，湖南省加快制造业向中高端升级，大力培育战略性新兴产业。

"十一五"规划提出以装备制造业为重点，突出发展装备制造、钢铁有色、卷烟制造三大产业。同时以电子信息为重点，大力扶持电子信息、新材料、生物医药等新兴产业[9]。2010年，湖南省千亿产业达到7个（机械、石化、食品、有色、轻工、冶金和建材），机械产业完成产值超过4000亿元，其中，工程机械成为湖南省首个过千亿元的子产业[10]。

"十二五"期间，湖南提出在继续改造提升装备制造业、原材料工业以及消费品工业的基础上,选择先进装备制造、新材料、文化创意、生物、新能源、信息、节能环保7大战略性新兴产业进行重点培育[11]。"十二五"期末,全省形成了电力、轻工、冶金、有色、食品、石化、建材、电子信息制造、医药等千亿元产业,装备制造业成为首个万亿元产业[12]。在子产业中,先进轨道交通装备和工程机械成为中国制造的亮丽名片。"十二五"期间,湖南省产业不断向中高端升级延伸,七大战略性新兴产业增长较快,增速领先全省地区生产总值增速,在全省经济中的地位及引领带动作用提升。2015年,七大战略性新兴产业实现增加值3335.31亿元,占全省地区生产总值的11.5%,其中,节能环保产业、生物产业、文化创意产业、先进装备制造业、新材料产业、新能源产业和信息产业分别实现增加值447.8亿元、253.4亿元、71.5亿元、994.1亿元、781.6亿元、225.7亿元和409.1亿元,占规模工业增加值比重分别为4.2%、2.4%、0.7%、9.3%、7.3%、2.1%和3.8%[13]。

"十三五"时期,湖南省提出将继续以先进装备制造业为主,大力发展先进轨道交通装备、工程机械、新材料、新一代信息技术产业、航空航天装备、节能与新能源汽车等汽车制造、电力装备、生物医药及高性能医疗器械、节能环保、高档数控机床和机器人、海洋工程装备及高技术船舶、农业机械12个重点产业,加快发展战略性新兴产业,推动原材料、消费品工业等传统产业改造提升[14]。至"十三五"期末,湖南省工业主导地位更加突出,工业新兴优势产业链发展壮大。2019年,湖南省制造业增加值占规模工业的比重为91.3%,装备制造业对工业经济贡献较大。装备制造业增加值增长14.1%,比全部规模工业增速快5.8个百分点,拉动全省规模工业增长4.2个百分点,增长贡献率50.9%[15]。其中,工程机械产业主营业务收入超全国1/4,连续11年居全国第一。战略性新兴产业增加值3413.2亿元,同比增长9.9%,比湖南省地区生产总值增速快2.3个百分点。其中,工业战略性新兴产业实现增加值2787.5亿元,同比增长10.5%。长沙市战略性新兴产业增加值1335.3亿元,总量占湖南省1/3以上,在14个市州中居第一位,增速为13.7%。在工业战略性新兴产业中,新一代信息技术产业、高端装备制造产业、新材料产业、生物产业、新能源汽车产业、新能源产业、节能环保产业和数字创意产业快速发展,2019年,其对应增加值分别为629.6亿元、724.9亿元、574.2亿元、331.3亿元、82.8亿元、78.0亿元、271.7亿元和4.0亿元。

总体来看,湖南省的一批制造业尤其是装备制造业在全国乃至全球都具有一定影响力。湖南省是全国最大的工程机械产业制造基地,混凝土机械产量居世界第一,挖掘机、建筑起重机、桩工机械、掘进机等产品产量全国第一。在2018年的"全球工程机械50强"中,有4家企业上榜。湖南省是全国最大的轨道交通研发生产基地和出口基地，世界最高时速的米轨动车组等一批高端产品均出自"湖南制造"。湖南省生产的电力机车全球市场占有率超过20%，位居世界第一。湖南省也拥有全国唯一的中小航空发动机研制基地和飞机起降系统研制基地，生产的中小航空发动机，被应用于直9、直10。国产大飞机C919的起落架系统、水陆两栖飞机AG600的发动机和起落架系统，都产自湖南。因此，工程机械、轨道交通装备、航空航天装备三大主导产业竞争优势突出，湖南省"十四五"规划实施先进装备制造业倍增工程，也重点围绕这三大主导产业，建设具有全球影响力的装备制造业基地。除此之外，湖南省不断培育新的增长点，加快培育发展新一代信息技术、新材料、新能源、节能环保、生物等战略性新兴产业，形成新的竞争优势。

改革开放至今，湖南省的主导产业经历了从轻纺食品、石化、机械电子、冶金有色、建材建筑等传统工业到装备制造、钢铁有色、卷烟制造等重点行业，再到先进装备制造业、新材料等战略性新兴产业的转变。

二、主导产业的区域差异

1. 长株潭城市群

长株潭城市群作为湖南省的政治经济中心，具有产业发展的区位优势、科技优势等。长沙、株洲和湘潭三市立足自身发展基础，同时按照长株潭一体化的要求，加强分工协作，培育优势特色产业。长沙的工程机械、信息产业、新材料，株洲的有色冶金、航空发动机、电力机车，湘潭的钢铁、电机等在国内占有重要地位。

近些年，长株潭城市群地区重点发展高端装备产业、新材料产业、新一代信息技术产业、生物（健康与种业）产业、文化创意产业等主导产业。长株潭城市群的高端装备制造产业具备全球竞争力，长沙高新区是全球重要的工程机械制造基地，株洲高新区是全国最大的电力机车研发生产基地，湘潭高新区是我国重要的能源装备产业基地。长株潭的新材料产业特色突出，形成了先进电池材料、高性能结构材料、先进复合材料等产业集群。该地区的新一代信息技术产业发展也较为迅猛，以手机游戏、移动电商、移动阅读为主导的移动互联网产业异军突起。以生物制药、现代中药及数字化医院等为代表的生物健康产业呈高速增长态势。文化创意产业领跑全国，建成全国首批国家文化和科技融合示范基地。

2. 洞庭湖地区

洞庭湖地区是我国粮食、棉花、油料、淡水鱼等重要农产品生产基地，农产品加工业实力较强，初步形成了集装备制造、石化、轻工、纺织等为一体的支柱产业[16]。

洞庭湖地区依托农业资源和产业基础，建设以粮棉油、果蔬、茶叶、畜禽和水产加工为重点的农产品精深加工基地。其中，益阳是全国现代农业示范区和湖南省唯一现代农业改革试验市，安化黑茶成为全国首批、湖南省唯一中欧互认地理标志保护产品，南县稻虾米、大通湖大米等农产品获国家地理标志证明商标。常德也是重要的农产品加工基地，2020年，常德拥有农产品加工企业5886家，其中国家级及省级龙头企业97家，农产品加工转化率达48%，常德也是粤港澳大湾区"菜篮子"重要生产基地。

目前，洞庭湖周边各地市着力做强工业经济，重点培育千亿元产业或产业集群。岳阳重点培育发展石油化工、食品、现代物流、电子信息、装备制造、电力能源、文化旅游七大千亿元产业为目标。石化产业是岳阳首个超千亿元的战略支柱产业，也是湖南省重点培育的产业，已形成了以长岭炼化和巴陵石化两家央企为龙头的石化企业产业群，产业涵盖石油炼制、精细化工、催化剂、基本有机化工原料、三大合成材料等十多个门类。常德过去以烟草产业为主导产业，现在产业格局从"一烟独秀"向"多极支撑"转变，近些年，装备制造与军民融合、生物医药与健康食品产业发展迅速，产业规模迈上千亿元台阶。益阳以船舶制造、工程机械、新材料等产业为主导产业，同时积极在电子信息、新能源、生物医药等领域布局。

总体来看，该地区经济增长对传统产业依赖度高，产业结构仍不够优化，新兴优势产业和高技术产业对经济增长的拉动作用不足。

3. 湘南地区

湘南地区矿产和能源较为丰富，工业基础较为扎实，有色金属、能源、化工、机械和食品行业在全省占据重要地位[17]。

湘南地区是国家级承接产业转移示范区，依据《湖南省湘南承接产业转移示范区规划》，衡阳、彬州、永州三市在产业发展和布局上有所侧重，衡阳重点承接发展装备制造、新能源新材料、精细化工、电子信息、矿产品精深加工等产业，大力发展现代物流、生态人文旅游、文化创意等产业，形成中部地区重要的先进制造业和现代服务业基地。郴州重点承接发展有色金属精深加工、电子信息、生物医药、新材料、先进制造等产业，成为泛珠三角地区重要的有色金属精深加工基地、加工贸易基地、旅游休闲基地。永州高起点承接发展汽车及零部件、生物医药、矿产加工、电子信息和农产品加工等产业，构建加工贸易基地、汽车零部件制造基地、农产品精深加工基地。

4. 大湘西地区

大湘西地区拥有丰富的自然资源，产业类型以资源加工型为主，形成了一批具有地方特色的支柱产业和主导产品。主要特色优势产业有农林产品加工、矿产品深加工以及中医药、水电、旅游业等。其中，食品工业侧重于猕猴桃、柑橘、茶叶、生姜的加工，林产品侧重于木材深加工，矿产品深加工侧重锰、铅、锌、铝、磷、铜、汞、黄金等的采掘加工，生物制药侧重于黄连、杜仲、黄柏、天麻、茯苓、青蒿素的开发。水电沿沅江、澧水及其支流分布，形成了梯级开发格局，较大的电站有五强溪、凤滩、江垭、洪江、碗米坡等。湘西地区历史文化深厚，又拥有神奇的自然风光、浓郁的民族风情，旅游资源得天独厚，因此旅游业发展较好。目前，旅游业发展以张家界为代表的自然旅游资源和以凤凰古城为代表的文化旅游资源的开发为主（见表4-2）。

表4-2 湖南省四大板块主导产业类型

区域	主导产业
长株潭城市群	高端装备产业、新材料产业、新一代信息技术产业、生物（健康与种业）产业、文化创意产业等
其中：长沙	装备制造、新材料、电子信息、生物医药
株洲	轨道交通、航空航天、新能源汽车
湘潭	智能装备制造、汽车及零部件、精品钢材及深加工
洞庭湖地区	装备制造、石化、轻工、纺织
其中：岳阳	石油化工、先进装备、电子信息
常德	工程机械、生物医药、大健康
益阳	电子信息、食品轻纺、特色装备、碳基材料
湘南地区	有色金属、能源、化工、机械和食品行业
其中：衡阳	特色材料、特色生物轻纺、特色机械和电子消费品及零部件
郴州	新材料、电子信息、高端装备制造
永州	食品轻工、生物医药、新材料等
大湘西地区	农林产品加工、矿产品深加工以及中医药、水电、旅游业等
其中：邵阳	显示功能材料、特色轻工、工程装备产业
怀化	食品医药、新材料（精细化工）、商贸物流产业
湘西州	文化旅游、特色材料、生物科技、食品加工等
张家界	生态旅游、生物医药、特色食品等绿色生态产业
娄底	钢铁新材、工程机械、现代物流

资料来源：笔者根据湖南省相关规划文件和官方网站资料整理而成。

第三节 现代产业体系

一、现代产业发展概况

1. 现代农业

湖南省属中亚热带季风湿润型气候，适宜植物生长和动物繁衍，素有"鱼米之乡"的美誉。长期以来，农业在国民经济中占有较大比重，是全国农业大省。近年来，湖南省大力推进供给侧结构性改革，加快面向农业现代化战略转型，农业经济总量大幅增长。2019年，湖南省实现农林牧渔业总产值6405.06亿元，是1949年的400多倍，其中，农、林、牧、渔业产值分别为3052.06亿元、430.66亿元、2003.09亿元、441.82亿元。农业内部结构更加优化，由农业（种植业）"一家独大"向农、林、牧、渔、副各业综合平衡发展[18]。2019年，湖南省农、林、牧、渔、副各业产值的比重为47.7∶0.7∶31.3∶6.9∶7.5，其中，牧业、渔业的产值比重分别比1949年提高了22.3个、6.7个百分点，农业产值比重比1949年下降了28.4个百分点，产业结构更趋合理[18]。湖南省根据自身特色，着力打造现代农业体系，逐步由以种养业为主，向以种养、加工、服务、休闲旅游等多元化发展转变，现代农业发展取得明显成效，基本形成了长株潭都市农业区、洞庭湖生态农业区、大湘南丘陵农业区、大湘西山地农业区的整体发展格局，形成了优质稻米、优质专用旱粮、优质蔬菜、双低油菜、品牌柑橘、品牌茶叶、生猪、优质家禽、草食畜牧、水产品十大优势产业和一批特色农产品。

湖南省是产粮大省，近年来粮食面积和产量保持基本稳定。2019年，湖南省粮食播种面积为4616千公顷，粮食单产达到6444千克/公顷，粮食总产量达2974.8万吨，在全国31个省份（不含港澳台地区）中位居第十。稻谷产量为2611.5万吨，位居全国第二。目前，湖南省积极发展优质稻米产业，适度发展优质专用旱粮产业。其中，优质稻米种植和生产分布广泛，形成了湘北、湘南、湘中优质食用稻米产业带，共84个优质稻米生产优势县（市、区），涌现出金健、盛湘、金泰等一批稻米加工龙头企业。优质专用旱粮主要有玉米、红薯、马铃薯、豆类等，主要分布在大湘西和湘南山地地区（见表4-3）。

湖南省经济作物主要有蔬菜、油菜、水果、茶叶、棉花、麻类、桑蚕、烟草、药材等。2019年，蔬菜产量3969.44万吨，位居全国第七；油料总产量239.20万吨，位居全国第五；水果产量1061.99万吨，位居全国第九；茶叶产

表4-3 2011~2019年湖南省粮食生产情况

年份	播种面积（千公顷）	单产（公斤/公顷）	总产量（万吨）
2011	4932.2	6024	2983.6
2012	4975.3	6126	3061.9
2013	5010.0	5927	2989.5
2014	5065.6	6033	3078.9
2015	5053.7	6073	3094.2
2016	5010.7	6039	3052.3
2017	4978.9	6173	3073.6
2018	4747.9	6367	3022.9
2019	4616.0	6444	2974.8

资料来源：2012~2020年《湖南统计年鉴》。

量23.35万吨，位居全国第五；棉花产量8.2万吨，位居全国第五；麻类产量0.45万吨，位居全国第九；烟叶产量18.57万吨，位居全国第四。目前，湖南省重点发展优质蔬菜、双低油菜、品牌柑橘、品牌茶叶等优势产品。蔬菜生产基地布局有洞庭湖水生蔬菜生产基地、高山反季节蔬菜生产基地和湘中、湘南食用菌生产基地以及其他特色蔬菜的规模化基地。双低油菜产区主要分布在衡阳盆地和湘西北、湘中等优势产区。水果产业主要形成了南岭山脉至雪峰山脉南端的湘南鲜食脐橙与加工甜橙产业带、雪峰山脉及武陵山脉的鲜食与加工温州蜜柑产业带、武陵山脉的椪柑产业带，以及冰糖橙、香柚、金柑等特种柑橘基地、湘东北早熟梨生产基地和湘中、湘南和湘北早熟葡萄生产基地，其中品牌柑橘是优势产业之一，主要分布在湘西南、雪峰山区、武陵山区等优势产区。茶叶产业主要分布在武陵山脉、南岭山脉、长（沙）岳（阳）丘岗区，主要有安化黑茶、古丈毛尖、保靖黄金茶等名优品牌。此外，湘西地区的蚕桑、药材产业发展较好（见表4-4）。

表4-4 2019年湖南省主要经济作物产量及全国排名

类型	产量（万吨）	全国排名
蔬菜	3969.44	7
油料	239.20	5
水果	1061.99	9
茶叶	23.35	5

续表

类型	产量（万吨）	全国排名
棉花	8.20	5
麻类	0.45	9
烟叶	18.57	4

资料来源：国家统计局官方网站。

湖南省是我国南方重点林区省之一，植物资源丰富，品种繁多。2019 年，湖南省林业产值 430.66 亿元，森林覆盖率 59.8%，木材产量 331 万立方米，位居全国第七。其中，优良用材林树种有杉、松、楠、樟、梓、檫、桐等，经济林树种有油桐、油茶、乌桕等。2019 年，油茶籽产量 110.04 万吨，居全国第一位。

畜牧业以猪、牛、羊、家禽等为主，形成了生猪产业，以肉牛、肉羊和奶牛为主的草食畜牧业以及优质家禽产业等特色优势产业。2019 年，湖南省牧业总产值 2003.09 亿元，全年猪、牛、羊、禽肉类总产量 456.8 万吨。其中，猪肉产量 348.5 万吨，牛肉产量 19.0 万吨，羊肉产量 15.9 万吨，禽肉产量 73.4 万吨。生猪出栏 4812.9 万头，牛出栏 162.5 万头，羊出栏 971.5 万只。禽蛋产量 114.7 万吨，牛奶产量 6.3 万吨，水产品产量 254.4 万吨。生猪产业主要分布在 107 国道、319 国道、320 国道沿线的 51 个县（市、区），肉牛产业主要分布在湘西南、湘北环洞庭湖、湘中、湘东南 4 个优势产区的 46 个县（市、区），肉羊产业主要有湘东黑山羊、湘北马头山羊和湘西南南江黄羊 3 个优势产区的 36 个县（市、区）。地方特色品种主要有湘西黑猪、沙子岭猪、大围子猪、宁乡猪、黔邵花猪、湘西黄牛、滨湖水牛、马头山羊、湘东黑山羊等。特色家禽产业主要分布在环洞庭湖水禽产业优势产区的 21 个县（市、区）、湘西北和湘中南地方特色家禽产业和蛋鸡产业优势产区的 17 个地方鸡优势县（市、区）和 9 个蛋鸡优势县（市、区），有洞庭湖水禽、雪峰乌骨鸡、临武鸭、武冈铜鹅、鄱县白鹅等地方特色家禽良种（见表4-5）。

表 4-5　2019 年湖南省主要禽畜产品产量及全国排名

项目	存栏（万头/只）	出栏（万头/只）	肉产量（万吨）	肉产量全国排名
生猪	2698.3	4812.9	348.5	2
牛	410.4	162.5	19.0	13
羊	712.2	971.5	15.9	10

续表

项目	存栏 (万头/只)	出栏 (万头/只)	肉产量 (万吨)	肉产量 全国排名
家禽	36333.2	—	73.4	—
禽蛋	—	—	114.7	10

资料来源：《湖南省2019年国民经济和社会发展统计公报》、《湖南省统计年鉴2020》、国家统计局官方网站。

湖南省渔业总体实力较强，是"全国渔业十强省"之一。渔业发展从"以捕为主"到"以养为主"，人工养殖从人放天养、粗放经营到精养高产高效集约化经营，主要水产品种既有青、草、鲢、鳙传统优势水产，又有虾蟹、鳝鱼、斑点叉尾鮰、大口鲶、鳜鱼、乌鳢、银鱼、中华鳖、乌龟、珍珠、螺蚌等名特优水产。2019年渔业总产值441.82亿元，水产品产量264.85万吨，居全国第十位。优势产区主要有环洞庭湖区名特优水产产业、大中城市郊区休闲渔业、湘西和湘中南稻田库塘养鱼区等，其中，有14个虾蟹优势产业县（市、区）、15个龟鳖优势产业县（市、区）和50个名优鱼优势产业县（市、区）。

此外，湖南省依托农业特色资源，挖掘农业的生态观光、旅游休闲、农事体验等多重功能，积极发展休闲农业，打造长株潭都市休闲农业片区、环洞庭湖农业生态旅游圈和湘西、湘南民俗文化休闲旅游带。

2. 现代工业

工业化是现代化的基础和前提，高度发达的工业社会是现代化的重要标志。湖南经过中华人民共和国成立以来的发展，形成了基础扎实、门类齐全、富有特色的工业体系。工业发展对经济社会贡献稳步提高。2019年，湖南省全部工业增加值实现11630.55亿元，在全国排第九位，占湖南省GDP比重29.3%；工业增加值对经济增长的贡献率为39.3%。

在总量上升的同时，湖南省工业发展质量也不断提升，自改革开放以来，全省加大工业结构战略性调整力度，逐步改变长期以来以低附加值、劳动密集型加工贸易为主的产业结构，高新技术产业、先进制造业发展水平明显提高。2019年，六大高耗能行业增加值占规模工业增加值的比重为29.1%，比2010年下降了5.8个百分点。高加工度工业和高技术制造业增加值占规模以上工业的比重分别为37.8%和11.3%；装备制造业增加值占规模以上工业的比重为30.5%；生产性服务业增加值对经济增长的贡献率为23.8%[19]。目前，湖南省正致力于走新型工业化道路，以转型升级为主攻方向，促进产业结构优化升级，逐步构建以传统优势产业、战略性新兴产业和生产性服务业为主的现代工业产业新体系。

湖南省的传统优势产业包括传统装备制造业、原材料工业和消费品工业。其中，传统装备制造业重点发展汽车及零部件、工程机械、轨道交通、电工电气等产业，2019 年，汽车产业实现主营业务收入 1778.52 亿元、工程机械产业 1679.75 亿元、轨道交通产业 512.26 亿元、电工电气产业 1696.90 亿元[15]。湖南省是中国最大的工程机械产业制造基地，在 2018 年"全球工程机械 50 强"中，湖南省有 4 家企业上榜，混凝土机械产量居世界第一。轨道交通方面，世界最高时速的米轨动车组、世界首辆超级电容 100% 低地板有轨电车等世界顶尖技术的高端产品均出自湖南，电力机车全球市场占有率超过 20%，位居世界第一。原材料产业以有色、石化、建材和冶金为主。有色工业重点发展铅、锌、钨、锑的深加工。2019 年，湖南省有色金属行业实现主营业务收入 2326.07 亿元，十种有色金属产量 193.9 万吨；石化产业重点发展石油化工、化工新材料和精细化工、盐（氟、硅）化工、支农化工、现代煤化工和新能源化工等。2019 年，湖南省石油化工行业规模以上企业完成主营业务收入 2417.65 亿元。建材产业重点发展水泥、玻璃、陶瓷、新型墙体材料等。2019 年，规模以上建材企业实现主营业务收入 2726 亿元，工业增加值 758 亿元。冶金工业重点在精品钢材、铁合金、耐火材料、冶金装备制造四大领域。其中，精品钢材重点生产企业是华菱钢铁集体下属的湘钢、涟钢和衡钢，铁合金产业集中在永州、怀化地区。2019 年，湖南省规模以上冶金企业实现主营业务收入 2205.82 亿元。主要产品生铁、粗钢、钢材的产量分别为 1973.87 万吨、2385.72 万吨、2451.58 万吨，分别占全国比重的 2.44%、2.40%、2.03%。消费品工业包括食品、轻工、纺织服装、烟草产业，2019 年，湖南省规模食品工业实现主营业务收入 5189.4 亿元，规模以上轻工企业完成主营业务收入 5588.01 亿元，规模以上纺织企业实现主营业务收入 1010.5 亿元（见表 4-6）。

表 4-6　2019 年湖南省主要工业产品产量及占全国比重

指标	湖南省	全国	占比（%）
原盐产量（万吨）	322.13	6701.40	4.81
卷烟产量（亿支、万箱）	1651.46	23642.50	6.99
机制纸及纸板产量（万吨）	331.27	12515.30	2.65
焦炭产量（万吨）	586.26	47126.16	1.24
硫酸（折 100%）产量（万吨）	171.58	9119.20	1.88
烧碱（折 100%）产量（万吨）	58.38	3457.90	1.69
纯碱（碳酸钠）产量（万吨）	32.61	2986.50	1.09
农用氮、磷、钾化肥产量（万吨）	59.49	5731.20	1.04

续表

指标	湖南省	全国	占比（%）
化学农药原药产量（万吨）	3.44	211.81	1.62
初级形态的塑料产量（万吨）	58.96	9743.65	0.61
化学纤维产量（万吨）	8.91	5883.40	0.15
水泥产量（万吨）	11195.62	234430.60	4.78
平板玻璃产量（万重量箱）	3303.9	94461.20	3.50
生铁产量（万吨）	1973.87	80849.38	2.44
粗钢产量（万吨）	2385.72	99541.90	2.40
钢材产量（万吨）	2451.58	120456.90	2.03
金属切削机床产量（万台）	0.5	42.10	1.19
汽车产量（万辆）	57.91	2567.70	2.26
矿山专用设备产量（万吨）	65.82	673.11	9.78
挖掘机（万台）	7.34	26.63	27.56
混凝土机械（万台）	4.37	7.43	58.79
炼油、化工生产专用设备（万吨）	3.19	127.09	2.51
汽车（万辆）	84.97	2567.70	3.31
铁路货车	4962.00	60330.00	8.22
摩托车（万辆）	12.18	1698.84	0.72
发电设备（万千瓦）	160.87	8419.16	1.91
交流电动机（万千瓦）	1114.04	28733.03	3.88
变压器（亿千伏安）	1.06	17.56	6.01
矿山专用设备产量（万吨）	65.82	673.11	9.78

资料来源：《中国统计年鉴 2020》《湖南统计年鉴 2020》《湖南年鉴 2020》。

　　湖南省工业领域战略性新兴产业主要包括先进装备制造、新材料产业、节能环保产业、信息产业、生物产业和新能源产业六大类。其中，先进装备制造业重点发展领域为中高端工程机械、新能源汽车及整车新品、高端轨道装备；新材料产业重点发展领域为金属新材料和化工新材料；节能环保产业重点发展领域为资源循环利用产业和节能产业；信息产业重点发展数字化整机和新型元器件；生物产业重点发展现代中药、化学药、粮油作物育种；新能源产业重点发展智能电网及其关键装备、风电装备制造及应用和太阳能综合利用。2018 年，湖南省战略性新兴产业增加值 3413.15 亿元，占地区生产总值的 8.6%。2019年，湖南省新能源汽车下线 180368 辆，占全国同期产量的 14.5%。其中，三一集团、中联重科、中车株机等发展成为世界级装备制造企业，隆平高科、博云新材、长城信息、杉杉新材等成长为行业领军企业，湘电集团、时代新材、蓝思科技、中南传媒、永清环保、力合科技等成为行业龙头。

在经济结构调整、经济转型的推动下，湖南省加快发展生产性服务业，重点发展工业研发设计、信息服务、现代物流、现代商务等，生产性服务业的发展在经济社会发展中的比重不断增大。2019年，生产性服务业增加值对经济增长的贡献率为23.8%。其中，信息传输、软件和信息技术服务业，文化、体育和娱乐业，教育，科学研究和技术服务业，租赁和商务服务业等现代服务业投资保持了较高增幅，2019年固定资产投资增速分别达到63.2%、29.6%、23.9%、22.7%、20.9%[19]。

3. 现代服务业

现代服务业是相对"传统服务业"而言的，是在工业化高度发展阶段产生的，主要是依托电子信息高技术和现代管理理念而发展起来的信息和知识相对密集的服务业，其实质是服务业的现代化。现代服务业的统计范围包括信息传输、计算机服务和软件业，金融，房地产，商务服务，科研技术服务，环境管理，教育，卫生，社会保障，文化、体育和娱乐业等行业，涉及10个行业门类和22个行业大类。

湖南省现代服务业发展对社会经济发展的支撑和拉动作用日益突出。从2020年服务业增加值来看，传统服务业中，批发和零售业增加值4054.4亿元，交通运输、仓储和邮政业增加值1561.0亿元，住宿和餐饮业增加值827.4亿元。现代服务业中，金融业增加值2126.4亿元，房地产业增加值2902.4亿元，信息传输、软件和信息技术服务业增加值850.5亿元，租赁和商务服务业增加值1230.8亿元。全年规模以上服务业企业营业收入增长4.9%，利润总额下降18.9%。生产性服务业增加值对经济增长的贡献率为24.0%[20]。

湖南省服务业的产业结构也不断优化。生产性服务业中，现代物流、现代金融、商务商贸等产业不断壮大，整体发展水平和产品附加值持续提高。生活性服务业中，文化、旅游等优势产业保持强劲发展态势。2019年湖南省旅游总收入达9762.3亿元，其中，国内旅游收入9613.4亿元，增长15.3%；国际旅游收入22.5亿美元，增长34.8%[20]。服务业产业体系更加丰富，服务外包、会展业等新兴产业快速增长，成为服务业发展新亮点。服务业产业竞争力不断提高，文化湘军、广电湘军、出版湘军、张家界国际旅游目的地等品牌影响力日益增强[21]。服务业集聚效应更加明显，长沙金霞经济开发区、长沙中电软件园、中国动力谷自主创新园等48个湖南省服务业示范集聚区发展势头良好，有效促进了湖南省服务业的集约集聚发展。在已有产业发展基础上，近年来湖南省将重点发展现代金融、现代物流、信息服务、科技服务、商务商贸、文化旅游、健康养老、居民和家庭服务 8 大现代服务业产业[21]。

二、现代产业发展的区域差异

1. 现代农业区域差异

湖南省农业发展表现出明显的地域差异，湘东北和湘西南地区农林牧渔业产值高于其他地区（见表 4-7）。从湖南省 14 个地市州的农林牧渔业产值来看，2019 年，农林牧渔业产值最高的是常德市，其产值达到 702.1 亿元；衡阳、永州、岳阳和长沙的农林牧渔业产值也较高，分别达到 666.7 亿元、653.7 亿元、649.9 亿元和 607.7 亿元；产值最低的张家界仅为 113.8 亿元，产值最高的常德是张家界的 6.2 倍。

表 4-7 2019 年湖南省各市州农林牧渔业总产值 单位：亿元

市州	农林牧渔业总产值	农业产值	林业产值	牧业产值	渔业产值	农林牧渔专业及辅助性活动产值
长沙市	607.7	378.2	38.2	135.5	19.1	36.6
株洲市	340.7	173.1	31.0	110.3	13.5	12.8
湘潭市	252.1	109.8	14.1	101.5	12.3	14.4
衡阳市	666.7	254.8	57.4	255.7	55.0	43.9
邵阳市	569.4	322.8	20.2	180.8	16.0	29.7
岳阳市	649.9	291.5	21.1	180.2	120.1	36.9
常德市	702.1	314.8	19.3	253.9	64.7	49.4
张家界市	113.8	66.5	9.5	29.3	3.9	4.6
益阳市	516.6	270.9	16.0	130.1	67.8	31.6
郴州市	416.9	213.4	43.3	128.8	14.6	16.8
永州市	653.7	300.0	86.3	195.2	39.3	33.0
怀化市	399.1	200.1	32.9	143.7	13.6	8.8
娄底市	288.6	152.1	8.4	101.3	16.1	10.6
湘西州	165.0	109.8	5.6	45.3	2.2	2.2
合计	6342.4	3157.9	403.3	1991.6	458.2	331.3

资料来源：《湖南统计年鉴 2020》。

从具体分项指标对比常德、衡阳、永州等重点农业大市，常德是湖南省农业大市，是全国重要的商品粮、棉、油、猪和鱼的生产基地，2019 年，除林业外，其他农业、牧业、渔业和农林牧渔专业及辅助性活动产值在湖南省各地市中较高，分别达到314.8亿元、253.9亿元、64.7亿元和49.4亿元，分别位居湖南省第二位、第二位、第三位、第一位。衡阳是"江南粮仓"和全国商品粮、猪、油重点生产基地之一。2019年，衡阳全市农业、林业、牧业、渔业和农林牧渔专业及辅助性活动各项产值分别达到254.8亿元、57.4亿元、255.7亿元、55.0亿元和43.9亿元，分别位居湖南省第七位、第二位、第一位、第四位和第二位。此外，衡阳祁东的黄花菜、槟榔芋，常宁的茶油、无茎生姜，衡阳的白莲，衡东的草席，衡山的茶叶，"金雁优洁米"等一系列名、优、特农副产品在国内外市场声誉远播，深受广大消费者欢迎。衡阳农业产业格局基本形成，衡南县、衡阳县、常宁市、耒阳市为高档优质稻主要产区，322国道沿线为良种猪主要产区，衡山县、祁东县为席草、芦竹、龙须草等林草产业主要区域，祁东县、常宁市、衡阳县为果蔬主要产区。永州农业经济自改革开放以来也逐步实现了由传统农业向现代农业转变。特色农业、规模农业、效益农业发展迅速。永州已形成了粮食、林果、畜禽、水产、蔬菜、烤烟六大支柱产业。2019年，永州的农业、林业、牧业、渔业和农林牧渔专业及辅助性活动各项产值分别达到300.0亿元、86.3亿元、195.2亿元、39.3亿元和33.0亿元，分别位居湖南省第四位、第一位、第三位、第五位和第五位。

除上述地级市外，长沙、岳阳和益阳也是湖南省重要的农业生产和加工基地。长沙市农业、林业、牧业、渔业和农林牧渔专业及辅助性活动各项产值分别达到378.2亿元、38.2亿元、135.5亿元、19.1亿元和36.6亿元，分别位居湖南省第一位、第二位、第七位、第六位和第三位。岳阳的农业、林业、牧业、渔业和农林牧渔专业及辅助性活动各项产值分别达到291.5亿元、21.1亿元、180.2亿元、120.1亿元和36.9亿元。此外，益阳的农林牧渔业总产值也不高，但其渔业产值达到67.8亿元，居湖南省第二位。

2. 现代工业区域差异

湖南省的工业总产值表现出明显的由东向西递减的趋势。其中，长沙的工业总产值明显高于其他地市，2019年长沙实现工业生产总值3254.95亿元；岳阳、常德和株洲工业生产总值分别达到1286.88亿元、1166.20亿元和1057.31亿元；郴州、湘潭、衡阳的工业生产总值在700亿~1000亿元；其他地市工业生产总值均在700亿元以下，湘西州和张家界市仅达到158.26亿元、41.92亿元。2019年，长株潭地区规模工业增加值占湖南省规模工业的比重为45.6%。

从传统优势产业来看，湖南省各地市州各有优势和特色，例如，长沙的汽车及零部件产业、工程机械产业，株洲和湘潭的轨道交通产业，长沙和常德的烟草产业，衡阳的输变电产业，湘潭和娄底的钢铁工业，株洲、衡阳和郴州的有色金属产业，岳阳的造纸工业和石化工业，益阳和岳阳的苎麻纺织产业等。

从战略性新兴产业来看，区域集聚趋势比较明显，湖南省战略性新兴产业主要分布在环长株潭城市群地区。2019年，长沙战略性新兴产业增加值1335.29亿元，总量为湖南省1/3以上，在14个地市州中居第一位，增速13.7%[15]。株洲轨道交通装备产业集群打造了从整机、核心零部件到配套设施和运维服务的完整产业链。长沙智能成套装备产业集群形成了关键零部件和控制系统、智能建筑机械成套装备和智能车间与自动化生产线产业体系。株洲、湘潭风电装备制造业构建了从控制系统、风力发电机组、叶片到整机系统集成的产业体系。以广电、出版、动漫、娱乐、创意为核心内容的文化湘军品牌集群稳步崛起，在全国具有较大的影响。湘南地区和洞庭湖地区逐渐形成了生物育种、生物制造、新材料、电子信息等新兴产业特色集群。

3. 现代服务业的区域差异

湖南省各地区的区位条件、资源条件和产业基础不同，因此，服务业的发展侧重点不同。

长株潭地区因为良好的区位优势和经济优势，重点发展现代物流、现代金融、会展和文化创意等现代服务产业。长沙近几年大力推动物流、金融、文化创意、中介会展、信息软件、节能环保服务、研发设计等现代服务业。2020年，长沙金融业增加值占GDP的比重达7.6%。会展业影响扩大，成功举办各类全球重大会议，2019年会展业成交额超1100亿元。物流业持续壮大，快递业务量增长45%。马栏山视频文创产业园入选国家级文化产业示范园区创建名单。2020年，株洲网络零售额居全省第二，连续三年获评"全国优秀电子商务城市"。株洲成功举办汽车、陶瓷、烟花、服饰、住宅产业等博览会，农业、大数据产业等产业交流会等。湘潭在现代物流、休闲旅游和健康产业等方面具有优势。湘潭荷塘物流园获评"全国优秀物流园区"，京东湘潭电商产业园成为省重点电商项目。韶山红色旅游成功申报国家级服务业标准化示范项目，湘潭县、湘乡市、昭山示范区入围省精品旅游线路重点县。昭山恒大养生谷四大园投入运营，湖南医疗器械产业园落户湘潭经开区，湖南省大数据产业园挂牌成立。

洞庭湖地区发挥生态资源和城陵矶港通江达海的优势，大力发展港口物流、文化旅游、电子商务等特色服务业。2019年，常德的文旅康养产业实现产值885亿元。益阳电子商务交易额稳居全省前三。岳阳正在建设现代物流创新发展设点城市，设立了财政专项引导资金，成功引进京东物流等知名物流企业和项目，2019年，岳阳物流业总产值941亿元。

湘南地区把握承接产业转移的机遇，吸引与当地产业配套的国内外生产性服务业企业进驻，大力发展物流配送、工业设计、商务会展、信息咨询等生产性服务业。郴州市被列为国家物流枢纽承载城市、快递进村试点城市，获评2018年中国企业营商环境十佳城市。衡阳现代物流业也蓬勃发展。2020年，衡阳电商企业超过4800家，衡阳衡南县、永州宁远和东安入选国家电子商务进农村综合示范县。永州市商贸物流产业稳步发展，2019年18家企业入围湖南省批发百强、数量排名第一，中国物流永州智慧物流产业园项目成功签约。

湘西地区依托丰富的自然和人文旅游资源，重点发展健康养老、文化旅游等产业。湘西地区正在重点打造张家界、崀山、凤凰古城三个国际旅游品牌。观光度假、康养休闲、民俗体验、体育运动、红色文化等旅游产品供给丰富。2019年，张家界全年接待游客8162.09万人次，实现旅游总收入990.85亿元，继续保持高基数上的高增长。张家界民宿旅游走在全国前列。武陵源获评首批国家全域旅游示范区，桑植被评为全国最佳红色旅游目的地，魅力湘西成为湖南省首个荣获"中国驰名商标"的文旅演艺品牌。旅游国际市场深度拓展，境外客源市场达到133个国家和地区，实现旅游外汇收入7.57亿美元，增长209.74%，增速居湖南省第一位。

三、产业园区建设

产业园区是推动工业化、城镇化快速发展和对外开放的重要平台，在聚集优势产业和增长新动力、引领经济结构优化调整和发展方式转变方面有着重要的作用。产业园区已经在湖南省经济发展中起着举足轻重的作用，加快湖南省经济发展和结构转型升级，必须把园区建设作为经济建设的第一平台，通过优化园区区域和产业布局，进一步理顺园区管理体制，以科技创新促进转型升级，不断提升产业园区的竞争力[22]。

1. 产业园区规模

近些年，湖南省产业园区经济总量不断扩大，发展效益稳步提升，在湖南省经济发展中的极核作用突出。2019年，湖南省有省级及以上产业园区143家，湖南省产业园区GDP为13678.86亿元，工业增加值为9593.50亿元，分别占全省的34.41%、82.49%；高新技术产业增加值达5999.45亿元，占全省的63.33%。2019年全年完成固定资产投资9704.14亿元，占全省的25.58%；进出口总额为3105.00亿元，占全省的71.51%。湖南省省级及以上产业园区实现技工贸总收入48552.76亿元。其中，国家级产业园区实现技工贸总收入23212.31亿元，占47.8%；省级产业园区实现技工贸总收入25340.45亿元，占52.2%。产业园区已开发面积1060.08平方千米，园区企业有56216个，期末从业人数382.82万人。湖南省产业园区已占全省0.5%的国土面积，贡献了全省超1/3的生产总值，完成了超3/5的规模工业增加值和高新技术增加值，园区经济持续高速增长且对湖南省经济贡献逐年提高，已成为湖南省经济快速持续增长的重要引擎和产业集聚的主要载体（见表4-8）。

表4-8　2019年湖南省级以上产业园区指标及占湖南省比重

指标类型	园区总量（亿元）	湖南省总量（亿元）	占比（％）
园区GDP	13678.86	39752.12	34.41
工业增加值	9593.50	11630.55	82.49
高新技术产业增加值	5999.45	9472.89	63.33
完成固定资产投资	9704.14	37941.44	25.58
进出口总额	3105.00	4342.20	71.51

资料来源：《湖南开发区年鉴2020》《湖南统计年鉴2020》。

2. 产业园区发展水平

湖南省产业园区个体之间发展水平差异较大。以营业收入为例，2019年，湖南省营业收入最高和最低的园区相差966倍。87家省级及以上产业园区规模工业营业收入达到1000亿元以上的园区有4家，分别是长沙经开区、株洲高新区、岳阳绿色化工高新区、常德经开区，营业收入分别达到1932亿元、1105亿元、1096亿元、1036亿元。营业收入在500亿~1000亿元的产业园区共11家，营业收入100亿~500亿元的产业园区47家，营业收入小于100亿元的产业园区25家。2016年，湖南省产业园区排名前20位的园区技工贸总收入之和占全省园区的55.60%；高新技术产业主营业务收入之和占湖南省园区的57.36%；出口总额之和占湖南省园区的61.12%，"头部效应"越来越明显，发展平衡度有待提升（见表4-9）。

表4-9　2019年湖南省营业收入过千亿元的产业园区

产业园区名称	营业收入（亿元）
长沙经济技术开发区	1932
株洲高新技术产业开发区	1105
岳阳绿色化工高新技术产业开发区	1096
常德经济技术开发区	1036

资料来源：《湖南统计年鉴2020》。

3. 产业园区类型结构

近年来，湖南省通过工业集中区转型等形式，不断优化产业园区类型，推动园区产业转型升级，提升园区发展质量。2014~2019年，省级高新区数量不断增加，由 2014 年的 6 个增加至 2019 年的 30 个，数量占比由 2014 年（总数 132 个）的 4.5% 提升到目前（总数 144 个）的 16%，类型结构得到优化；2019 年 38 家省级及以上高新区（8 个国家级高新区、30 个省级高新区）的高新技术产业主营业务收入（9932.83 亿元），占湖南省产业园区高新技术产业主营业务收入（22507.42 亿元）的比重达 44.13%（见表 4-10）。

表 4-10　湖南省 2014~2019 年省级高新区及国家级园区增减情况

时间	增减数量	具体情况
2014 年	已有 6 个	韶山高新区、岳阳临港高新区、鼎城高新区、汉寿高新区、沅江高新区、衡阳西渡高新区
2015 年	新增 3 个	平江高新区、宁乡高新区、岳阳高新区
"十二五" 时期末		省级高新区一共 9 家
2016 年	新增 7 个（实际新增 6 个）	永州经开区、涟源经开区、湘阴工业园、怀化工业园、浏阳工业集中区、津市工业集中区、泸溪工业集中区升级为省级高新区（后永州高新区恢复为永州经开区，实际新增 6 家）
2017 年	新增 2 个	2017 年 12 月 31 日，省政府批复设立开福高新区，筹建望城高新区
	减少 1 个	2017 年鼎城高新区升级为国家级
2018 年	新增 9 个	2018 年 1 月 23 日，省政府批复设立岳麓高新区、衡山高新区、隆回高新区、岳阳绿色化工高新区、汨罗高新区、桃源高新区、张家界高新区、江华高新区、新化高新区
	减少 1 个	2018 年 2 月 28 日，怀化高新区升级为国家级
2019 年	新增 6 个	2019 年 2 月 1 日，省政府批复设立桂阳高新区、宁远高新区、澧县高新区、湘西高新区、攸县高新区、洪江高新区

截至 2019 年 12 月，省级高新区共 30 个

资料来源：《湖南省 "十四五" 产业园区高质量发展思路研究》前期研究报告。

4. 产业园区主导产业

湖南省产业园区形成的主导产业同质化现象较为严重，产业集聚效应不够明显。如表 4-11 所示，湖南省重点产业园区多数以装备制造、电子信息、新能源新材料等产业作为其主导产业。湖南省内集聚度相对较高的采矿、冶金、建筑工程、农机、环保等专用设备制造分散在 21 个园区，2016 年主营业务收入 4120.77 亿元，占湖南省园区技工贸总收入的 10.1%；汽车制造业分散在 13 个园区，2016 年主营业务收入 2107.14 亿元，占全省园区技工贸总收入的 5.2%；分布最广的为农副食品加工业，有 40 个园区以农副食品加工业为主，2016 年农

副食品加工业主营业务收入 953.36 亿元，仅占全省园区技工贸总收入的 2.3%；同时还有 13 个园区从事食品制造业，2016 年主营业务收入 1126.95 亿元，占全省园区技工贸总收入的 2.8%[22]。

表 4-11　湖南省部分重点产业园区主导产业

产业园区	主导产业
长沙经济技术开发区	工程机械、汽车制造及零部件、电子信息
长沙高新技术产业开发区	先进装备制造、新一代信息技术（移动互联网）、新能源与节能环保
株洲高新技术产业开发区	轨道交通装备、新能源汽车、通用航空
湘潭经济技术开发区	汽车及零部件、先进装备制造、电子信息
湘潭高新技术产业开发区	高端装备制造、新一代信息技术、新材料
常德经济技术开发区	智能装备制造、新能源新材料、生物医药与食品
岳阳经济技术开发区	先进制造、生物制造
宁乡经济技术开发区	智能家电、新材料
望城经济技术开发区	有色金属、食品加工、电子信息
浏阳经济技术开发区	电子信息、生物医药、智能装备制造
娄底经济技术开发区	薄板深加工、新材料新能源、先进装备制造和电力科技
衡阳高新技术产业开发区	智能制造、电子信息、高技术服务业
益阳高新技术产业开发区	智能制造业、电子信息产业、新材料新能源产业、健康养老
郴州高新技术产业开发区	有色金属新材料、电子信息、装备制造、现代服务

资料来源：根据各产业园区官网资料整理得到。

　　针对湖南省园区产业特色不鲜明、主导产业不突出的问题，2014 年湖南省产业园区建设领导小组办公室依据各园区已有产业基础、发展趋势和全省生产力布局要求，制定发布了《湖南省产业园区主导产业指导目录》（以下简称《目录》），积极引导各园区培育壮大自身主导产业，避免各园区产业低水平同质化竞争。根据《目录》，长株潭城市群地区产业园区重点发展先进装备制造、汽车整车及零部件制造、电子信息、现代物流等产业，洞庭湖地区产业园区重点发展精细化工、专用设备制造、农副食品加工、棉麻纺织等产业，大湘南地区重点发展有色金属精深加工、盐卤化工、电子信息、特色轻工等产业，大湘西地区重点发展绿色食品、新型精品钢材、非金属矿物制品业、特色中药材精深加工等产业。从各产业园区目前的发展趋势来看，各园区除了升级壮大原有优势产业外，还积极涉足新兴产业领域。从现有政策、规划来看，各地或各园区具体以哪些产业链环节为发展重点，如何实现整合和互补，还需要进一步科学规划布局。

第四节　县域特色经济

一、县域经济概况

县域经济是湖南省经济发展的重要基础，为加快湖南省县域经济发展，壮大县域经济实力，湖南省政府于 2013 年 2 月出台了《关于发展特色县域经济强县的意见》，大力发展特色县域经济强县。湖南省县域广阔，根据《中国县域经济统计年鉴 2020》，湖南省县域共包括 14 个市州的 88 个县（市、区）。

湖南省县域综合实力不断增强。2019 年，县域地区生产总值 23080.47 亿元，占湖南省地区生产总值的 58.06%。其中，长株潭城市群县域实现地区生产总值 7615.72 亿元，占湖南省县域的 33.0%。县域三次产业结构比例为 13.9：37.8：48.3。第一产业增加值 3198.76 亿元，占县域地区生产总值比重为 13.9%，比上年提升 1.6 个百分点；第二产业增加值 8726.11 亿元，占县域地区生产总值比重为 37.8%，比上年下降 5.1 个百分点；第三产业增加值 11155.60 亿元，占县域地区生产总值比重为 48.3%，比上年上升 3.4 个百分点。

湖南省县域城镇化发展迅速。2019 年，湖南省县域城镇常住人口为 2581.49 万人，城镇化率达 49.2%，较 2010 年末提升了 14.1 个百分点。县域城乡居民生活进一步改善。2019 年，湖南省 88 个县域人均可支配收入全部超过 1 万元，其中，有 46 个县域人均可支配收入超过 2 万元，占所有县域的 52.3%。

县域经济发展空间不平衡。在湖南省县域经济快速发展的同时，县域经济发展的不平衡性也较为突出。从各县的经济总量和人均水平比较来看，2019 年，在全省 88 个县域中，GDP 总量最大的长沙县为 1709.96 亿元，总量最小的古丈县为 31.18 亿元，二者相差 55 倍；人均 GDP 最高的长沙县为 155564 元，最低的城步县为 19328 元，相差达 8 倍。2019 年，湖南省入围"全国百强县"的县（市、区）有 3 个，分别是长沙、浏阳、宁乡，均分布在长株潭地区。

二、县域特色产业

2013 年，湖南省启动特色县域经济强县工程，提出以培育特色优势产业为抓手，发展县域经济，重点扶持农副产品加工业、特色制造业、文化旅游产业三大产业，主要从特色产业发展基础平台建设、特色产业优势企业培育、特色产业技术支撑、特色产业基础设施建设贷款贴息等方面对特色县域经济强县的特色产业发展给予专项资金资助。湖南省财政先后投入 45.3 亿元，分三轮批次在湖南省 33 个县（市、区）启动实施特色县域经济发展工程。其中，农副产品加工重点县 10 个，特色制造业重点县 10 个，文化旅游产业重点县 12 个。2020 年 12 月，湖南省印发《关于推动县域经济高质量发展的政策措施》，以进一步吸引聚集要素资源，全面提升县域经济发展活力、承载能力和综合实力，实现差异化、特色化、融合化发展（见表 4-12）。

表 4-12　湖南省特色县域经济重点县

轮次	农副产品加工重点县	特色制造业重点县	文化旅游产业重点县
第一轮 （2013~2015 年）	永州市祁阳县、湘潭市湘潭县、长沙市宁乡县	株洲市醴陵市、郴州市永兴县、岳阳市汨罗市	娄底市新化县、湘西土家族苗族自治州凤凰县、邵阳市新宁县、湘潭市韶山市
第二轮 （2014~2016 年）	怀化市靖州县、邵阳市洞口和隆回联合申报县、常德市桃源县	娄底市双峰县、益阳市沅江市、衡阳市常宁市	怀化市通道县、株洲市炎陵县、张家界市永定区
第三轮 （2015~2017 年）	益阳市安化县、郴州市临武县、娄底市涟源市	永州市江华县、岳阳市临湘云溪联合申报县、邵阳市邵东县	永州市双牌宁远联合申报县、衡阳市南岳区、郴州市资兴汝城宜章联合申报县

资料来源：湖南省人民政府网站和湖南省财政厅网站。

1. 农副产品加工业

永州祁阳县、湘潭湘潭县、长沙宁乡县三县首批入围湖南省农副产品加工重点县。祁阳县是全国粮食、油茶、生猪生产基地县，2019 年粮食种植面积89.4 千公顷，加工大米产量 42 万吨，猪肉 5.89 万吨；湘潭县湘莲种植面积达20 余万亩，壳莲产量超过 5 万吨，占全国总产量的 60%，是全国最大的湘莲种植、加工、出口基地和集散地，号称"中国湘莲之乡"，上榜 2020 年度"全国乡村特色产业十亿元镇"；宁乡县常年粮食总产保持在 90 万吨，年出栏生猪 240万头以上，年出笼家禽突破 4000 万羽，均居全省第一。

怀化靖州县、邵阳洞口和隆回联合申报县、常德桃源县是第二轮入围的湖南省农副产品加工重点县。杨梅、茯苓、山核桃等是靖州的传统特色产业和优势产业，靖州是全国杨梅主产区之一，自古以来就享有"江南第一梅"的美誉，同时也是中国地理标志产品；靖州也是全国茯苓集散中心，茯苓集散量占全国总量的 60% 以上，出口量占全国总出口量的 2/3；靖州还是全国四大山核桃产区之一。柑橘、生猪、粮食等农副产品加工业为洞口县的特色优势产业。洞口县和隆回县共享共建优质水稻、茶叶、水果、中药材基地，共享共建农产品加工园区和农业服务体系，实现了"1+1>2"的特色农业产业优势。其中，洞口县是湖南蜜桔主产区，由周恩来总理亲自命名的"雪峰蜜桔"享誉中外，洞口县也是全国500强产粮大县、商品粮基地县、瘦肉型生猪生产基地县、柑橘和优质茶基地县、畜牧业五强县。隆回县的传统特色产业包括优质稻、生猪、中药材、生姜、辣椒、大蒜、龙牙百合、蔬菜、水果、茶叶等。隆回金银花、隆回龙牙百合获国家地理标志商标。辣王剁椒、龙牙百合面、"佳瑶猕猴桃"等农产品获得中国中部（湖南）农博会金奖。隆回县还是湖南省高档优质稻"湘米工程"示范县、袁隆平院士超级稻高产攻关基地重点县、国家和省产粮重点县。桃源县以富硒开发为引领，致力发展茶叶、茶油、楠竹等特色产业的深加工，桃源红茶、桃源黑猪获得国家农业部颁发的中华人民共和国农产品地理标志登记证书，获评"2019中国茶业百强县"，桃源红茶入选"湖南十大名茶"。

益阳安化县、郴州市临武县、娄底涟源市是第三轮入围的湖南省农副产品加工重点县。安化黑茶是全县支柱产业之一，是国家非物质文化遗产、国家地理标志保护产品，安化县因而享有中国黑茶之乡、全国生态产茶县榜首的荣誉。安化黑茶"千两茶"被誉为"世界茶王"，其制作技艺被列入国家级非物质文化遗产保护名录。目前，安化全县共有151家茶叶加工企业，其中，有2家国家级龙头企业、6家省级龙头企业、3个中国驰名商标、8个湖南名牌、1家中华老字号、2家湖南老字号。2020年底，安化黑茶入选首批《中华人民共和国政府与欧洲联盟地理标志保护与合作协定》保护名单，成为湖南唯一进入"中欧100+100"地理标志产品互认互保名单的地标产品，为安化黑茶走向欧洲市场奠定了坚实基础。临武县现拥有农业产业化龙头企业15家，其中，国家级2家，临武鸭获得国家地理标志产品保护，农产品加工按产业细分拥有基地289个，面积40万亩。涟源市围绕桥头河现代农业园、经开区农副产品加工产业园，大力推进湘中黑牛、蔬菜等的种养殖和深加工。

2. 特色制造业

首批入围的特色制造业重点县包括株洲醴陵市、郴州永兴县、岳阳汨罗市。醴陵市是全国三大古"瓷都"之一，以陶瓷产品制造为主的非金属矿物制品业是醴陵经济的支柱产业，形成了门类齐全、链条完善的陶瓷产业集群。永兴县受扶持的是特色制造业——稀贵金属再生利用产业。该产业主要从工业"三废"中回收利用稀贵金属，是永兴县的经济支柱产业，也是独具特色的循环经济产业。汨罗市再生材料制造业获得湖南省首批特色县域经济重点县项目扶持，汨罗循环经济产业园通过国家循环经济标准化试点验收，吸引了一批精深项目落户，形成了再生铜、铝、不锈钢、塑料、橡胶等产业集群。

第二轮入围的是娄底双峰县、益阳沅江市、衡阳常宁市。双峰县是湖南农机制造大县，该县先后荣获"中国碾米机之乡""湖南省农机产业基地""湖南省首家省级农机产业园""第一批湖南省新型工业化产业示范基地"等荣誉，创建了湖南省现代农业装备工程技术研发中心和国家中小企业公共服务平台，涌现出农友集团、湘源集团等27家具有市场竞争力的农机骨干企业，该县拥有农友"好运来"中国驰名商标，"丰彩""银松""定园"等6个湖南省著名商标及湖南名牌产品。沅江市的船舶制造产业是全县优势产业，该县充分发挥洞庭湖丰富的岸线和内河运输、工程船舶广阔市场的优势，不断加快船舶产业发展，培育壮大了太阳鸟游艇、金瀚船艇、兴洋船舶、帝豪舾装、镇波船厂等一批船舶制造及配套件制造龙头企业。常宁市全面推进铜压延及加工业，编制了《常宁市水口山经济开发区铜加工产业发展规划（2015-2020）》和2.2平方千米的铜加工业园区空间规划及控制性详规，规划了11类铜产品深加工项目，计划总投资60亿元，年生产铜产品51.5万吨，年总产值可达276亿元，创税12.4亿元。

第三轮入围的是永州江华县、岳阳临湘云溪联合申报县、邵阳邵东县。江华县依托稀土等有色金属资源丰富的优势，形成了稀土精深加工及后端应用、铜材精深加工、钨锡矿精深加工和铅锌冶炼加工四大有色金属产业。云溪区和临湘市重点以云溪精细化工园、临湘滨江工业园为依托，发展精细化工产业。邵东县先后筹集资金近10亿元，全面提升金属工具制造及其延伸产业核心竞争力，已经初步发展成为中部地区最大的金属工具制造基地。

3. 文化旅游产业

第一轮入围文化旅游产业重点县的有娄底新化县、湘西土家族苗族自治州凤凰县、邵阳市新宁县、湘潭韶山市。新化县是"湖南省旅游强县"，该县旅游资源极为丰富，共有地文景观、水文景观、古迹遗址等8个类别300余处上等级的旅游资源，有"蚩尤故里""梅山文化""自然生态"三大特色品牌，有大熊山、梅山龙宫、紫鹊界梯田、奉家古桃花源、油溪河漂流、紫鹊界漂流六大精品景区，2014年，新化县紫鹊界梯田被评为首个全国重要农业遗产、世界灌溉工程遗产，列入联合国教科文组织遗产系统名录。凤凰县致力于打造世界一流旅游目的地，重点推进"酒吧一条街、文化一条街、文化产业园、两台精品晚会"文化旅游配套项目建设。该县立足民族特色，打造节庆品牌，推出了高品位的大型民俗情景剧"烟雨凤凰"，后期提质改编升级为"边城"，再现了湘西民俗、民乐、民情的魅力，一经问世便备受游客好评。新宁县成功列入全国第二批国家旅游标准化示范县，崀山旅游区顺利通过国家5A级旅游景区景观价值评估。韶山市是全国著名革命纪念地、全国爱国主义教育基地、国家级重点风景名胜区、中国优秀旅游城市，大力发展红色旅游，推出《中国出了个毛泽东》大型实景演出，并成功创建全国红色旅游融合发展示范区。

第二轮入围的有怀化通道县、株洲炎陵县、张家界永定区。通道县提出"生态立县、旅游兴县、产业强县"发展战略，把旅游业打造成为县域经济发展的核心引擎，积极打造"侗族风情世界旅游目的地"。炎陵县是中华民族始祖炎帝神农氏的安寝福地，是海峡两岸交流基地、国家重点文物保护单位、全国爱国主义教育示范基地、全国归国华侨爱国主义教育基地、国家重点风景名胜区、国家4A级景区。"炎帝陵祭典"列入国家首批非物质文化遗产名录，2012年，炎帝陵祭祖大典入选"全球最具影响力的十大根亲文化盛事"。炎陵县提出围绕"神农福地、养生天堂"核心旅游品牌，遵循"一心一廊一环三大板块"的旅游空间发展格局，把炎陵打造成为罗霄山片区文化旅游产业发展龙头、湘东旅游区一级辐射中心、以炎帝文化为特征的生态旅游强县、罗霄山脉湘赣边界旅游中心。永定区以独特的自然景观和厚重的人文景观享誉中外，已建成国家级旅游景区5处，突出的自然景观有"武陵之魂"天门山、"百里画廊"茅岩河。近年来，永定区重点构建"一山（天门山）一园（张家界天门山文化旅游产业园）""一水（茅岩河）一线（旅游西线）""两带（澧水两岸风光带）两区（沙堤和且住岗核心片区）"三大旅游板块协调发展格局，着力打造"山—水—城"于一体的文化旅游精品，并且将以实施文化旅游产业经济发展为突破口，推动旅游带动战略，全面加强招商引资，促进永定区各项经济的发展。

第三轮入围的是永州双牌宁远联合申报县，衡阳南岳区，郴州资兴汝城宜章联合申报县。双牌县致力建成中国生态文化旅游示范县，基本形成了生态品牌、"和"文化品牌、两岸民间文化交流品牌三大特色品牌，有全国绿化模范县、国家重点生态功能区和湖南省林业十强县的美誉，近年来，文化旅游已成为拉动该县经济的生力军。宁远县实施"旅游兴县"战略，深入统筹"城区、园区、景区"建设，以实现打造"美丽宁远"和"国家级文化生态旅游目的地"目标。南岳区以中心景区和南岳城区为主要经济轴心，主要发展观光休闲、文化娱乐、文艺创作、文化旅游产品生产、展示和销售等产业，同时努力构建主要发展游览观光、道教养生休闲、体育休闲、农业生态休闲的东片区，与主要发展户外运动休闲、佛教文化休闲、避暑度假休闲、有机茶叶生产、竹海开发的西片区。资兴市东江湖风景名胜区、宜章莽山国家森林公园、汝城热水温泉"一山一湖一泉"是郴州核心旅游产品，形成了郴州的黄金旅游线。资兴市在东江湖成功创建国家5A级旅游景区的基础上提出打造"世界级湖泊休闲旅游目的地"旅游品牌，实现全域旅游的发展目标。汝城县按照"建设一城三地，推动绿色崛起"总体部署，努力构建以汝城温泉为龙头、以历史文化名城为中心、以九龙江国家森林公园为重点、以小团景区为支撑、以乡村旅游为补充、以古祠堂古村落线路为网格的集观光、度假、避暑、休闲、养生、文化于一体的全域旅游发展格局。

通过文化旅游产业重点县的建设，一批重点县的文化旅游品牌影响力日益扩大。韶山、张家界、凤凰、郴州东江湖等一批5A级景区持续升温，靖州杨梅节、湘潭采莲节、新化梯田文化节、宜章杜鹃花节等旅游活动、文化旅游品牌影响力日益增强。崀山天彩文化小镇、通道皇都侗文化村、炎陵神龙古镇、汝城理学古镇等一大批特色村镇，成为新的旅游亮点。

参考文献

［1］张志彬.改革开放以来湖南产业结构的演变及调整对策［J］.长沙大学学报，2008，22（4）：10-12.

［2］郑一璞.经济结构四大演变 协同发展成绩斐然——新中国成立70周年湖南经济社会发展成就系列报告之二决策咨询17期［EB/OL］.（2019-08-07）［2020-07-02］. http：//tjj. hunan. gov. cn/hntj/tjfx/jczx/2019jczx/201908/t20190807_5410919. html.

［3］尹少华，熊曦.按照绿色化要求推进湖南产业结构调整与布局优化的政策建议［J］.中南林业科技大学学报（社会科学版），2017，11（1）：1-4+6.

［4］高雪.湖南省产业结构变动趋向时空差异分析［J］.新经济，2016（27）：36-37.

［5］湖南省人民政府.湖南省人民政府关于印发《湘南湘西承接产业转移示范区发展规划》的通知［EB/OL］.（2020-03-04）. http：//fgw. hunan. gov. cn/fgw/xxgk_70899/zcfg/dfxfg/202003/t20200305_11799733. html.

［6］赵淑珍.2000年湖南经济展望［M］.长沙：湖南人民出版社，2000.

［7］湖南省发展和改革委员会.湖南省国民经济和社会发展"九五"计划和2010年远景目标纲要［EB/OL］.（2013-09-11）［2020-07-02］. http：//fgw. hunan. gov. cn/fgw/xxgk_70899/ghjh/201512/t20151219_2026044. html.

［8］湖南省地方志编纂委员会.湖南省志：1978-2002经济和社会发展计划志［M/OL］.北京：中国文史出版社. http：//218. 76. 24. 115：8889/chorography/bookDetail/bookReadZs？bookId=201711210004.

［9］湖南省发展和改革委员会.湖南省国民经济和社会发展第十一个五年规划纲要［EB/OL］.（2013-09-11）. http：//fgw. hunan. gov. cn/fgw/xxgk_70899/ghjh/201512/t20151219_2026048. html.

［10］湖南省人民政府.湖南年鉴2011［M/CD］.长沙：湖南年鉴社，2011.

［11］湖南省人民政府.湖南省国民经济和社会发展第十二个五年规划纲要［EB/OL］.（2011-05-05）［2020-07-02］. http：//www. hunan. gov. cn/hnyw/zwdt/201212/t20121210_4730575. html.

［12］湖南省发展和改革委员会.关于印发《湖南省"十三五"新型工业化发展规划》的通知［EB/OL］.（2016-12-16）［2020-07-02］. http：//fgw. hunan. gov. cn/fgw/xxgk_70899/

ghjh/201612/t20161216_3641640. html，2016-12-16.

　　［13］湖南省人民政府.湖南年鉴2016［M/CD］.长沙：湖南年鉴社，2016.

　　［14］湖南省发展和改革委员会.湖南省国民经济和社会发展第十三个五年规划纲要［EB/OL］.（2016-04-25）［2020-07-02］.http：//fgw. hunan. gov. cn/fgw/xxgk_70899/ghjh/201604/t20160425_3048372. html.

　　［15］湖南省人民政府.湖南年鉴2020［M/CD］.长沙：湖南年鉴社，2020.

　　［16］湖南省发展和改革委员会.国家发展改革委关于印发洞庭湖生态经济区规划的通知［EB/OL］.（2014-05-13）［2020-07-02］.http：//fgw. hunan. gov. cn/fgw/xxgk_70899/zcfg/gjjfg/201405/t20140513_2070399. html，2014-05-13.

　　［17］朱翔.湖南地理［M］.北京：北京师范大学出版社，2014.

　　［18］刘杰.农业农村蓬勃发展　乡村振兴前景光明——新中国成立70周年湖南经济社会发展成就系列报告之三［EB/OL］.（2019-08-22）［2020-07-02］.http：//tjj. hunan. gov. cn/hntj/tpxw/201908/t20190822_5415890. html.

　　［19］湖南省统计局.湖南省2019年国民经济和社会发展统计公报［EB/OL］.（2020-03-17）［2020-07-02］.http：//tjj. hunan. gov. cn/hntj/tjfx/tjgb/jjfzgb/202003/t20200317_11814367. html.

　　［20］湖南省统计局.湖南省2020年国民经济和社会发展统计公报［EB/OL］.（2021-03-16）［2020-07-02］.http：//tjj. hunan. gov. cn/hntj/tjfx/tjgb/jjfzgb/202103/t20210316_14837950. html.

　　［21］湖南省发展和改革委员会.湖南省人民政府办公厅关于印发《湖南省服务业高质量发展三年行动方案（2020—2022年）》的通知［EB/OL］.（2020-01-16）［2020-07-02］.http：//fgw. hunan. gov. cn/fgw/xxgk_70899/tzgg/202001/t20200116_11158070. html.

　　［22］唐根深，贺淑贞，陈慧.加快湖南产业园区发展的建议［EB/OL］.（2017-07-20）［2020-07-02］.http：//tjj. hunan. gov. cn/tjfx/jczx/2017jczx/201707/t20170720_4324558. html.

第五章 开放型经济发展格局

随着中部地区崛起和长江开放经济带的发展，湖南摆脱内陆区位掣肘，立足"一带一部"的新区位优势，瞄准中部地区崛起重要增长极和内陆地区改革开放高地建设目标，迈入"创新引领开放崛起"的发展阶段。近年来，湖南对外贸易量质齐升，利用外资稳步增长，对外经济合作全面拓展，开放型经济走在中部地区前列，全方位开放型经济发展新格局正在形成。

第一节 开放型经济发展过程与特征

开放型经济是与封闭型经济相对的概念，强调国内经济与国际经济的充分衔接，是人流、物流、技术流、资金流、信息流在全球范围内自由流动，从而优化资源配置和提高经济效率的一种动态经济体制模式[1,2]。从经济发展与经济形态的关系来看，自由、公平的开放型经济是一国发展追求的重要目标[3]。在问题导向和实践导向的对外开放实践中[4]，中国开放型经济经历了从探索到深化、从局部到整体的发展历程，已经从最初注重出口、引进外资的"单向开放"，逐步转向注重进出口平衡、引进外资和对外投资平衡的"双向开放"[5,6]。同时，以构建开放型世界经济和人类命运共同体为核心理念的习近平新时代对外开放重要论述，是对外开放领域中国特色社会主义政治经济学的最新发展[2,7]。

中部地区是我国对外贸易发展的相对滞后区，但随着我国开放格局从东部向中西部推进，中部地区贸易水平不断提高，成为中国对外贸易发展新的增长点[8]。湖南全方位开放型经济发展格局的基本形成是三湘大地改革开放辉煌成就的重要体现。湖南作为中国传统农业大省和"有色金属之乡"，积极融入"中部地区崛起战略"和"长江经济带发展战略"，夯实高质量发展的经济基础，正逐步发展成为现代制造业强省。从"放开南北两口"到立足"一带一部"、对接"一带一路"，从设立改革开放过渡试验区到中国（湖南）自由贸易试验区建设，从内陆封闭跃进我国中部地区外贸前列，湖南正在谋划构建全方位、多层次、宽领域的开放型经济发展格局[9]。

一、开放型经济发展过程

1. "以开放促开发"的试验阶段（1978~1991年）

我国渐进式改革开放发端的前沿阵地是珠三角和闽三角，湖南不靠海、不沿边，深处中部内陆腹地，经济社会生活相对封闭，对外开放发展意识不强。湖南尤其是湘南地区的外贸发展受邻省广东全方位开放形势倒逼，在"堵"与"放"的论争中，湖南确定"走出湖南看湖南、湘南改革开放先行一步"的发展策略。1983年，湖南引进泰国资金，成立第一家合资企业——粤湘强丰有限公司。1985年，湖南打开"南大门"郴州市，创建经济发展的"弹性地带"，成为湖南与广东经济联系的桥头堡。1988年，衡阳市、郴州地区和零陵地区联合设立湘南改革开放试验区，湖南改革开放进入"以开放促开发、湘南先行一步"的试验阶段。在此阶段，湖南对外贸易规模较小，1991年，湖南进出口总额为13.75亿美元，仅占全国进出口总额比重的1.01%。在"以开放促开发"的试验阶段，湖南突破僵化认知，实施"引外资、设开放区"的改革开放战略，总体上呈现出"起步晚、发展慢、规模小、水平低"的对外经济发展特征。

2. "发展外向型经济"的探索阶段（1992~2000年）

1992年，湖南省委贯彻邓小平南方谈话精神，提出"放开南北两口"、兴办海外企业、组织劳务输出等方面的措施。1993年，湖南成立招商局，确立招商引资体制，外商直接投资从1991年的0.23亿美元跃升至1993年的4.33亿美元。湖南综合实施国资国企改革、发展私营经济、承接产业转移、招商引资和资产重组等经济发展措施，打开了对外开放局面。"发展外向型经济"以来，湖南进出口总额规模持续增长，但受1998年亚洲金融危机的冲击，湖南外贸经济短期回落，2000年，湖南进出口总额为25.13亿美元，占全国进出口总额比重的0.53%。出口结构以初级产品和资源密集型产品为主，机电和高新技术产品占比低，贸易方式以一般贸易为绝对主导。在"发展外向型经济"的探索阶段，湖南通过成立机构、确立机制、明确思路及开放举措发展外向型经济，总体上呈现出"局面渐开、发展缓慢、短期回落、低质增长"的对外经济发展特征。

3. "推进双向开放"的综合提升阶段（2001~2010年）

为顺应中国加入WTO、融入全球贸易体系和国际产业转移趋势，我国确定"开放带动"的经济发展战略[4]。2006年，湖南借势"中部地区崛起战略"的实施，经济社会发展进入"快车道"模式，为双向开放型经济发展奠定基础。融合"引进来"和"走出去"战略，逐步推进双向开放型经济发展。2010年，湖南成为全国首个同时拥有援外官员研修基地和技术培训基地的省份。受2008年美国次贷危机引发国际金融动荡的影响，2010年，湖南进出口总额146.89亿美元，占全国进出口总额比重降至0.49%。湖南在贸易结构和质量上有所提升，机电和高新技术产品出口增幅明显。湖南"引进来"（利用外资）和"走出去"（对外经济合作）成效明显。一方面，利用外资实现方式升级、项目质量提升，从小规模、单项目引进过渡到产业链整体组合引进，从单一生产产业向商贸服务和高端研发等产业领域扩展[9]；另一方面，对外经济合作领域不断拓宽，东盟、非洲等新兴市场成为湖南对外投资的热点地区，境外商会快速发展，援外工作取得新突破。在"推进双向开放"的综合提升阶段，湖南开放型经济呈现出"规模不大、质量提升、结构向好、双向开放"的发展特征。

4. "创新引领开放崛起"的转型发展阶段（2011年至今）

"以敢为天下先"的精神，湖南陆续搭建了国家级平台，体系化建设口岸通道。2011年，湘南承接产业转移示范区成为中国第4个国家级承接产业转移示范区。2018年，中国（长沙）跨境电子商务综合试验区和湖南高桥大市场采购贸易方式试点等国家级平台相继获批，湘南承接产业转移示范区升级为湘南湘西承接产业转移示范区。2019年，湖南率先成立粤港澳产业转移综合服务中心，中非经贸博览会长期落户长沙。2020年，启动中国（湖南）自由贸易试验区（长沙、岳阳、郴州三个片区）建设，重点打造世界级先进制造业群、中非经贸深度合作先行区和联通长江经济带、粤港澳大湾区国际投资贸易走廊。力拓陆、水、空立体国际物流通道，航运里程居全国第3位，中欧班列（湘）跻身全国第一方阵。2019年，进出口总额增至628.82亿美元，占全国进出口的比重增至1.37%，高新技术及优势产业进出口增长。境外投资主体壮大，质量提升。2019年，境外企业总量超过1600家，规模居中部省份前列，境外投资向共建"一带一路"国家和地区的贸易平台建设与高端制造业集中，投资类型主要有海外营销平台、设立海外生产基地和境外园区类投资。在"创新引领开放崛起"的新发展阶段，湖南进出口规模逆势增长、进出口结构趋优、新兴市场加快发展，呈现出"开放崛起、量质齐升、全面拓展、动能强劲"的发展特征。

二、开放型经济发展特征

1. 政策、平台、通道日趋完善，对外贸易加快发展

从倒逼"放开南北两口"到主动融入"一带一路"开放线路，湖南开放领域不断拓宽，开放型经济发展的政策、平台与通道日趋完善。从出台《关于进一步扩大开放加快发展外向型经济的决定》到制定《湖南省实施开放崛起战略发展规划（2017—2021年）》，从《关于进一步扩大对外开放，加快发展外向

型经济的决定》（1993 年）、《加快发展开放型经济的若干政策措施》（2011 年）到《促进开放型经济发展的若干政策措施》（2018 年），从设立湘南改革开放过渡试验区到高标准建设中国（湖南）自贸试验区，相继开通了铁路、公路、航空、水运等口岸，通关口岸数量居中西部前列。各类园区成为招商引资的主要载体，截至 2019 年，全省省级及以上产业园区 141 个、国家级园区 21 个，其中，国家级经开区 8 个、国家级高新区 8 个、国家级综保区 5 个。立足于开放型经济政策支持和平台通道基础，通过优质项目"引进来"、优势产能"走出去"、优化开放环境、引入市场采购贸易等实际行动，跃进我国中部地区外贸前列，对外贸易总量实现新跨越和提速发展。1991 年湖南进出口总额突破 10 亿美元，2008 年突破 100 亿美元大关，2019 年突破 600 亿美元。2019 年进出口总额在全国排名第 15 位，进出口增量居全国第 3 位，进出口增速居全国第 1 位。

2. 民营企业主导发展，贸易结构方式趋优

外贸主体活力增强，贸易结构趋于优化，贸易方式转向多元。在外贸试验和探索发展阶段，国有企业是绝对主力。进入综合提升和转型发展阶段，湖南外贸从"国企领军"逐步转向"民企领军"，2019 年湖南民营企业进出口总额占湖南进出口总额的 76.6%。在贸易结构上，依托先进制造业优势和高新技术发展基础，湖南优化进出口结构，机电和高新技术进口与出口形成正向的开放型发展效应。一方面，重视关键技术和关键零部件进口，促进关键领域创新能力的提升，实现区域性价值链的跃迁；另一方面，在现代农业、工程机械、轨道交通、路桥房建、矿产能源与生物医药等多个领域形成"海外湘军"品牌，机电和高新技术产品出口份额占据出口主导地位。近年来，贸易方式多元化、加工贸易快速增长，带动跨境电子商务、外贸综合服务、市场采购贸易、平行汽车进口新兴外贸业态发展，形成一般贸易为主、加工贸易和新兴贸易为辅的新格局。

3. 新兴市场快速成长，外贸空间布局多元化

开放型经济区域布局全面拓展，主要贸易伙伴关系持续巩固，共建"一带一路"国家和地区快速成长，形成以中国香港、美国、日韩、欧盟等传统市场为主导，向共建"一带一路"国家和地区拓展的贸易空间格局。湖南与中国香港、欧盟、美国、韩国等传统贸易伙伴的进出口总额增速平稳，而东盟是湖南最有潜力的贸易伙伴，成为湖南贸易新增长点。2019 年，湖南对东盟进出口总额 619 亿元，较 2018 年增长 62.7%。聚力共建"一带一路"国家和地区的信息、交通和能源通道等基础设施建设，优势产能出境出海。2019 年，对共建"一带一路"国家和地区的进出口总额达 1230.4 亿元，较 2018 年增长 53.6%。在自贸试验区框架下积极探索对非贸易新模式。2019 年，中国—非洲首届经贸

博览会在长沙举办，通过建设中非经贸合作中心与共享平台，加快对非金融服务改革试验，促进先进制造装备出口非洲，拓展非洲进口产品种类，推动对非进出口均衡发展，探索中国地方对非经贸合作的"湖南模式"。

4. 招商引资动能增强，对外经济合作拓宽

依托高水平开放平台，通过积极举办国际经贸展会、加强境外经贸合作园区项目合作、国际物流通道建设和推动湘企回湘等实质工作，招商引资动能增强，招大引强成效突出，实际利用外资规模扩大，承接产业转移效能提升。2019 年，实际利用外商直接投资金额同比增长 11.8%，增速居全国第六位、中部六省第一位，第一大外资来源地中国香港对湘投资总额占全省实际利用外资总额的 73.1%。第三产业与产业园区引资功能凸显，2019 年第三产业实际利用外资比重首次超过 50%，增幅和比重明显提高；国家级、省级产业园区实际利用外资占全省实际利用外资总额的 54.4%。与此同时，湖南企业"出海战略"步伐加快，2019 年全省境外企业规模居中西部省份前列，对外经济技术合作领域不断拓宽。在当前复杂多变的国际经济环境下，如何推动开放型经济高质量发展[10]，成为湖南对外开放发展的重大课题。

第二节　对外贸易规模结构变化与空间格局

一、对外贸易规模变化

1. 对外贸易总体上呈加速增长态势，持续保持贸易顺差

鉴于 2000 年之前湖南对外贸易规模较小，本节重点分析 2000 年以后湖南对外贸易规模变化。从对外贸易规模变化情况来看，进出口总额总体上呈加速增长态势，出口总额从平稳增长转向高速增长，进口总额平稳增长，出口总额增速明显高于进口总额增速。贸易顺差经历了 2008 年金融危机后的短暂下滑和收窄后，又从微幅平稳增长到加速增长，态势强劲（见图 5-1）。

2. 对外贸易规模居中部地区第三，增速领先

对比全国，2010 年是湖南对外贸易的分水岭。2010 年之前，进出口总额增幅与增速均低于全国水平。2010 年以后，进出口总额增幅与增速均高于全国水平。湖南进出口总额占全国进出口总额比重稳步增长，从 2010 年的 0.49%增至 2019 年的 1.37%，对全国开放型经济发展的贡献逐渐增大（见表 5-1）。比较分析中部六省进出口总额、进出口总额增速与进出口总额占全国比重的情况，2015 年以来，河南进出口总额及其占全国比重均居中部六省首位，但增速放缓，

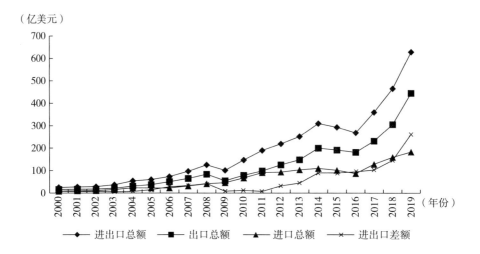

图 5-1　湖南对外贸易规模年际变化

资料来源：相关年份《湖南统计年鉴》。

2019 年出现负增速。2019 年，湖南进出口总额及其占全国比重均跃居中部地区第三，增速位居中部地区第一（见表 5-2）。

表 5-1　湖南进出口总额变化情况

类别	2000 年	2005 年	2010 年	2015 年	2019 年
湖南进出口总额（亿美元）	25.13	60.05	146.89	293.67	628.82
全国进出口总额（亿美元）	4743.0	14219.1	29740.0	39530.3	45778.9
湖南进出口总额占全国比重（%）	0.53	0.42	0.49	0.74	1.37

资料来源：相关年份《湖南统计年鉴》《中国统计年鉴》。

表 5-2　中部六省进出口贸易对比

中部六省	指标名称	2000 年	2005 年	2010 年	2015 年	2019 年
河南	进出口总额（亿美元）	22.75	77.36	177.92	737.81	824.45
	进出口总额增速（%）	30.00	16.98	32.40	13.45	-0.45
	进出口总额占全国比重（%）	0.48	0.54	0.60	1.87	1.80
山西	进出口总额（亿美元）	17.64	55.46	125.78	147.15	209.67
	进出口总额增速（%）	37.06	3.05	47.04	-9.44	0.92
	进出口总额占全国比重（%）	0.37	0.39	0.42	0.37	0.46

续表

中部六省	指标名称	2000 年	2005 年	2010 年	2015 年	2019 年
湖北	进出口总额（亿美元）	32.02	90.55	259.32	456.05	571.28
	进出口总额增速（%）	19.43	33.83	50.32	5.90	8.19
	进出口总额占全国比重（%）	0.68	0.64	0.87	1.15	1.25
安徽	进出口总额（亿美元）	33.47	91.20	242.77	488.08	687.33
	进出口总额增速（%）	26.35	26.47	55.27	-0.94	9.15
	进出口总额占全国比重（%）	0.71	0.64	0.82	1.23	1.50
湖南	进出口总额（亿美元）	25.13	60.05	146.89	293.67	628.82
	进出口总额增速（%）	28.48	10.43	44.70	-5.35	41.20
	进出口总额占全国比重（%）	0.53	0.42	0.49	0.74	1.37
江西	进出口总额（亿美元）	16.24	40.59	216.05	424.00	508.90
	进出口总额增速（%）	23.59	14.92	69.07	-0.77	5.61
	进出口总额占全国比重（%）	0.34	0.29	0.73	1.07	1.11

资料来源：相关年份《河南统计年鉴》《山西统计年鉴》《湖北统计年鉴》《安徽统计年鉴》《湖南统计年鉴》《江西统计年鉴》。

二、对外贸易结构变化

1. 贸易方式动态调整，一般贸易占主导地位

贸易方式和结构的变化反映区域产业发展历程与结构调整。外贸方式主要包括一般贸易和加工贸易，加工贸易比重表征区域利用国内外市场、融入全球产业分工体系的程度[11,12]。从湖南和全国对外贸易方式变化情况来看，2000年、2005年、2010年，湖南一般贸易比重大且稳定，分别为82.37%、87.96%、85.33%。进入经济新常态发展阶段以来，湖南一般贸易比重先降后升，由2010年的85.33%降至2015年的58.40%又回升至2019年的73.38%，说明湖南对外贸易长期以一般贸易方式为主导。我国加工贸易发展起步早，随着国际产业转移和我国产业升级，加工贸易比重持续降低，从2005年的48.56%降至2019年的25.18%。湖南加工贸易起步晚，发展慢，随着全球加工贸易的深化升级和创新发展，加工贸易占湖南贸易总额比重由2000年的12.3%升至2015年的33.88%。受全球产业链重构和区域产业结构深度调整，2019年湖南加工贸易比重降至21.78%（见表5-3）。

2. 贸易商品结构趋向优化，机电产品和高新技术贸易快速崛起

机电产品和高新技术产品进出口表征贸易商品结构的层次和质量，反映区

表5-3 湖南和全国贸易方式对比

	贸易方式	指标名称	2000年	2005年	2010年	2015年	2019年
湖南	一般贸易额	绝对数（亿美元）	20.70	52.82	125.34	171.51	461.46
		比上年增长率（%）	24.40	11.88	40.8	−17.22	34.47
		占贸易总额比重（%）	82.37	87.96	85.33	58.40	73.38
	加工贸易额	绝对数（亿美元）	3.09	5.83	17.89	99.50	136.99
		比上年增长率（%）	49.28	6.0	65.04	16.43	21.03
		占贸易总额比重（%）	12.30	9.70	12.18	33.88	21.78
全国	一般贸易额	绝对数（亿美元）	—	5948	14887	21317	26983
		比上年增长率（%）	—	20.94	39.95	−7.85	1.25
		占贸易总额比重（%）	—	41.83	50.06	53.93	58.94
	加工贸易额	绝对数（亿美元）	—	6905	11577	12415	11526
		比上年增长率（%）	—	25.61	27.32	−11.87	−8.96
		占贸易总额比重（%）	—	48.56	38.93	31.41	25.18

资料来源：相关年份《湖南统计年鉴》《中华人民共和国国民经济和社会发展统计公报》。

域产业经济发展质量。湖南工程机械、生物信息、有色金属等优势产品出口与高新技术产品进出口形成良性互动，机电产品和高新技术贸易快速崛起。2010~2019年，机电和高新基础产品进出口总额高速增长，2010年、2015年、2019年，湖南机电产品和高新技术产品进出口增长率分别超过同期全国机电产品和高新技术产品进出口增长率的13.03%、22.58%、38.25%和33.98%、59.62%、48.12%。2015年是湖南贸易商品结构转型与优化的标志性节点，机电产品和高新技术产品进出口占湖南进出口总额比重分别从2005年的29.51%、5.20%增至2015年的51.31%、21.22%。2019年，机电产品和高新技术产品进出口额保持增长，但占湖南进出口总额的比重出现回落（见表5-4）。

表5-4 湖南和全国机电产品、高新技术产品进出口情况比较

区域	重点商品	指标名称	2000年	2005年	2010年	2015年	2019年
湖南	机电产品	绝对数（亿美元）	8.26	17.72	55.36	150.67	272.37
		增长率（%）	29.26	1.72	45.34	20.36	35.81
		占进出口总额比重（%）	32.87	29.51	37.69	51.31	43.31
	高新技术产品	绝对数（亿美元）	—	3.12	11.67	62.33	105.65
		增长率（%）	—	27.35	65.77	58.92	44.29
		占进出口总额比重（%）	—	5.20	7.94	21.22	16.80

续表

区域	重点商品	指标名称	2000 年	2005 年	2010 年	2015 年	2019 年
全国	机电产品	绝对数（亿美元）	2081.85	7771.25	15937.53	21168.54	23668.48
		增长率（%）	34.72	24.26	32.31	-2.22	-2.44
		占进出口总额比重（%）	43.89	54.65	53.59	53.55	51.7
	高新技术产品	绝对数（亿美元）	—	4159.56	9050.87	12032.7	13685.05
		增长率（%）	—	27.22	31.79	-0.7	-3.83
		占进出口总额比重（%）	—	29.25	30.43	30.44	29.89

资料来源：相关年份《湖南省国民经济和社会发展统计公报》《中华人民共和国国民经济和社会发展统计公报》。

三、对外贸易空间格局

1. 全省对外贸易空间格局

（1）进出口贸易空间格局。与湖南有对外贸易关系的国家和地区达到 200 多个，从十大主要贸易国家（地区）进出口总额及排名情况来看（见表 5-5），传统主要贸易伙伴持续稳定，主要集中在中国香港、中国台湾、美国、韩国、日本、德国、澳大利亚等东亚、北美、西欧和大洋洲等区域。进出口贸易空间较为集聚，空间集中度趋向降低，十大主要贸易国家（地区）进出口额占同期湖南进出口总额的比重从 2000 年的 70.23%降至 2019 年的 53.46%。近年来，进出口贸易空间不断向共建"一带一路"国家和地区扩张，空间趋向均衡。从时间节点和国别（地区）来看，与日本的进出口总额常年居首位，中国香港自 2015 年取代日本，居湖南进出口贸易首位。美国与湖南的进出口总额大且增长稳定，常居第二，偶居第三。2015 年，湖南与东亚、东南亚、北美、大洋洲的进出口总额排名居前，与西欧的进出口总额降幅较大。2019 年，湖南与共建"一带一路"市场的俄罗斯、越南的进出口贸易额进入前十位。

表 5-5　湖南十大主要贸易国家（地区）进出口总额及排名　单位：亿美元

排序	2000 年	2005 年	2010 年	2015 年	2019 年
第 1 位	日本（3.33）	日本（7.95）	日本（17.58）	中国香港（56.20）	中国香港（91.88）
第 2 位	美国（3.20）	美国（7.34）	澳大利亚（13.83）	美国（36.32）	美国（59.58）
第 3 位	韩国（3.15）	中国香港（6.54）	美国（12.05）	韩国（14.91）	韩国（34.32）
第 4 位	中国香港（2.50）	韩国（4.55）	德国（10.98）	澳大利亚（12.23）	中国台湾（24.16）
第 5 位	德国（1.35）	德国（3.16）	中国香港（10.55）	中国台湾（11.74）	日本（24.15）

续表

排序	2000 年	2005 年	2010 年	2015 年	2019 年
第6位	中国台湾（1.14）	澳大利亚（2.85）	韩国（7.99）	日本（10.99）	德国（23.35）
第7位	英国（0.93）	加拿大（2.10）	荷兰（3.66）	新加坡（8.79）	澳大利亚（22.47）
第8位	荷兰（0.77）	荷兰（1.71）	加拿大（3.14）	马来西亚（7.94）	俄罗斯（19.33）
第9位	新加坡（0.66）	中国台湾（1.30）	意大利（3.10）	德国（7.72）	马来西亚（19.10）
第10位	意大利（0.62）	英国（1.27）	中国台湾（2.44）	英国（3.83）	越南（17.80）

资料来源：相关年份《湖南统计年鉴》。

（2）出口贸易空间格局。从湖南十大主要出口贸易国家（地区）出口额及排名情况来看（见表5-6），东亚、北美、西欧是湖南长期稳定的主要出口区域，出口贸易空间随"一带一路"倡议的实施而扩大。十大主要出口贸易国家（地区）出口额占同期湖南出口总额的比重由 2000 年的 68.23%降至 2010 年的 52.43%又升至 2019 年的 58.82%，这反映出湖南出口贸易空间在动态调整中从集聚走向分散。2010 年是湖南出口贸易集散的分水岭，2010 年之前，湖南出口贸易集中度降低，2010 年之后，湖南出口贸易集中度提升。从时间节点和国别（地区）来看，2005 年，中国香港取代美国，成为湖南出口贸易的首位。2015 年，东盟成为湖南新兴的主要出口国家和地区。2019 年，中国香港依然保持湖南出口贸易的首位，出口额占湖南出口总额的 19.79%，俄罗斯、印度、越南等共建"一带一路"国家和地区出口快速增长，成为湖南新兴的出口贸易市场。

表 5-6   湖南十大主要出口贸易国家（地区）出口额及排名   单位：亿美元

排序	2000 年	2005 年	2010 年	2015 年	2019 年
第1位	美国（2.40）	中国香港（6.24）	中国香港（10.45）	中国香港（53.58）	中国香港（88.14）
第2位	中国香港（2.25）	美国（5.29）	美国（8.49）	美国（22.29）	美国（52.25）
第3位	日本（1.59）	日本（3.98）	韩国（6.64）	新加坡（8.33）	俄罗斯（18.10）
第4位	韩国（1.33）	韩国（2.52）	日本（4.80）	马来西亚（6.85）	韩国（17.77）
第5位	德国（0.92）	荷兰（1.58）	荷兰（2.63）	韩国（6.78）	新加坡（15.87）
第6位	荷兰（0.72）	中国台湾（1.01）	德国（2.47）	日本（4.04）	马来西亚（15.81）
第7位	中国台湾（0.69）	德国（0.98）	加拿大（2.00）	德国（3.59）	印度（14.36）
第8位	新加坡（0.64）	加拿大（0.96）	俄罗斯（1.68）	中国台湾（3.53）	越南（14.05）
第9位	英国（0.37）	英国（0.84）	马来西亚（1.28）	阿联酋（3.44）	英国（13.80）
第10位	意大利（0.37）	意大利（0.66）	意大利（1.27）	英国（2.98）	德国（11.82）

资料来源：相关年份《湖南统计年鉴》。

（3）进口贸易来源地空间格局。从湖南十大主要进口贸易国家（地区）进口额及排名情况来看（见表5-7），澳大利亚、日本、德国、美国、韩国等是湖南稳定的主要进口来源国家（地区）。总体而言，湖南主要进口贸易来源国家（地区）由高度集聚趋向均衡。十大主要贸易国家（地区）进口额占同期湖南进口总额的比重由2000年的80.58%降至2010年的55.86%又升至2019年的60.05%，这反映了湖南进口贸易来源集中度总体趋向降低，但有短期浮动与调整。从时间节点和国别（地区）来看，自2005年始，澳大利亚成为中国最稳固的优势进口来源地。2010年欧盟、澳大利亚和日本居湖南进口来源地的前三位，进口额分别为15.50亿美元、12.79亿美元和12.78亿美元，共占湖南进口总额的61%。2015年，美国和澳大利亚是湖南较大的进口来源地，来自韩国的进口增幅最大。2019年，南非、巴西等国家和地区成为湖南新兴的进口贸易市场。

表5-7　湖南十大主要进口贸易来源国家（地区）进口额及排名

单位：亿美元

排序	2000 年	2005 年	2010 年	2015 年	2019 年
第 1 位	韩国 (1.82)	日本 (3.97)	澳大利亚 (12.79)	美国 (14.03)	澳大利亚 (17.92)
第 2 位	日本 (1.74)	澳大利亚 (2.37)	日本 (12.78)	澳大利亚 (10.48)	中国台湾 (17.84)
第 3 位	美国 (0.80)	德国 (2.18)	德国 (8.51)	中国台湾 (8.21)	韩国 (16.55)
第 4 位	英国 (0.56)	美国 (2.06)	美国 (3.57)	韩国 (8.14)	日本 (14.23)
第 5 位	中国台湾 (0.45)	韩国 (2.02)	意大利 (1.83)	日本 (6.94)	德国 (11.53)
第 6 位	德国 (0.44)	加拿大 (1.14)	韩国 (1.34)	德国 (4.13)	南非 (9.14)
第 7 位	澳大利亚 (0.42)	意大利 (0.55)	中国台湾 (1.17)	中国香港 (2.62)	美国 (7.33)
第 8 位	意大利 (0.26)	英国 (0.43)	加拿大 (1.14)	新加坡 (1.08)	巴西 (7.32)
第 9 位	中国香港 (0.25)	中国香港 (0.30)	荷兰 (1.03)	英国 (0.85)	荷兰 (4.18)
第 10 位	加拿大 (0.19)	中国台湾 (0.29)	英国 (0.64)	马来西亚 (0.46)	泰国 (4.13)

资料来源：相关年份《湖南统计年鉴》。

2. 各市州对外贸易空间格局

（1）进出口贸易空间格局。湖南省各市州外向型经济发展水平受地方经济发展、地理区位和政策战略影响，空间发展不均衡[13]。从湖南省各市州进出口额占全省进出口总额比例及其变化情况来看，一方面，14个市州进出口额相差悬殊，省会长沙以绝对优势长期稳居龙头地位。2000年、2010年、2019年，长沙进出口额分别占湖南同期进出口总额的65.15%、41.45%、46.1%；张家界市进出口额仅分别占湖南同期进出口总额的0.04%、0.19%、0.25%。另一方面，对外贸易集中度逐渐下降，主要进出口贸易空间趋向均衡发展，从长沙向周边和湘南扩散。2000年，长株潭3市的进出口额占湖南进出口总额的85.63%。2010年，长沙、湘潭、株洲、娄底、郴州、衡阳6市的进出口额占湖南进出口总额的 88.17%。2019 年,长沙、衡阳、岳阳、郴州、湘潭、邵阳、株洲、永州 8 市的进出口额占湖南进出口总额的 89.88%。

鉴于 2000 年、2010 年和 2019 年湖南进出口总额分别是 25.13 亿美元、146.89 亿美元、628.82 亿美元,3 个节点间的数额差值较大,我们以各市州进出口额占湖南省进出口总额的比重为基准,将比重不少于 20% 的区域划分为进出口贸易发达区,比重介于 5%~20% 的区域划分为进出口贸易发展区,比重小于 5% 的区域划分为进出口贸易落后区。具体到各节点的市州进出口贸易区域类型划分,我们也参考市州间的进出口额差与比重差,有微幅调整。我们发现,湖南进出口贸易主体空间由发达区和发展区组成。

从进出口贸易时空格局演进来看,湖南进出口贸易主体空间从湘东长株潭城市群向湘南和湘北环洞庭湖区域扩散,呈连片团块状扩张之势。长沙是湖南唯一的进出口贸易发达区;进出口贸易发展区从 2000 年的 2 个市(株洲、湘潭)扩张到 2019 年的 7 个市(衡阳、岳阳、郴州、邵阳、湘潭、株洲和永州);进出口贸易落后区从 2000 年的 11 个市州收缩至 2019 年的 6 个市州(益阳、常德、娄底、湘西自治州、张家界和怀化)。综上可知,湖南省各市州进出口贸易空间发展不均衡,湘东湘南与湘西湘北的地域分异特征明显。湖南进出口贸易的地域类型包括省会中心发达型、湘东湘南发展型和湘西湘北落后型(见图 5-2)。

(2)出口贸易空间格局。从湖南省各市州出口额占全省出口总额比例及其变化情况来看,一方面,湖南 14 个市州出口额相差悬殊,长沙以绝对优势持续稳居湖南出口贸易首位。2000 年、2010 年、2019 年,长沙市出口额分别占湖南同期出口总额的 61.37%、44.65%、45.39%;张家界市进出口额仅分别占湖南同期进出口总额的 0.04%、0.35%、0.34%。另一方面,湖南出口贸易集中度逐渐下降,主要出口贸易空间趋向均衡发展,从长沙向周边和湘南扩散。2000 年,长沙和株洲 2 市的出口额占湖南出口总额的 78.94%。2010 年,长沙、湘潭、株洲、衡阳、郴州 5 市的出口额占湖南出口总额的 79.81%。2019 年,长沙、邵阳、郴州、岳阳、衡阳、永州、湘潭和株洲 8 市的出口额占湖南出口总额的 89.37%(见图 5-3)。

参照前文各市州进出口贸易区域类型划分方法,以各市州出口额占湖南省出口总额的比重为基准,将比重不少于 20% 的区域划分为出口贸易发达区,比重介于 5%~20% 的区域划分为出口贸易发展区,比重小于 5% 的区域划分为出口贸易落后区。湖南出口贸易主体空间由发达区和发展区组成。

湖南各市州出口贸易与湖南各市州进出口贸易具有相似的时空格局。湖南出口贸易主体空间从湘东长沙、株洲向湘南、湘东北扩散,呈连片扩散之势。长沙是湖南仅有的出口贸易发达区,出口贸易发展区从 2000 年的 1 个市(株洲)

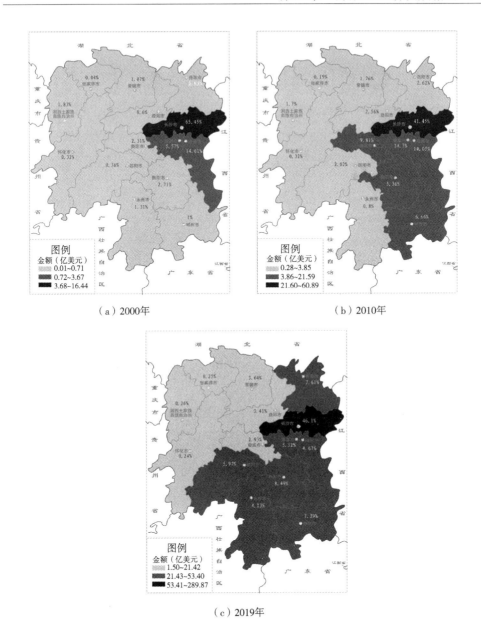

（a）2000年

（b）2010年

（c）2019年

图5-2 湖南省各市州进出口贸易的空间格局

资料来源：天地图，1∶6000000；审图号：湘S（2020）037号，湖南省自然资源厅。

扩张到2019年的7个市（衡阳、岳阳、郴州、邵阳、湘潭、株洲和永州）；出口贸易落后区从2000年的12个市州收缩至2019年的6个市州（益阳、常德、娄底、湘西州、张家界和怀化）。综上可知，湖南省各市州出口贸易空间发展不均衡，湘东湘南与湘西湘北的地域分异特征明显。湖南出口贸易的地域类型包括省会中心发达型、湘东湘南发展型和湘西湘北落后型（见图5-3）。

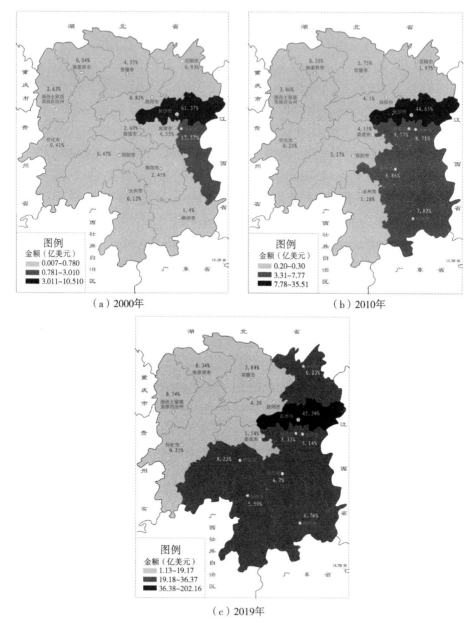

（a）2000年　　　　　（b）2010年

（c）2019年

图5-3　湖南省各市州出口贸易的空间格局

资料来源：天地图，1∶6000000；审图号：湘S（2020）037号，湖南省自然资源厅。

（3）进口贸易空间格局。从湖南省各市州进口额占全省进口总额比例及其变化情况来看，一方面，湖南14个市州进口额相差悬殊，长沙以绝对优势持续稳居湖南进口首位。2000 年、2010 年、2019 年长沙进口额分别占同期湖南进口总额的 69.00%、37.68%、47.81%；张家界市进口额仅分别占湖南同期进口总额的 0.005%、0.006%、0.030%。另一方面，湖南进口贸易集中度有所下降。2000 年，长沙、株洲、湘潭和岳阳 4 市的进口额占湖南进口总额的 90.53%。2010 年，长沙、湘潭、娄底、株洲和郴州 5 市的进口额占湖南进口总额的 86.32%。2019 年，长沙、衡阳、岳阳、郴州、娄底和湘潭 6 市的进口额占湖南进口总额的 92.75%。

参照前文各市州进出口贸易区域类型划分方法，以各市州进口额占湖南省进口总额的比重为基准，将比重不少于 20% 的区域划分为进口贸易发达区，比重介于 5%~20% 的区域划分为进口贸易发展区，比重小于 5% 的区域划分为进口贸易落后区。湖南进口贸易主体空间由发达区和发展区组成。

相较湖南各市州进出口贸易空间格局，湖南省各市州进口贸易空间发展更不均衡，进口贸易主体空间小幅动态调整，以长沙为轴心向南北纵向扩张。长沙是湖南唯一的进口贸易发达区。进口贸易发展区从 2000 年的 3 个市（株洲、湘潭和岳阳）扩张到 2019 年的 5 个市（衡阳、岳阳、郴州、湘潭和娄底）。进口贸易落后区从 2000 年的 10 个市州收缩至 2019 年的 8 个市州（株洲、益阳、常德、永州、邵阳、怀化、湘西州和张家界）。综上可知，湖南省各市州进口贸易空间更为集聚，形成一个以长沙为中心、向南延伸至郴州、向北延伸至岳阳的进口贸易发展"纵带"（见图 5-4）。

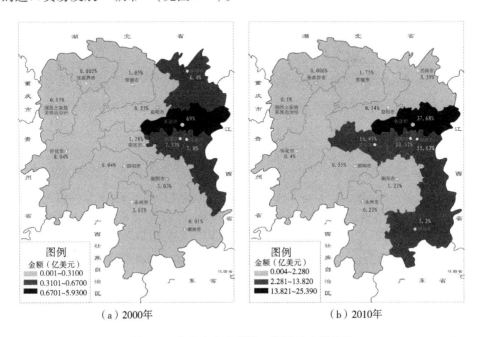

（a）2000 年   （b）2010 年

图 5-4　湖南省各市州进口贸易的空间格局

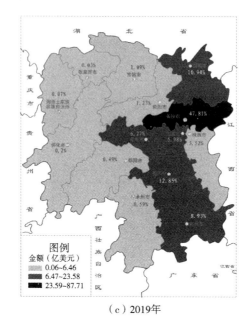

（c）2019年

图5-4 湖南省各市州进口贸易的空间格局（续）

资料来源：天地图，1∶6000000；审图号：湘S（2020）037号，湖南省自然资源厅。

第三节 利用外资规模结构变化与空间格局

一、利用外资规模变化

1. 外商直接投资总量增加、速度加快

湖南积极利用外商直接投资从东部沿海向中西部地区转移的机会，着重打造国家重要先进制造业高地和内陆地区改革开放高地，实行"对接500强，延长产业链"的发展政策，营造国际化、便利化的投资营商环境，实现利用外资总量增加，利用外资速度加快，引资领域不断拓宽，引资结构日趋优化[14,15]。从时序变化情况来看，2010年之前，湖南实际利用外商直接投资规模增长较为平缓，2010年之后，湖南实际利用外商直接投资进入快车道（见图5-5）。

2. 外商直接投资全国占比稳健提升，稳居中部地区前列

对比全国，湖南实际利用外商直接投资总量持续稳步增长，湖南实际利用外商直接投资占全国实际利用外商直接投资比重呈现节节攀升之势（见表5-8）。对比中部地区，湖南实际利用外商直接投资总额稳居中部六省前列（见表5-9）。近年来，湖南和安徽实际利用外商直接投资增长提速，总额紧追榜首

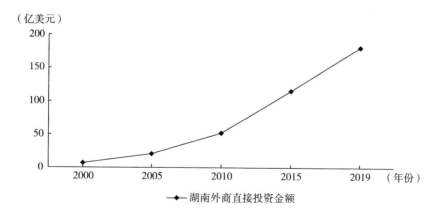

图 5-5 湖南实际利用外商直接投资规模变化

资料来源：相关年份《湖南统计年鉴》。

表 5-8 湖南外商直接投资总额与比重

年份	2000	2005	2010	2015	2019
湖南外商直接投资（亿美元）	6.82	20.72	51.84	115.64	181.01
全国外商直接投资（亿美元）	407.15	603.25	1057.35	1262.67	1381.35
湖南外商直接投资占全国比重（％）	1.68	3.43	4.90	9.16	13.10

资料来源：相关年份《湖南统计年鉴》《中国统计年鉴》。

表 5-9 中部六省外商直接投资额及其排名情况 单位：亿美元

年份 省份	2000	2005	2010	2015	2019
河南	第三（5.40）	第四（12.30）	第一（62.47）	第一（160.86）	第一（187.27）
山西	第六（2.25）	第六（2.75）	第六（7.14）	第六（28.70）	第六（13.59）
湖北	第一（9.44）	第二（21.85）	第五（40.50）	第五（89.48）	第五（129.07）
安徽	第四（3.18）	第五（6.88）	第四（50.14）	第二（136.19）	第三（179.37）
湖南	第二（6.82）	第三（20.72）	第二（51.84）	第三（115.64）	第二（181.01）
江西	第五（2.27）	第一（24.23）	第三（51.01）	第四（94.73）	第四（135.79）

资料来源：相关年份《河南统计年鉴》《山西统计年鉴》《湖北统计年鉴》《安徽统计年鉴》《湖南统计年鉴》《江西统计年鉴》。

河南。2019 年，湖南实际利用外商直接投资增至 181.01 亿美元，占全国实际利用外商直接投资的 13.10％，位列中部地区第二，与中部地区首位河南实际利用外商直接投资总额仅相差6.26亿美元；湖南实际利用外商直接投资增长率达到11.80%，增速居中部六省第一，反映出湖南具有稳健的吸引外商直接投资的竞争力和潜力。

二、利用外资结构变化

1. 外商直接投资领域拓宽，投资结构动态趋优

从湖南各行业实际利用外商直接投资情况来看，投资结构在动态调整中不断优化。第一产业实际利用外商直接投资具有"小微慢增"的特征，占实际利用外商直接投资总额的比重呈先微增后微减的趋势，由2000年的4.83%升至2010年的6.92%又降至2019年的3.98%。第二产业是实际利用外商直接投资的主要领域，占实际利用外商直接投资总额的比重呈先增后减的趋势，由2000年的63.63%升至2010年的83.51%又降至2019年的44.37%。第三产业实际利用外商直接投资增长迅速，占实际利用外商直接投资总额的比重从2000年的31.73%升至2019年的51.65%，取代第二产业成为实际利用外商直接投资的主导行业（见表5-10）。

表5-10 湖南外商直接投资规模及行业结构　　　　　　　　单位：亿美元

年份	2000	2005	2010	2015	2019
外商直接投资（FDI）	6.82	20.72	51.84	115.64	181.01
第一产业FDI	0.33（4.83%）	0.69（3.33%）	3.59（6.92%）	6.27（5.41%）	7.21（3.98%）
第二产业FDI	4.34（63.63%）	14.19（68.48%）	43.29（83.51%）	71.45（61.79%）	80.31（44.37%）
第三产业FDI	2.14（31.37%）	5.84（28.19%）	4.96（9.57%）	37.93（32.80%）	93.49（51.65%）

资料来源：相关年份《湖南统计年鉴》。

2. 第二产业实际利用外商直接投资居中部前列，第三产业实际利用外商直接投资稳居中部龙头

对比分析中部地区六省2019年外商直接投资行业结构（见表5-11），湖南省第一产业实际利用外商直接投资居第一位，说明湖南作为传统农业大省，具有发展优质农业的基础，吸引投资较多。湖南省第二产业实际利用外商直接投资居中部六省第三位，次于河南和安徽。河南和安徽第二产业实际利用外商直接投资额分别超湖南53.41%和31.17%，这反映出湖南与河南和安徽两个优势制造业大省相比，第二产业对外商直接投资的吸引力稍弱。湖南第三产业实际利用外商直接投资居中部六省首位，湖南省第三产业实际利用外商直接投资分

别超第二位安徽省、第三位湖北省 28.63% 和 55.58%，表明湖南第三产业实际利用外商直接投资的龙头优势明显。

表 5-11　2019 年中部六省外商直接投资行业结构　　单位：亿美元

	河南	山西	湖北	安徽	湖南	江西
第一产业	5.17	0.04	0.29	1.35	7.21	6.43
第二产业	123.21	12.66	68.70	105.34	80.31	79.63
第三产业	58.89	0.89	60.09	72.68	93.49	49.73
第一、第二、第三产业	187.17	13.59	129.08	179.37	181.01	135.79

资料来源：相关年份《河南统计年鉴》《山西统计年鉴》《湖北统计年鉴》《安徽统计年鉴》《湖南统计年鉴》《江西统计年鉴》。

三、利用外资空间格局

1. 湖南外商直接投资来源地空间格局

从湖南省十大外商直接投资主要来源国家（地区）投资额及排名情况来看，中国香港、中国台湾、美国、德国和英属维尔京群岛是湖南外商直接投资主要来源空间。湖南外商直接投资来源地空间高度集聚，过于倚重港台资金，来源结构有待进一步优化。一方面，湖南十大外商直接投资来源国家（地区）外商直接投资额占比由 2000 年的 84.16% 降至 2005 年的 74.76% 又回升到 2019 年的 95.71%；另一方面，中国香港和中国台湾持续保持外商直接投资来源地的第一位和第二位。中国香港持续以绝对优势成为湖南省第一大外商直接投资来源地，2000 年、2005 年、2010 年、2015 年、2019 年，中国香港对湖南外商直接投资额占同期湖南外商直接投资总额的比重分别是 47.51%、51.11%、63.69%、58.69%、73.11%（见表 5-12）。

表 5-12　湖南省十大外商直接投资主要来源国家（地区）投资额及排名

单位：亿美元

排名	2000 年	2005 年	2010 年	2015 年	2019 年
第 1 位	中国香港（3.24）	中国香港（10.59）	中国香港（32.85）	中国香港（67.87）	中国香港（132.33）
第 2 位	中国台湾（0.69）	中国台湾（1.92）	中国台湾（6.35）	中国台湾（8.31）	中国台湾（11.64）
第 3 位	美国（0.56）	美国（1.45）	维尔京群岛（2.51）	德国（5.97）	维尔京群岛（6.96）
第 4 位	德国（0.49）	德国（0.37）	日本（0.96）	维尔京群岛（4.04）	美国（4.84）
第 5 位	中国澳门（0.18）	中国澳门（0.28）	新加坡（0.81）	日本（3.51）	日本（4.82）

续表

排名	2000 年	2005 年	2010 年	2015 年	2019 年
第6位	澳大利亚 (0.18)	维尔京群岛 (0.27)	意大利 (0.7)	美国 (2.54)	荷兰 (4.81)
第7位	新加坡 (0.12)	加拿大 (0.19)	美国 (0.55)	英国 (1.52)	开曼群岛 (3.45)
第8位	日本 (0.11)	澳大利亚 (0.16)	韩国 (0.48)	卢森堡 (1.2)	韩国 (2.14)
第9位	马来西亚 (0.09)	日本 (0.14)	加拿大 (0.44)	中国澳门 (0.91)	新加坡 (1.40)
第10位	泰国 (0.08)	菲律宾 (0.12)	澳大利亚 (0.37)	加拿大 (0.51)	澳大利亚 (0.85)

资料来源：相关年份《湖南统计年鉴》。

2. 各市州实际利用外商直接投资空间格局

从湖南省各市州实际利用外商直接投资占全省总额的比例及其变化情况来看，长沙是湖南实际利用外商直接投资的龙头，2000 年、2010 年、2019 年实际利用外商直接投资占湖南同期实际利用外商直接投资总额的比例分别为 25.92%、43.16%、35.21%；大湘西的娄底、邵阳、张家界、怀化、湘西州合计实际利用外商直接投资额仅分别占湖南同期实际利用外商直接投资总额的 10.97%、5.50%、6.47%，对外商直接投资吸引力较弱，发展较为滞缓。湖南省实际利用外商直接投资的区域主要集聚在长株潭 3 市和湘南 3 市（衡阳、郴州、永州）[15]。2000 年、2010 年、2019 年，长株潭 3 市实际利用外商直接投资分别占湖南同期实际利用外商直接投资总额的 37.92%、58.68%、52.23%；湘南 3 市衡阳、郴州、永州实际利用外商直接投资分别占湖南同期实际利用外商直接投资总额的 32.22%、25.61%、27.97%，成为承接外资梯度转移的新兴区域。

参照第二节各市州进出口贸易区域类型划分方法，以各市州实际利用外商直接投资额占湖南省外商直接投资总额的比重为基准，将比重不少于 20% 的区域划分为实际利用外商直接投资发达区，比重介于 5%~20% 的区域划分为实际利用外商直接投资发展区，比重小于 5% 的区域划分为实际利用外商直接投资落后区。湖南实际利用外商直接投资主体空间由发达区和发展区组成。

湖南各市州实际利用外商直接投资的时空格局较具稳定性，东西区域显著分异，实际利用外商直接投资具有湘东、湘南集聚的空间格局特征。实际利用外商直接投资主体区主要集聚在长株潭 3 市和湘南 3 市。长沙是湖南唯一稳定的实际利用外商直接投资发达区。湖南实际利用外商直接投资发展区经历了局部调整后，趋向稳定，包括株潭 2 市（株洲、湘潭）和湘南 3 市（衡阳、郴州、永州）以及环洞庭湖的常德等 6 市。实际利用外商直接投资落后区主要分布在大湘西和湘北环洞庭湖地区（见图 5-6）。综上可知，湖南各市州实际利用外商直接投资的地域类型包括省会中心发达型、湘东湘南发展型和湘西湘北落后型。

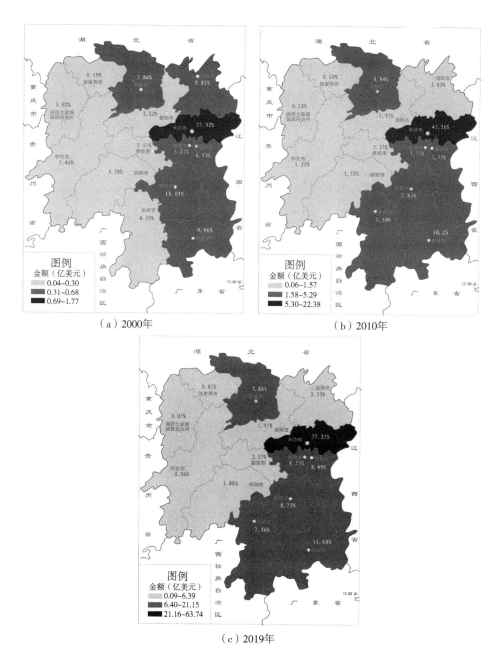

（a）2000年

（b）2010年

（c）2019年

图5-6 湖南省各市州实际利用外商直接投资的空间格局

资料来源：天地图，1：6000000；审图号：湘S（2020）037号，湖南省自然资源厅。

第四节　对外经济合作与承接产业转移

一、对外经济合作规模变化

1. 对外经济合作逆势发展，规模倍增

对外承包工程、劳务合作和设计咨询是国际间普遍采用的国际经济合作方式，我国对外经济合作的主要形式包括对外承包工程与对外劳务合作。从湖南对外经济合作规模变化来看（见图5-7），全省对外经济合作合同金额经历了平稳增长（2000~2008年）、小波段起伏（2008~2011年）后，迎来了2011年之后的持续加速增长。近年来，湖南省通过搭建央企对接平台与实施"抱团出海"行动计划，对外经济合作逆势上扬，成效显著，优质企业跨国并购和战略性新兴产业国际化发展加快。2019年全省全年新签对外承包工程、劳务合作和设计咨询合同金额125.46亿美元，比上年增长30.6%，其中，对外承包工程新签合同金额55亿美元，同比增长22.1%；新签合同金额70.46亿美元，同比增长38.1%。

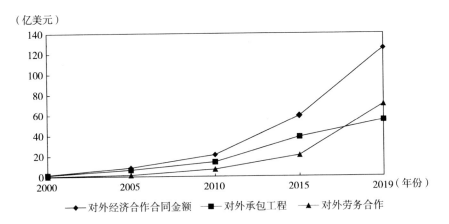

图5-7　湖南省对外经济合作规模与结构变化

资料来源：相关年份《湖南统计年鉴》。

2. 对外经济合作居中部地区前列，蓬勃发展

比较中部地区五省对外经济合作变化及排名情况，湖南对外经济合作规模稳居中部地区前列（见表5-13）。对比中部、东部部分省份2019年的对外经济合作发展情况（见表5-14），湖南对外经济合作合同额远超中部的山西、江西和河南与东部的浙江和江苏，仅次于中部的湖北。这不仅说明湖南建筑工程与

基础设施行业基础好，对外经济合作蓬勃发展；也表明以湖北和湖南为核心的中部地区对外经济合作正在崛起，较具发展潜力。

表 5-13　中部地区五省对外经济合作（合同额）　　单位：亿美元

省份	2000 年	2005 年	2010 年	2015 年	2019 年
河南	2.24	6.59	25.26	43.35	44.27
山西	0.56	2.22	4.82	3.49	14.29
湖北	3.67	3.60	77.69	—	166.3
湖南	1.87	8.65	21.15	59.1	125.46
江西	0.95	2.85	13.92	41.01	37.63

资料来源：相关年份《河南统计年鉴》《山西统计年鉴》《湖北统计年鉴》《湖南统计年鉴》《江西统计年鉴》。

表 5-14　2019 年我国中部、东部部分省份对外经济合作（合同额）对比

单位：亿美元

省份	河南	山西	湖北	湖南	江西	浙江	江苏
合同金额	44.27	14.29	166.3	125.46	37.63	53.85	72.02

资料来源：相关年份《河南统计年鉴》《山西统计年鉴》《湖南统计年鉴》《江西统计年鉴》《浙江统计年鉴》《江苏统计年鉴》。

二、对外经济合作结构变化

1. 对外承包工程业务长期占主导地位，稳中有进

长期以来，对外承包工程是湖南省对外经济合作的重点。2013 年之前，湖南省对外承包工程主要涉及房屋建筑业、轨道交通、电力设施等基础设施行业，对外承包工程市场主要分布在非洲、东南亚等发展中国家（地区），存在潜在合作风险。2013 年之后，湖南加强"抱团出海"与湘企央企对接合作，以中央在湘企业为代表的湖南对外承包工程龙头企业带动效应明显，对外承包工程竞争力增强，过亿元的大型境外工程项目增加，投资"一带一路"成效明显。整体而言，湖南对外承包工程合同金额持续增长，从 2000 年的 1.49 亿美元增至 2019 年的 55.00 亿美元，但占全省对外经济合作合同金额的比重持续下降，从 2000 年的 79.70% 降至 2019 年的 43.84%（见表 5-15），这表明湖南正着力调整对外经济合作结构，系统提升对外经济合作风险防控能力。

2. 对外劳务合作地位跃升，走向高端

湖南对外经济合作的主导类型逐步由对外承包工程转向对外劳务合作。湖南外派劳务合作合同业务快速增长，合同金额从 2000 年的 0.34 亿美元增至 2019 年的 70.46 亿美元。湖南对外劳务合作金额占全省对外经济合作合同金额

的比重增加，从 2000 年的 18.18% 增至 2019 年的 56.16%（见表 5-15）。湖南传统劳务合作领域主要是建筑业、制造业和农业，并逐渐向专业技工、综合管理等层次较高的行业延伸。2015 年之后，湖南对外劳务合作业务转向高端人才输出，重点推进大学生海外就业工程，推动对外劳务合作向高知识、高技术领域转变。亚洲、非洲和南美是湖南对外劳务输出的主要市场，中国澳门、以色列、日本和新加坡成为湖南高端劳务外派的重点市场。

表 5-15 湖南省对外承包工程和对外劳务合作金额及其比重变化

年份	2000	2005	2010	2015	2019
对外承包工程合同金额（亿美元）	1.49	6.55	14.12	38.53	55.00
对外承包工程占对外经济合同总额比重（%）	79.70	75.72	66.76	65.19	43.84
对外劳务合作合同金额（亿美元）	0.34	1.50	7.03	20.61	70.46
对外劳务合作占对外经济合作合同总额比重（%）	18.18	24.28	33.24	34.81	56.16

资料来源：相关年份《湖南统计年鉴》。

三、对外经济合作空间格局

从湖南省各市州对外经济合作合同金额占全省总额的比重及其变化情况来看，湖南省对外经济合作的市州分布比较稳定。长沙以绝对优势稳居湖南对外经济合作的龙头，2010 年、2015 年、2019 年长沙对外经济合作合同金额占全省总额的比重分别为 51.69%、31.40%、34.13%。湖南省对外经济合作的市州分布的集中度有所下降。2000 年，长沙、湘潭、岳阳、衡阳、邵阳、郴州 6 市的对外经济合作合同金额占全省总额的比重为 87.72%。2010 年、2019 年，长沙、株洲、湘潭、岳阳、常德、衡阳、永州、邵阳 8 市的对外经济合作合同金额占全省总额的比重分别为 89.99% 和 91.03%。

参照第二节各市州进出口贸易区域类型划分方法，以各市州对外经济合作合同金额占湖南对外经济合作合同总额的比重为基准，将比重不少于 20% 的区域划分为对外经济合作发达区，比重介于 5%~20% 的区域划分为对外经济合作发展区，比重小于 5% 的区域划分为对外经济合作落后区。湖南对外经济合作主体空间由发达区和发展区组成。

湖南对外经济合作的市州分布和湖南各市州对外贸易的基本格局具有关联性，总体呈现出东西区域分异特征。长沙是湖南唯一的对外经济合作发达区。湖南对外经济合作发展区从 2000 年的 5 个市（湘潭、岳阳、衡阳、邵阳、郴州）扩张为 2010 年的 7 个市（株洲、湘潭、岳阳、常德、衡阳、永州、邵阳）。湖南对外经济合作落后区从 2000 年的 8 个市收缩至 2010 年的 6 个市，主要分布在大湘西区域。经过微幅调整和逐步扩张，2010 年至今，湖南对外经济合作市州分布的主体空间由长株潭 3 市、环洞庭湖 2 市、湘南 2 市以及湘西 1 市组成，空间较为均衡，格局趋向稳定（见图 5-8），这反映出湖南各市州在国际经济合作环境不稳定因素增加的趋势下，对外经济合作发展政策、布局和行动均较为稳健[16]。

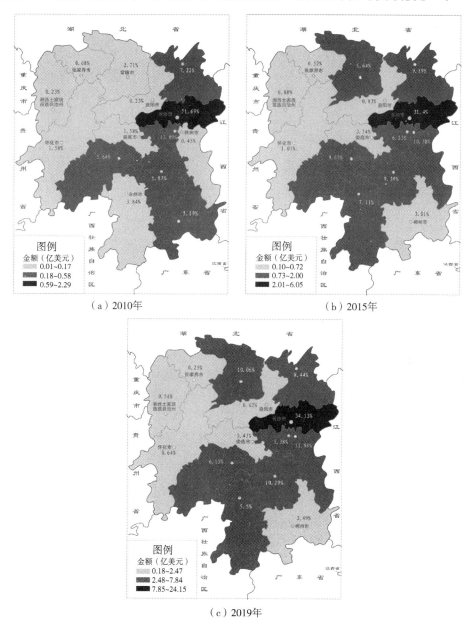

图 5-8　湖南省各市州对外投资的空间格局

资料来源：天地图，1∶6000000；审图号：湘 S（2020）037 号，湖南省自然资源厅。

四、承接产业转移类型

湖南作为东部沿海地区和中西部地区过渡带、长江经济带和沿海经济带结合部，区位条件优越。近年来，随着全省承接产业转移政策不断完善，长株潭"两型社会"综合配套改革试验区的成立、第4个国家级承接产业转移示范区——湘南承接产业转移示范区获批，洞庭湖生态经济区规划提出积极融入长江经济带、对接长三角和珠三角，湖南省承接产业转移步伐加快，成为促进全省经济发展的重要途径。2020年2月，湖南省人民政府印发《湘南湘西承接产业转移示范区发展规划》，提出湖南省要充分发挥区位优势，抓住东部沿海地区产业向中西部地区转移和国家支持中部地区高质量发展的重大机遇，加快构建现代产业体系，争当中西部地区承接产业转移的"领头雁"，推动湘南湘西地区实现经济社会跨越式发展。

从全省范围来看，湖南省招商引资的项目主要涉及基础设施、新型工业化、现代服务业、现代农业等领域，其中，新型工业化类包括装备制造、新材料、汽车及零部件、生物医药、电子信息、轻纺化工、矿产开发及加工等产业，现代服务业类包括商贸物流、健康养老、文化旅游等产业，现代农业包括特色农产品种植、养殖和加工等产业。根据湖南省商务厅发布的《湖南省2020年重点招商引资项目册》，2020年，湖南省重点招商引资497个项目，总投资约1.8万亿元。其中，61个基础设施项目，总投资3536亿元；215个新型工业化项目，总投资7991亿元；173个现代服务业项目，总投资6310亿元；48个现代农业项目，总投资498亿元。

长株潭城市群因其区位条件、资源集中、基础设施和投资软环境的有利因素，在吸引外资、承接产业转移方面占有绝对优势。湘南、湘西作为湖南省规划建设的承接产业转移示范区，具有承接产业转移的政策优势。因此，此部分重点探讨这两个区域承接产业转移的产业类型。

从这些重点招商引资项目分布的区域来看，长株潭城市群是投资的主要区域，吸收的资金主要投向装备制造业、新材料、汽车及零部件、生物医药等新兴工业化领域以及商贸物流等现代服务业领域。2020年，在湖南省重点招商引资的497个项目中，装备制造业项目共47个，长株潭城市群占了27个；新材料产业项目共20个，长株潭城市群有11个；汽车及零部件产业项目共17个，长株潭城市群有8个；生物医药共14个，长株潭城市群有7个；商贸物流项目共64个，长株潭城市群占29个。

湘南湘西承接产业转移示范区具有承接国内外产业转移的良好产业基础。湘南地区先进装备制造、新一代信息技术、矿产品深加工和新能源等产业在全国具有一定影响力，湘西地区农产品加工业、生态文化旅游、医养健康（中药材）等产业拥有良好的资源禀赋和发展基础。因此，示范区引入的资金主要投向中低端消费性制造业、加工贸易业、矿产等资源性加工业以及文化旅游等产业。2018年，湖南省政府印发《湘南湘西承接产业转移示范区总体方案》，明确示范区将以加工贸易产业为重点，因地制宜承接发展装备制造业、新材料、生物医药、新一代信息技术、轻工纺织、农产品深加工和食品制造业、矿产开发和加工业、现代物流业、健康养老产业、文化旅游业、现代农业。因此，未来，湘南和湘西地区将是湖南承接产业转移的主要阵地。2018年以来，示范区共承接世界500强、中国500强、中国民营企业500强投资项目187个，其中世界500强企业投资项目70个。2020年，示范区实际使用外资63.7亿美元，实际到位国内资金3157.6亿元，分别占全省总额的30.3%、36.1%，成为全省经济发展的重要增长极（见表5-16）。

表5-16 湘南湘西承接产业转移示范区各市（州）重点承接的产业类型

市（州）	重点承接的产业类型
衡阳市	重点承接以钢铁有色为特色的新材料、军民融合产业、新能源汽车、轨道交通、纺织服装、现代农业等产业
郴州市	重点承接以有色化工非金属为特色的新材料、电子信息、食品医药、矿物宝石、装备制造、节能环保等产业
永州市	重点承接特色轻工加工贸易、现代农业、矿产品精深加工、轻纺制鞋、先进装备制造、电子信息、生物医药等产业
邵阳市	重点承接特色轻工智能制造产业、先进装备制造、现代农业、电子信息、生物医药、文化旅游等产业
怀化市	重点承接商贸物流、现代农业、生物医药、电子信息、生态文化旅游、健康养老等产业
湘西自治州	重点承接文化旅游、现代农业、新材料、新能源、电子信息、生物医药等产业

资料来源：《湘南湘西承接产业转移示范区发展规划》。

参考文献

［1］周小川.走向开放型经济［J］.经济社会体制比较，1992（5）：4-11.

［2］裴长洪，刘斌.中国开放型经济学：构建阐释中国开放成就的经济理论［J］.中国社会科学，2020（2）：46-69+205.

［3］宋泓.中国是否到了全面推进开放型经济的新阶段?［J］.国际经济评论，2015（4）：4+9-25.

［4］余稳策.新中国70年开放型经济发展历程、逻辑与趋向研判［J］.改革，2019
（11）：5-14.

［5］洪俊杰，商辉.中国开放型经济发展四十年回顾与展望［J］.管理世界，2018，34
（10）：33-42.

［6］裴长洪.中国特色开放型经济理论研究纲要［J］.经济研究，2016，51（4）：14-
29+46.

［7］裴长洪，刘洪愧.构建新发展格局科学内涵研究［J］.中国工业经济，2021（6）：
5-22.

［8］宋周莺，车姝韵，刘卫东.中部地区对外贸易的格局与结构分析［J］.地理研究，
2017，36（12）：2291-2304.

［9］贺淑贞，段嘉欣.开放平台不断完善外经外贸成果丰硕——改革开放40年湖南经济
社会发展成就系列报告之三［EB/OL］（2018-10-09）.http：//tjj. hunan. gov. cn/hntj/tjsj/
hnsq/ggkfssn/201810/t20181009_5115842. html.

［10］佟家栋，盛斌，蒋殿春，等.新冠肺炎疫情冲击下的全球经济与对中国的挑战
［J］.国际经济评论，2020（3）：4+9-28.

［11］莫兰琼.改革开放以来中国对外贸易战略变迁探析［J］.上海经济研究，2016
（3）：44-51.

［12］彭水军，袁凯华.全球价值链视角下中国加工贸易的升级演进［J］.经济学家，
2016（10）：96-104.

［13］宁启蒙，欧阳海燕，汤放华，等.湖南省外向型经济发展区域差异研究［J］.经济
地理，2017，37（11）：145-150.

［14］魏后凯.我国外商投资的区位特征及变迁［J］.经济纵横，2001（6）：23-28.

［15］卿定文，洪娇.我国区域利用外资的结构、问题与对策——以湖南省为例［J］.财
经理论与实践，2020，41（4）：149-155.

［16］欧阳琳，洪敏，陈政，等."一带一路"背景下湖南开放型经济水平及贡献评价
［J］.经济地理，2017，37（10）：43-48.

第六章　区域经济格局

区域经济格局的形成与演化是区域经济活动在空间上的分配过程，受自然、环境、社会、政治等多方面因素的共同影响。湖南省土地总面积超 21 万平方千米，排在全国第十位，区域经济格局空间分异较为明显，各市州之间的经济联系强度也存在差异，并随着省域社会经济发展历程的推进而不断演化。

第一节　经济区划

一、经济区划历史沿革

由于不同时期社会经济发展的区域差异特征，湖南省主要形成了"五大经济区"和"四大经济区"的区划方案，此外，政府部门也有"三大经济带""三大经济区"的提法，这些区划对湖南省社会经济发展的推进以及区域经济格局的形成产生了重要的影响。

1. 五大经济区

在 1987 年版的《湖南省经济地理》一书中，湖南省被划分为湘东、湘北、湘南、湘中、湘西五大经济区（见图 6-1），并在较长一段时间内指导着全省区域经济发展。湘东经济区包括长沙、株洲、湘潭 3 个地级市，主要发挥长株潭城市群体的综合功能，重点发展技术密集型产业和为全省服务的第三产业。湘北经济区包括岳阳、常德、益阳 3 个地级市除安化县和石门县以外的地区，重点开发综合性农业，主要建设以石油化工为中心的重化工工业区和以农产品为原料的轻纺、食品工业区。湘南经济区包括衡阳、郴州、永州 3 个地级市，大力开发农业资源，建立有色金属、盐化工基地，发展建材、食品和机械工业。湘中经济区包括邵阳市辖区、邵东县、新邵县、邵阳县、隆回县、洞口县、武冈县和新宁县，以及娄底市辖区、冷水江市、双峰县、涟源县、新化县，重点开发林牧系列产品，主要发展煤炭、钢铁、建材、机械、食品和精细化工工业。

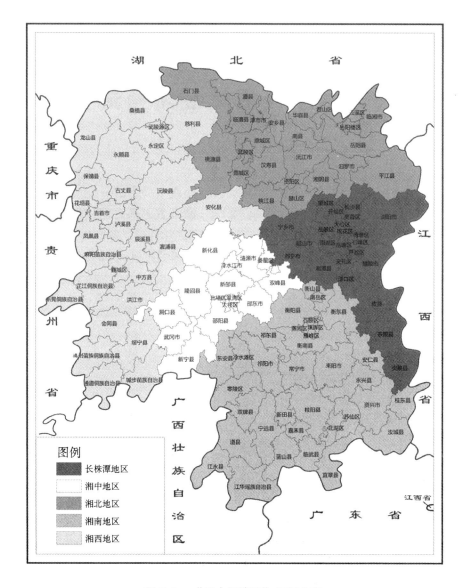

图6-1 "五大经济区"区划方案

资料来源：天地图，1：6000000；审图号：湘S（2020）037号，湖南省自然资源厅。

湘西经济区包括怀化市辖区、沅陵县、辰溪县、麻阳苗族自治县、芷江侗族自治县、新晃侗族自治县、会同县、通道侗族自治县、靖州苗族侗族自治县、吉首市、张家界市区、泸溪县、古丈县、永顺县、桑植县、龙山县、保靖县、花垣县、凤凰县、石门县、慈利县、安化县、绥宁县和城步苗族自治县，重点开发山区资源，主要发展水电、林业、矿山、旅游、建材和林果加工业[1]。

2. 四大经济区

自"十三五"以来，湖南省经济区划调整为四大经济区，即长株潭地区、洞庭湖生态经济区、湘南地区和湘西地区（见图6-2）。长株潭地区包括长沙、株洲、湘潭3个市，重点是推进长株潭城市群规划、基础设施、产业发展、公

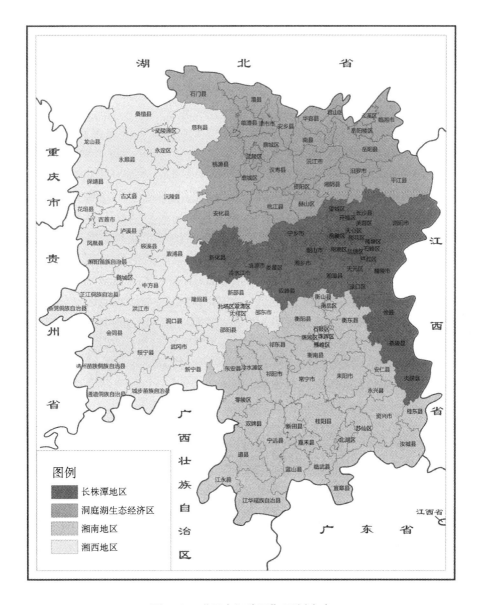

图6-2 "四大经济区"区划方案

资料来源：天地图，1：6000000；审图号：湘S（2020）037号，湖南省自然资源厅。

共服务、要素市场和环境保护一体化。洞庭湖生态经济区包括岳阳、常德、益阳3个市，主要是以生态环境保护为先，重点推进滨水型生态经济建设。湘南地区包括郴州、永州、衡阳3个市，重点发挥承接产业转移示范区平台功能，加快其开放发展。湘西地区包括张家界、湘西土家族苗族自治州、怀化、邵阳、娄底，重点是全面落实武陵山片区区域发展。需要说明的是，"十四五"规划在"十三五"规划的四大经济区基础上稍有调整，将娄底划入了长株潭地区。

3. 其他经济区划

除"五大经济区"和"四大经济区"之外，还有"三大经济带""三大区域"的提法。"十五"和"十一五"期间提出重点发展"三大经济带"，即京广沿线的"一点一线"地区、洛湛沿线湘中地区、枝柳沿线湘西地区。在此期间，区域经济发展的战略重点是优先开发"一点一线"地区、加大湘西地区开发。"一点一线"地区包括长沙、株洲、湘潭、岳阳、衡阳、郴州等地级市，主要发展工业和现代服务业，培育产业集群，努力打造中部地区先进制造业和现代服务业走廊，重点推进长株潭经济区一体化。湘西地区包括张家界、湘西土家族苗族自治州、怀化、邵阳等市州在内，重点突出扶贫开发和生态建设，加强基础设施建设和生态环境保护，大力发展生态环境可承载的特色产业，推进经济社会持续协调发展。"十二五"期间，湖南省主要按三大经济区划来推进区域协调发展，即"环长株潭"城市群地区、大湘南地区、大湘西地区。环长株潭城市群包括长沙、株洲、湘潭、常德、岳阳、娄底、衡阳、益阳等"3+5"地区，重点是着力提升城市群综合实力，推动发展方式转型；大湘南地区包括郴州、永州、衡阳3个市，重点是加快开放开发步伐，着力打造新的增长极；大湘西包括张家界、湘西土家族苗族自治州、怀化、邵阳4个市州，重点是打造绿色发展先行区，积极推动武陵山经济协作区建设。

二、四大经济区概况

1. 长株潭地区

长株潭地区土地面积为2.8万平方千米，包括长沙市、株洲市、湘潭市，共23个县（市、区）①。地处湘中偏东位置，连南接北，承东启西，是我国南方重要的"十字路口"。长株潭3市沿湘江呈品字形分布，彼此相距不足40千米，3市之间为生态绿心地区。现已形成由铁路、公路、水运、航空等多种运输方式所组成的交通运输网络，京广、浙赣、湘黔、石长、沪昆等铁路，京珠、上瑞、

---

① 2021年3月25日，《湖南省国民经济和社会发展第十四个五年规划和二〇三五年远景目标纲要》中将娄底市划入长株潭地区。

长常等高速公路，以及 G106、G107、G319、G320 等国道贯穿区内。长株潭地区作为湖南省社会、经济、文化、教育和科技中心，以机械、电子、冶金、轻纺、食品、化工、制药、印刷为支柱的综合工业体系已基本形成。2019 年，全区总人口 1530.45 万人，常住人口城镇化率 70.43%，地区生产总值 16834.98 亿元，其中二三产业比重占 95.65%，城乡居民人均可支配收入分别为 50651 元、26828 元，在四大经济区中综合经济实力最强。

长株潭城市群是我国中西部地区重要的城市群，是我国区域一体化发展、两型社会建设的重要"试验场"。1997 年，湖南省委、省政府正式提出长株潭经济一体化发展战略。2005 年，长株潭城市群被写入国家"十一五"规划。2006 年，长株潭城市群被国家列为促进中部崛起重点发展的城市群之一。在国家战略支持下，长株潭迅速发展成为中部地区产业特色突出、集群优势明显的重要经济增长极。目前，长沙已培育出工程机械、智能制造、工业互联网于一体的世界级产业集群，并成功打造新材料、北斗应用、电子信息等战略性新兴产业。株洲打造中国"动力谷"，形成了轨道交通、航空、汽车等先进装备制造产业集群，巩固发展硬质合金、陶瓷等传统优势产业。湘潭大力发展装备制造、汽车及零部件和军工产业，钢铁、电线电缆等传统行业转型升级步伐加快。近年来，长株潭地区加快推动"五同"建设（交通同网、能源同体、信息同享、生态同建、环境同治），取得了一定成效，但受行政因素的制约较为明显，长沙在整个经济区的发展过程中，带动辐射能力也相对有限，一体化进程仍然较为缓慢，尤其在要素共享、产业协作等方面的成效不显著。

"十四五"时期，湖南省将进一步加快长株潭一体化步伐，在打造"三个高地"上率先突破，将其建成中部地区崛起和长江经济带发展核心增长极、实施"三高四新"战略主阵地、现代化湖南建设主力军、新一轮综合改革创新试验区。重点强化长沙龙头带动作用，发挥株洲、湘潭比较优势，加快推进一体化步伐，促进基础设施互联互通、成环成网，产业互补互助、成链成群，重点发展高端装备制造、先进半导体和智能终端、生物医药、新材料等高技术制造业，积极布局前沿和未来产业，共建世界级产业集群和具有核心竞争力的现代产业体系。

2. 洞庭湖生态经济区

洞庭湖地区土地面积为 4.55 万平方千米，包括岳阳市、常德市、益阳市，辖 24 个县（市、区）。该区位于湖南北部，西部是武陵山脉，东部是幕阜山山脉，南靠雪峰山余脉，北邻长江，中部为地势低平的洞庭湖平原。该区处于长江黄金水道和京广交通动脉交会处，境内京广铁路、石长铁路、洛湛铁路、枝柳铁路、京珠高速、长常高速等重要交通干道纵横交错，长江岸线资源丰富，拥有深水良港城陵矶，是湖南对接长江经济带的战略要地。区内有全国第二大淡水湖洞庭湖，水系发达，水资源丰富，土壤肥沃，耕地连片集中，是我国粮食、棉花、油料、淡水鱼等重要农产品生产基地，农产品加工业实力较强。该区矿产资源丰富，雄黄、金、锑、钨、钒产储量在全国占有重要地位，初步形成了装备制造、石化、轻工、纺织等支柱产业。2019年，全区总人口1596.35万人，常住人口城镇化率49.06%，地区生产总值9197.07亿元，其中二三产业比重占86.28%，城乡居民人均可支配收入分别为28951元、11828元。

随着《国务院关于大力实施促进中部地区崛起战略的若干意见》（国发〔2012〕43号）的出台，洞庭湖生态经济区建设由湖南区域战略上升为国家战略[2]。自此之后，洞庭湖地区以生态文明建设为主线，以体制机制创新为动力，统筹推进经济区建设，在生态保护、产业发展、基础设施、城乡统筹和社会民生等方面取得了一系列成就。与此同时，也存在一些经济社会发展的限制性因素，如低洼地区的洪涝问题依然存在，环境保护和生态建设亟待加强，经济结构和产业结构不够合理，基础设施建设相对滞后等[3]。近年来，为落实长江经济带共抓大保护、不搞大开发的战略，洞庭湖地区大力推进污染企业退出和禁养，生态环境虽有所改善，但处理好生态保护与经济发展之间的关系成为该区域发展亟须解决的难题。

"十四五"时期，该区发展战略重点是发挥临江临湖区位优势，建立湖区特有的生态产业和合理的经济结构，大力发展绿色品牌农业、滨水产业、港口经济，积极发展与长株潭相衔接的电子信息和机械装备制造。加快恢复良好的洞庭湖生态环境，以岳阳副中心为龙头建设环湖城镇群，实现津澧融城，建成秀美富饶的大湖经济区。支持常德打造全国综合交通枢纽和现代化物流枢纽，布局发展工程机械、生物医药、大健康产业等主导产业，建设全省重要先进制造业基地和全国生态农产品基地。支持益阳打造全国大湖流域生态文明建设试验区，重点发展电子信息、食品轻纺、特色装备、碳基材料等主导产业，建设数字产业集聚区[4]。

3. 大湘西地区

大湘西地区位于湖南省中西部，包括张家界市、湘西土家族苗族自治州、怀化市、邵阳市、娄底市，共41个县（市、区），土地面积为8.15万平方千米。该区位于我国第二级阶梯向第三级阶梯过渡的地带，武陵山脉、雪峰山脉呈东北—西南向斜贯全境，地势由北、西、南向中部和东北倾斜，具有典型的山区特色。区内自然资源丰富，拥有黑色金属、有色金属、非金属矿等，但区内农业条件较差，属湖南主要的欠发达地区、少数民族地区和生态脆弱地区。同时，该区也是连接东西部、长江流域与华南经济区的枢纽地带，具有过渡的区位特点和重要的战略地位。2019 年，全区总人口 2041.45 万人，常住人口城镇化率 49.01%，地区生产总值 6667.51 亿元，其中二三产业比重占 85.28%，城乡居民人均可支配收入分别为 28044 元、11113 元。

2004 年 6 月，湖南省委、省政府正式启动湘西地区开发，作出了《关于加快湘西地区开发的决定》，2018 年，湘南湘西承接产业转移示范区正式获国家批复，湘西被纳入承接产业转移示范区[5]。在有关政策的支持下，大湘西地区充分利用其资源特色，大力发展生态旅游、生态农业、农副产品深加工、生物医药等特色产业，经济社会发展成效显著。目前，该区已建成了一大批果蔬、茶、畜禽、中药材等特色种养殖基地，并培育了湘泉集团、古丈毛尖、星际新能源、华美兴泰科技、凤凰浩然科技等知名企业。湘西广州工业园、怀化工业园区、张家界科技工业园等开发区逐步发展起来，重点承接发展矿产品精深加工产业、电子信息产业、特色食品产业等，逐步形成以怀化市、张家界市、武冈市为首位经济联系方向的组团式空间格局[6]。

"十四五"时期，湘西地区将进一步落实各项优惠政策，以生态产业为导向，承接产业转移，大力发展特色材料、文化旅游、商贸物流、食品医药等产业，建成承接产业转移和特色优势产业发展集聚区、生态安全保障区。支持湘西自治州建设对接成渝地区双城经济圈和面向西南的重要交通枢纽，布局发展文化旅游、特色材料、生物科技、食品加工等主导产业，打造文旅融合绿色发展先行区。张家界重点发展生态旅游、生物医药、特色食品等绿色生态产业，打造国家全域旅游示范区和世界绿谷。怀化加快建设对接西部陆海新通道战略门户城市，突出发展食品医药、新材料（精细化工）、商贸物流产业，打造五省边区生物医药产业基地。邵阳着力建设湖南对接东盟地区的产业集聚区，重点布局显示功能材料、特色轻工、工程装备产业，打造国际先进水平的"特种玻璃谷"[4]。娄底以钢铁新材、工程机械、现代物流为主导，建设先进制造配套区和长株潭现代物流服务区。

4. 湘南地区

湘南地区位于湖南省南部，东靠江西，南连广东，西南邻广西，是典型的梯级过渡地带，包括郴州市、永州市和衡阳市，共 34 个县（市、区），土地总面积为 5.69 万平方千米。湘南地区是湖南的南大门，是中部地区对接粤港澳的前沿，也是珠三角产业转移的重要区域。湘南地区矿产和能源较为丰富，其工业基础较好。衡阳的机械制造、盐化工、电子信息、特变电工，郴州的矿产品深加工、卷烟和新型建材，永州的农产品深加工和新医药，都形成了比较大的规模。区内农业条件较好，盛产烤烟、油菜、油茶、茶叶、花生等。2019 年，全区总人口 1750.13 万人，常住人口城镇化率 53.96%，地区生产总值 7800.43

亿元，其中二三产业比重占 87.60%，城乡居民人均可支配收入分别为 34637元、17182 元。

2011 年 10 月，湘南承接产业转移示范区正式获批，是中部地区承接产业转移新平台、跨区域合作引领区、加工贸易集聚区、转型发展试验区。经过多年努力，湘南地区交通通达度大大提高，铁路线路纵横交错，湘江航道四季通航，承接产业规模、产业层次和发展质量不断提升，发挥了积极的引领示范效应，衡阳、郴州、永州三市先后发展成为中国加工贸易梯度转移重点承接地。此外，凭借优越的地理位置和丰富的旅游资源，已建成省内外具有一定影响力的大湘南旅游板块。

"十四五"时期，湘南地区应充分发挥承接产业转移示范区平台功能，以衡阳副中心建设为引领，加强与粤港澳大湾区、北部湾、东盟等区域合作，着力引进发展有比较优势的特色材料、特色生物轻纺、特色机械和电子消费品及零部件，打造新兴产业承接带和科技产业配套基地，建成中西部地区内陆开放合作示范区。支持郴州以新材料、电子信息、高端装备制造等产业为主导，建设区域绿色产业示范基地，打造对接粤港澳大湾区重要增长极。支持永州布局发展食品轻工、生物医药、新材料等主导产业，建设粤港澳大湾区优质农副产品供应基地，打造湘粤桂省际区域枢纽城市[4]。

第二节　区域经济差异

近年来，湖南省虽然社会经济迅速发展，人民生活水平不断提高，但也面临着区域间经济发展不平衡且经济差异逐渐扩大的问题，制约着省内各区域经济协调发展[4]。鉴于此，我们探索湖南省内部各区域经济发展差异的时空演变特征及其形成成因，可以为缩小区域经济差异、促进区域经济可持续发展提供一定的决策依据和科学参考[6]。

一、区域经济差异变化分析

1. 经济差异测度方法

本节采用人均 GDP 指标来测度湖南省区域经济差异的动态变化和空间格局。区域经济差异主要包括区域经济绝对差异和区域经济相对差异，综合分析绝对差异和相对差异才能全面、客观地揭示区域经济差异的动态变化和时序特征[7,8]。其中，绝对差异采用极差和标准差进行表征，相对差异采用变异系数和基尼系数进行表征，具体计算见式（6-1）~式（6-4）。

极差　　　$R = Y_{max} - Y_{min}$　　　　　　　　　　　　　　　（6-1）

在式（6-1）中，R 为极差，Y_{max} 为区域内人均 GDP 极大值，Y_{min} 为区域内人均 GDP 极小值。极差越大，说明区域间经济差异越大，两极分化越严重，区域绝对差异越大。

标准差　　　$S = \sqrt{\sum_{i=1}^{n}(Y_i - \bar{Y})^2 / n}$　　　　　　　　　　（6-2）

在式（6-2）中，S 为标准差，Y_i 为 i 区域的人均 GDP，$\bar{Y}$ 为整体人均 GDP，n 为地域单元个数。标准差越大，说明区域间经济差异越离散，各区经济差异距离平均数的值波动越大，区域绝对差异越大。

变异系数　　　$C_v = \dfrac{1}{\bar{Y}} \times \sqrt{\sum_{i=1}^{n}(Y_i - \bar{Y})^2 / n}$　　　　（6-3）

在式（6-3）中，C_v 为变异系数，Y_i 为 i 区域的人均 GDP，$\bar{Y}$ 为整体人均 GDP，n 为地域单元个数。变异系数越大，离散化程度越高，以平均数为准的变异程度越大，区域相对差异越大。

基尼系数　　　$G = \dfrac{1}{2n(n-1)\bar{Y}} \sum_{i=1}^{n} \sum_{j=1}^{n} |Y_i - Y_j|$　　（6-4）

在式（6-4）中，G 为基尼系数，Y_i、Y_j 为 i、j 区域的人均 GDP，$\bar{Y}$ 为整体人均 GDP，n 为地域单元个数。基尼系数越大，表明区域间经济差距越大，区域相对差异越大。

区域经济差异的动态变化与空间尺度紧密相关，同一区域中不同尺度的经济差异所呈现出的状态特点并不一致[7]。因此，本节将利用上述方法，分别从县（区）域、经济区两个尺度分析湖南省区域经济差异特征。为深入了解湖南省区域经济差异的内部构成，明晰经济区之间与经济区内部经济差异的大小，利用泰尔指数[8,9]将湖南省总体差异 T 分解为经济区内差异（T_w）和经济区间差异（T_b），即 $T = T_w + T_b$。泰尔系数的计算式为：

$$T = \sum (g_i/G) \times \log\left[\left(\frac{g_i}{G}\right) \Big/ \left(\frac{p_i}{P}\right)\right]$$　　（6-5）

在式（6-5）中，T 为泰尔系数，测度区域总体差异；g_i 为第 i 个子区域的 GDP 值；p_i 为第 i 子区域的人口值；G 为区域的总 GDP 值；P 为区域的总人口值。

$$T = T_b + T_w = T_b + \sum g_i T_{wi}$$　　　　　　　　（6-6）

$$T_b = \sum g_i \times \log(g_i/p_i)$$　　　　　　　　　（6-7）

$$T_{wi} = \sum \left(\frac{g_i}{G_i}\right) \times \log\left[\left(\frac{g_i}{G}\right) \Big/ \left(\frac{p_i}{p}\right)\right] \qquad G_i = \sum g_i \quad (j \in i, \ i = 1, \ 2, \ \cdots, \ n)$$

$$\tag{6-8}$$

$$p_i = \sum p_j \quad (j \in i, \ i = 1, \ 2, \ \cdots, \ n) \tag{6-9}$$

式中，T_b 为经济区间差异；T_w 为各区域内部差异 T_{wi} 的加权和；G_i 为各个区域 GDP 占总区域的份额；p_i 为第 i 个区域人口所占的份额；g_i 为第 j 个区域 GDP 所占 GDP 份额；p_j 为第 j 个子区域人口所占的份额。

2. 各县（市、区）经济差异变化特征

从各县（市、区）人均 GDP 变化情况来看，2000 年，全省 27 个县（市、区）人均 GDP 高出全省平均水平，95 个县（市、区）人均 GDP 低于全省平均水平，其中最低的是桑植县，人均 GDP 仅为 1742 元。2019 年，全省有 42 个县（市、区）人均 GDP 高出全省平均水平，其中最高的是雨花区，人均 GDP 达到 22116 元，80 个县（市、区）人均 GDP 低于全省平均水平，其中最低的是城步苗族自治县，人均 GDP 仅为 16306 元。

由各县（市、区）人均 GDP 极差、标准差变化情况可知，二者变化大致相同，主要呈现出缓慢抬升（2000～2007 年）和快速提升（2007～2019 年）两个阶段，表明各县（市、区）经济绝对差异总体上呈逐渐扩大的趋势，先是缓慢扩大，后快速扩大。由各县（市、区）人均 GDP 变异系数、基尼系数变化情况可知，变异系数逐年下降，由 2000 年的 1.0022 下降至 2019 年的 0.7180；基尼系数在波动中略有下降，由 2000 年的 0.1085 下降到 2019 年的 0.1049，全省各县（市、区）的区域经济相对差异整体上呈下降趋势（见图 6-3）。

3. 经济区经济差异变化特征

根据 2000 年、2019 年各经济区人均 GDP 变化情况可知（见表 6-1），各大经济区的经济发展水平都在一定程度上有所提升，但其经济差异依然存在。2000 年，长株潭地区人均 GDP 最高，达到 9832 元/人，湘西地区最低，为 3601 元/人，二者相差 6231 元/人。2019 年，长株潭地区人均 GDP 达到 110000 元/人，湘西地区为 32661 元/人，二者相差 77339/人，绝对经济差距拉大。此外，由经济区极差、标准差、变异系数、基尼系数的变化情况可知（见图 6-4），四大经济区之间的经济绝对差异也呈逐渐扩大趋势，2000～2007 年缓慢上升，2007～2019 年上升速度加快；相对经济差异在 2000～2009 年在波动中逐步增大，2009 年以后则略有缩小。

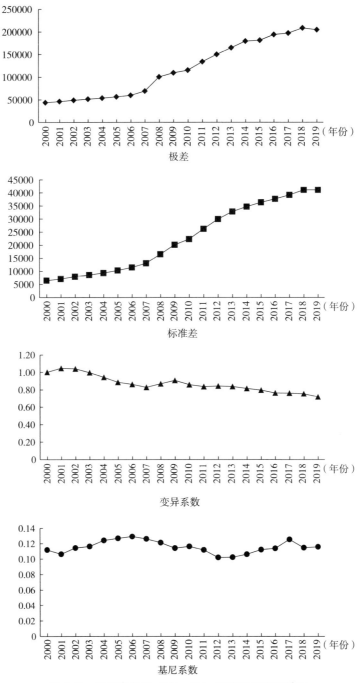

图 6-3 湖南省各县（市、区）经济差异变化情况

资料来源：笔者自绘。

表 6-1　四大经济区 2000 年、2019 年人均 GDP 统计表　　单位：元/人

	长株潭地区	洞庭湖地区	湘南地区	湘西地区
2000 年	9832	5753	4920	3601
2019 年	110000	57613	44571	32661
变化幅度	100618	51860	39650	29055

资料来源：根据 2001 年、2020 年《湖南统计年鉴》计算所得。

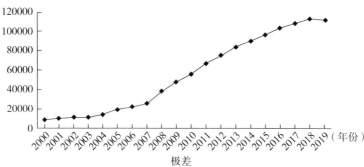

极差

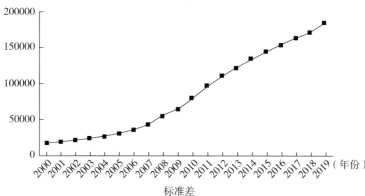

标准差

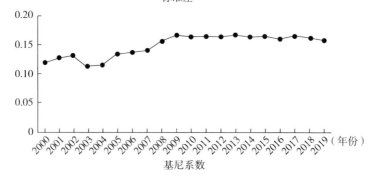

基尼系数

图 6-4　四大经济区经济差异变化情况

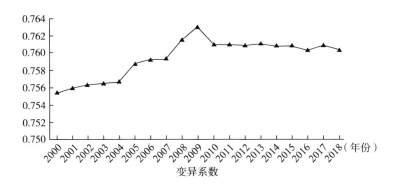

图 6-4　四大经济区经济差异变化情况（续）

资料来源：笔者自绘。

4. 经济区经济差异区间与区内变化特征

根据泰尔指数分解结果可知（见图 6-5、图 6-6），全省经济差异可以分解为四大经济区间的差异与四大经济区内部的差异。由图 6-5 可知，四大经济区间的差异相对稳定，变化幅度不明显。由图 6-6 可知，四大板块各自内部差异变化特征不同。其中，长株潭地区内部经济差距 2000～2009 年呈波动上升趋势，2009 年以后呈下降趋势；大湘西地区内部经济差异 2000～2013 年呈上升趋势，2013 年以后略呈下降趋势；洞庭湖地区和湘南地区内部经济差异整体稳定，略有波动。

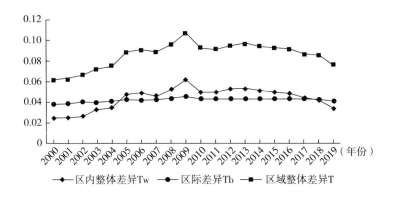

图 6-5　湖南省总体泰尔指数变化情况

资料来源：笔者自绘。

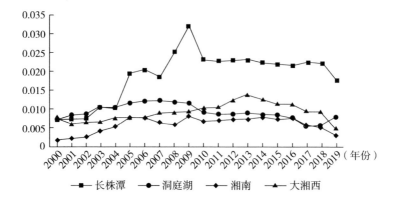

图6-6 四大经济区泰尔指数分解变化情况

资料来源：笔者自绘。

从对区域差异的贡献率来看（见表6-2），2000~2004年，四大经济区内部经济差异贡献率小于四大经济区之间差异贡献率；2005~2017年，四大经济区内部经济差异贡献率大于四大经济区之间差异贡献率，尤其是长株潭地区内部差异贡献率明显高于其他经济区；2018年开始，四大经济区之间差异贡献率又再次超过四大经济区内部经济差异贡献率。

表6-2 四大经济区经济差异区间与区内贡献率比较

单位：%

年份	长株潭内部差异贡献率	洞庭湖内部差异贡献率	大湘西内部差异贡献率	湘南内部差异贡献率	区间差异贡献率	区内差异贡献率
2000	11.83	11.99	3.02	12.55	60.60	39.40
2001	11.44	13.32	3.76	10.11	61.37	38.63
2002	11.15	13.63	4.11	10.03	61.07	38.93
2003	14.65	14.61	6.18	9.36	55.20	44.80
2004	13.96	14.08	7.32	10.53	54.12	45.88
2005	21.96	13.28	8.88	9.02	46.85	53.15
2006	22.78	13.55	8.65	8.58	46.45	53.55
2007	20.97	13.84	7.42	10.18	47.59	52.41
2008	26.28	12.34	6.27	9.70	45.41	54.59
2009	30.04	11.02	7.52	8.86	42.55	57.45
2010	24.98	9.94	7.34	11.07	46.66	53.34
2011	24.71	9.59	7.59	11.52	46.59	53.41
2012	24.42	9.28	7.68	13.52	45.10	54.90

年份	长株潭内部差异贡献率	洞庭湖内部差异贡献率	大湘西内部差异贡献率	湘南内部差异贡献率	区间差异贡献率	区内差异贡献率
2013	23. 99	9. 36	7. 80	14. 30	44. 55	55. 45
2014	23. 69	8. 99	8. 23	13. 32	45. 77	54. 23
2015	23. 84	9. 12	8. 00	12. 46	46. 58	53. 42
2016	23. 77	8. 43	8. 16	12. 38	47. 27	52. 73
2017	25. 94	6. 45	6. 68	10. 97	49. 95	50. 05
2018	25. 62	6. 60	6. 47	11. 15	50. 15	49. 85
2019	23. 33	10. 53	4. 31	6. 36	55. 47	44. 53
平均值	21. 15	11. 30	6. 68	10. 91	49. 97	50. 03

二、区域经济差异格局分析

1. 区域经济差异格局分析方法

本节主要从空间分异和空间关联两个方面分析区域经济差异格局特征。空间分异特征主要根据人均 GDP 的空间分布格局来判断，运用自然断裂点法将各区域人均 GDP 分为高水平区、较高水平区、中等水平区、较低水平区以及低水平区，并进行可视化表达。为确保不同年份之间的可比性，将 2000 年和 2019 年数据进行统一分级。

空间关联采用莫兰指数（Moran's I）进行测度。全局莫兰指数用于探测整个区域的空间关联模式，取值范围在 -1 ~ 1，I 为正值表示正相关，I 为负值表示负相关，I 为零表示不相关，且绝对值越大，表示空间相关性越强。局部莫兰指数将全局莫兰指数分解到各个空间单元，以反映单元集聚程度高低的具体空间分布，并揭示空间异质性。

全局空间自相关莫兰指数计算式为：

$$I = \frac{n}{\sum_{i=1}^{n} \sum_{j=1}^{n} w_{ij}} \frac{\sum_{i=1}^{n} \sum_{j=1}^{n} w_{ij} [x_i - \overline{x}][x_j - \overline{x}]}{\sum_{i=1}^{n} [x_i - \overline{x}]^2}, \quad j \neq i \quad (6-10)$$

在（6-10）中，n 表示空间单元数目；x_i 为观测值；$\overline{x}$ 为 x_i 的平均值；w_{ij} 为空间权重矩阵，反映空间邻接或邻近区域尺度的变化情况。

局部空间自相关计算式为：

$$I_i = \frac{x_i - \overline{x}}{\dfrac{\sum_{j=1, j \neq i}^{n} w_{ij}}{n-1} - \overline{x}^2} \sum_{j=1, j \neq i}^{n} w_{ij} [x_i - \overline{x}] \quad (6-11)$$

在式（6-11）中，n 表示空间单元数目；x_i 为观测值；$\bar{x}$ 为 x_i 的平均值；x_{ij} 为空间权重矩阵，反映空间邻接或邻近区域尺度的变化情况。

2. 区域经济空间分异特征

全省经济水平总体上呈现西低东高的空间格局特征。从四大经济区来看（见图6-7），长株潭地区经济发展水平最高，湘南地区处于较高水平，大湘西

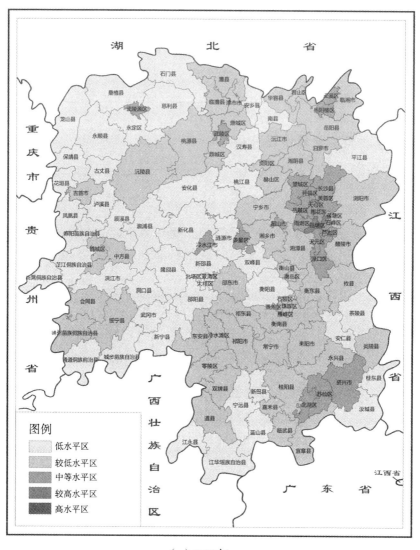

（a）2000年

图6-7　2000年、2019年湖南省各县（市、区）人均GDP分布格局

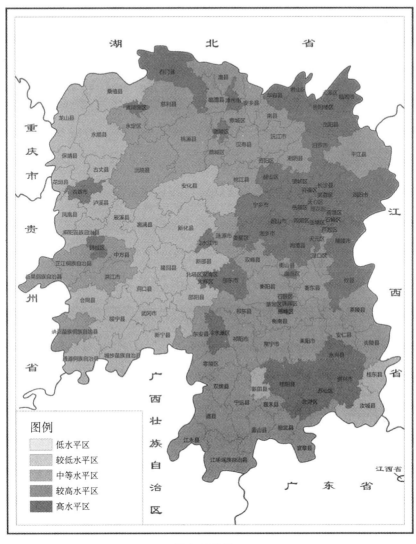

（b）2019年

图 6-7 2000 年、2019 年湖南省各县（市、区）人均 GDP 分布格局（续）

资料来源：天地图，1：6000000；审图号：湘 S（2020）037 号，湖南省自然资源厅。

地区和洞庭湖地区经济发展水平相对偏低。从各县（市、区）人均 GDP 分布格局来看，2000 年经济水平整体不高，低水平区有 47 个，占 38.5%，主要分布在大湘西地区与湘南地区以及洞庭湖地区的部分区域；较低水平区有 50 个，占41.0%，主要分布在东部地区；中等水平区有 22 个，占 18.0%；较高水平区仅有 3 个，占 2.5%，主要分布在长沙市区及湘潭市区。2019 年各县（市、区）经济发展水平整体提升，中等水平区有 26 个，占 21.3%，主要分布在大湘西地区；较高水平区有 46 个，占 37.7%，主要分布在洞庭湖地区和湘南地区；高水平区有 50 个，占 41.0%，主要分布在长株潭地区。

3. 区域经济空间自相关特征

根据全局莫兰指数计算结果可知（见图 6-8），湖南省各县（市、区）人均 GDP 全局莫兰指数均显著为正，高水平或低水平区集聚比较明显。另外，2000～2019 年全局莫兰指数总体呈下降趋势，集聚效应减弱。

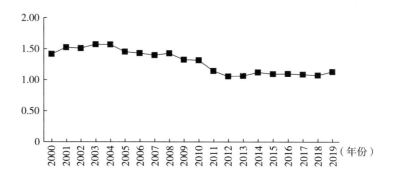

图 6-8　湖南省各县（市、区）人均 GDP 全局莫兰指数趋势线

资料来源：笔者自绘。

根据各县（市、区）人均 GDP 局域莫兰指数结果可知（见图 6-9），2000 年高高集聚区主要集中在长株潭三市市辖区，低低集聚区主要集中连片分布在大湘西北部和中部。2000～2019 年，空间自相关格局相对稳定但局部区域又有所变化，长株潭市辖区高高集聚区范围向东西两侧扩展，新纳入宁乡市、长沙县、醴陵市等外围县（市、区）；低低集聚区由集中连片演化成团块状分布，由大湘西中部向南部转移。

三、区域经济差异成因分析

区域经济时空分异格局的形成是自然、环境、社会、政治等多方面因素共同作用的结果。本节主要从自然条件与资源禀赋、产业经济与城镇化、人力资本与创新能力、交通与通信、宏观战略与区域政策[10] 五个方面分析湖南省区域经济差异的主要成因。

1. 自然条件与资源禀赋

自然地理与资源禀赋是导致区域经济差异的基础因素。随着经济的发展和社会的进步，生产技术日新月异的同时也带来了社会生产力的不断提高，人类利用区域自然地理与资源禀赋的能力虽然在一定程度上削弱了自然地理和资源禀赋对区域经济发展的基础性作用，但仍不能完全弥补不同区域间自然地理条件和资源禀赋差异所带来的区域经济差异。湖南省地形单元丰富多样，东部、南部、西部三面环山，北面有大湖且连接长江，不同经济区间的自然地理与自

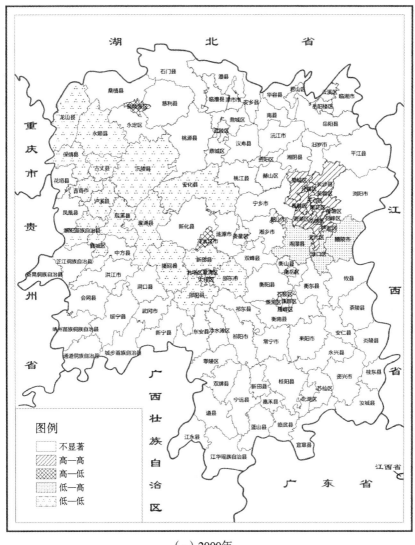

（a）2000年

图 6-9 各县（市、区）人均 GDP 局域莫兰指数分析 LISA 图

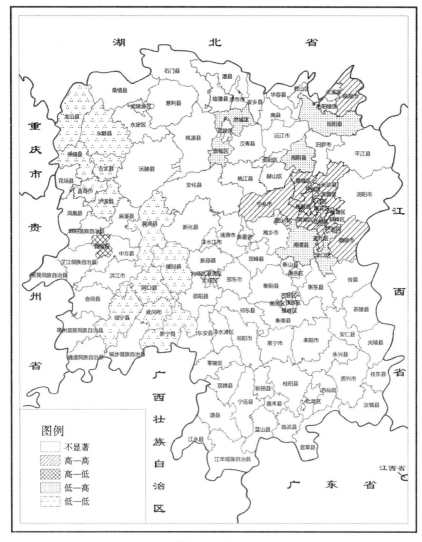

（b）2019年

图 6-9 各县（市、区）人均 GDP 局域莫兰指数分析 LISA 图（续）

资料来源：天地图，1∶6000000；审图号：湘 S（2020）037 号，湖南省自然资源厅。

然禀赋差异显著。长株潭地区地形以丘陵和平原为主，内部有湘江流经，经济发展条件优越，是湖南省经济发展的"高地"。洞庭湖地区河网密集，平原面积大，耕地集中连片且质量高，为其农业生产提供了优越的条件。大湘西地区位于我国中部丘陵与西部高原的过渡地带，地理区位条件较差，地形复杂多样且多以山地为主，耕地资源相对匮乏，土地破碎化程度大，自然灾害频发，这在一定程度上限制了其社会经济的发展。湘南地区矿产资源丰富，且拥有毗邻粤港澳大湾区的地理区位优势，为其迅速发展提供了较好的条件。

　　2. 产业经济与城镇化

　　产业是推动区域经济发展的直接动力。不同区域产业规模与结构存在较大的差异，是导致其区域经济差异明显的主要因素之一。根据各市州规模工业企业数量与人均 GDP 皮尔逊相关分析结果可知，二者之间相关系数为 0.757，呈现较高的正相关关系（见图 6-10、表 6-3）。长株潭地区高新技术与新兴产业集聚，拉动了地区居民就业，促进了生产要素的集聚，带动了地区经济的迅速发展。洞庭湖地区由于毗邻长江的地理区位，使其具备了发展沿江产业和临港型产业的先天条件，近几年经济发展较为迅速。大湘西地区将地区自然环境和民族文化相结合，大力发展生态观光和民族特色旅游产业，近年来发展成效也比较显著，与其他经济区的经济差距逐步缩小。

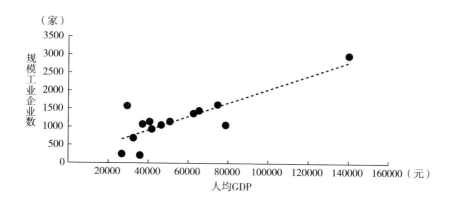

图 6-10　规模工业企业数量与人均 GDP 相关分析散点图

资料来源：笔者自绘。

　　城镇化是推动区域经济迅速发展的重要驱动力。一般而言，城镇化进程越快，经济发展水平也越高。根据湖南省各市州城镇化水平与人均 GDP 皮尔逊相关系数分析结果可知（见图 6-11、表 6-3），二者之间相关系数为 0.929，呈现非常高的正相关关系。从四大经济区来看，长株潭地区的城镇化水平一直高于其他地区，2019 年达到 70.43%，高出全省平均水平 13.21 个百分点；大湘西地区的城镇化水平最低，2019 年仅为 49.06%，低于全省平均水平 8.16 个百分点。

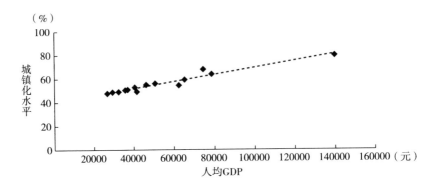

图 6-11　城镇化水平与人均 GDP 相关分析散点图

资料来源：笔者自绘。

表 6-3　城镇化水平、规模工业企业数量与人均 GDP 皮尔逊相关系数分析

指标	皮尔逊相关系数	显著性（P 值）
规模工业企业数量	0.757	0.000
城镇化水平	0.929	0.000

3. 人力资本与创新能力

人力资本与创新能力是影响区域经济发展综合实力的两个关键因素。因此，区域人力资本水平与科技创新能力的差异是解释区域经济发展水平差异的重要因素。R&D 人员全时当量与专利申请数在一定程度上可以反映区域人力资本水平与创新能力。皮尔逊分析结果显示，湖南省各市州 R&D 人员全时当量、专利申请数与人均 GDP 之间的相关系数分别为 0.919、0.896，呈现很高的正相关关系（见图 6-12、图 6-13、表 6-4）。此外，从科技创新平台在各县（市、区）的分布情况来看（见图 6-14），是以长株潭城区和部分市州城区为核心向四周辐射。长株潭城市群三市城区作为全省经济、文化中心，科技创新资源丰富，特别是岳麓区科研人才、资金和项目条件好，集聚了一大批重点实验室、工程技术中心、众创空间等科技创新平台。而远离省会的一些县级行政单元，如龙山县、蓝山县、江华县、石门县等则区位优势较弱，创新基础较差，科技创新平台分布少。因此，人力资本与科技创新平台的空间分布差异，是导致区域经济差距存在的一个重要因素。

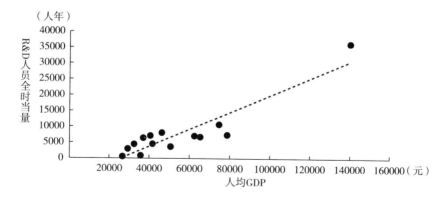

图 6-12　R&D 人员全时当量与人均 GDP 相关分析散点图

资料来源：笔者自绘。

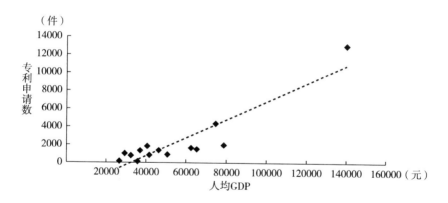

图 6-13　专利申请数与人均 GDP 相关分析散点图

资料来源：笔者自绘。

表 6-4　R&D 人员全时当量、专利申请数与人均 GDP 皮尔逊相关系数分析

指标	皮尔逊相关系数	显著性（P 值）
R&D 人员全时当量	0.919	0.000
专利申请数	0.896	0.000

4. 交通与通信

现代区域经济的开放性，表现为区域之间、城市之间物质、能量、信息的交流，交通、通信等基础设施的发达程度直接影响着区域经济发展水平。发达的基础设施网络和体系不仅可以拉动区域经济的增长、提高居民生活质量，还有利于加强区际之间的联系，缩小地区之间的经济差距。早期，长株潭地区率

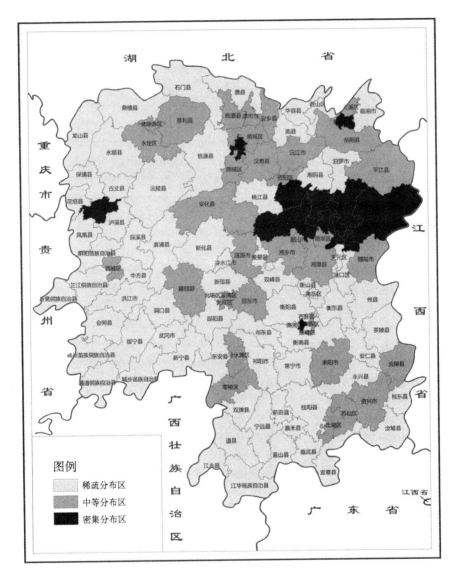

图 6-14　2017 年湖南省科技创新平台在各县（市、区）的分布
资料来源：天地图，1∶6000000；审图号：湘 S（2020）037 号，湖南省自然资源厅。

先推进基础设施建设，迅速发展成为省内交通网络最密集、通信条件最畅通的区域，成为全省交通通信网络的中心，同时，也为其与外部的经济合作与交流提供了重要通道，长株潭地区与其他经济区之间的经济差距迅速拉开。近年来，湖南省基础设施建设力度加大，尤其对湘西等相对落后地区加大了投入，已基本实现全省综合交通与通信的高速化和网络化，有效地降低了地区之间的经济距离与时间成本，促进了各个经济区之间及其内部的人口、资源、技术、信息等要素的流通，各经济区之间的相对经济差异逐步缩小。

5. 宏观战略与区域政策

国家的重大发展战略会对区域经济发展方向产生重大影响。2005 年，长株潭城市群被写入国家"十一五"规划；2006 年长株潭被列为促进中部崛起重点发展的城市群之一，这为长株潭地区发展带来了重大机遇；2011 年，湘南地区成为国家级承接产业转移示范区，为该区域经济发展提供了重要动力；2012 年，洞庭湖生态经济区建设上升为国家战略，促进了该区域经济环境的健康发展；2015 年，国家明确将大湘西作为重点扶持发展地区。

湖南省内发展战略与区域政策更是极大地影响着不同地区生产力的布局与组合，对区域经济的不平衡发展有着重要作用。如"十一五"期间，湖南省区域发展的重点是加快"3+5"城市群建设，这在一定程度上拉大了长株潭地区与其他区域之间的差距。自"十二五"以来，针对区域经济发展不平衡的问题，湖南省提出了四大板块协调发展，四大经济区之间的差距开始缩小。不过，无论是"十三五"时期的"一核三极四带多点"区域发展战略，还是"十四五"提出的"三高四新"战略、"一核两副三带四区"战略，长株潭地区的核心地位从未改变。

第三节　区域经济联系

本节基于修正的引力模型构建湖南省区域经济联系网络结构，借助社会网络分析法测算区域经济网络的网络密度、网络中心性以及凝聚子群，从而分析湖南省区域经济联系强度、网络结构等特征。

一、区域经济联系强度

1. 测度模型

引力模型是空间相互作用的经典模型，近年来引力模型被广泛应用于研究区域、城市、城乡之间的经济联系[11]，本节通过对引力模型进行适当修正来测算湖南 14 个市州之间的经济联系强度。引力模型的经典式如下所示：

$$F_{ij} = \left(\sqrt{G_i \times Q_i} \times \sqrt{G_j \times Q_j} \right) / D_{ij}^2 \tag{6-12}$$

在式（6-12）中，F_{ij} 是城市 i 对城市 j 的经济作用（引力），即区域经济联系强度；G_i 和 G_j 为两城市综合实力，用城市 GDP 来表示；Q_i 和 Q_j 为两城市常住人口数，单位为万人；D_{ij} 为两城市间的空间距离，通常用交通线距离来表示。

由于湖南省各城市间的经济联系以公路交通为主,本节采用两城市间的公路运输时间作为参数,利用百度地图API平台查询获得。

由于各城市经济总量不同,每个城市对经济作用(引力)的贡献不同,城市间经济联系不是对等的,因此用引力系数 k_{ij} 来修正城市间经济总量差异的影响,修正后的引力模型为:

$$F_{ij} = K_{ij} \times \left(\sqrt{G_i \times Q_i} \times \sqrt{G_j \times Q_j} \right) / D_{ij}^2 \qquad (6\text{-}13)$$

$$K_{ij} = g_i / (g_i + g_j) \qquad (6\text{-}14)$$

式中, K_{ij} 是经济引力系数,反映城市间经济联系方向,也反映城市对区域经济联系的贡献程度。如 $K_{ij} = 0.5$,说明两城市经济往来平衡,贡献相当;如 $K_{ij} > 0.5$,说明 i 城市经济引力大于 j 城市,其经济流入大于经济流出;如 $K_{ij} < 0.5$,说明 i 城市经济引力小于 j 城市,其经济流出大于经济流入。g_i 和 g_j 分别表示 i 城市和 j 城市的人均 GDP。

在区域经济联系强度测算的基础上,计算区域经济联系隶属度,用比例来反映城市间经济联系紧密程度和区域经济协同发展程度,计算式为:

$$S_{ij} = \frac{F_{ij}}{\sum_{j=1}^{n} F_{ij}} \qquad (6\text{-}15)$$

在式(6-15)中, S_{ij} 是城市 i 的区域经济联系隶属度。

2. 特征分析

基于 2000 年和 2019 年湖南省市州间经济联系强度测算数据(见表6-5、表6-6),应用 ArcGIS 软件对区域经济联系进行可视化(见图6-15),用点的大小来表示市州的经济联系总量,用线宽表示市州间经济联系的程度。市州间经济空间联系特征可以客观反映湖南省区域经济联系状况。

表6-5　2000年湖南省区域经济联系强度

地区	长沙市	株洲市	湘潭市	岳阳市	常德市	益阳市	衡阳市	郴州市	永州市	湘西州	张家界市	怀化市	邵阳市	娄底市
长沙市		12.27	13.26	5.86	5.91	9.79	5.16	1.26	1.50	0.19	0.30	0.75	1.87	3.00
株洲市	17.38		22.38	2.69	1.63	1.72	5.35	1.28	1.24	0.09	0.12	0.46	1.26	2.25
湘潭市	19.55	23.28		2.10	1.46	1.67	3.79	0.95	0.92	0.07	0.10	0.39	1.14	2.18
岳阳市	9.44	3.06	2.29		4.15	2.51	1.99	0.63	0.75	0.15	0.26	0.43	0.85	1.06
常德市	11.39	2.21	1.91	4.96		7.57	1.98	0.59	1.06	0.47	0.99	1.03	1.71	1.95
益阳市	25.60	3.18	2.96	4.08	10.29		3.03	0.68	1.02	0.26	0.41	0.66	1.70	3.26
衡阳市	11.59	8.49	5.78	2.77	2.30	2.60		4.99	8.13	0.21	0.20	1.07	5.68	5.19

续表

地区	长沙市	株洲市	湘潭市	岳阳市	常德市	益阳市	衡阳市	郴州市	永州市	湘西州	张家界市	怀化市	邵阳市	娄底市
郴州市	2.56	1.83	1.31	0.80	0.63	0.53	4.52		1.95	0.07	0.07	0.35	0.93	0.81
永州市	3.87	2.26	1.62	1.21	1.43	1.00	9.34	2.48		0.20	0.14	1.06	6.15	2.20
湘西州	0.87	0.27	0.22	0.42	1.08	0.45	0.42	0.16	0.35		0.37	2.70	0.46	0.30
张家界市	0.88	0.24	0.20	0.48	1.48	0.45	0.26	0.09	0.16	0.24		0.34	0.20	0.20
怀化市	1.94	0.83	0.68	0.70	1.38	0.65	1.23	0.44	1.06	1.57	0.30		1.58	1.11
邵阳市	6.72	3.19	2.78	1.89	3.20	2.34	9.09	1.65	8.56	0.37	0.25	2.20		7.13
娄底市	7.98	4.21	3.92	1.74	2.68	3.31	6.13	1.06	2.26	0.18	0.18	1.14	5.27	

表6-6　2019年湖南省区域经济联系强度

地区	长沙市	株洲市	湘潭市	岳阳市	常德市	益阳市	衡阳市	郴州市	永州市	湘西州	张家界市	怀化市	邵阳市	娄底市
长沙市		102.53	88.74	64.08	65.61	71.78	59.67	5.97	11.31	1.01	0.81	4.67	20.96	21.25
株洲市	395.15		215.82	36.27	22.19	18.41	76.84	8.34	13.24	0.75	0.56	4.25	19.24	23.63
湘潭市	454.96	287.09		30.65	21.70	20.34	59.37	6.94	11.17	0.74	0.58	4.11	19.52	26.24
岳阳市	196.20	28.81	18.30		47.74	21.58	23.86	3.39	6.54	1.01	0.96	3.22	10.41	8.90
常德市	209.54	18.39	13.52	49.79		56.29	20.50	2.79	7.96	2.62	3.11	6.62	17.95	14.16
益阳市	463.46	30.84	25.61	45.51	113.81		34.75	3.77	9.10	1.98	1.83	5.28	20.58	29.33
衡阳市	204.77	68.42	39.74	26.75	22.03	18.47		22.48	58.01	1.12	0.60	6.60	55.99	36.07
郴州市	28.64	10.38	6.50	5.32	4.19	2.80	31.45		10.28	0.32	0.16	1.62	6.80	4.24
永州市	64.93	19.72	12.50	12.26	14.30	8.09	97.01	12.29		1.32	0.56	7.51	66.50	17.49
湘西州	16.52	3.17	2.38	5.41	13.46	5.03	5.33	1.08	3.77		2.67	27.51	6.42	3.45
张家界市	17.04	3.02	2.37	6.60	20.44	5.94	3.69	0.71	2.03	3.41		4.04	3.31	2.62
怀化市	33.43	7.90	5.74	7.54	14.83	5.85	13.76	2.41	9.38	12.01	1.38		18.78	9.86
邵阳市	112.69	26.84	20.48	18.29	30.23	17.14	87.73	7.61	62.31	2.10	0.85	14.10		51.52
娄底市	149.94	43.25	36.10	20.50	31.27	32.04	74.14	6.24	21.51	1.49	0.88	9.72	67.59	

　　从时序演化过程来看，湖南省区域经济联系强度整体提升，区域经济联系总量由2000年的523.57增加到2019年的6145.58。2000年，全省各市州经济联系普遍处于较弱的水平，呈现出简单的散射状联系结构，仅有长沙-株洲、长沙-湘潭、

长沙-益阳、株洲-湘潭 4 对城市之间的联系相对较强。到 2019 年，各市州之间的经济联系强度整体提升，尤其是湘东地区各市之间的联系较为密切。

从市州差异来看，各市州对外经济联系总量存在较大差距。2019 年，长沙市对外经济联系总量最高，达到了 2865.66，而张家界市最低，仅为 90.18。长沙市、株洲市、湘潭市对外经济联系总量较大，2000 年三市的经济联系总量占到了全省总量的 40%，2019 年提高到 47%，位于湘西地区的怀化市、湘西州、

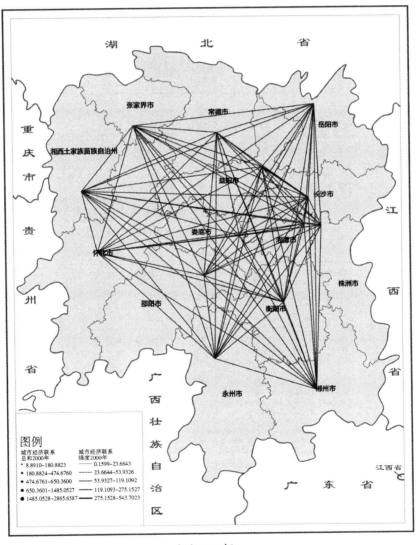

（a）2000年

图 6-15　湖南省各市州经济联系网络结构图

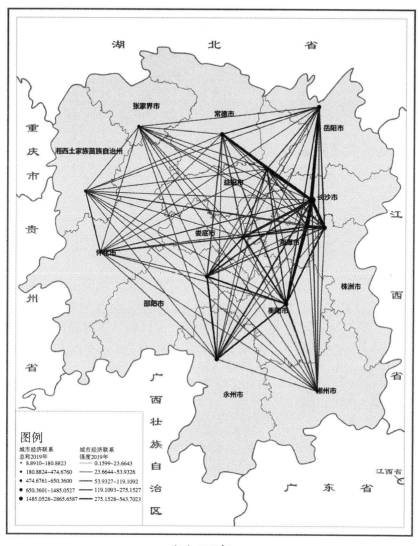

（b）2019年

图6-15　湖南省各市州经济联系网络结构图（续）

资料来源：天地图，1∶6000000；审图号：湘S（2020）037号，湖南省自然资源厅。

张家界市等对外经济联系总量明显偏低。由此也反映出市州对外经济联系总量与其综合经济实力密切相关，长株潭地区尤其是长沙市的综合经济实力明显高于其他市州，因此，其对外经济联系也更为频繁。

此外，不同市州之间的经济联系强度也存在差异，区域经济联系网络分布不均衡。"3+5"城市群范围内各市州之间的经济联系强度相对较强，尤其是长沙、株洲、湘潭之间。洞庭湖地区岳阳市、常德市、益阳市之间也保持着较强的经济联系。此外，邵阳市、衡阳市、永州市之间的联系也比较密切。不过，怀化市、张家界市与湘西州则相对孤立，与其他市州的经济联系较弱。由此也反映出，近年来，随着国家区域发展战略的推进，长株潭城市群、环洞庭湖生态经济区等围绕产业合作、公共服务共享、交通一体化建设、生态环境共保等方面采取了一系列举措，取得了较为显著的成效，有力地促进了区域一体化发展。

二、区域经济联系网络结构

应用社会网络分析法可以分析区域经济网络的密度、网络中心性、区域经济联系的方向等[12]。该分析法是约翰·斯科特（John Scott）提出的一种定量分析方法，他认为社会是由网络构成的，网络中包含节点及节点之间的关系，可以通过对网络中关系的分析来研究网络的结构特征。

1. 网络密度分析

网络密度反映区域经济网络中城市之间的经济联系程度，等于区域经济网络中"实际经济联系总量"除以"区域内关系总数"。网络密度能反映区域经济网络对城市节点经济发展的影响程度以及网络中城市节点之间经济联系的紧密程度，网络密度越大，表示经济网络对区域内城市经济的影响越大，城市间的经济联系越紧密[12]。其计算式为：

$$E = (\sum_{i=1}^{n} \sum_{j=1}^{n} F_{ij})/n(n-1) \tag{6-16}$$

在式（6-16）中，E 为网络密度；n 为城市节点数；F_{ij} 为城市 i 和城市 j 之间的经济联系强度。

根据式（6-16）计算得到湖南省区域经济联系网络密度值，如表6-7所示。由表可知，湖南省市州间整体网络密度从 2000 年的 2.88 增加到 2019 年的 33.77，城市间的经济联系日益紧密，城市节点的经济集聚和扩散能力不断增强。此外，经济联系密度与经济联系总量在空间上具有重合性[11]，湘西地区市州经济联系总量和密度都明显低于其他地区，该地区是湖南省经济欠发达地区，因此，地区经济的发展与区域外界联系有着密切的关系。

表 6-7 湖南省区域经济联系整体网络密度

年份	2000	2019
区域经济联系总量	523. 57	6145. 58
区域城市节点数	14	14
区域关系总量	182	182
整体网络密度	2. 88	33. 77

2. 网络中心度分析

网络中心度反映节点城市与其他城市经济的联系强度及其在区域经济网络中所处的中心程度，体现城市的核心竞争能力。根据区域经济联系的方向性，可将中心度分为入中心度和出中心度，入中心度反映城市受其他城市影响的程度，衡量城市经济集聚能力；出中心度反映城市影响其他城市的程度，衡量城市经济溢出或流出能力。入中心度和出中心度的计算式为：

$$C_{(in)i} = \sum_{j=1}^{n} F_{ij(in)} \tag{6-17}$$

$$C_{(out)i} = \sum_{j=1}^{n} F_{ij(out)} \tag{6-18}$$

$$M_i = C_{(in)i} - C_{(out)i} \tag{6-19}$$

$$Z_i = C_{(in)i} + C_{(out)i} \tag{6-20}$$

式中，$C_{(in)i}$ 为城市 i 的入中心度；$C_{(out)i}$ 为城市 i 的出中心度；M_i 为城市 i 的综合影响力；Z_i 为城市 i 的经济联系总量。

根据式（6-17）~式（6-20）测算出湖南省各市州的网络中心度，如表6-8所示。结果表明，与2000年相比，2019年各市州的入中心度数值和出中心度数值都大幅提高，说明湖南省各市州经济活力均有所增强，资源要素在城市间流动性增强，各城市与其他城市经济的联系强度及其在整个省域经济网络中的作用在不断加强。长沙市入中心度明显大于出中心度，综合影响力强，且呈快速增长趋势，其经济集聚能力明显高于其他城市，城市间经济联系呈现明显的向心性；益阳市、邵阳市出中心度明显大于入中心度，其经济溢出能力大于经济集聚能力，其主要原因是邻近长株潭城市群，而自身产业经济发展实力有限，受长沙市经济虹吸效应影响明显。

入中心度与出中心度的差额为城市综合影响力。根据城市综合影响力可以判断城市影响力的大小，也可以判断经济联系方向。长沙市的综合影响力为正，且数值较大，与2000年相比，2019年长沙市的综合影响力增长了19倍，说明长沙市在湖南省区域经济联系中一直发挥着中心集聚作用，经济要素的集聚能力远远超过经济溢出带动能力。

表 6-8　湖南省区域经济联系网络中心度

城市	2000 年				2019 年			
	入中心度	出中心度	综合影响力	经济联系总量	入中心度	出中心度	综合影响力	经济联系总量
长沙市	119.76	61.12	58.64	180.88	2041.49	824.17	1217.32	2865.66
株洲市	65.32	57.83	7.49	123.15	719.13	765.92	-46.80	1485.05

城市	2000 年				2019 年			
	入中心度	出中心度	综合影响力	经济联系总量	入中心度	出中心度	综合影响力	经济联系总量
湘潭市	59.31	57.58	1.73	116.89	698.36	732.86	-34.51	1431.22
岳阳市	29.69	27.58	2.12	57.27	327.64	372.26	-44.62	699.90
常德市	37.62	37.82	-0.20	75.45	412.50	432.52	-20.02	845.02
益阳市	34.60	57.14	-22.54	91.73	349.45	720.14	-370.69	1069.60
衡阳市	52.28	59.02	-6.74	111.29	502.34	646.83	-144.49	1149.17
郴州市	16.27	16.34	-0.07	32.60	92.66	104.07	-11.40	196.73
永州市	28.95	32.96	-4.01	61.92	239.52	321.55	-82.03	561.07
湘西州	4.09	8.07	-3.98	12.16	45.48	80.61	-35.12	126.09
张家界市	3.68	5.21	-1.53	8.89	34.34	55.85	-21.51	90.18
怀化市	12.58	13.47	-0.89	26.06	97.53	144.59	-47.06	242.12
邵阳市	28.80	49.37	-20.56	78.17	276.23	509.69	-233.46	785.92
娄底市	30.62	40.07	-9.45	70.69	308.91	434.52	-125.61	743.43

3. 凝聚子群分析

根据湖南省市州网络结构关系，利用 UCINET 软件中的 Concor 法（迭代相关收敛法）进行子集合分析。凝聚子群（Co-hesive Subgroup）分析是社会网络分析中的重要方法，其目的是揭示社会行动者之间实际存在的或者潜在的关系。当网络中某些行动者之间的关系特别紧密，以至于结合成一个次级团体时，社会网络分析称这样的团体为凝聚子群。如果该网络存在凝聚子群，并且凝聚子群的密度较高，说明处于这个凝聚子群内部的行动者之间联系紧密，在信息分享和合作方面交往频繁。

笔者利用全矩阵数据对 2019 年湖南省区域经济网络进行凝聚分析，根据 UCINET 软件生成凝聚子群分析结果（见图 6-16）。湖南省 14 个市州聚类成 4 个凝聚子群，其中，1 号子群包括长沙、株洲、湘潭；2 号子群包括岳阳、常德、益阳；3 号子群包括衡阳、永州、邵阳、郴州、娄底；4 号子群包括怀化、湘西、张家界。从表 6-9 可知，各子群内部城市之间的经济联系较为紧密，经济联系呈现出空间邻近性特征。子群内部联系最紧密的是 1 号子群，其次为 2 号子群，内部密度最低的是 4 号子群。1 号凝聚子群属于长株潭地区，该地区人口密集，交通便利，是湖南省的核心增长极，且内部经济联系最为密切，密度指数达到 257.82，并与 2 号凝聚子群和 3 号凝聚子群的联系也较为紧密。2 号凝聚子群内部经济联系也较为密切，主要涵盖了洞庭湖地区。3 号凝聚子群除了涵盖湘南地区的三个市州之外，还包括娄底和邵阳，由此可见，邵阳与大湘西地区其他市州之间的联系依然较弱；娄底作为长株潭经济区的组成部分，与长沙、株洲、湘潭之间的联系程度也有待加强。4 号凝聚子群主要包括除邵阳之外的其他湘西地区，它与其他子群的经济联系最弱，子群内部联系也不强，密度指数仅为 19.76。

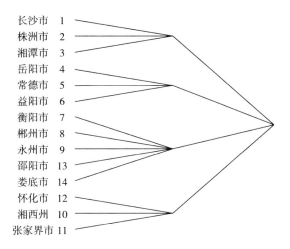

图 6-16　2019 年湖南省各市州经济联系网络聚类分析

资料来源：笔者自绘。

表 6-9　2019 年湖南省凝聚子群内部密度

子群	1 号子群	2 号子群	3 号子群	4 号子群
1 号子群	257.82	29.415	25.579	2.588
2 号子群	85.592	31.133	11.318	3.523
3 号子群	56.327	13.337	39.863	4.59
4 号子群	11.523	7.021	7.424	19.76

第四节　区域合作与一体化

一、区域合作与一体化发展历程

改革开放 40 多年来，湖南省区域发展战略不断调整变化，步入"十一五"时期以后，区域协调发展战略思路逐步清晰，区域合作与一体化发展战略举措也越来越明显。

"十一五"期间,湖南省优先开发"一点一线"地区,并借助国家实施西部大开发战略,加大大湘西地区开发力度。到2005年,长株潭地区GDP占全省比重达到38%,大湘西地区开发也取得了新进展。在国家主体功能区战略的引领下,全省"两型"社会建设全面铺开,长株潭及"一点一线"地区、各市州县(市、区)政府所在地、各类开发区等成为重点开发区域。在此期间,区域发展逐步协调。环长株潭城市群地区以"两型"社会建设为契机,发挥高端制造和服务经济的引领功能,核心增长极和辐射带动作用进一步增强。湘西地区以西部大开发战略为契机,相继实施退耕还林和"两型"产业开发,自我发展能力逐步增强。湘南地区以承接产业转移为契机,积极融入珠三角、北部湾经济区,开放开发的步伐进一步加快,出口导向型的加工基地和保税园区发展成效明显。总之,全省区域协调发展、联动发展的总体态势初步形成[13]。

"十二五"期间,湖南省着力优化提升环长株潭城市群,加速支持湘南崛起,扶持发展大湘西,推动三大区域板块协调发展。国家战略实现了全省覆盖,区域发展呈现新格局。长株潭地区生产总值占全省比重达42%以上,核心增长极作用进一步增强。大湘西地区着力打造绿色发展先行区,基础设施全面改善,特色经济发展迅速,地方财政收入年均增长22.8%,并通过积极推动武陵山经济协作区建设,落实湘西自治州、张家界享受国家西部大开发、中部崛起、民族发展等各项优惠政策,发展成效明显。湘南地区通过利用沿海产业转移和国家支持珠三角、北部湾发展的机遇,加快开放开发步伐,湘南地区进出口年均增长45.5%,实际利用外资年均增长20.8%,承接产业转移示范效应显著[14]。

"十三五"期间,湖南省继续推进长株潭地区率先发展,扶持大湘西地区加快发展,推进湘南地区开放发展,推进洞庭湖地区生态发展,促进了四大板块协调发展。湖南省持续发展壮大长株潭核心增长极,依托长株潭"两型"社会综合配套改革试验区、自主创新示范区和湘江新区等国家级平台,有力推动了创新型省份建设,科技进步贡献率提高到60%;实施"五大开放行动",发挥好"过渡带""接合部"优势,全面融入"一带一路",开放性经济得到进一步发展;大力培育岳阳、郴州、怀化增长极,岳阳全面参与长江经济带建设,建成全省能源基地、石化基地和长江中游区域性航运物流中心;开展长江保护修复、洞庭湖水环境综合治理、湘江保护和治理"一号重点工程"等专项行动,生态环境质量明显改善[4]。

二、区域合作与一体化发展成效及问题

1. 主要发展成效

一是实现了国家战略的全覆盖。随着国家西部大开发战略、中部地区崛起

战略、长江经济带发展战略的实施，湖南省积极融入国家发展战略，各大板块逐步被纳入国家战略规划，错位发展总体态势向好。2007年，长株潭城市群"两型"社会综合配套改革试验区获批，开启了长株潭城市群一体化发展的新时期。2011年，中央启动武陵山片区区域发展与扶贫攻坚试点，大湘西地区有32个县（市、区）被纳入国家试点范围，为大湘西的发展注入了新的动力。2014年，国务院正式批复"洞庭湖生态经济区规划"，标志着洞庭湖生态经济区正式进入了启动实施阶段。2018年，湘南湘西承接产业转移示范区正式获批，湖南的经济社会发展又增添了一个具有里程碑意义的重要开放平台。

二是综合改革试验成效比较突出。长株潭城市群为建设成为全国"两型"社会建设的示范区、中部崛起的重要增长极、全省新型工业化、新型城市化和新农村建设的引领区、具有国际品质的现代化生态型城市群，在"两型"社会建设探索实践中，围绕十大体制机制推进改革创新，共实施了原创性改革100多项，编制60多个标准、规范、指南，形成了51个可复制、可推广的生态文明改革创新案例，在全国率先建立"两型"标准体系，率先开展"两型"标准认证。湘江流域综合治理、绿色产品政府优先采购、生态绿心保护等一批改革经验具有全国推广意义。2015年，国家发展改革委批准湖南省国家级新区湘江新区成立，成为全国第12个、中部地区首个国家级新区。设立湖南湘江新区是实施国家区域发展总体战略、依托黄金水道推动长江经济带发展的重要举措，有利于带动湖南省乃至长江中游地区经济社会发展，为促进中部地区崛起和长江经济带建设发挥更大作用。目前，湘江新区为完成优化营商环境、服务实体经济的创新改革任务，已先后推行6大行政审批制度改革，新区44项审批事项、64个子项全部进驻大厅受理，实现在线审批（无纸化）全覆盖，并推动车联网先导区、科技要素市场、金融科技创新平台、知识产权示范园区等重大创新平台建设，为全国创新改革新区的建设提供了示范作用。

三是国民经济实力整体提升。2006年以来，湖南省经济发展态势较好，经济增速稳定保持在全国平均水平以上。2019年，全省地区生产总值达到39752.1亿元，GDP增速比全国平均水平高出1.5个百分点。全省的经济结构进一步优化，新型工业化加快推进，装备制造、农产品加工、材料成为万亿产业，千亿工业产业达到14个；农业现代化稳步推进，农产品加工业产值突破万亿元。创新型省份建设加快推进，科技进步贡献率提高到60%。实施了"五大开放行动"，全面融入"一带一路"，在湘投资的世界500强企业新增28家，对外经济合作国别（地区）发展到94个，国际友好城市达100对。此外，各市州人口与经济密度逐步增加（见表6-10），各市州之间的经济联系强度也在增强，各县（市、区）的相对经济差异也逐渐缩小。

表 6-10　湖南省区域经济与人口密度变化情况

经济区	市（州）	人口密度（万人/平方千米）			经济密度（万元/平方千米）		
		2000 年	2020 年	变化幅度	2000 年	2020 年	变化幅度
长株潭地区	长沙市	0.049	0.061	0.011	555.528	9795.412	9239.884
	株洲市	0.033	0.036	0.003	259.096	2670.030	2410.935
	湘潭市	0.056	0.058	0.002	426.899	4510.019	4083.120
	娄底市	0.049	0.056	0.007	207.822	2023.012	1815.190
洞庭湖地区	益阳市	0.037	0.039	0.002	157.145	1454.874	1297.729
	岳阳市	0.035	0.038	0.003	245.016	2544.396	2299.380
	常德市	0.033	0.033	0.000	191.612	1993.819	1802.207
大湘西地区	张家界市	0.016	0.018	0.002	63.325	579.099	515.775
	邵阳市	0.035	0.040	0.005	108.210	1033.635	925.425
	怀化市	0.018	0.019	0.001	76.328	586.322	509.995
	湘西州	0.017	0.017	0.000	42.599	456.168	413.569
湘南地区	衡阳市	0.046	0.052	0.006	230.783	2204.476	1973.692
	郴州市	0.023	0.028	0.004	129.394	1246.463	1117.069
	永州市	0.025	0.029	0.003	109.796	906.079	796.283

资料来源：相关年份《湖南统计年鉴》。

　　四是经济增长极迅速壮大。长株潭城市群以"两型"社会建设为契机，发挥高端制造和服务经济的引领功能，核心增长极和辐射带动作用显著增强。2019年长株潭地区生产总值达到 16834.98 亿元，经济总量占湖南经济总量的 42.35%。长株潭城市群立足产业分工、优势互补，重点围绕长沙"创新谷"、株洲"动力谷"、湘潭"智造谷"，建设了一批优势产业基地，长沙工程机械、株洲轨道交通、湘潭矿山装备等产业集群跻身国内乃至世界前列，新能源、新材料、电子信息、移动互联网、装配式住宅、汽车制造等一大批新兴产业迅速发展，长株潭国家自主创新示范区、岳麓山国家大学科技城、马栏山视频文创产业园集聚引领作用强劲，产业协同发展的核心增长极地位进一步凸显。其中，长沙市作为省会中心城市，发展较为迅速，人口、产业集聚效应明显，2000～2020 年人口密度由 0.049 万人/平方千米增加到 0.061 万人/平方千米，经济密度由555.528 万元/平方千米增加到 9795.412 万元/平方千米，增幅显著。此外，娄底市、衡阳市、湘潭市、郴州市、岳阳市等的发展也较为迅速。

　　五是区域之间的时空距离大大缩短。基础设施的建设可以有效缩短区域之间的时空距离。全省已建成立体化快速交通网络，高速公路总里程达到 6950 千米，实现了县县通高速；信息网扩容升级，5G 等新一代信息基础设施加快布局，电子政务外网实现省市县乡四级全覆盖；物流网布局优化，形成了"一核三区多园六通道"的空间格局。基础设施网络的形成，为各经济区内部城市之间以及各经济区之间的深度合作与一体化发展提供了支撑。目前，长株潭地区已成为省内交通网络最为密集的地区，长株潭"三干"、"两轨"、城际公交、"潇湘一卡通"等多项工作有序推进，长株潭"半小时交通圈"基本建成。以长沙为中心的 1 小时交通圈已辐射到了株洲市、湘潭市、岳阳市、益阳市、衡阳市、邵阳市、娄底市等。

2. 存在的主要问题

一是区域协调发展格局有待加强。随着区域合作与一体化发展进程的推进，湖南省人口、经济密度得到整体提升，核心经济增长极不断发展壮大，但是，不同经济区之间的差异依然明显，区域协调发展的格局尚未全面形成。长株潭城市群经济社会发展成效显著，洞庭湖、湘南、大湘西地区发展速度缓慢，绝对经济差距依然呈扩大趋势。尤其是大湘西地区综合经济实力依然较弱，经济密度与人口密度均明显低于其他三个经济区，该区各市州之间以及对外的经济联系也相对较弱。湘中地区发展形势分化明显，娄底依靠邻近长株潭城市群的优势保持较快增长，而邵阳经济增速明显低于全省平均水平，发展相对滞后。

二是增长极的辐射带动作用依然不强。长株潭城市群集聚能力虽然不断增强，对全省 GDP 贡献也较大，但对周边区域辐射带动作用依然不强。与国内主要城市群相比，长株潭城市群在全国城市群体系中的地位有待提高。省会长沙虽然与其他市州发展差距较大，呈现"一枝独秀"的发展特征，但离国家中心城市的建设目标尚有差距，难以形成具有全国和全球竞争力的战略平台，尚未充分发挥区域中心城市和省会城市对其他城市的带动作用。此外，岳阳、郴州、怀化的增长极作用尚未得到充分发挥，集聚发展的成效不明显，区域协调发展的支撑作用有待加强。

三是行政分割与冲突问题依然突出。分割是经济活动进行的自由度或者说是国家之间、地区之间生产要素充分流动的制约要素，反映经济一体化的经济与社会方面的障碍。分割较大的地区经济增长难以趋同，自由化和便利化的程度较低，经济距离较大，集聚程度较低[15]。目前，湖南省区域经济发展过程中的分割主要体现在行政分割方面。一方面，各城市之间的竞合机制不完善，区域壁垒依然存在，生产要素的跨区域流通额外成本依然存在；在发展产业经济的过程中，各地方政府为追求经济发展，对投资企业的主动选择与相互引导不充分，往往导致内部恶性竞争，造成了一些资源消耗型产业的重复建设。另一方面，政府之间的协同联动架构与机制依然不够完善。区域之间的合作交流依然局限于各经济区内部，在长株潭地区虽然已经开始推行联席会议制度，但作用不明显。各市之间对于整体发展目标框架与行动策略缺乏有效沟通，缺乏一套制度化的议事和决策机制，跨区合作进程缓慢。

三、区域合作与一体化建设机制

1. 战略联动机制

立足国家与省重点战略背景，充分发挥"一带一部"区位优势，加强与周边省份的战略协同，以"三高四新"为引领，统筹区域战略定位，全面提高湖南区域发展竞争力，努力在中部崛起中走在前列。协调优化战略布局，构建以中心城市和都市圈为核心的动力系统，优化形成"一核两副三带四区"的空间战略格局。"一核"指长株潭城市群核心区，"两副"分别为岳阳市、衡阳市两大省域副中心城市，"三带"即京广高铁经济带、沪昆高铁经济带、渝长厦高铁经济带，"四区"指长株潭地区、洞庭湖生态经济区、湘南地区、大湘西地区。

推行差异化空间战略，客观认识四大经济板块之间的发展差异，实现联动协调发展，打造畅通高效的重要节点，引导城市错位发展。对于长株潭核心区，以建设具有可持续增长活力和国际竞争力的现代化城市群为目标，适度提高密度，促进产业功能升级，重点发展新一代信息技术、智能装备、轨道交通、新能源汽车、新材料、新医药、航空航天等领域，有序推进城区更新改造，提高人居环境质量，吸纳更多高端人才集聚。对于"两副""三带""四区"，关键是要缩短距离，统筹布局新基建，进一步促进城市之间交通互联互通，提高互联网与数字信息技术水平，促进城市间以多元方式协同合作，缩短要素流动的时空距离，促进各个城镇之间的协调互动。对于特殊类型地区，加快其经济振兴速度，促进革命老区振兴发展，以湘赣边、湘鄂渝黔等为重点，落实民族政策法规和帮扶举措，完善特色产业体系和基本公共服务体系，把巩固拓展脱贫攻坚成果与产业发展有机结合起来。进一步提升长株潭辐射带动能力，加快"3+5"环长株潭城市群联动发展，推动形成长岳、长益常、长韶娄等经济走廊，充分发挥其高质量发展示范效应，并与洞庭湖、湘南、大湘西地区深层次合作，促进四大经济区协调发展。

2. 要素流动机制

促进人口的跨区域自由流动。在长株潭地区率先探索建立户口通迁、居住证互认机制，探索户籍准入年限同城化累计互认制度，放开放宽各城市的落户限制，试行以经常居住地登记户口制度。建立人才跨区域资质互认、双向聘任机制，落实各市人才资质互认，完善人才交流合作机制，引导领军人才、创新人才、专业人才等跨区域合作和流动。

推进土地资源的跨区交易。建立城乡统一的建设用地市场，建立并完善城乡建设用地交易市场体系，完善土地所有权、承包权以及经营权"三权"分置办法，健全农村土地产权制度，同时推动农村集体建设用地进入土地市场。探索建立跨区土地交易市场，逐步将各市州的土地公共资源市场整合到一个统一的平台上，建设城乡一体化的土地资源交易平台。健全土地利用全生命周期管理机制，实行建设用地收储和出让统一管理，先在各大经济区内部率先探索执行统一绩效标准和资源利用效率标准的土地利用全生命周期管理机制，后逐步实现全省统一。

促进金融市场一体化。推动金融服务一体化，加快推进四大经济区域金融资源整合与创新，促进金融创新链与产业链、项目链实现高效连接，形成金融机构合理聚集、资源共享、功能互补的区域金融产业布局，提高金融资源配置效率。围绕长株潭国家自主创新示范建设，打造政策性金融服务链的科技金融服务载体，辐射带动全省科技金融创新。培育发展环洞庭湖地区产融结合增长极，大力发展绿色金融、航运金融，支持临江、临港产业发展。创新发展湘南地区金融配套服务增长极，全面对接珠三角开放发展，建立健全金融配套服务体系，积极鼓励银行在湘南3市设立分支机构，支持各类商业银行对示范区项目开设绿色通道。重点推进大湘西武陵山片区普惠金融增长，依托区域性交通枢纽和生态优势，打造对接成渝城市群、辐射大西南的大湘西武陵山片区金融增长极[16]。

逐步推行统一的市场规则。从全省角度出发，坚持"生态发展、高端引领、集约高效"的原则，统筹制定产业发展指导目录，加强招商引导、指导与监管，严格禁止恶性竞争行为。以分区主导产业为引导，统筹制定各经济区差异化的市场准入清单，完善市场准入清单动态调整制度，健全完善与市场准入清单制度相适应的审批体制。

3. 创新协同机制

优化创新协同格局。借力长株潭国家自主创新示范区建设和国家高新技术产业开发区的建设布局，进一步优化科技创新空间布局，充分发挥长沙的辐射带动作用，依托国家级实验室、双创平台、高新区、经开区创新力量，建设科创走廊和科创高地。完善创新主体交流机制，建立经济区、市州和部门统筹协调的科技创新资源耦合网络，聚集培育一批科技创新资源共享服务的专业化机构，并发挥机构作为网络节点的作用，全面提升面向科学研究和创新创业的服务能力。整合湖南省内信息资源服务，构建湖南省知识服务平台，集成包括资源中心、科技资讯、情报产品、专业服务、企业门户、产业门户和统计分析各子系统，提供"一站式"智能化信息搜索引擎、知识定制与推送、在线科技咨询服务[17]。

推进数字技术协同创新。统筹数字化基础设施建设，利用大数据、人工智能、5G等数字技术，加快推进数字化基础设施的改造建设，充分保障大湘西等相对落后地区发展需要。进一步优化支付、物流、云计算能力，不断提供丰富的消费场景和消费内容，提高商业数字化水平，并向平安、旅游、医疗等其他领域拓展，向周边更多城市辐射。推动"两化"（数字化与产业化）深度融合，拓展数字经济发展的空间，将新零售、新制造通过智能骨干网进行全链接闭环，打造国内乃至世界领先的服务制造业网络，推动数字经济不断向智能化升级，提高数字产业指数。加快数据开发共享利用，支持各区域、多领域数据的联通共享，增进大数据应用合作。

4. 技术共享机制

鼓励新技术共研共享，支持联合建设科技资源共享服务平台，鼓励共建科技研发和转化基地，探索建立企业需求联合发布机制和财政支持科技成果共享机制。完善技术成果交易体系，充分整合政府、院校、专业机构和企业等各类资源，优化区域高技术成果转化和交易服务体系，建立四大经济区技术交易市场联盟，构建多层次知识产权交易市场体系，推进跨区域技术有序转移。拓宽科技中介服务机构功能，鼓励发展跨地区知识产权交易中介服务，促进生产力推进中心、技术咨询、培训服务和科技金融等相关机构的发展。

5. 利益互惠机制

加强基础设施互通互联。统筹推进城市间基础设施建设，形成互联互通、成环成网、高效便捷的基础设施体系，构建一体化发展的坚实基础。继续推进跨区域物流枢纽工程建设，加强各城市之间物流资源共享对接。共同推进医疗急救网络平台建设，统一建设电子支付缴费系统，建立重大基础设施共建成本分摊机制。统筹建设油气基础设施，加快区域智能电网及充电基础设施建设，协同推动新能源开发使用，共建区域能源基础设施。

推进公共服务共建共享。推行公共服务资源共享机制。完善教育科研区域协作机制，实现教育科研项目、人才梯队建设、研究成果评审、成果推广运用等方面整体实力上新台阶。促进公共服务均等化。提升基本公共服务保障能力，加强基本公共服务标准和制度的衔接。建立高层次医疗、科技、教育人才共享机制，推进各地公共服务资源区域拓展与共建，实现医疗保障"协同"、公共资源交易一体化。

实施财税分摊分享。完善财税分摊与补偿机制，采取完善财政政策、金融依法合规支持、协同制定引导性和约束性产业政策等措施，加大对跨区域交通、水利、生态环境保护、民生等重大工程项目的支持力度，以合理方式"抽肥补瘦"，抑制地区间差距扩大。探索创新财税分享机制，建立跨区域产业转移、园区合作等利益共享机制，建立统一的财税收入与支出体制，根据新设企业、创新型企业等研究其税收增量的跨地区分享，分享比例结合确定期限加以调整。推动税收征管一体化。推进电子税务局一体化建设，实现办税服务平台数据交互，探索异地办税、区域通办等实施路径。

加强生态环境协同保护。以数字技术推动联防联治，在区域内部形成区域大气、水污染防治等协作机制。统一环境监测监控体系，建立区域生态环境和污染源监测监控"一平台"。统一环境监管执法，制定统一的生态环境行政执法规范，以"一把尺"实施严格监管，推进联动执法、联合执法、交叉执法。加强PM2.5、湘江水质、集中式饮用水水质、水土保持等监测、预警和处置机制。建立多维、多元、长效的区域生态补偿机制，采取资金补偿、实物补偿、能力补偿、政策补偿等方式，实现区域生态环境治理的成本共担与收益共享。推进差异化的分区治理，在洞庭湖区推进水环境综合治理，强化湿地保护和恢复，切实落实长江共抓大保护、不搞大开发的国家战略；在湘西、湘南、湘东山区推进荒漠化、石漠化、水土流失综合治理，加强地质灾害防治；在长株潭构建绿色低碳循环发展的经济体系，推进资源节约和循环利用，降低水耗、能耗和物耗。

6. 对外协作机制

在对外协作方面，应加强对接"一带一路"、长江经济带、粤港澳大湾区、长三角一体化等国家战略，提高湖南在全国区域经济格局中的地位[18]。依托长江黄金水道和长江南岸高铁，积极对接成渝地区双城经济圈，推进商贸物流、文化旅游、科技信息等方面的深入合作，加强连接长江上游区域经济中心。发展壮大长江中游城市群，加强长株潭城市群与武汉都市圈、昌九都市圈的深入连接，强化交通互联互通、能源协同互济、产业协作互补、环境协调共治、科技协同互助、市场一体开放。加强与粤港澳大湾区的深度往来与合作，增强湖南区域发展的牵引力和竞争力。推进高速铁路、高速公路、航空、信息等基础设施互联互通，加快对接粤港澳的铁路建设和铁海联运发展，建设湖南至大湾区3~5小时便捷通达圈。依托构建西部陆海双向大通道，全面挖掘激发武陵山区域经济发展活力和动能，打造畅通陆海经济循环新枢纽[19]。

参考文献

［1］湖南省人民政府.湖南省国民经济和社会发展第八个五年规划纲要［Z］.1992.

［2］国务院.国务院关于大力实施促进中部地区崛起战略的若干意见［Z］.2012.

［3］唐常春，刘华丹，袁冬梅.基于多尺度的湖南省区域经济差异演进分析［J］.人文地

理，2016，31（5）：133-140.

[4] 湖南省人民政府.湖南省国民经济和社会发展第十四个五年规划和二〇三五年远景目标纲要［Z］.2021.

[5] 中共湖南省委，湖南省人民政府.关于加快湘西地区开发的决定［Z］.2004.

[6] 廖翼，周发明，唐玉凤.湖南县域经济差异变化的实证研究［J］.经济地理，2014，34（2）：35-41.

[7] 叶信岳，李晶晶，程叶青.浙江省经济差异时空动态的多尺度与多机制分析［J］.地理科学进展，2014，33（9）：1177-1186.

[8] 江孝君，杨青山，刘杰，等.东北三省区域经济差异的多尺度与多机制研究［J］.地理科学，2020，40（3）：383-392.

[9] 赵立平，张亨溢，蒋淑玲，等.湖南区域经济发展空间差异及结构优化策略研究［J］.经济地理，2019，39（8）：29-35+43.

[10] 王雪珍.湖南城乡统筹协调发展研究［J］.农业现代化研究，2011，32（6）：700-703.

[11] 赵纯凤，杨晴青，朱媛媛，等.湖南区域经济的空间联系和空间组织［J］.经济地理，2015，35（8）：53-60+67.

[12] 崔万田，王淑伟.京津冀区域经济联系强度与网络结构分析［J］.技术经济与管理研究，2021（4）：117-121.

[13] 湖南省人民政府.湖南省国民经济和社会发展第十二个五年规划纲要［Z］.2013.

[14] 湖南省人民政府.湖南省国民经济和社会发展第十三个五年规划纲要［Z］.2016.

[15] 鄢慧丽，徐帆，熊浩，等.基于新经济地理"3D"框架的旅游经济空间结构特征分析——以长江三角洲地区为例［J］.人文地理，2020，35（1）：76-84.

[16] 湖南省发展和改革委员会，湖南省人民政府金融工作办公室.湖南省"十三五"金融业发展规划［Z］.2017.

[17] 李晋，甘甜，戴旻昱.湖南省知识服务平台助力区域协同发展［C］//北京科学技术情报学会.创新发展与情报服务，2019.

[18] 朱翔.着力推动区域协调发展［J］.新湘评论，2020（24）：18-24.

[19] 朱翔.优化新时代湖南空间结构［J］.新湘评论，2018（5）：42-43.

第七章　城镇体系结构与新型城镇化

城镇化是指农业人口转化为非农业人口、农村地域转化为城市地域、农业活动转化为非农业活动的过程，是社会经济发展的必然结果，是社会进步的重要体现[1]。了解湖南省城镇化的发展历程和空间格局，梳理需要重视的关键问题，不仅有利于湖南省城镇化发展战略的制定，而且有助于促进城镇化高质量发展。

第一节　城镇化发展概述

一、发展历程

在现代中国的发展史上，中国城镇化进程始终围绕着中国区域经济发展的主线，经济结构、社会结构和生产方式、生活方式伴随城镇化的进程发生了重大转变[2]。1978 年，改革开放开启了我国现代意义上的城镇化进程，城乡之间的隔阂开始打破，工业化的加速发展促进了城镇化的快速发展[3]。2012 年党的十八大明确提出"新型城镇化"战略，更加注重城镇化的质量和城乡统筹的发展，是符合我国国情特色的城镇化发展道路。因此，根据我国特定时间的政策影响以及湖南省城镇化进程的实际情况，1949 年以来湖南省城镇化的发展过程可分为三个阶段（见图 7-1）：城镇化恢复发展阶段（1978~2000 年）、城镇化率超过 30%后的快速发展阶段（2001~2012 年）以及新时期的新型城镇化阶段（2013 年至今）。

1. 城镇化恢复发展阶段（1978~2000 年）

1978 年改革开放后，湖南省城镇化进入了恢复发展阶段。1979~2000 年，湖南省城镇化率由 12.25%增加到 29.75%，年均增长 0.83%（见图 7-2）。这一阶段湖南省工业化进程加速，城镇化率不断提高。改革开放初期，家庭联产承包责任制全面实施，在一定程度上提高了农民收入，缩小了城乡收入差距。1984 年中央一号文件首次提出"允许务工、经商、办服务业的农民自理口粮到

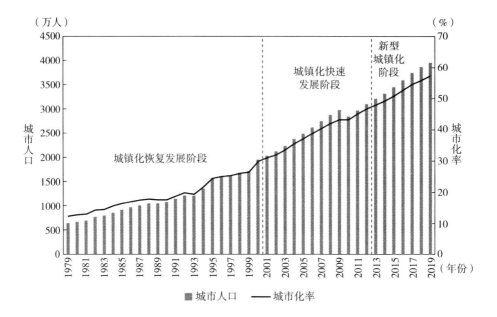

图 7-1   改革开放以来湖南省城镇化进程

资料来源：相关年份《湖南统计年鉴》。

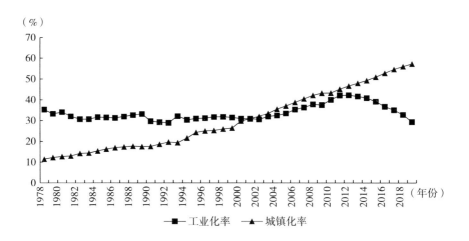

图 7-2   1978～2019 年湖南省工业化率与城镇化率变化情况

资料来源：相关年份《湖南统计年鉴》。

集镇落户"，大大降低了城乡之间人员流动的限制，大量农民工开始涌向城市，为湖南省城镇化的恢复奠定了基础。此后，全国经济工作重心由农村转移到城市。但是由于改革开放前期，我国率先发展沿海地区，中部地区经济发展较为缓慢，城镇化推进速度也较慢，1979~1990 年城镇化率仅增长 5.30%，年均增长 0.48%。20 世纪 90 年代以后，随着我国区域发展战略的调整，国家制定了一系列加快中西部地区开放发展的战略及措施，加快了中西部地区经济发展的步伐，1991~2000 年，湖南省城镇化率由 18.61% 增加到 29.75%，年均增长为 1.24%。从整体上来看，受益于改革开放以及中西部地区经济发展的政策扶持，1978~2000 年，湖南省的城镇化呈现逐步恢复并开始出现加速发展的趋势。

2. 城镇化快速发展阶段（2001~2012 年）

2001 年湖南省城镇化率首次突破 30%，根据"诺瑟姆曲线"，湖南省城镇化进入快速发展阶段。2012 年湖南省城镇化率增长至 46.65%，2001~2012 年城镇化年均增长 1.44%。从纵向比较来看，这个阶段的城镇化增长速率是城镇化发展恢复阶段的 1.65 倍。从全国平均水平来看（见图 7-3），湖南省城镇化率虽低于全国平均水平，但差距在逐年减小。从城镇化规模来看，2001~2012 年湖南省城镇常住人口由 2031.52 万人增长到 3097.06 万人，年均增长 96.87 万人。"十一五"规划纲要明确提出"消除农村人口向城镇转移的体制性障碍，逐步改变城乡二元结构"，湖南省内大城市得到进一步发展，吸引了大量农村劳动力向城市地区流动，特别是长株潭地区对人口的吸引尤为明显。此外，在城镇化得到较快发展的同时，也产生了较多的城镇化问题，如城市土地利用效率低、城乡不平等和社会矛盾加剧、生态环境污染严重等。

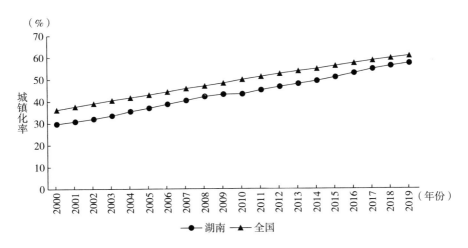

图 7-3 2000~2019 年湖南省与全国城镇化水平的比较

资料来源：相关年份《中国统计年鉴》。

3. 新型城镇化阶段（2013 年至今）

2012 年，中央经济工作会议提出了新型城镇化的概念，党的十八届三中全会通过的《中共中央关于全面深化改革若干重大问题的决定》明确提出，坚持走中国特色新型城镇化道路，标志着中国城镇化又进入了一个崭新的发展阶段。新型城镇化是为了顺应我国城镇化的发展趋势，解决我国快速城镇化中出现的问题而提出的。新型城镇化坚持以人为核心，强调城乡统筹、城乡一体化发展，在推进城镇化快速发展的同时，更注重城镇化质量的提升[4]。2015 年 9 月，湖南省委、省政府印发《湖南省新型城镇化规划（2015—2020 年）》，奠定了湖南省新型城镇化的战略方向。2013~2019 年，湖南省城镇化率由 47.96% 增长至 57.22%，年均增长 1.54%，仍处于快速发展阶段。总体来说，为适应中国经济转型的宏观背景与全面深化改革，湖南省新型城镇化更加关注以人为本、注重城乡的一体化发展，在保持城镇化增长速率的同时，更加关注城镇化的高质量发展。

二、发展成就

1. 城镇化水平与全国平均水平的差距逐渐减小

截至 2019 年底，湖南省常住人口 6918.4 万人，其中城镇常住人口为 3958.7 万人，城镇化率为 57.22%。根据"诺瑟姆曲线"，当一个区域城镇化水平超过 30% 时，城镇化水平便进入高速发展阶段；当城镇化水平达到 70% 以上时，将进入平缓发展的成熟阶段[5]。湖南省自 2001 年城镇化率突破 30% 后，便进入城镇化高速发展阶段，城镇化率连年攀升。

从全国角度来看，2019 年全国 31 个省份（不含港澳台地区，下同）平均城镇化水平为 60.6%。如图 7-4 所示，城镇化水平高于 70% 的有上海市、北京市、天津市、江苏省、广东省和浙江省，这些省份的城镇化已经进入城镇化后期发展阶段。城镇化水平超过全国平均水平的省份有 13 个，主要集中在我国东部沿海地区，城镇化率较低的省级行政区主要集中在我国中西部地区。相比之下，作为中部地区的农业大省，湖南省 2019 年的城镇化水平在全国的排名为第 20 位，名次较为靠后。但仅从中西部地区来看，排在第 8 位，处于中等偏上的位置。

作为农业大省的湖南，其城镇化水平一直低于全国平均水平，但与全国平均水平的差距正逐渐缩小。2000 年，湖南省城镇化率为 29.75%，低于全国平均水平（36.22%）6.47 个百分点；2019 年，湖南省城镇化率为 57.22%，与全国平均水平（60.60%）的差距缩减至 3.38 个百分点。由此可见，近 20 年间湖南省城镇化发展水平保持着稳步提升的态势，不断接近全国平均水平。

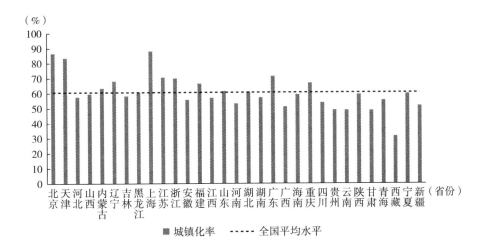

图 7-4　2019 年中国 31 个省份（不含港澳台地区）城镇化水平

资料来源：《中国统计年鉴 2020》。

2. 三产结构与城镇化发展趋于协调

根据库兹涅茨等学者总结的产业发展规律，随着产业发展的进步，第一产业占经济总量的比重呈逐渐降低的趋势，而第二产业、第三产业的占比则逐渐升高。从湖南省 1952~2019 年农业总产值和城镇化的情况来看（见图 7-5），随着湖南省城镇化率的不断升高，农业总产值整体处于不断上升的过程，特别是 20 世纪 90 年代以来，农业总产值的增加速度越来越明显，同时农业总产值占 GDP 的比重却在不断下降，这符合产业发展的库兹涅茨定律。2019 年湖南省农业产值为 3646.95 亿元，是 2000 年的 4.64 倍，同时农业产值占 GDP 的比重由 2000 年的 22.1% 下降到 2019 年的 9.2%。由此可见，第二产业、第三产业的发展始终以第一产业为基础，发达的农业为第二产业、第三产业的发展提供了强有力的支撑，同时也为城镇化的推进提供了稳固的物质基础。

1952 年以来，随着工业化与工业产值的不断增强，湖南省的城镇化率也在不断提高，工业化给城镇化的快速发展提供了动力，在很大程度上促进了湖南省城镇化的发展。近年来，湖南省的工业化比重有所下降，但城镇化率仍不断上升，这是由于城镇化发展到中后期时产业结构进一步实现调整优化，工业行业由劳动力密集型向技术和资金密集型转型，对大量农村劳动力的需求减弱，导致工业对城镇化的推动力有所减弱。城镇化率的不断攀升，与工业产值的不断增加具有相同的趋势，湖南省工业产值由 2000 年的 1094.76 亿元增长至 2019 年的 11630.55 亿元，相当于每年以 554.5 亿元的速度增长。与此同时，城镇化率也呈快速增长的趋势，由 2000 年的 29.75% 增长到了 2019 年的 57.22%，城镇化与工业化的提升相互促进，成为推动经济发展的重要动力。

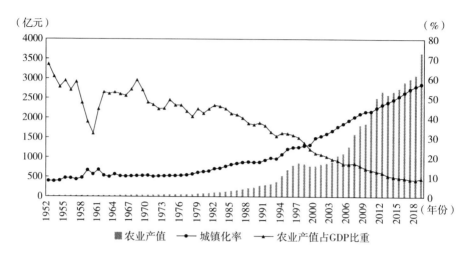

图 7-5　1952~2019 年湖南省城镇化率与农业总产值变化

资料来源：相关年份《湖南统计年鉴》。

　　根据产业发展的规律，在工业化的中后期，服务业在国民经济中所占的份额会逐渐增多，服务业的从业人员也将增多，并将超过工业领域，成为推动城镇化发展的后续动力。改革开放以前，服务业对于湖南省城镇化率的增长作用并不特别明显，但改革开放后，服务业的迅速发展对湖南省城镇化率的促进作用才开始显现（见图 7-6）。近年来，随着工业化率的降低，服务业比重提升，服务业对湖南省城镇化率的促进作用开始大于工业化的促进作用，这是城镇化发展到中后期所面临的必然趋势。从图 7-6 可知，服务业发展势头比较猛，特别是从 2000 年以后，服务业的产值由 2000 年的 1473.39 亿元增长到了 2019 年的 21158.19 亿元，且服务业产值占 GDP 的比重也在不断攀升，由 2000 年的41.5%攀升到 2019 年的 53.2%。

　　3. 城镇综合承载力不断增强，可持续发展能力显著提升

　　近 20 年来，湖南省城镇的基础设施建设水平得到较大提升，水、电、气、路、通信等市政设施不断完善，公共服务覆盖面持续扩大。用水普及率基本维持在 97%左右，燃气普及率由 2000 年的 78.35%提升至 2019 年的 96.70%，与全国平均水平的差距逐渐缩小；人均拥有道路面积由 2000 年的 7.0 平方米提升至 2019 年的 17.7 平方米，城镇交通网日趋完善，居民出行便利度得到提高。城镇基础设施的不断完善，促进了城镇综合承载能力的大幅提升（见表 7-1）。

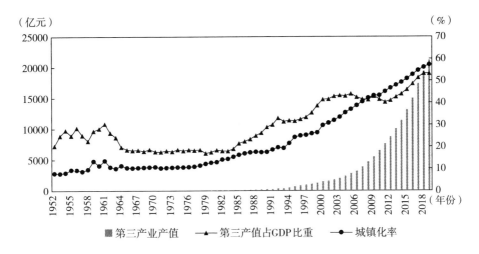

图 7-6 1952~2019 年湖南省城镇化率与第三产业发展变化趋势

资料来源：相关年份《湖南统计年鉴》。

表 7-1 湖南省城镇基础设施建设情况

年份	燃气普及率（%）	用水普及率（%）	人均拥有道路面积（m²）	污水处理率（%）	建成区绿化覆盖率（%）	生活垃圾无害化处理率（%）
2000	78.35	97.5	7.0	27.3	28.3	50.5
2010	87.00	95.2	13.0	75.0	36.6	79.0
2019	96.70	97.7	17.7	97.1	41.2	100.0

资料来源：相关年份《湖南统计年鉴》。

随着"两型"社会综合配套实验改革的不断推进，建设美丽湖南成为广泛共识，全省生态文明建设取得新进展，城镇资源环境承载力得到提升，可持续发展能力进一步增强。近 20 年来，湖南省不断完善生态文明建设体制机制，以"蓝天保卫战""碧水保卫战""净土保卫战"为重点突破，严格治理环境污染，城镇污染治理能力攀升。全省城镇污水处理率由 2000 年的 27.3%提升至 2019 年的 97.1%，建成区绿化覆盖率由 2000 年的 28.3%提升至 2019 年的 41.2%，生活垃圾无害化处理率由 2000 年的 50.5%提升至 2019 年的 100%，全省城镇生活垃圾实现百分之百无害化处理。2019 年，全省空气质量优良天数比例为 83.7%，高于全国平均水平 1.7 个百分点。长株潭"两型"试验区作为全省城镇生态文明建设的排头兵，以持续推进湘江流域综合治理、深入推进生态绿心保护、推进大气污染治理能力等为抓手，该地区城镇污染治理能力稳步提高，人居环境日益改善，城镇可持续发展能力显著提升。

4. 城镇创新动能持续增强，对外开放水平大幅提高

创新是推动城镇化高质量发展的重要动力，城镇是承载创新要素集聚最重要的地域系统。近年来，湖南省创新型省份建设取得重大成就，区域创新能力稳步提升。2019年，湖南省R&D经费为593.15亿元，在全国排名第7位，中部地区排名第2位，仅次于河南；有效发明专利数为39642件，在全国位列第9，在中部地区仅次于安徽。其中，长株潭城市群凭借信息流通便利、要素汇聚等优势，成为湖南省乃至中部地区创新型城镇建设的高地，创新能力在全国范围内进步明显。2016年，《长株潭国家自主创新示范区发展规划纲要（2015—2025年）》正式获批，标志着我国第6个国家级自主创新示范区落地湖南，成为国家创新驱动发展战略的重要试验场。2019年，长株潭城市群共有高新技术企业4386家，占全省比重的42.95%，高新技术产业总产值达16645亿元，占全省比重的51.87%。同时，在科技部和中国科学技术信息研究所分别发布的《国家创新型城市创新能力监测报告2019》和《国家创新型城市创新能力评价报告2019》中，长沙在78个国家创新型城市中排名第8位，在中部地区居第2位，仅次于武汉。近年来，"天河二号"超级计算机、自主研发的"海牛"号深海底60米多用途钻机、IGBT（绝缘栅双极型晶体管）检测试验平台等重大科技成果不断涌现，体现了长株潭城市群强劲的科技实力和强大的创新能力，为湖南城镇化的高质量发展不断注入新活力。

随着经济全球化的演进以及中国改革开放的不断深化，开放程度对于城镇发展的意义日益凸显。通常城镇化发展水平较高的区域，要素流动及区域交流也较为丰富，同时开放型经济的发展也推动了城镇化发展质量的提升。2019年，湖南省进出口总额达4342.2亿元，比2018年增长41.2%，增速位列全国第1，开放发展进步明显。截至2019年末，湖南省已与超过200个国家和地区实现经贸交流，1/3以上的世界500强企业在湖南有投资，有1500家企业在共建"一带一路"国家和地区投资设厂，累计对外投资居中部第1位。长株潭城市群作为湖南省对外开放交流的桥头堡和最主要的空间载体，对湖南省打造内陆地区改革开放新高地具有重要的支撑作用。2019年，长株潭城市群进出口总额达353.91亿美元，占全省的比重为56.3%；首届中国-非洲经贸博览会在长沙召开并将永久落户湖南，实现湖南省国家级、国际性对外开放"零平台"的突破。随着中国（湖南）自由贸易试验区获批并设长沙、岳阳、郴州三大片区，湘南湘西国家承接产业转移示范区的建设不断推进，湖南省开放型经济稳步前进，以创新引领、开放崛起的战略推动湖南省新型城镇化的高质量发展。

第二节　城镇体系结构

基于国内外学者的研究基础，结合湖南省城镇发展现状，本节从规模结构、职能结构、空间结构等方面对湖南省的城镇体系结构进行系统梳理和分析。

一、规模结构

城镇规模结构是各级不同规模的城镇在特定区域中的分布、组合状况。根据 2014 年国务院发布的《国务院关于调整城市规模划分标准的通知》，我国城市按照城区常住人口的数量被划分为"五类七档"①。基于湖南省各城市 2019 年城区常住人口，湖南共有大城市 2 个（其中，长沙市 384.75 万人，属Ⅰ型大城市；株洲市 116.47 万人，属Ⅱ型大城市）；中等城市 6 个，分别为衡阳市、岳阳市、湘潭市、邵阳市、常德市、益阳市；Ⅰ型小城市 12 个，分别为永州市、郴州市、娄底市、怀化市、宁乡市、耒阳市、吉首市、张家界市、醴陵市、武冈市、湘乡市、临湘市；Ⅱ型小城市 10 个，分别为浏阳市、冷水江市、沅江市、常宁市、涟源市、资兴市、汨罗市、津市市、洪江市、韶山市。湖南省城镇规模结构整体呈"金字塔"形，大城市数量较少，小城市数量较多，无超大城市及特大城市，城镇等级体系的中心化特征明显（见表 7-2、表 7-3）。

表 7-2　2019 年湖南省城镇规模结构

规模等级	城市个数	城市
Ⅰ型大城市	1	长沙市
Ⅱ型大城市	1	株洲市
中等城市	6	衡阳市、岳阳市、湘潭市、邵阳市、常德市、益阳市
Ⅰ型小城市	12	永州市、郴州市、娄底市、怀化市、宁乡市、耒阳市、吉首市、张家界市、醴陵市、武冈市、湘乡市、临湘市
Ⅱ型小城市	10	浏阳市、冷水江市、沅江市、常宁市、涟源市、资兴市、汨罗市、津市市、洪江市、韶山市

资料来源：《中国城市建设统计年鉴 2019》。

---

① 超大城市指城区常住人口 1000 万以上的城市；特大城市指城区常住人口 500 万~1000 万的城市；Ⅰ型大城市指城区常住人口 300 万~500 万的城市；Ⅱ型大城市指城区常住人口 100 万~300 万的城市；中等城市指城区常住人口 50 万~100 万的城市；Ⅰ型小城市指城区常住人口 20 万~50 万的城市；Ⅱ型小城市指城区常住人口 20 万以下（以上包括本数，以下不包括本数）。

表 7-3　2019 年湖南省设市城市城区常住人口　　　　单位：万人

城市	城区人口	城市	城区人口	城市	城区人口
长沙市	384.75	娄底市	46.30	浏阳市	19.75
株洲市	116.47	怀化市	37.24	冷水江市	18.72
衡阳市	95.65	宁乡市	36.92	沅江市	17.33
岳阳市	89.90	耒阳市	28.10	常宁市	16.34
湘潭市	69.90	吉首市	27.84	涟源市	16.10
邵阳市	62.35	张家界市	23.62	资兴市	15.60
常德市	59.24	醴陵市	23.07	汨罗市	11.00
益阳市	57.01	武冈市	23.00	津市市	9.83
永州市	48.67	湘乡市	22.50	洪江市	8.96
郴州市	46.90	临湘市	20.26	韶山市	4.60

注：城镇统计对象为 13 个地级市中心城区及 17 个县级市城区。邵东市、祁阳市分别成立于 2019 年 9 月和 2021 年 5 月，本节数据截至 2019 年，故表 7-2、表 7-3 中不含这两市数据。

资料来源：《中国城市建设统计年鉴 2019》。

1. 城市首位度演变特征

城市首位度在一定程度上代表了城镇体系中的城市发展要素在最大城市的集中程度，由马克·杰斐逊（M. Jefferson）于 1939 年提出[6]。为了更加易于理解和测度城市首位度，杰斐逊提出了"两城市指数"，即用首位城市与第二位城市的人口规模之比来计算。随后又有学者在其基础上提出"四城市指数"与"十一城市指数"，按照城市位序-规模分布法则，"两城市指数"的理想值是 2，即"两城市指数"越接近 2，其城市体系发展越合理；"四城市指数"和"十一城市指数"的理想值为 1。按此标准计算湖南省城市的首位度指数，分析 2001~2019 年湖南省城镇体系中首位城市的影响力变化情况，结果如表 7-4 所示。

表 7-4　湖南省城市首位度指数

年份	两城市指数	四城市指数	十一城市指数
2001	1.87	0.68	0.58
2010	2.48	0.92	0.71
2019	2.86	0.98	0.77

资料来源：根据相关年份《湖南统计年鉴》数据计算整理得出。

湖南省各类城市指数均呈现出不断增加的趋势，说明湖南省城市首位度不断增长，长沙市作为省会城市的极化效应越来越显著。"两城市指数"由 2001

年的 1.87 增长到了 2019 年的 2.86，已经偏离了理想值 2，反映出长沙市与第二位城市的差距逐渐扩大。2001 年湖南人口第二大市为常德市，与长沙市相差 116.75 万人，2010 年该差距拉大至 215.83 万人；2019 年株洲市成为湖南人口第二大市，与长沙市的人口相差达 297.4 万人。"四城市指数"与"十一城市指数"随时间推移趋近于 1，反映出长沙市对省内其他城市的人口吸引力逐渐增强，与其他城市的人口差距逐渐拉大。总体而言，在以长株潭城市群为全省发展核心的战略下，长沙市人口规模不断扩大，由 I 型大城市不断向特大城市迈进，长沙市作为主要增长极的地位日益凸显。

2. 位序-规模结构演变特征

城市位序-规模法则是从城市的规模和城市规模位序的关系，对一个城市体系的规模分布进行考察。齐夫（G. K. Zipf）从人类行为的角度探讨了城市等级规模的一般特征，推论出一体化城市体系的城市规模分布可用简单的公式表达[7]：

$$lnP_r = lnP_1 - qlnr \qquad (7-1)$$

其中，r 为某城市在城市系统中的位序；P_r 为位序为 r 的城市人口规模；P_1 为首位城市的人口规模；q 为齐夫指数，指与地区条件和发展阶段有关的常数。当 q=1 时，首位城市与最小城市的人口数之比刚好为区域内的城市总数，符合位序-规模分布特征；当 q>1 时，表示城市规模分布分散，大城市较为突出，为首位型分布；当 q<1 时，表示城市规模分布集中，中间位序的城市发育较多，为次位型分布；当 q=0 时，该城市体系内各城市规模相等。

根据 2019 年湖南省各城市城镇人口，按照人口规模进行排序，绘制位序-规模结构双对数坐标图（见图 7-7），再运用 OLS 法进行线性回归。结果显示，2019 年齐夫指数为 0.643，小于 1，表示湖南省高位次城市偏少，中小城市数量较多，城镇规模更加符合次位型分布。相关系数 R^2 为 0.921，说明湖南省城镇规模分布的分形特征比较明显。

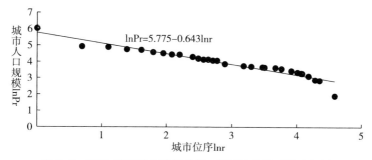

图 7-7　2019 年湖南省城镇位序-规模结构双对数坐标图

资料来源：笔者自绘。

这种次位型分布结构，一方面与"七山一水二田土"的地形地貌条件密切相关。湖南以山地、丘陵为主，平原面积仅占14.2%，其主要分布在洞庭湖区及湘江沿岸，大面积山地丘陵在一定程度上制约了城镇规模的发育。另一方面，随着长沙市首位度的不断提高，长沙市与第二大城市之间的差距越来越大，中高位次城市数量较少，不够突出。

总体而言，湖南省城市等级和规模结构尚处于发育状态，大城市数目比较缺少，大多数城市尚处于中等城市水平。长沙市首位度高，是目前省内发展的极核，今后发展应突出长沙市对周围城市发展的带动作用，以期能有效地促进湖南省城镇体系等级和规模结构的科学合理发展。

二、职能结构

城镇职能是城镇的主要功能及其在区域内承担的经济、政治、文化等方面的作用。城镇职能结构是各城镇在特定区域中所扮演的角色，反映城镇之间的分工协作关系和地区专业化程度。使用三次产业的就业结构对城市职能进行识别，是研究城镇职能结构的重要途径，其研究方法多采用区位熵指数或纳尔逊法。区位熵是某城镇某一产业就业人口数占该城镇就业人口总数比与城镇所在区域内该产业就业人口数占全区就业人口总数的比值，反映了城镇产业部门的专业化程度，以及在更高层次区域内的地位和作用，对于城镇职能的识别具有十分显著的意义。其表达公式为：

$$LQ_{ij} = (E_{ij}/E_i)/(E_j/E) \qquad\qquad (7-2)$$

其中，LQ_{ij} 为 i 城镇 j 产业的区位熵，E_{ij} 为 i 城镇 j 产业的就业人数，E_i 为 i 城镇总就业人数，E_j 为城镇所在区域 j 产业的就业人数，E 为城镇所在区域就业人口。该指数以1代表专业化或非专业化的临界值，大于1表示该研究对象具有专业化特征，小于1则表示该研究对象不具备专业化特征[8]。数值越高，表示其专业化程度越显著。

通过区位熵法，利用《湖南统计年鉴2020》中的就业数据，根据各城镇在不同行业的就业比重及密度，重点从第二、第三产业揭示湖南省各城市的职能结构特征。

1. 第二产业职能结构特征

第二产业是指采矿业（不含开采专业及辅助性活动），制造业（不含金属制品、机械和设备修理业），电力、热力、燃气及水生产和供应业，建筑业。通过区位熵指数计算，选取排位前五的城市在表7-5中呈现。

湖南省被誉为"有色金属之乡"，钨矿、锑矿产量均居全国首位，铅锌矿、锡矿、汞矿储量皆位于全国前列，在我国采矿业发展中具有重要地位。娄底市

表7-5 湖南省第二产业区位熵排名前五的城市

产业部门	城市
采矿业	娄底市、冷水江市、涟源市、浏阳市、宁乡市
制造业	岳阳市、湘潭市、津市市、醴陵市、宁乡市
电力、热力、燃气及水生产和供应业	岳阳市、洪江市、常宁市、永州市、株洲市
建筑业	益阳市、岳阳市、武冈市、邵阳市、涟源市

资料来源：根据《湖南统计年鉴2020》数据计算整理得出。

及其管辖下的冷水江、涟源等县级市是湖南省重点矿产区之一，其中冷水江市以"世界锑都"闻名，境内的锡矿山是世界上已探明和开采的最大锑矿。2019年，冷水江市锑品产量达7.2万吨，居全省首位，是湖南省重要的工矿业城镇。

岳阳市、湘潭市是湖南省重要工业基地。岳阳市是长江中游重要工业基地，石化、电力、造纸等传统产业实力雄厚，装备制造、生物医药、电子信息、节能环保等新兴产业不断壮大，现已形成石化、食品加工两大千亿产业集群和11个省级以上工业园区。湘潭是老工业基地，拥有以冶金、机电、化纤纺织为支柱的工业体系，其电机制造、风力发电、新材料和一部分军工产品在全国占据领先位置。此外，湖南省还具有一批特色工业职能城市，如"绿色瓷城"醴陵市、"花炮之乡"浏阳市，共同推动湖南省城镇职能结构的多元化、层次化发展。

2. 第三产业职能结构特征

第三产业即服务业，包括批发和零售业、交通运输仓储及邮政业等产业部门，是指除第一产业、第二产业以外的其他行业[9]。通过区位熵指数计算，选取排位前五的城市在表7-6中呈现。

表7-6 湖南省第三产业区位熵排名前五的城市

产业部门	城市
批发和零售业	郴州市、临湘市、衡阳市、永州市、岳阳市
交通运输仓储及邮政业	吉首市、衡阳市、株洲市、岳阳市、邵阳市
信息传输软件和信息技术服务业	邵阳市、株洲市、沅江市、郴州市、岳阳市
金融业	长沙市、衡阳市、邵阳市、永州市、株洲市
房地产业	长沙市、衡阳市、邵阳市、株洲市、怀化市
租赁和商务服务业	衡阳市、长沙市、张家界市、永州市、岳阳市
科学研究和技术服务业	长沙市、衡阳市、郴州市、株洲市、吉首市
水利环境和公共设施管理业	张家界市、郴州市、岳阳市、常宁市、永州市

续表

产业部门	城市
住宿和餐饮业	韶山市、长沙市、衡阳市、株洲市、涟源市
居民服务修理和其他服务业	岳阳市、衡阳市、涟源市、津市市、长沙市
教育	长沙市、衡阳市、永州市、株洲市、沅江市
卫生和社会工作	长沙市、株洲市、衡阳市、邵阳市、永州市
文化体育和娱乐业	长沙市、韶山市、衡阳市、吉首市、岳阳市
公共管理社会保障和社会组织	衡阳市、张家界市、长沙市、岳阳市、永州市

资料来源：根据《湖南统计年鉴 2020》数据计算整理得出。

作为湖南省省会城市，长沙市第三产业发展在省内占有绝对优势地位，金融、房地产、科学、教育、文化、卫生、体育等方面尤为突出，城市职能较为全面，不仅对省内其他区域拥有较为明显的辐射效应，在中部地区也是重要的增长极之一。长沙的文化产业已发展成为具有全国意义的支柱产业，并获评世界"媒体艺术之都"。

衡阳市、岳阳市第三产业发展在省内也占有重要地位，符合其省域副中心的城市定位，对湘南地区、洞庭湖地区具有较强的服务功能。岳阳作为临湖临江城市，水利环境和公共设施管理服务职能突出。同时，作为湖南唯一的长江口岸城市，岳阳航运物流中心的地位日益凸显。衡阳境内有京港澳高速、泉南高速、京广线、湘桂线等多条重要公路、铁路干线在此交会，衡阳港为湖南重要港口，其区域性交通枢纽的地位显著。

张家界市、韶山市、吉首市具有较高的第三产业专业化水平。作为湖南省重要的旅游目的地，张家界市拥有包括中国首批世界自然遗产、中国首批世界地质公园武陵源风景区在内的 19 家国家级旅游景区，旅游发展地位突出。韶山市以"伟人故里"闻名，吉首市以"湘西少数民族景观"为特色，都承担着独特的城镇发展职能。

3. 城镇职能体系特征

在以区位熵指数为识别方式的研究基础上，综合国内外学者关于城镇职能划分的研究，我们以政治中心、交通中心、工矿业城镇和旅游中心四种职能类型，对湖南省城镇职能体系进行梳理，如表 7-7 所示。

表 7-7　湖南省城镇职能体系

职能类型	城镇
政治中心	长沙市
交通中心	长沙市、株洲市、岳阳市、衡阳市、怀化市、常德市

续表

职能类型	城镇
工矿业城镇	长沙市、株洲市、湘潭市、衡阳市、岳阳市、娄底市、永州市、郴州市、冷水江市、涟源市、浏阳市、宁乡市、湘乡市、武冈市、醴陵市、常德市、邵阳市、益阳市、吉首市、沅江市、汨罗市、耒阳市、资兴市、常宁市
旅游中心	长沙市、岳阳市、衡阳市、张家界市、吉首市、韶山市

资料来源：根据《湖南统计年鉴2020》数据计算整理得出。

长沙市作为湖南省省会，行政职能突出，是湖南省域的政治中心。从交通职能分析来看，依托铁路、公路、水路、航运、管道等综合交通网络，长沙市、株洲市、岳阳市、衡阳市、怀化市、常德市等交通职能显著，以交通枢纽城市为中心的城镇交通体系在逐渐形成。从工矿业城镇职能分析来看，湖南省原材料及重加工业城市有长沙市、株洲市、湘潭市、衡阳市、岳阳市、娄底市、冷水江市、涟源市、宁乡市等，轻加工业城市有浏阳市、醴陵市、常德市、邵阳市、益阳市、吉首市、沅江市、汨罗市等，能源工业城市有郴州市、耒阳市、资兴市、常宁市等。从旅游职能分析，东部以长沙市、岳阳市、衡阳市、韶山市为主，西部以张家界市、吉首市为主，空间板块呈现"两翼齐飞"的格局。综上，湖南省形成了多层次的城镇职能体系。

三、空间结构

城镇体系的空间结构是指一定时空范围内各城镇在空间上的分布、组合及联系，其实质是不同类型城镇的社会经济与资源环境要素等在空间上的局部或整体表现[10]。截至2019年末，湖南省共有城市31个，包括地级市13个、县级市18个①；县城68个；市辖区36个；一般建制镇1134个。全省城镇密度为58个/万平方千米，城市密度为1.46个/万平方千米，皆高于全国平均水平。依据主要地形区及主体功能区，全省划分长株潭地区、洞庭湖地区、湘南地区、大湘西地区四大板块，通过优化国土空间的分区治理，推动湖南实现区域高质量发展。在此基础上，湖南省逐渐形成以长株潭城市群为核心，以岳阳、衡阳二市为省域副中心，以常德、怀化、郴州、永州、邵阳、娄底、益阳、张家界等地级市为区域性中心的城镇体系。围绕湖南省城镇的空间分布规律、城镇化水平的空间分异以及城镇的空间组合格局，对湖南省城镇空间结构进行全面刻画。

1. 城镇沿交通干线分布，呈"东密西疏"特征

近代以来，随着铁路运输、公路运输的兴起及不断完善，湖南省城镇空间

---

① 邵东市于2019年9月挂牌成立，实现"撤县建市"。

分布随交通干线的布局而演变,东部京广线沿线城市由于交通可达性的提高而迎来更大的发展机遇,形成"东密西疏"的城镇分布格局。东部城镇带以京广线、107 国道和京港澳高速公路为轴,北起临湘、南迄宜章,包括岳阳、长沙、株洲、湘潭、衡阳、郴州 6 个地级城市,下辖 10 个县级市,22 个县城和 466 个镇,城镇密度达 65 个/万平方千米,城市密度达 1.46 个/万平方千米,均高于全省平均值。地域面积为 7.76 万平方千米,占全省面积的 36.6%,2019 年末人口为 3313.1 万人,占全省的 47.9%,其中城镇人口 2134.42 万人,为全省的 53.9%;GDP 为 26398.95 亿元,占全省的 65.2%。该区目前是湖南省内城镇密度分布最高、生产力水平最高的地区,6 个地级城市综合实力均在全省前列,周围中小城镇发育较好,城市空间结构比较发达。湘西生态城市带以枝柳铁路湖南段为主轴,包括张家界、怀化 2 个地级市及洪江、吉首 2 个县级市,19 个县城,212 个镇,城镇密度为 30 个/万平方千米,城市密度达 0.52 个/万平方千米,均低于全省平均水平,该区城镇数量较少、密度较小。该区拥有全省 24.8% 的国土面积,而 2019 年末只有全省 13.3% 的人口。GDP 占全省的 7.1%,经济发展水平较为滞后,是武陵山片区的重要组成部分。近年来,随着乡村振兴战略的实施,该区基础设施建设成效显著,发展水平提升较快。2019 年末该区城镇化率为 48.9%,较 2010 年末提高 13.2%,城镇化发展水平得到较大提升。

2. 城镇化水平呈"东高西低"的空间格局

受地形地貌、发展基础等自然、社会等方面因素的影响,湖南省 14 个市州的城镇化率存在明显差异。以 2001 年至 2019 年为时间段进行观察,发现湖南省各市州城镇化水平在空间分布上呈"东高西低"的格局。2001 年,湖南省仅有长沙市、株洲市、湘潭市、岳阳市的城镇化率高于 30%,进入快速城镇化阶段,其余市州的城镇化率皆低于 30%,处于城镇化发展初期。2010 年,湖南省所有市州的城镇化率均已超过 30%,城镇化进程的推进速度不断加快。2019 年,湖南省所有市州的城镇化率均高于 40%,其中城镇化水平最高的长沙市已经突破70%,进入城镇化成熟发展阶段。在这一时段内,城镇化率较高的城市始终集中在省域东部,而湘西地区的城镇化水平相对较低。

近 20 年来,湖南省城镇化率的东西差距经历了先扩大、后缩小的过程,但"东高西低"的空间格局没有改变。如表 7-8 所示,2001 年,湖南省城镇化率最高的城市长沙与最低的城市永州之间,相差 23.22 个百分点;2010 年,城镇化率最高的为长沙市,最低的为邵阳市,二者相差 34.85 个百分点;到了 2019年,长沙市依旧是全省城镇化率最高的城市,湘西自治州是城镇化率最低的地区,二者相差 31.81 个百分点。2001~2010 年,城镇化率提高较大的三个城市均位于东部,分别为长沙市、衡阳市、株洲市,而西部的邵阳市、娄底市、张家界市等城镇化进程相对缓慢。2010~2019 年，城镇化率变化最大的为邵阳市，上升 15.94 个百分点，常德市、永州市紧随其后，分别提升了 15.58 个、15.52 个百分点；变化最小的为衡阳市，上升了 10.43 个百分点，长沙市、株洲市分别提高了 11.87 个、12.43 个百分点。可以发现，随着东部的长沙市步入城镇化成熟阶段，以及衡阳市、株洲市等城市的城镇化发展逐渐走向成熟，邵阳市、常德市、永州市等城市迎来新的发展机遇，城镇化快速推进。但截至 2019 年，全省仅有长沙市、株洲市、湘潭市三市的城镇化率高于全国平均水平，长株潭城市群仍然是湖南省吸纳农村转移人口、推进新型城镇化的最重要阵地，湘西地区城镇化水平仍有待提升。

表 7-8 湖南省各市州城镇化率 单位: %

市州	2001 年	2010 年	2019 年
长沙市	44.70	67.69	79.56
株洲市	39.65	55.48	67.91
湘潭市	37.00	50.11	63.81
岳阳市	33.00	46.01	59.20
郴州市	26.70	41.70	56.04
衡阳市	26.90	44.50	54.93
常德市	28.14	38.87	54.45
益阳市	28.10	39.86	52.93
永州市	21.48	35.38	50.90
张家界市	25.65	36.19	50.48
娄底市	25.34	34.97	49.25
怀化市	22.94	36.09	49.03
邵阳市	23.49	32.84	48.78
湘西土家族苗族自治州	22.07	34.72	47.75

资料来源: 相关年份《湖南省统计年鉴》。

3. 优化形成"一核两副三带四区"的区域空间结构

着重提升中心城市和城市群的发展水平，强化辐射带动作用，推动省内各大板块的协调发展，是湖南省优化城镇空间结构的重要路径[11]。"十二五"时期，板块经济上升到战略高度，湖南省提出充分发挥区域的比较优势，有重点、分步骤促进环长株潭城市群、湘南、大湘西三大区域板块协调发展。"十三五"规划提出构建区域平衡发展的新格局：推进长株潭、大湘西、湘南、洞庭湖四大板块协调发展，建设"一核三极四带多点"格局，即以长株潭为核心增长极，培育岳阳、郴州、怀化增长极，打造京广、环洞庭湖、沪昆、张吉怀经济带，培育若干新增长点[12]。"十四五"规划延续以长株潭城市群为核心增长极，提出建设岳阳、衡阳两个省域副中心城市，建设沿京广、沪昆、渝长厦通道的三大经济发展带；推动长株潭、洞庭湖、湘南、大湘西四大区域板块协调联动发展，优化形成"一核两副三带四区"的空间结构[13]。

城市群是全球城市发展的主流与趋势，同时也是推进新型城镇化建设的主体[14]。长株潭城市群作为湖南省重点打造的核心增长极，发展较为成熟，不仅是湖南省经济社会发展的核心所在，也是中部地区核心增长极之一。长株潭城市群是全国第一个自觉进行区域一体化发展实验的区域，于2007年获批成为我国"环境友好型、资源节约型"社会综合配套改革试验区，近年来长株潭城市群"两型"社会的建设取得了较大的成就，为下一步高质量发展奠定了坚实基础[15]。

省域副中心城市是在一省范围内发展基础较好、综合实力较强、与省域核心增长极有一定距离的城市。作为区域性的中心，既承担着辐射带动所在地区及周边区域发展的功能，又起到协助核心增长极、推动区域协调发展的重要作用。"十四五"时期，湖南确定岳阳、衡阳二市为省域副中心城市，以适度非均衡发展的战略推动湘北、湘南片区的整体提升，推动湖南省城镇空间结构的进一步科学化和合理化。岳阳市应充分发挥其"通江达海"的区位优势，加强与周边省份及长江沿线地区的交流与合作，成为湖南省融入长江经济带、"一带一路"倡议的桥头堡。衡阳市作为湖南省重要的交通枢纽，应全面提升其在湘南、粤北、赣西、桂东北等区域的要素集聚和承载能力，成为湖南省连通长江经济带和粤港澳大湾区的重要支点。

建设区域发展经济带，对于优化省域城镇空间结构、确定城镇重点发展方向具有重要意义。京广高铁经济带、沪昆高铁经济带、渝长厦高铁经济带是湖南省"十四五"规划中提出重点打造的经济带，依托已建成的京广高铁、沪昆高铁以及正在建设的渝长厦通道，整合发展要素向经济带集聚，推动沿线城镇的新型城镇化进程，加强沿线城镇与长三角、珠三角、京津冀、成渝经济区、武汉都市圈等区域的要素流动与经济联系，构筑开放型的城镇化空间格局。

板块经济是湖南省推动区域平衡发展、优化城镇空间格局的重要抓手。全省划分"四区"，即长株潭地区、洞庭湖生态经济区、湘南地区、大湘西地区，依据各板块的发展背景及现状特征，制定差异化的城镇化空间发展策略，实现城镇空间结构的优化及区域高质量发展。洞庭湖生态经济区是传统农业区，凭借其优越的耕作条件成为湖南省重要的农产品基地，同时其生态功能也具有非常重要的意义，建设绿色城镇、实现绿色发展，是洞庭湖区城镇发展的关键路径。湘南地区是湖南省对外开放的"南大门"，对于加强湖南省与粤港澳大湾区的合作有重要的地缘优势，湘南地区城镇应重视开放水平的提升，实现以开放促发展。大湘西地区资源丰富、人口众多、幅员广阔，但其山地面积较大，地形复杂，经济基础薄弱，城镇化率较低，属湖南欠发达地区、少数民族地区和生态脆弱区，其应不断提升城镇的承载能力，以培育中心城镇的发展为主要推动力，提高大湘西地区的城镇化水平。

第三节　推进新型城镇化

新型城镇化是党的十八大确定的重大国家战略，其基本特征为城乡统筹、城乡一体、产城互动、集约节约、生态宜居、和谐发展，强调"以人为核心"的发展理念，在城镇化快速发展的同时，更加注重城镇化的高质量发展[2]。

一、城镇化存在的主要问题

1. 城镇规模偏小，集聚效应不足

截至 2019 年末，湖南省常住总人口达到 6918.40 万，常住人口城镇化率为 57.22%，低于全国平均水平（60.60%）。从总体上来看，湖南省城镇规模偏小。2019 年湖南省 14 个市州总人口超过 700 万的只有长沙市、衡阳市与邵阳市，人口规模大的城市偏少。从中心城区城镇人口规模来看，全省所有设市城市中心城区的城镇人口总和为 2113.59 万人，仅占全省人口的 1/3 左右，全省城镇人口高于 100 万人口的设市城市仅有长沙、衡阳、株洲、岳阳、常德五市，有一半的设市城市城镇人口在 50 万人以下，设市城市城镇规模偏小。作为湖南省人口集聚中心的长株潭城市群，其城镇人口为 1125.3 万人，城镇化率为 73.53%，在人口规模与城镇化率方面，相比中部地区的武汉都市圈和中原城市群还有一定的差距，湖南省的城市群集聚效应依然不足。

2. 城镇化发展区域不平衡，城镇体系结构不够完善

湖南省城镇化发展水平具有明显的空间分异。正如上节所分析的，湖南省城镇化率较高的城市主要集中在长株潭城市群地区，而广大的湘西地区城镇化率普遍偏低，造成了湖南省城镇化率"东高西低"的不平衡发展格局。2019 年湖南省城镇化率最高的城市为长沙市，其城镇化率达到了 79.56%，而城镇化最低的为湘西自治州，其城镇化率仅为 47.75%，两者相差 31.81 个百分点。江苏省城镇化率最高和最低的城市相差 22.5 个百分点，浙江省的相差 18.5 个百分

点,与部分东部省份相比,湖南省城镇化发展的区域差距相对较大,区域协调发展任务依旧艰巨。从职能结构而言,湖南省的多数城镇结构趋同,体系较为单一,基本按照不同等级的行政建制层次分布,中心性特点突出,城镇之间缺乏合理的职能分工与协作,导致在经济发展、基础设施建设等方面相对滞后。

3. 城市生态环境问题日趋严重

当前湖南省城镇化处于快速发展的时期,城市的扩张与工业化的发展给城市生态环境带来了巨大的压力,特别是在提倡生态文明建设的今天,对于城市生态环境的保护越发重要。目前,湖南省城镇化在经济建设方面与人口、资源、环境发展方面的协调性仍有所欠缺,部分城市污水减排目标尚未达到,传统工业向无污染环保工业转型的任务还十分艰巨,城镇化带来的人口集聚和快速扩张,造成城市内部交通拥堵、噪声污染、空气污染、光污染等问题,同时部分城市绿化率较低,这些对城市居民的生活造成巨大的负面影响。因此,在注重高质量发展的今天,进一步解决好快速城镇化与生态环境保护的问题显得尤为重要。

4. 户籍人口城镇化率偏低,农民市民化的任务依旧艰巨

鉴于我国长期实行城乡分离的户籍制度,城市人口的统计出现常住人口城镇化率与户籍人口城镇化率的差别[16]。随着湖南省全省性户籍制度改革的实行,湖南省常住人口城镇化率和户籍人口城镇化率的差距有所减小,但与全国相比仍存在一定差距。如表7-9所示,2019年全省常住人口城镇化率为57.22%,而户籍人口城镇化率仅为34.94%,比常住人口城镇化率低22.28个百分点。同期全国常住人口和户籍人口的城镇化率分别为60.60%、44.38%,二者相差16.22个百分点。与全国相比,湖南省户籍人口城镇化率离全国平均水平存在9.44%的差距,常住人口城镇化率与户籍人口城镇化率间的差距高于全国平均值6.06个百分点,湖南省农民市民化的进程相对落后。大量农村人口在城镇居住就业但保留农村户籍,没有在城镇落户,造成了这部分人群未能享受到城镇人口的福利和社会服务。这不仅降低了城镇化的质量,也阻碍了新型城镇化的进程。

表7-9 湖南省2015~2019年常住人口城镇化率与户籍人口城镇化率

年份	常住人口(万人)	常住人口城镇化率(%)	户籍人口(万人)	户籍人口城镇化率(%)
2015	6783.03	50.89	7242.02	28.13
2016	6822.02	52.75	7318.81	29.89
2017	6860.15	54.62	7296.26	33.54
2018	6898.77	56.02	7326.62	34.39
2019	6918.40	57.22	7319.53	34.94

资料来源:相关年份《湖南统计年鉴》。

5. 均等化的基本公共服务设施尚未完全建立

城市人口的快速增长，需要城市为居民提供居住、医疗、教育等强大基础设施的支撑，基本公共服务设施应该与人口的增长相匹配，要让每一位市民都能享受到平等的公共服务设施，因此需要建立起均等化的基本公共服务设施体系。目前，湖南省众多中小城市基本公共服务设施尚不完善，与大城市相比，居民所享受的基本公共服务不平衡，公共服务建设存在较大的差距。同时，大量农村转移的农业人口未能实现真正的市民化，没有平等地享受到城市居民同样的基本公共服务，导致城市内部出现新的二元结构矛盾，影响城镇化质量以及水平的提高，也给社会的稳定带来了不利因素。

二、推进新型城镇化的主要措施

推动新型城镇化的高质量发展，对于中国经济高质量发展的重要性不言而喻。2021 年 3 月发布的《中华人民共和国国民经济和社会发展第十四个五年规划和 2035 年远景目标纲要》中指出，通过加快农业转移人口市民化、完善城镇化空间布局、全面提升城市品质，完善新型城镇化战略、提升城镇化发展质量。在《湖南省新型城镇化规划（2015—2020 年）》《湖南省国民经济和社会发展第十四个五年规划和 2035 年远景目标纲要》等政策文件中，均对湖南省新型城镇化的推进做出重要战略部署。实现湖南省新型城镇化的高质量发展，需遵循高效、低碳、生态、环保、节约、创新、智慧、平安的城镇化建设路径，达到高质量的城市建设和管理、高质量的基础设施与公共服务、高质量的人居环境、高质量的市民化的协调与统一[17]。

在相关政策文件、学术研究等的基础上，本节结合湖南省经济社会发展实际，针对湖南省推进新型城镇化面临的挑战提出五点建议。

1. 完善城镇空间布局

在统筹兼顾城镇空间布局的规模经济效益和生态健康安全需要的前提下，引导人口向中心城市和重点城镇集中，促进大、中、小城市和小城镇协调发展，以中心城市引领都市圈、以都市圈带动城市群、以城市群辐射全省，优化形成"一圈一群多点"的新型城镇化格局，走符合湖南地理基础和社会经济发展状况的新型城镇化道路。

促进"一圈一群"优化提升。长株潭城市群应以湘江发展轴为重点，严格保护长株潭生态绿心，依托京广、沪昆、渝长厦等重大交通通道，着力促进宁乡、浏阳、韶山—湘乡、醴陵—攸县等城镇组团，形成"一轴一心、三带多组团"的空间格局。健全长株潭城市群一体化发展机制，积极推动长株潭基础设施一体化、产业发展一体化、科技创新一体化、改革开放一体化、公共服务一体化、生态环境一体化，高效建设全国"两型"发展示范区。积极参与长江中游城市群、长江经济带的建设，推动长沙创建国家中心城市，做强长株潭现代化都市圈，增强长株潭城市群辐射带动能力，共同打造中部地区核心增长极。

培育"多点"有序发展。推进区域性城镇群发展工程，加快培育建设益阳益沅桃、郴州"大十字"、邵阳东部、衡阳西南云大、怀化鹤中洪芷、娄底娄涟双冷新城镇带、永州冷祁零城镇带、常德津澧新城等区域性城镇群，提高区域协同发展能力。增强县域发展动能，加快补齐县城公共服务设施、环境基础设施等短板，充分发挥10个县城建设示范地区带动作用①，支持在有条件的县城建设一批产业转型升级示范园区。促进特色小镇规范健康发展，发展一批精品特色小镇，立足地方特色发展专业特色镇和综合强镇，将乡镇建成服务农民的区域中心。

2. 提升城镇综合承载能力

城镇综合承载能力是在一定的经济、社会和技术水平条件及在一定的资源和环境约束下，城镇的土地资源所能承载的人口数量及人类各种活动的规模和强度的阈值[18]。通过建设低碳绿色城镇、韧性城镇、新型智慧城镇、人文城镇、实施城市更新计划，进一步提升湖南省城镇综合承载能力和可持续发展能力，实现高质量的新型城镇化。

建设低碳绿色城镇。以"碳达峰""碳中和"为目标，全面推进生活垃圾分类，提升污水管网收集能力，加强城镇大气质量达标管理。以城镇资源环境承载力为基础，推广绿色建筑和绿色建造，大力发展绿色交通，建设低碳社区，实施城镇生态修复、功能完善工程，构筑城镇生态绿色空间。加快长株潭城市群绿道网建设，切实保护好长株潭生态绿心，发挥长株潭"两型"社会试验区及长沙等国家园林城市的带动示范作用，创建更多园林城市和生态园林城镇。

建设韧性城镇。通过实施城市建设安全专项整治三年行动，提升城市抵御冲击的能力。统筹推进城镇内涝治理和海绵城市建设，切实推进城镇防洪排涝工程，充分发挥国家海绵城市建设试点城市常德的示范作用，提升城镇蓄洪排涝、自我净化的功能。

建设新型智慧城镇。以长株潭城市群为示范，依托重点城镇，推进"新基建"的开展，加强城镇信息基础设施建设，推动城镇管理和基础设施智能化，引领生活服务智能化，建设智慧社区，从而全面实现城市治理精细化、科学化。

建设人文城镇。立足于湖湘文化，通过加强历史文化名城名镇街区、文化

---

① 为加快推动县城城镇化补短板强弱项，2021年2月，经市州申报、综合评选、湖南省发展改革委主任办公会议审议，拟将新化县、邵东市、桂阳县、祁阳县、吉首市、衡南县、洪江市、桃江县、慈利县、平江县10个县（市）纳入省级县城新型城镇化建设示范名单。

遗产的保护与传承，营造富有底蕴的城市人文环境，培育开放包容的现代城市文化，塑造具有湖湘特色的城市风貌，发展一批展现湖湘人文风情的特色小镇。

实施城市更新行动。按照改造更新与保护修复并重的要求，推进以老旧小区、老旧厂区、老旧街区、城中村等"三区一村"改造为主要内容的城市更新，推进城镇低效用地再开发，优化城市中心城区功能组合。完善供水、燃气、公共交通、社区服务等设施，切实提高城镇居民基本公共服务水平，提升城市生活品质，建设宜居城市。

3. 促进城乡融合发展

推进新型城镇化的高质量发展必须坚持城乡融合发展。破除城乡二元体制机制弊端，发挥市场在资源配置中的决定性作用，通过推动城乡要素的自由流动、统筹城乡基础设施建设、推动城乡公共服务普惠共享，加快推进新型工业化、信息化、城镇化、农业现代化同步发展，形成工农互促、城乡互补的新型城乡关系[19]。湖南省应以创建一批城乡融合发展试验区为抓手，以特色小镇建设为突破，实现新型城镇化和乡村振兴的有机互动。

推动城乡要素自由流动。在土地要素层面，深化农村土地征收、集体经营性建设用地入市、宅基地管理等"三块地"制度改革，制定稳定合理的土地政策，盘活农村存量土地资源，激发乡村发展的内生动力。在人才要素层面，完善农民工返乡就业创业服务政策，探索城市人才入乡激励机制，以乡村教师、医疗卫生、农业科技三支队伍为主力，促进人才入乡。在资金要素方面，促进工商资本入乡，健全农村金融服务体系，建立新型股份合作经济，强化乡村发展的资金保障。

统筹城乡基础设施建设。以县域为整体，以乡镇和中心村为重点，按照人口密度统筹推进道路、通信、水电气热等城乡基础设施一体化规划、建设和管护。在城乡运输方面，促进城乡客运网络一体化，支持在城郊建立物流基地和专业市场，畅通工业品入乡及农产品进城的通道。在环境治理方面，推动乡镇污水处理设施、农村生活垃圾收运体系全覆盖，实现城乡环境共治。

推动城乡公共服务普惠共享。以教育和医疗两方面为重点，优化整合城乡教育资源，推动建设城乡教育共同体，努力实现社区卫生服务网络同步覆盖城乡居民，推动建设城市医联体和县域医共体。健全城乡社会保障体系，推动城市公共服务向乡村延伸。

4. 推动农业转移人口市民化

"以人为核心"是新型城镇化的发展理念。针对湖南省户籍人口城镇化率偏低的问题，应持续深化户籍制度改革、推进城镇基本公共服务覆盖常住人口，提高农业转移人口落户便利性及市民化质量，进一步促进劳动力和人才社会性流动。

有序放开放宽落户限制。以农业转移人口为重点，合理制定大城市落户条件，逐步放宽长株潭城市群三市之间的户籍差异，全面有序放开中小城市落户限制，形成以中小城市为主要迁入地的农业转移人口市民化，鼓励符合条件的、有能力在城镇稳定就业的农业人口及其家属进城落户。

推进城镇基本公共服务实现常住人口全覆盖。健全以居住证为载体的城镇基本公共服务提供体制，关注未落户常住人口的公共服务提供。鼓励在人口集中流入的城市增加教育、卫生投入，增加义务教育阶段公办学校学位供给，扩大保障性住房对农业转移人口的覆盖面，从而促进农业转移人口更快、更好融入城镇，提高农业转移人口市民化的质量[20]。

5. 促进产城融合，强化创新功能

提高城镇化发展质量，必须与产业紧密相连，推动产城融合发展，形成以产促城、以城促产的良性互动关系，促进城市集约紧凑发展。进一步提升创新对城镇化发展质量提高的驱动力，需推进产业园区与城镇基础设施一体化建设，科学规划产业园区；依托高新技术产业开发区等平台，实现以创新驱动新型城镇化，强化城市的内生发展动力与创新功能；培育特色产业小镇，促进城乡要素的跨界配置和产业协同发展，为新型城镇化的建设丰富新的内涵，拓展新的空间。

科学规划产业园区。依托城镇对产业园区的支撑功能，推进产业园区建设与城镇基础设施、公共服务体系、生态环保相协调，实现城镇发展与产业布局的有效衔接和有机统一。尤其是耒阳、冷水江等资源型城市及湘潭、娄底等老工业城市，需结合本地优势，以产城融合的理念为指导，依托城镇科学规划新兴产业园区、大力培育新兴产业，实现产业转型升级和新型城镇化的同步发展。

创新驱动城市发展。发挥长株潭国家自主创新示范区的引领作用，依托国家级湘江新区、长沙高新区、株洲高新区、湘潭高新区、益阳高新区、衡阳高新区、郴州高新区、常德高新区和怀化高新区等国家级高新技术产业开发区，营造优良的创业环境，鼓励设立中小企业孵化平台，吸引高技术、高层次的企业及人才，提升城市吸引力和竞争力，以创新驱动、人才驱动助力新型城镇化的高质量发展。

培育特色产业小镇。发挥小镇"一端连接城市、一端连接乡村"的优势，通过产业赋能、创新驱动，将特色产业小镇打造成为城乡融合发展的新支点，成为实施新型城镇化战略与乡村振兴战略有效衔接的新关键。自2018年湖南省启动特色产业小镇建设工作以来，截至2020年末，经省委、省政府认定的特色产业小镇已达50个，其中，工业小镇15个、农业小镇15个、文旅小镇15个，

安化黑茶、靖州杨梅、邵东五金等一批特色产业的发展稳步推进，湖南特色产业小镇建设已取得一定成就。接下来，应以因地制宜、质量优先为原则，培育更多的国家级、省级特色产业小镇试点，学习东部地区特色小镇发展的先进经验，创新特色小镇评估考核机制，破解特色小镇发展的难题和瓶颈，高质量建设一批产业特而强、功能聚而合、形态小而美、机制新而活的特色产业小镇，将小镇打造成为吸纳农村剩余人口、促进农民就地就近城镇化的重要阵地，为湖南省新型城镇化的高质量发展打造新空间、打开新局面。

参考文献

［1］赵荣，王恩涌，张小林，等.人文地理学：第二版［M］.北京：高等教育出版社，2014.

［2］陆大道，陈明星.关于"国家新型城镇化规划（2014-2020）"编制大背景的几点认识［J］.地理学报，2015，70（2）：179-185.

［3］刘家强，刘昌宇，唐代盛.新中国70年城市化演进逻辑、基本经验与改革路径［J］.经济学家，2020（1）：33-43.

［4］中央党校"新型城镇化与社区建设"课题组，向春玲.新型城镇化必须加强社区建设［N］.学习时报，2013-06-03（010）.

［5］Northam R M. Urban Geography［M］. New York：John Wiley and Sons，1979.

［6］许学强，周一星，宁越敏.城市地理学［M］.北京：高等教育出版社，2009.

［7］苏飞，张平宇.辽中南城市群城市规模分布演变特征［J］.地理科学，2010，30（3）：343-349.

［8］刘海滨，刘振灵.辽宁中部城市群城市职能结构及其转换研究［J］.经济地理，2009，29（8）：1293-1297.

［9］许宪春，吕峰.改革开放40年来中国国内生产总值核算的建立、改革和发展研究［J］.经济研究，2018，53（8）：4-19.

［10］鲍超，陈小杰.中国城市体系的空间格局研究评述与展望［J］.地理科学进展，2014，33（10）：1300-1311.

［11］朱翔.湖南空间发展新谋略［M］.长沙：湖南教育出版社，2019.

［12］湖南省国民经济和社会发展第十三个五年规划纲要［N］.湖南日报，2016-04-25（001）.

［13］湖南省国民经济和社会发展第十四个五年规划和二〇三五年远景目标纲要［N］.湖南日报，2021-03-26（010）.

［14］涂正革，叶航，谌仁俊.中国城镇化的动力机制及其发展模式［J］.华中师范大学学报（人文社会科学版），2016，55（5）：44-54.

［15］周国华，陈炉，唐承丽，等.长株潭城市群研究进展与展望［J］.经济地理，2018，38（6）：52-61.

［16］汪琼枝.农民工市民化社会公正的现实困境及破解［C］//Advanced Science and Industry Research Center. Proceedings of 2017 3rd International Conference on Humanity and Social Science（ICHSS 2017），2017.

　　[17] 方创琳.中国新型城镇化高质量发展的规律性与重点方向 [J]. 地理研究，2019，38（1）：13-22.

　　[18] 石忆邵，尹昌应，王贺封，等.城市综合承载力的研究进展及展望 [J]. 地理研究，2013，32（1）：133-145.

　　[19] 中共中央　国务院关于实施乡村振兴战略的意见 [N]. 人民日报，2018-02-05（001）.

　　[20] 武廷海.化危为机：应对新冠疫情与中国未来城镇化 [J]. 南京社会科学，2020（8）：58-65.

第八章 农业与农村发展

农业是国民经济的基础，农业、农村、农民问题关系党和国家事业发展的全局。自改革开放以来，湖南省着力解决"三农"问题，坚持改善农业生产条件，不断加大支农、惠农力度，充分发挥科技兴农作用，努力优化农业产业结构，使农业、农村面貌发生了翻天覆地的变化，农村经济蓬勃发展，取得了辉煌成就。

第一节　概述

湖南是一个农业大省，自古以来就享有"九州粮仓""鱼米之乡"的美誉。湖南农林特产丰富，盛产湘莲、湘茶、油茶、辣椒、苎麻、柑橘、湖粉等。湖南的主要农产品在全国占有重要位置，2019 年湖南省粮食产量居全国第 10 位，稻谷产量居全国第 2 位，油菜籽产量居全国第 3 位，茶叶产量居全国第 5 位，柑橘产量居全国第 2 位。著名土特产有黄花、湘莲、生姜、辣椒等，其中，湘莲是有 3000 多年历史的著名特产。畜牧业和养殖业产量也位居全国前列。近年来，农业发展方式正经历着深刻的变革，以现代农业、特色农业为主的农业发展方式为农业和农村的发展带来了新的强劲动力。

一、农业发展阶段历程

自中华人民共和国成立到 1978 年，由于片面强调"以粮为纲"，导致种植业以外的其他农业发展较为缓慢。1978 年种植业在农业总产值中的比重高达79.30%，林、牧、渔产值比重分别为 3.94%、15.87% 和 0.89%（见图 8-1）。1949 年以来，湖南省的农业发展大致可分为以下四个阶段：

1. 生产能力复苏阶段（1949~1953 年）

1949 年以后，在全国范围内实行了土地改革，到 1953 年春基本完成。土地改革将土地所有权进行再分配，同时也包括土地租赁契约的改变，农民分田到

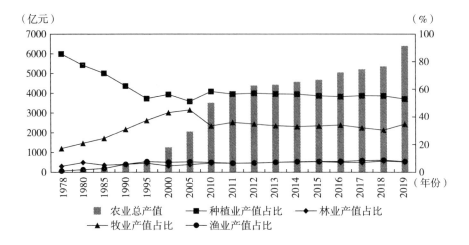

图 8-1 1978~2019 年湖南省农业总产值及内部结构变化

资料来源：岳阳调查队，李俞，殷尉童. 湖南农业发展状况研究 ［R/OL］. https：//www. docin. com/
p-944363668. html.

户，使得农民生产积极性大大提高，农业经济出现了少有的恢复性发展。1953
年湖南省粮食总产量达 103. 41 亿千克，比 1949 年增加了 39. 36 亿千克，年均增
长 12. 7%，农业生产活动开始走向正轨。

2. 解决规模经济阶段（1953~1978 年）

合作化、人民公社是在解决了动力机制问题后，试图解决致富的规模经济
发展问题。这两大问题的解决，创造了 20 世纪 50 年代湖南农业飞速发展态势。
从 1953~1958 年全省粮食总产量年均递增 3. 8%，造就了历史新高。此后，由于
农村干部谋私等问题出现且难以遏制，农民自身物质动力又不足，导致部分县
域农民丧失了精神动力，仅规模经济一个支点已经不能长期支撑农业发展，期
间农业经济虽然还有一定的发展，但基本上已失去了推动发展的动力，农业经
济发展陷入停滞状态。

3. 解决动力机制阶段（1978 年至 20 世纪末）

党的十一届三中全会是中国农业经济新的里程碑。针对当时农业普遍存在
生产积极性不高、经济效益低下、农民生活困苦的现状，决定优先解决农民生
产积极性问题，即农业经济的动力机制问题。因此，废除了人民公社制度，普
遍实行家庭联产承包责任制，建立起"交够国家的，留足集体的，剩下全是自
己的"有效激励机制，解决了农民缺乏积极性的问题，农业经济再次焕发了生
机和活力，极大地推动了农业生产力的发展。1978~1984 年，全省粮食总产量
由 190 亿千克增加到 261. 3 亿千克，年均递增 5. 5%，农民人均纯收入由 143 元

增加到 348 元，年均递增 16.0%，农业发展势头趋好。但这一阶段因只注重了农民生产动力问题而忽视了农业规模问题，小规模、一家一户的农业经营方式显现出了它固有的局限性，随后全省农村经济发展再次缓慢下来，农村返贫、农地撂荒、离地出走等现象越来越普遍。

4. 综合解决动力机制和规模经济相结合阶段（20 世纪末至今）

这一阶段标志着农业发展进入了整体创新阶段，将稳定（家庭承包经营）、改革（经营方式和管理体制）、发展（市场经济与现代农业）融为一体，在稳定农民家庭承包经营的基础上，以市场为导向，对农民重新实施组织化，微观经营体制得到重新整合，构造了新的产业经营方式和新的产销机制，创造了新的宏观管理体制，从而发展了市场经济，促进了农业现代化。通过农业产业化经营，在不改变家庭承包经营的前提下扩大农户经营规模，形成加工、销售聚合规模，有组织、成规模地进入社会化大市场，湖南省农业大省的地位进一步得到稳固。2000~2019 年，湖南省农业产值由 633.84 亿元增长到 3052.06 亿元，增幅位居全国前列。

二、农业发展的社会经济条件

1. 农村劳动力

进入 21 世纪以来，湖南省城乡人口结构、劳动力就业结构发生了巨大的变化（见表 8-1），也加速推进了全省社会经济发展与基础设施建设。这一时期，湖南省劳动力数量、结构变化明显，2006 年以来，湖南省总人口稳步增加，乡村人口数量以及乡村从业人数以 2013 年为拐点呈先增后减的发展态势。整体而言，湖南省农村劳动力总量稳中有降，劳动力男女比例合理，为促进湖南省农业农村发展提供了坚实基础。

表 8-1　2006~2019 年湖南省农村劳动力情况　　　　　　　单位：万人

年份	总人口	乡村人口	乡村从业人员	乡村男性从业人员	乡村女性从业人员
2006	6768.10	5252.40	2347.52	1203.75	1143.77
2007	6805.70	5537.74	3027.7	1652.24	1375.46
2008	6845.20	5564.35	3049.17	1657.66	1391.51
2009	6900.20	5189.57	3092.04	1686.82	1405.22
2010	7089.53	5675.04	3129.39	1707.2	1422.19
2011	7135.60	5683.8	3168.85	1722.41	1446.44
2012	7179.87	5711.87	3197.73	1737.4	1459.94
2013	7147.28	5712.04	3210.71	1737.76	1472.95

续表

年份	总人口	乡村人口	乡村从业人员	乡村男性从业人员	乡村女性从业人员
2014	7202.29	5688.9	3201.19	1730.39	1470.8
2015	7242.02	5680.19	3190.04	1724.61	1465.43
2016	7318.61	5608.04	3141.63	1701.77	1439.86
2017	7296.26	5600.10	3142.05	1700.38	1441.67
2018	7326.62	5578.34	3131.52	1692.46	1439.06
2019	7319.53	5553.75	3115.09	1682.49	1432.60

资料来源：相关年份《湖南统计年鉴》。

2. 农业科学技术

作为我国粮食主产区之一，湖南省一直以来对农业科技发展投入较大。自1976年推广杂交水稻以来，杂交种逐步取代了常规种，杂交水稻面积占全省水稻面积的70%左右，是全国推广杂交水稻力度最大的省份，为湖南水稻生产发展发挥了重要作用[1]，2012年全省农业科技进步贡献率达到51.64%[2]，2019年粮食产量高达2974.84万吨。为助力湖南省"千亿"产业发展，解决制约水稻产业发展的瓶颈问题，湖南省农业农村厅组建了"湖南省水稻产业技术体系"。这一体系紧紧围绕促进水稻产业提质增效的总目标，开展优质稻、专用水稻新品种选育、绿色高效保优稳产栽培及产业化开发新技术的研究与示范。各地加大对农业农村人才的培养力度，努力构建人才教育培训体系，完善人才使用、服务、评价、考核制度，优化人才成长的客观环境，人才队伍不断发展和壮大，在农业科研、农业技术推广、农业结构调整、农村劳动力就业、农民增收致富、活跃农村市场、丰富农村文化生活等方面发挥了极其重要的作用，已成为农民致富的骨干力量。

3. 农业信息化

湖南省自2011年成为全国首批农村农业信息化示范省以来，农村信息化示范省建设取得了一定的成效，突破了一批重大信息化关键技术，打造了一批有效的信息化服务平台，围绕信息资源的整合和相应的数据库建设，建设了农业信息综合服务平台"三网融合"信息通道、基层信息服务站点以及面向农村生活、农村中小企业和农村党务政务的信息服务系统等，完成了以交互服务、应用服务、基础服务、业务数据库和云计算硬件资源五大模块为核心的平台构建。目前，湖南省已实现农村信息化网络全覆盖建设，形成了"一体两翼"综合服务平台，即湖南省国家农村农业信息化示范省综合服务平台和服务"百万农户"和"万家企业"的两大服务中心。以"湖南农业信息网"为龙头，全省形成了庞大的农业系统广域网, 省、市、县各级层次的农业信息网络服务平台为农民提供农业政策、技术、市场分析、产品供求等全方位的信息服务; 发展了湖南网上供销社、特色中国湖南馆、特色湖南、湖南村村通等一批电子商务平台, 以"农产品交易平台""农村公共资产资源交易平台"等为主的农村商务信息平台和以"农村土地流转信息平台""农业生产资料供求平台"为主的为农服务平台得到推广, 为湖南省现代农业发展提供了强有力的信息化服务支撑[3]。

4. 农产品流通市场

近年来, 湖南加快以农产品基地为中心的产地批发市场建设和以城市为中心的销地批发市场建设, 各地大力实施产销互动, 走以市场为龙头、市场连基地、基地连农户的一体化经营之路, 成效显著。同时, 湖南省冷藏储备总量每年以 15%~20% 的速度增长, 2019 年末, 湖南省冷藏储备总量已超过 120 万吨, 冷链运输车已超过 1960 辆, 冷库容量达 500000 吨, 冷冻库容量超 73 万吨, 县域生鲜活农产品冷链物流体系已形成, 现代农产品流通市场网络初步形成, 流通结构趋于合理。长沙市以每年一届的红星农博会为契机, 加大农产品流通市场建设, 重点培育和建设了红星、马王堆等八大农产品市场。同时, 龙头企业和中介组织加速成长, 唐人神集团、金键米业、洞庭水殖等一批龙头企业综合实力位居全国同行前列[4]。

三、农业发展水平与结构

作为中国的重要粮食主产区, 湖南省经过长期努力, 农业经济取得了长足发展。另外, 特殊的地理条件孕育了众多的特色农产品, 如稻谷、苎麻等产量居中国首位, 茶叶、柑橘、湘莲等农产品产量居全国前列。

1. 农业生产水平

2019 年全省的农林牧渔业总产值为 6405.06 亿元, 指数为 1305.8 (1952 年为 100), 2009~2019 年年均增长 4.19%。其中, 种植业总产值 3052.06 亿元, 指数为 827.5, 年均增长 4.16%; 林业总产值 430.66 亿元, 指数为 2074.8, 年均增长 8.36%; 牧业总产值 2003.09 亿元, 指数为 1953.9, 年均增长 1.68%; 渔业总产值 441.82 亿元, 指数为 30657.9, 年均增长 6.40% (见表 8-2)。

表 8-2 2009~2019 年湖南省农业产值构成　　　　　　单位: 亿元

年份	总产值	指数	种植业	指数	林业	指数	牧业	指数	渔业	指数
2009	3035.2	907.3	1472.53	573.2	174.18	1007.5	1058.66	1681.6	182.35	17542.3
2019	6405.06	1305.8	3052.06	827.5	430.66	2074.8	2003.09	1953.9	441.82	30657.9

资料来源: 2010 年和 2020 年《湖南统计年鉴》; 指数以 1952 年为 100 计算。

湖南省主要农产品为粮食作物，包括谷物、豆类、薯类等。2019年全省水稻播种面积为385.52万公顷，产量达到2611.50万吨，单产达到6774千克/公顷；玉米播种面积为38.66万公顷，产量达到220.30万吨，单产达到5698千克/公顷；豆类以大豆为主要种植作物，总播种面积为11.33万公顷，产量为28.82万吨，单产为2544千克/公顷；薯类以红薯、马铃薯为主要种植作物，红薯总播种面积为12.64万公顷，产量达到317.9万吨，单产25150千克/公顷，马铃薯总播种面积为5.53万公顷，产量达到13.57万吨，单产24539千克/公顷。与周边省份相比，湖南属于农业种植大省，大部分农产品单产水平高于全国平均水平。从人均主要农产品占有量来看，湖南人均粮食占有量为431千克，在周边省份中仅低于湖北省和江西省；油料人均占有量为34.6千克，猪牛羊肉人均占有量为55.5千克，高于其他周边省份，其他农产品人均占有量则处于周边七省内中等水平（见表8-3、表8-4、表8-5）。

表8-3　2019年湖南省与全国及周边省份主要农产品单产比较

单位：千克/公顷

地区	谷物	棉花	花生	油菜籽	芝麻	黄红麻	甘蔗	甜菜	烤烟
全国平均	6272	1764	3781	2048	1651	4741	78655	56057	2079
江西	6071	1539	2920	1428	1238	4533	44752	—	1848
湖北	6376	882	3518	2252	1673	2900	43060	—	1721
湖南	6643	1299	2640	1676	1413	2080	46039	—	2231
广东	5904	—	3192	2019	1871	2892	84551	—	2442
广西	5395	1031	3076	984	3840	2973	84143	—	1478
重庆	6615	—	2193	1957	1106	1848	42957	—	1850
贵州	4982	928	2312	1733	1462	—	59355	18075	1660

资料来源：《中国统计年鉴2020》。

表8-4　2019年湖南省与全国及周边省份人均主要农产品占有量对比

单位：千克/人

地区	粮食	谷物	棉花	油料	猪牛羊肉	水产品	牛奶
全国平均	475	439	4.2	25	38.7	46.4	22.9
江西	463	445	1.4	25.9	47.7	55.6	1.6
湖北	460	436	2.4	53	45.4	79.3	2.3
湖南	431	412	1.2	34.6	55.5	36.8	0.9
广东	109	99	—	9.6	19.9	75.8	1.2
广西	269	255	0	14.5	42.1	69.2	1.8

续表

地区	粮食	谷物	棉花	油料	猪牛羊肉	水产品	牛奶
重庆	345	241	—	20.9	40.5	17.4	1.3
贵州	291	199	0	28.5	49	6.7	1.5

资料来源:《中国统计年鉴 2020》。

表 8-5　2019 年湖南省与全国及周边省份牲畜饲养情况对比

单位: 万头, 万只

地区	大牲畜存栏	牛存栏	肉猪出栏	肉猪存栏	羊存栏
全国平均	318.6	294.8	1755.5	1001.3	970.1
江西	257.3	257.3	2546.8	1006.3	110.2
湖北	243.6	243.2	3189.2	1617.9	553.4
湖南	412.0	410.4	4812.9	2698.3	712.2
广东	120.6	120.6	2940.2	1333.8	93.6
广西	354.0	337.0	2505.8	1599.6	231.2
重庆	104.8	103.4	1480.4	921.6	318.8
贵州	508.2	493.0	1678.6	1171.3	380.2

资料来源:《中国统计年鉴 2020》。

湖南林产品种类较少,主要以木材和油茶籽为主,2019 年木材产量为 331.4 万立方米,仅低于广东省和广西壮族自治区,油茶籽产量则远高于周边省份。畜牧业生产主要以生猪、禽蛋养殖为主。2019 年肉类总产量为 459.2 万吨,其中,猪肉产量占绝大多数,达到 348.5 万吨,占比达 75.89%;禽蛋产量为 114.7 万吨,仅低于湖北省(见表 8-6、表 8-7)。

表 8-6　2019 年湖南省与全国及周边省份主要林产品生产量对比

地区	木材 (万立方米)	油茶籽 (吨)
全国平均	324.1	8.6
江西	277.0	42.2
湖北	304.4	20.9
湖南	331.4	110.0
广东	945.1	16.2
广西	3500.2	26.5
重庆	62.9	1.3
贵州	309.0	7.1

资料来源:《中国统计年鉴 2020》。

表 8-7　2019 年湖南省与全国及周边省份畜产品产量对比　单位：万吨

地区	肉类	奶类	禽蛋	蜂蜜
全国平均	250.3	106.4	106.7	1.4
江西	299.8	7.3	57.2	2.0
湖北	349.2	13.4	178.8	2.3
湖南	459.2	6.3	114.7	1.1
广东	412.1	13.9	41.5	2.6
广西	380.0	8.7	25.1	1.8
重庆	163.8	4.2	43.5	2.1
贵州	205.9	5.3	23.0	0.4

资料来源：《中国统计年鉴 2020》。

2. 农业投入水平

农业投入水平在一定程度上能反映现阶段的农业生产力水平，2019 年湖南省农村用电量达到 132.98 亿万千瓦·时，机耕面积 6346.4 千公顷，机播面积 1970.87 千公顷，机电灌溉面积 2595.56 千公顷，机收面积 4942.77 千公顷。化肥施用量为 229 万吨。与全国及相邻省份相比，湖南省农业现代化水平相对较高，农业机械总动力和耕地灌溉面积均高于周边省份（见表 8-8）。

表 8-8　2019 年湖南省与全国及周边省份农业投入水平对比

地区	农业机械总动力（万千瓦）	耕地灌溉面积（千公顷）	化肥施用量（万吨）
全国平均	3314.8	2215.4	174.3
江西	2470.7	2036.1	115.6
湖北	4515.7	2969.0	273.9
湖南	6471.8	3176.1	229.0
广东	2455.8	1773.4	225.8
广西	3840.0	1713.1	252.0
重庆	1464.7	697.7	91.1
贵州	2484.6	1154.0	83.2

资料来源：《中国统计年鉴 2020》。

3. 农业生产结构

近年来，全省农产品加工业、休闲农业、乡村旅游、农村电商竞相发展，全省农产品加工业年销售收入突破 1.65 万亿元；休闲农业、乡村旅游蓬勃发展，年经营收入已突破 400 亿元。农业生产结构进一步优化，推动了农业主体多元化、产业专业化、业态多样化。农村电子商务呈"井喷式"发展，县级电商服务运营中心覆盖率达 86%，农民收入来源渠道日趋广泛，由单一的种养收益为主向多元化收入方式转变，部分地区已实现就地就业、安居乐业。湖南省正逐步由农业大省向农业强省转变。

四、农业发展成效

随着我国经济向高质量发展，农业发展方式也正经历着深刻的变革。以农业现代化为依托，大力发展精细农业、智慧农业，推动三产融合，奋力打造新时代的"鱼米之乡"。农业农村发展硕果累累，产业兴旺、生态宜居、乡风文明、治理有效、生活富裕的乡村振兴格局逐步形成，成为稳定经济发展大局的"压舱石"。

1. 农业供给侧结构性改革取得明显成效

2019 年，全省大力深化农业供给侧结构性改革，按照稳粮食、强特色、优结构、拓功能的发展思路，通过调精调优种植结构带动了粮食产品质量和种粮效益的提升。种植结构由"双季稻"向"稻+油""稻+经"转变，种植品种由普通稻向高档优质稻转变，全省发展高档优质稻面积达 1230 万亩，同比增长 11.8%。2019 年，全省粮食总播种面积为 6924.6 万亩，同比下降 2.8%，粮食播种面积排名居全国第 10 位，名次比上年上升 1 位。全省粮食总产量为 2974.8 万吨，同比下降 1.6%，但仍属于历史较好年份。同时，全省主要经济作物生产继续保持向好增长。初步统计，2019 年油料播种面积为 2048.30 万亩，同比增长 1.6%；油料产量为 239.20 万吨，同比增长 2.0%。全省蔬菜播种面积为 1969.86 万亩，同比增长 3.8%；蔬菜及食用菌产量为 3969.44 万吨，同比增长 3.9%。蔬菜种植利润可观带动了种植户的积极性，促进了蔬菜供应量的持续增长。受环保政策调控和非洲猪瘟疫情等影响，2019 年全省生猪产能出现下降，湖南省坚决贯彻落实中央有关促进生猪生产保障市场供应的决策部署，下大力气狠抓生猪产能恢复。全省生猪产能已经企稳回升，随着目前各级政府扶持生猪生产和保障市场供应的政策发力以及非洲猪瘟疫情趋于稳定，养殖户补栏积极性正逐步提升，生猪产能已经开始恢复，后期猪价将趋向稳定。同时，全省大力扶持绿色优质、生态安全、产出高效的生态健康水产养殖模式和品种，渔业生产结构调整成效明显。2019 年，全省水产品总产量为 254.42 万吨，同比增长 3.0%。名特优水产养殖面积为 156.51 万亩，同比增长 13.1%。全省发展稻田综合种养面积为 469.5 万亩，同比增长 19.9%，稻田综合种养面积全国排名由第 3 位上升至第 2 位，渔业提质增效明显。

2. 农业绿色发展水平不断提高

农业绿色生产体系加快构建。湖南建成了高标准农田 3360 万亩，实施化肥农药零增长行动，大力推进病虫害专业化统防统治和绿色防控，化肥农药施（使）用量连续 5 年实现负增长，农药使用量减少了 15% 左右；大力推进农业废弃物资源化利用，推广秸秆还田、有机肥替代化肥、恢复绿肥种植，推广水稻节水灌溉管理技术，禁捕退捕实施到位。禽粪污资源化利用率达83.3%，秸秆综合利用率、农膜回收率分别达到86%、80%。44个水生生物保护区实现永久禁渔，示范村清洁生产技术推广率达到100%，生活污水处理率达到80%以上，废弃物资源化利用率达到80%以上。通过完善政策、搭建平台、突出重点、大力开展涉农招商引资等有力举措大力推进开放强农行动，统筹用好国内外、省内外两个市场、两种资源，农业"走出去""引进来"的步伐进一步加快。蔬菜、茶叶、特色水果、中药材、名特优水产品等优势特色产业加快发展，经济作物和牛、羊、家禽等产值占比上升，创建国家级水产健康养殖示范场376家，稻渔综合种养面积达到476万亩。截至2019年底，湖南省绿色食品、有机食品和地理标志农产品达到2912个，较2015年底增长135.98%。在全国率先推行农产品"身份证"管理制度，农产品质量安全监测合格率每年稳定在98%以上。

3. 农业发展品牌与基地建设取得重要进展

建成了优质农副产品供应基地。在全省构建了"四带八片五十六基地"特色产业发展布局，形成了水稻、生猪、油菜、水果、蔬菜、茶叶、水产、草食动物、中药材和旱粮等10个产业技术体系，打造了一批省级农业区域公用品牌、片区品牌和"一县一特"品牌系列，全省14个市州均签约粤港澳大湾区"菜篮子"工程，发展高档优质稻1200万亩，每年改良果茶品种30万亩左右，建设农业标准化基地4200万亩。农村一二三产业融合发展，截至2019年底，全省已经创建了699个现代特色产业园省级示范园、38个省级优质农副产品供应示范基地、27个现代农业特色产业集聚区（省级现代农业产业园），带动创建555个市级现代农业产业园，靖州县、宁乡市、安化县、鼎城区、芙蓉区、永顺县成功获批创建国家现代农业产业园。同时，创建省级休闲农业集聚发展村70个、休闲农业示范农庄60个，2019年休闲农业经营收入达到480亿元。2019年农产品电商零售额达180亿元，农产品加工业销售收入1.8万亿元。家庭农场达到5.6万户，农民专业合作社达到10.6万个，社会化服务组织达到7.2万个，2019年休闲农业经营收入480亿元。

各大农业示范区建设成效显著、特色明显、品牌效应较好。比如，湘潭市"两型"农业示范区，着力打造全国"两型"现代农业先行区、都市高效农业示范区和旅游休闲农业引领区，实现湘莲标准化生产，做大做强沙子岭生猪产业，精心打造环韶山生态旅游休闲圈；汝城县"湘江源蔬菜"农业示范区，大力发展以高山特色朝天椒、小黄姜为主的特色蔬菜产业，重点建设蔬菜绿色标准化基地、特色基地、外销基地，塑造纯天然、绿色、安全的"汝城朝天椒""汝城小黄姜"品牌，全面参与国内外竞争与合作；南县稻虾生态种养示范区，立足南县稻虾米、小龙虾等品牌优势及产业基础，深入挖掘虾稻共作、稻渔种养产业功能，以引导产业集聚发展、培育产业集群、提高产业的规模化程度、促进加工转化、建立品牌营销、促进技术创新为方向；湘阴长株潭都市农业示范区构建了以龙头企业、农民专业合作社、产业园区等为依托的农业组织体系，将湘阴建设成特色鲜明、产业强势、效益突出的现代化农业示范县，将农业打造成湘阴经济发展的重要引擎。

第二节　种植业

湖南种植业历史悠久，在农业中一直占有很重要的地位。粮食作物为种植业的主要部分，所占比重基本保持在60%左右。

一、种植业结构及其变化

在种植业内部，粮食作物和经济作物播种面积占农作物总播种面积的比重呈此消彼长的关系（见图8-2）。1985~2019年，粮食作物播种面积所占比重虽然有所波动，但呈缓慢下降的趋势，主要原因是种粮比较收益越来越低，农民种植意愿持续下降，经济作物呈上涨趋势，特别是油菜和蔬菜产业蓬勃发展，油菜是湖南最主要的油料作物，也是仅次于水稻的第二大农作物，它是不少地区农民食用油和经济收入的重要来源；蔬菜产业发展势头较好，已成为湖南省农村经济支柱产业和农民增收的主要途径。

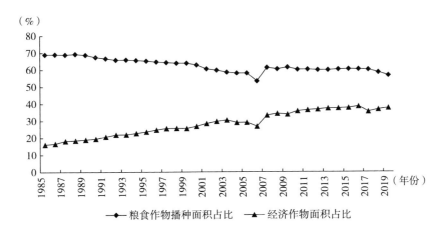

图8-2　1985~2019年湖南省种植业结构变化及其趋势

资料来源：相关年份《湖南统计年鉴》。

二、主要作物发展概况

1. 粮食作物

湖南省粮食生产总体保持稳定上升态势。不过，在 1998 年和 2008 年出现过负增长，主要是由于出现较为严重的自然灾害。2008 年因霜冻受灾的农业面积达到 22438 公顷，农作物播种面积减少 60 万公顷，其中粮食作物播种面积减少约 35 万公顷。2008 年以后粮食生产播种面积及产量都趋于稳定，2019 年全省粮食产量达到 2974.8 万吨，粮食总产量保持在 600 亿斤左右。湖南省粮食产量十年间保持稳定态势，总产量位于全国前列。

（1）水稻。水稻是湖南省最主要的粮食作物，在全国有着十分重要的地位。湖南的稻谷分为早稻、中稻与一季晚稻、晚稻。2019 年湖南省粮食作物播种面积为 4616.4 千公顷，其中稻谷播种面积达到 3855.2 千公顷，占所有粮食播种面积的 83.51%。早稻单产为 6774 千克/公顷，中稻与一季晚稻单产为 7533 千克/公顷，晚稻单产为 6416 千克/公顷。全省拥有优质稻面积 2507 千公顷，占水稻面积的 59.6%，有 30 多个县被列为优质稻米生产的基地县，高档优质稻面积保持在 534 千公顷。水稻在湖南省各市州都有种植，有 6 个市州的稻谷播种面积在 30 万公顷以上，占全省总稻谷播种面积的 63%，并且 6 市州的稻谷产量之和占全省总量的 69.02%，其中，常德市位居首位，达到 49.64 万公顷（见图 8-3），随后依次是衡阳市、岳阳市，均达到 40 万公顷以上。张家界市和湘西州由于受自然条件限制，属于山地区，播种面积较少，均在 10 万公顷以下。

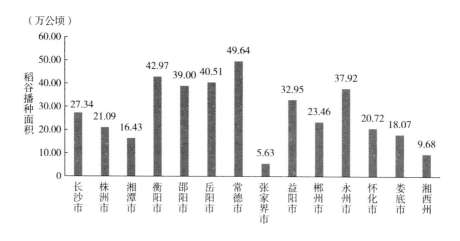

图 8-3　2019 年湖南省各地区稻谷播种面积

资料来源：《湖南统计年鉴 2020》。

（2）玉米。玉米是湖南省第二大粮食作物，是重要的动物饲料及工业原料。湖南省 2019 年玉米播种面积为 386.6 千公顷，总产量为 213.39 万吨，约占当年全省粮食总播种面积的 8.37%，占总产量的 7.41%，相比于 1999 年，玉米播种面积和产量都显著增加，播种面积提高了 38%，产量提高了 51.89%，玉米在全省各地都有种植，主产区位于湖南西南部地区，其中，邵阳市、永州市、怀化市和娄底市的年产量均在 20 万吨以上；长沙市、株洲市、湘潭市和衡阳市的玉米产量普遍较低，年产量都在 10 万吨以下（见图 8-4）。

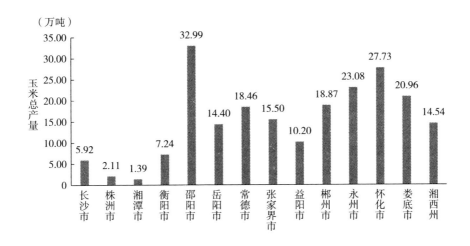

图 8-4　2019 年湖南省各地区玉米总产量

资料来源：《湖南统计年鉴 2020》。

（3）豆类与薯类。湖南豆类和薯类作物种植较少，2019 年豆类和薯类种植面积分别占粮食作物总播种面积的 3.23% 和 3.94%。大豆各市州平均年产量为 2.67 万吨，薯类各市州的平均年产量为 6.48 万吨。薯类可分为红薯和马铃薯，湖南以种植红薯为主，红薯的年产量为马铃薯的 2 倍多。湘西州、怀化市、永州市、郴州市和邵阳市的红薯年产量位于全省前列，湘潭市的豆类和薯类产量最少，均未超过 1 万吨。

2. 经济作物

经济作物是湖南省农业生产的重要组成部分，是实现增收致富的重要收入来源。经济作物产品储藏加工业的兴起，农产品批发市场的蓬勃发展，农产品电子商务的有序推进，为湖南省经济作物的生产发展提供了十分有利的发展空间。湖南属于湿润的中亚热带东南季风气候，具有热量丰富、雨量充沛的自然优势。同时湘南、湘北又分别兼有向南亚热带气候和北亚热带过渡的气候特征，经济作物种类繁多。另外，湖南北靠长江、南邻两广、毗邻港澳，地理条件优越、交通发达，具有发展农业经济作物的明显优势和巨大潜力。油料、烤烟等主要经济作物产量始终位居全国前列。

2019年全省油料种植面积为136.55万公顷，蔬菜种植面积为131.32万公顷，棉花种植面积为6.30万公顷，麻类种植面积为0.20万公顷，烤烟种植面积为8.23万公顷，果园面积为53.59公顷，茶园面积为17.49公顷。1999~2019年，经济作物中除了棉花和麻类，其余各经济作物的播种面积都有不同程度的增加。

（1）油料作物。油菜是湖南最主要的油料作物，是农民食用油和经济收入的重要来源。湖南省是中国油菜籽的重要产区，2019年全省油菜籽播种面积为124.10万公顷，总产量为208.01万吨，位于全国第3（见图8-5）。与1999年相比，全省油菜籽播种面积增长了57.45%，总产量增长了106.01万吨，增幅明显。油菜在全省各市州均有种植，产量在2万~56万吨，其中以洞庭湖区和湘南地区为主。常德市、衡阳市、益阳市、岳阳市、怀化市、邵阳市、永州市的油菜籽产量分别为56.56万吨、27.57万吨、20.98万吨、17.95万吨、16.21万吨、14.25万吨、10.96万吨，这七市产量之和占全省总产量的79.07%。

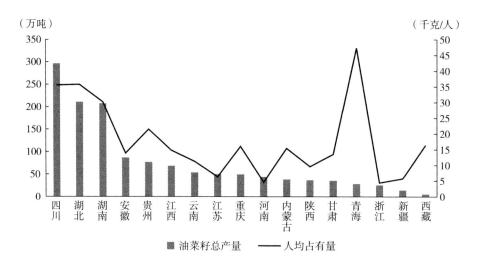

图8-5　2019年中国部分地区油菜籽总产量与人均占有量

资料来源：《中国统计年鉴2020》。

（2）蔬菜作物。蔬菜生产是集经济效益、社会效益、生态效益于一体的富民产业、民生产业。近年来，湖南省蔬菜产业发展势头较好，已成为农村经济支柱产业和农民增收的主要途径。"十三五"时期，全省蔬菜产业得到长足发展，2019 年全省蔬菜播种面积达到 1313.24 万亩，总产量达到 3969.44 万吨，蔬菜产业连续多年超越粮食、生猪，成为第一大农业产业。

湖南地貌多样、气候适宜、雨量充沛、日照充足、冬寒期短、无霜期长、土壤肥沃，一年四季都有适宜的蔬菜品种可供种植。全省有蔬菜品种资源 3000余种，其中地方特色和野生资源品种超过 100 多种。并且，湘南地区、洞庭湖区、湘西山丘区各具区域特色和优势，蔬菜产业发展潜力较大[5]。目前，蔬菜种植面积较多的是永州市、长沙市、邵阳市、益阳市、常德市、郴州市，这六市的蔬菜种植面积均在 10 万公顷以上。

随着城镇化建设加快推进，原来的近郊蔬菜基地多向远郊和农区扩展。"十三五"期间，湖南境内建立了 40 多个国家级蔬菜基地重点县、68 个省级蔬菜基地重点县，在环洞庭湖地区建有春夏瓜菜、秋冬叶菜基地；湘南丘陵山区建有早熟夏菜基地；武陵、雪峰、罗霄山区建有高山蔬菜基地；祁东、邵东建有黄花菜生产基地；湘阴、汉寿、津市、耒阳等建有藠头生产基地；华容、安乡、南县、赫山建有榨菜生产基地；江永、祁东、祁阳、临武建有香芋生产基地；武陵山区建有加工辣椒生产基地。蔬菜基地总面积达 30 万公顷以上。

（3）棉花。湖南是中国南端主产棉省份，是国家棉花高支纱优质产区，也是全国杂交棉推广应用率最高的省份。湖南省生产棉花有着得天独厚的自然条件、优越的区位优势、强有力的科技支撑和较大的发展潜力[6]。不过，湖南省的棉花播种面积和产量有所下滑，1999 年播种面积为 15.78 万公顷，总产量为17.70 万吨，到 2019 年播种面积仅为 6.30 万公顷，下降了 60.08%，总产量为8.20 万吨，下降了 53.67%。棉花播种面积和产量降低的主要原因是生产模式和技术落后、比较效益低、农机农艺融合程度低、植棉机械化发展缓慢，导致农民种植棉花的积极性下降。湖南棉花种植主要分布在洞庭湖地区，即常德市、岳阳市、益阳市三市，该地区一直是棉花和油菜优势产区，农民有传统种植习惯，并且该地区推行"棉花-油菜"套（连）作生产模式，棉花产量占全省棉花总产量的 86%。

（4）麻类和烟叶。麻类和烟叶在湖南经济作物中所占比重较小。麻类以苎麻为主，2019 年全省总产量为 4481 吨，其中株洲种植最多，年产量 1469 吨，占全省总产量的 32.8%，郴州市则没有种植。烤烟集中生长在郴州市、永州市、衡阳市等湘南地区，以及湘西州、张家界市等湘西地区。烤烟具有"三喜、一怕"特征，即喜光、喜温、喜肥和怕涝，因此，在北部平原湖区少有种植，而南部气候温热、土壤条件好，适合烤烟种植生产[7]。

（5）水果作物。湖南是以柑橘为主的多样水果产区，全省主要栽培的果树有 14 科、24 属、48 种，其中多地有柑橘、桃、梨、葡萄、红枣、柿子等。2019

年，湖南水果产量为 1061.99 万吨，占全国水果总产量的 3.88%。2019 年全省园林水果总产量为 1061.99 万吨，其中，柑橘产量为 560.47 万吨，桃子产量为 20.93 万吨，梨产量为 19.46 万吨，葡萄产量为 20.69 万吨，红枣产量为 3.38 万吨，柿子产量为 2.41 万吨，其他水果产量之和为 434.65 万吨。

湖南省水果主产区集中在湘南、湘西地区，水果主产市州为永州市、怀化市、常德市、湘西州、郴州市、邵阳市、衡阳市；主产县为石门县、桃源县、麻阳县、慈利县、祁阳县、泸溪县、永兴县、洞口县、江永县等；水果加工较好的市州为永州市、湘西州、邵阳市、郴州市、怀化市。

湖南省是全国柑橘产业发展优势区域，生态、气候、土壤均适宜柑橘生长，资源条件良好、比较优势突出、发展势头强劲，全省 74% 以上的果园面积种植了柑橘。2005 年全省柑橘产量为 212.02 万吨，2019 年升至 560.47 万吨，产量提升 172%。柑橘产量较多的市州为常德市、怀化市、永州市、湘西州、邵阳市、郴州市，产量较多的县为石门县、麻阳县、桃源县、洞口县等。湖南省柑橘生产形成了湘西南、雪峰山脉、武陵山脉三大优势区域，即湘西南重点发展鲜食脐橙、特色冰糖橙与加工甜橙，雪峰山脉重点发展鲜食与加工温州蜜柑，武陵山脉重点发展椪柑。蜜柑、椪柑、冰糖橙、脐橙、柚子是湖南省柑橘的五大主导品种，约占柑橘总面积的 90% 以上。湖南省在营销柑橘方面创立了湘冠、雪峰蜜橘、崀丰、湘南脐橙、荟萃冰糖橙、湘西椪柑、辣妹子、果秀罐头等知名品牌，以及石门蜜橘、道县脐橙、永兴、黔阳、麻阳冰糖橙、泸溪椪柑等一批地方品牌；同时也正在大力培育雪峰蜜橘、湘南脐橙、湖南冰糖橙、湘西椪柑等柑橘四大公共品牌。近年来，湖南省柑橘鲜果出口常年在 10 万吨左右，柑橘罐头出口 5 万吨左右。

湖南省第二大产量水果是桃子，2005 年全省桃子产量为 9.5 万吨，2019 年产量增长到 20.93 万吨。目前，湖南省主栽品种有四月红、雨花露、石门香桃、森松、脆蜜桃、锦绣黄桃、金山早红、桃源香桃等。桃子种植较多的县市有衡阳市、岳阳市、郴州市、怀化市、常德市、永州市等，主要生产县市有沅陵县、蓝山县、溆浦县、浏阳市等。湖南桃加工的产品种类不多，主要为罐头、桃汁、桃脯、蜜饯等，这是由一些小型企业生产，故而没有形成大的规模和影响。

（6）茶叶。湖南省大部分地区处于北纬 25°~30°，是中国茶叶生产的黄金纬度地带，早在 1978 年湖南便以 17.5 万公顷茶园面积雄居首位，在整个 80 年代茶叶产量长期居全国第二位。特别是武陵山脉的石门、古丈、沅陵、桃源等县，因独特的地理优势，终年气候温和湿润，光照弱、雾气大，有利于茶叶的内质发育，是湖南优质名茶最适宜的地区。目前，该区域的名优绿茶的产业化发展势头强劲。湖南省知名的茶叶品牌有古丈毛尖、湖南黑茶、白马毛尖、安化千两茶、茯砖茶、安化红茶、怡清源、白沙溪等。

　　另外，湖南作为黑茶的主产区之一，黑茶的生产、加工、销售在全国都处于领先位置。湖南发展黑茶产业既有广阔的市场和雄厚的产业基础，又有悠久的文化底蕴和政策支持。目前，湖南黑茶产区主要分布于益阳市的安化县、桃江县、赫山区和资阳区，常德市的汉寿县，岳阳的临湘市和湘阴县，占全国黑茶市场的半壁江山。其中，益阳黑茶产业规模在 10 亿元左右，约占全省茶业总产值的 1/3，2019 年益阳茶叶总产量为 9.4 万吨，占全省总产量的 40.26%（见图 8-6），位居全省第一。

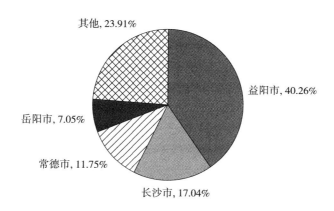

图 8-6　2019 年湖南省茶叶产量主要市州所占比例

资料来源：《湖南统计年鉴 2020》。

三、种植业发展的主要问题

1. 粮食作物比较收益低

　　随着非农行业工资水平的上涨，种粮作物比较收益越来越低。湖南省农民户均耕地约为 4 亩，按种植双季稻计算，年产值仅 8000 元左右，扣除种子、化肥农药、机械等成本后的净收入不足 4000 元。此外，近年来各地粮食生产连获丰收，但消费不景气，供给关系整体宽松。湖南作为国内粮食主产区，每年粮食商品量在 1300 万吨以上，以往每年向省外输出商品粮在 530 万吨左右，而近年来有所下降，2019 年虽有所恢复，但也仅外销粮食 380 万吨左右。

2. 经济作物发展依然相对落后

　　湖南省经济作物发展取得了一定成效，无论是速度、规模、效益、市场影响力等都有了不错的发展，但同发达农业强省生产水平进行横向比较，仍有一定的差距。湖南省对农业生产投入相对较低，而经济作物的生产性投入在农业生产投入中所占的比重同样很低，从而影响了经济作物发展的速度、规模和档次。另外，湖南省农业经济作物产量连创新高，但农产品营销体系滞后、加工行业发展缓慢、深加工企业较少，市场流通环节仍存在瓶颈。

3. 农作物产品质量仍有较大提升空间

湖南省农作物种植过程中对农药的依赖程度过高，导致农作物产品质量安全问题较为突出。湖南省农业农村厅在 2021 年农产品质量第二次安全例行监测中发现，限制使用农药超标问题较多，在蔬菜、水果和茶叶中的 24 批超标样品中，有 12 批样品限制使用农药残留量超标，其中，蔬菜 7 批、水果 2 批、茶叶 3 批，超标的农药品种为氧乐果、克百威、乙酰甲胺磷和氰戊菊酯，这表明湖南省农作物产品质量安全仍有较大提升空间。

四、种植业发展的对策

1. 稳定粮食总产量

以稳定粮食总产量为主要目标，确保全年总产量不下降。根据国家农业供给侧结构性改革的要求和湖南省粮食产业结构实际情况，在粮食生产结构方面仍应稳定水稻生产面积，同时合理调整优化种植结构，适当减少非优势产品种植，使粮食供给由满足口粮需求为主向满足口粮、饲料、工业用粮等多种需求转变，特别是种植品种要主动由低质高产型向优质高效型转变。

2. 粮食作物增收降本

要从增加收入和降低成本两方面政策发力，帮助农民提高种粮效益。通过推动优质化工程提高单位面积的粮食产出价值；通过扶持规模化经营提高粮食生产者的市场议价和抗风险能力；通过促进农业生产多元化和发展休闲旅游农业帮助农户拓宽增收渠道。同时，加强农资市场建设和管理，通过市场化竞争和规模化采购平台控制农资产品价格涨幅；加大对粮食生产全程的技术服务，通过技术支持和提早预防，减少农业病虫害和恶劣气候等造成的损失。

3. 升级粮食贸易产业链

要用多种形式促进粮食流通，学习世界粮食贸易先进企业的产业链管理模式，积极培育粮食龙头企业，大力发展多元化经营，多方式、多渠道消化粮食既有库存。鼓励国有粮食收储企业积极向产业链上下游延伸发展，如通过与种粮大户直接签订"订单收购"协议和增加收购网点布局，减少收购中间环节的"粮贩子"；通过委托收购和储存等方式减少物流和仓储成本；通过对原粮进行加工后再销售，减少储备粮"高价进、低价出"的损失；通过与粮食主销区加深合作，建立健全"以销定购、以购促销、产销衔接、合作共赢"的长效机制。

4. 妥善处理粮食与经济作物关系

政府要加大对经济作物的投资力度，同时要正确处理粮食和经济作物的关系，统筹兼顾，在保证粮食产量的同时，充分发挥主要经济作物的地域性优势，将部分不宜种植粮食的土地改种经济作物。湖南省要实现农业经济作物销售走出去，农民收入提高，农产品流通更便捷，必须大力发展农产品电子商务，有序推进农产品电子商务的发展，推进农产品流通领域电子交易市场建设，加速农业信息化的进程，加快农业结构调整，实现农业产业化，推动农村经济与社会发展。

5. 稳步提高农作物产品质量

农产品质量安全是必须坚守的底线，湖南省各级农业农村部门要进一步落实属地管理责任，坚持问题导向，认真分析影响农作物产品质量安全问题的原因，强化网格监管职责，加强禁限用农药的监管力度，广泛开展农药使用的宣传培训，抓好农村假冒伪劣食品治理、稻谷质量安全管控等重点工作，切实加大日常巡查和监测工作力度，加强与市场准入工作的衔接，推进"两证+追溯"建设，确保农产品质量安全水平稳中向好。

第三节 林业

一、林业发展与构成

湖南省林业产业突出产业结构调整和转型升级，保持了良好发展态势，2019 年全省林业产业产值达到 5029.77 亿元，在湖南省林业三次产业发展中，呈现出重点行业突出发展的特点。在各个重点行业中，雪峰山区被称为"广木之乡"，南岭被誉为"江华木的摇篮"，湘西被称为"金色桐油之乡"，炎陵县被认定为"中国特色竹子之乡"，湖南油茶的产量、产值均为全国第一，湖南林业产业品牌已经在全国打响。

2018 年全省森林覆盖率为 59.82%。湘西山区森林资源较为丰富，张家界市、怀化市、湘西州的森林覆盖率均在 70% 以上；湘中部及北部地区森林覆盖率则较低，岳阳市、常德市、益阳市、娄底市、湘潭市、衡阳市等市州的森林覆盖率低于全省平均水平（见图 8-7）。

各市州林业资源基本情况存在较大差异（见表 8-9）。湘西及湘南地区林业用地分布较广，湘西州、怀化市、邵阳市、永州市、郴州市的林业用地面积均超过了 100 万公顷，五个市州合计 744.75 万公顷，占全省总林业用地面积的 57.3%。这些地区距湖南省经济中心长株潭城市群较远，城市化率和工业化水平较低，生态保育能力强，自然风景区保护较好，如郴州市的东江湖、莽山等，还拥有全省一半的国家森林公园。

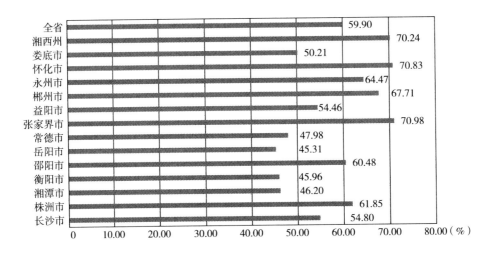

图 8-7　2018 年湖南省各地区的森林覆盖率

资料来源：湖南省各市州《2018 年国民经济与社会发展统计公报》。

表 8-9　2018 年湖南省各市州林业资源情况

指标名称	林业用地（万公顷）	有林地（万公顷）	未成林地（万公顷）	疏林地（万公顷）	灌木林地（万公顷）	无林地（万公顷）	森林覆盖率（%）	活立木总蓄积量（万立方米）	林木总生长量（万立方米）	林木总消耗量（万立方米）	国家森林公园数（个）
长沙市	60.74	57.27	1.06	0.07	1.47	0.86	54.80	2674.78	175.39	69.16	5
株洲市	73.01	62.84	2.18	0.55	5.66	1.76	61.85	2340.26	150.3	55.07	3
湘潭市	22.27	20.39	0.22	0.02	1.22	0.42	46.20	909.7	57.34	20.77	1
衡阳市	78.59	53.79	2.56	0.54	14.11	7.56	45.96	1705.24	106.85	38.09	3
邵阳市	132.04	115.35	4.17	0.72	7.25	4.53	60.48	6886.93	451.65	170.44	4
岳阳市	62.22	55.2	2.04	0.16	2.97	1.74	45.31	1872.67	151.86	77.62	4
常德市	83.26	71.65	1.12	0.34	7.81	2.07	47.98	3562.04	247.02	93.73	6
张家界市	69.42	58.34	0.64	0.93	8.57	0.94	70.98	2569.29	176.17	74.22	4
益阳市	64.44	59.38	0.15	0.06	1.61	2.23	54.46	2978.16	215.58	96.58	2
郴州市	138.81	118.43	7.63	0.19	8.78	3.75	67.71	5487.29	375.27	143.92	8
永州市	154.7	122.94	6.57	0.45	17.84	6.87	64.47	5902.73	404.25	145.31	8
怀化市	203.12	183.74	7.45	0.07	8.2	3.63	70.83	8027.33	564.72	236.61	5
娄底市	41.1	34.36	1.63	0.09	3.42	1.58	50.21	1447.69	98.27	39.97	2
湘西州	116.08	88.59	1.52	1.15	19.22	5.59	70.24	4122.64	282.68	119.13	4
合计	1299.8	1102.27	39.94	5.34	108.1	43.53	59.90	50486.7	3457.35	1380.62	59

资料来源：湖南省林业局、《湖南统计年鉴 2019》。

湖南地带性植被为中亚热带常绿阔叶林，以壳斗科、樟科、茶科、木兰科、山茶科、五味子科、八角科、金缕梅科等树种为主。湖南中部地区为常绿、落叶阔叶混交林和暖性针叶林。其中维管束植物 5100 多种，分属于 255 个科、1422 个属。2019 年，全省森林蓄积量达 5.95 亿立方米，较上年度增长 2300 万立方米；活立木总蓄积量为 64846.76 万立方米，比上年增加 3.89%；湿地保护率达 75.77%，较上年度增长 0.04 个百分点；全省生产木材 331 万立方米，较上年增加 21%；全省林业产业总产值达 5029.77 亿元，较上年度增长 8.0%。

二、林业发展的成就

1. 林业产值结构稳定，总产值提升显著

2019 年全省林业产业产值达到 5029.77 亿元，比上年增加了 372.79 亿元，增长了 8%。其中，第一产业产值 1644.84 亿元，同比增加 119.76 亿元，同比增长 7.85%；第二产业产值 1674.45 亿元，同比增加 95.74 亿元，同比增长 6.07%；第三产业产值 1710.48 万元，同比增加 157.24 亿元，同比增长 10.12%。产业结构由 2018 年的 33：34：33 调整为 33：33：34，第三产业比重有所上升。

在第一产业中，经济林产品种植与采集产值为 814.51 亿元，同比增加 57.24 亿元，同比增长 7.56%，主要是水果、坚果、含油果、香料作物种植、森林药材、食品种植业大力发展，产量增幅较大，其中最为突出的是杜仲产量增加 5.4 万吨。在第二产业中，木材加工和木、竹、藤、棕、苇制品制造产值 550 亿元，同比增加 58.92 亿元，同比增长 12%；造纸产业 190 亿元，同比增加 10.75 亿元，同比增长 6%。在第三产业中，林业旅游与休闲服务 1210.72 亿元，同比增加 110.72 亿元，同比增长 10.07%。

2. 主要林产品增量显著

2000 年和 2010 年茶油籽产量分别为 33.80 万吨和 39.05 万吨，2019 年相比 2010 年实现了产量翻倍增加，茶油产值为 471.62 亿元，同比增加 98.89 亿元，同比增长 26.60%，现有油茶林面积为 2169.98 万亩，油茶产值、面积、油茶籽及茶油产量均保持全国第一。此外，竹制品、板栗、竹笋干等林产品产量在近十年也有不同程度的增长。由此表明，湖南省林业产品发展迅速，产量提升显著。

3. 生态建设与保护成效显著

2019 年全省完成造林面积共计 576.94 千公顷（见图 8-8），2010 年为 213.45 千公顷，2005 年为 136.48 千公顷。造林面积对比十年前增加显著，且保持稳定增长，这表明十年来生态保护得到高度重视。此外，2019 年用材林面积

为 94.99 千公顷，2010 年为 71.98 千公顷，2005 年为 30.21 千公顷；2019 年经济林面积为 89.46 千公顷，2010 年为 32.29 千公顷，2005 年为 10.18 千公顷。全省林业产业基础较好，近十年用材林和经济林面积持续保持较高水平，林业生态建设与保护稳步推进。

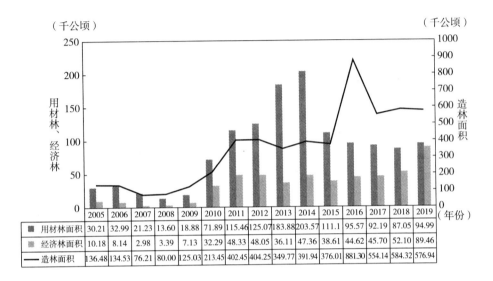

	2005	2006	2007	2008	2009	2010	2011	2012	2013	2014	2015	2016	2017	2018	2019
■ 用材林面积	30.21	32.99	21.23	13.60	18.88	71.89	115.46	125.07	183.88	203.57	111.1	95.57	92.19	87.05	94.99
■ 经济林面积	10.18	8.14	2.98	3.39	7.13	32.29	48.33	48.05	36.11	47.36	38.61	44.62	45.70	52.10	89.46
— 造林面积	136.48	134.53	76.21	80.00	125.03	213.45	402.45	404.25	349.77	391.94	376.01	881.30	554.14	584.32	576.94

图 8-8　2005~2019 年湖南省林业面积变化情况

资料来源：相关年份《湖南统计年鉴》。

三、林业发展存在的主要问题

1. 森林防火工作有待提升

湖南省森林火灾发生次数在全国一直占有很高的比例，国家统计局数据显示，2019 年全国森林火灾发生 2345 起，其中，较大森林火灾 802 起；一般森林火灾 1534 起。2019 年湖南省共发生森林火灾 272 起，占全国总量的 11.6%，其中，较大森林火灾 101 起，占全国的 12.6%；一般森林火灾 171 起，占全国的 11.1%。均远超全国平均水平。森林防火工作是中国防灾减灾工作的重要组成部分，是国家公共应急体系建设的重要内容，关系到社会稳定和人民安居乐业，森林火灾一旦发生，会对生态安全和人民群众生命财产安全产生极大威胁，湖南省关于森林火灾防范的相关工作仍有较大提升空间。

2. 林业产值仍有较大挖掘空间

湖南省拥有丰富的林业资源，全省森林覆盖率接近六成，但林业产值在农林牧渔总产值中占比极小，1999 年农林牧渔总产值 1200.9 亿元，2019 年农林牧渔总产值 6405.1 亿元；1999 年林业产值 48.2 亿元，2019 年林业产值 430.7 亿元，分别占农林牧渔总产值的 4.01% 和 6.72%，所占比例较低，且 20 年间占比增长不明显，这说明湖南省林业产品仍然较为弱势，有较大的挖掘空间。

3. 林地种类较为单一

湖南省森林覆盖率高达 59.90%，但林地种类单一，主要为有林地，现有 1102.27 万公顷，占林地面积的 84.8%，具有绝对性优势，而其他种类的林地面积则较少，未成林地 39.94 万公顷、疏林地 5.34 万公顷、灌木林地 108.1 万公顷、无林地 59.90 万公顷，分别占全省林地面积的 3.07%、0.41%、8.32%、4.61%。

四、林业发展的对策

1. 加强森林经营，提升森林资源面积与质量

加大森林抚育与管护力度，全面实行造林、营林、护林一体化管理，尤其是林地面积较少的地区，力争提高全省森林面积与质量。通过调整和控制合理的林龄结构，提高森林资源的接续能力。根据不同的经营目的，确定合理的轮伐期；转变传统的粗放经营模式，采取集约化经营，加大中幼林抚育力度，便于改善林况；控制森林资源消耗，严格限额采伐和凭证采伐，改变取材方式，调整采伐结构，延长成熟林使用年限，提高林木生长量，缩短培育期。同时强化森林资源保护，以"天然林保护"工程为主导，加强天然林保护与培育、未成林造林地管护、中幼林抚育及低产低效林改造，提高林分质量，有效增加森林蓄积量，整体提高效益水平。此外，加大灌木林地、疏林地改造力度，将立地条件好的灌木林和疏林改造为综合效益高的乔木林。

2. 完善森林防管体系，保护和巩固森林资源

贯彻预防为主的方针，建立健全"三防"管理体系，完善防治措施。对于森林火灾，强化预防、扑救、保障三大体系，健全各级政府防火目标责任制，做到"预防为主，积极消灭"。对于森林病虫害，加强林业有害生物监测预警、检疫御灾、应急防治体系和公共服务保障能力的建设，开展常发危险性和重点林业有害生物灾害治理，对突发林业有害生物灾害开展应急救灾。对非法占用林地、乱砍滥伐等违法行为，严明法纪，予以坚决制止和严厉打击。

3. 坚持生态优先与生态保护

湖南是我国南方的重点林区，要实现全省林业的可持续发展极为重要。湖南省要坚持生态优先，把生态保护放在首位，科学划定、严格管控林业生态红线，保护森林、湿地等各类生态用地，优化生态空间布局。继续深化集体林权制度、国有林场改革为重点的各项改革，加快推进理念创新、管理创新、科技创新等，为林业可持续发展提供不竭动力。紧紧围绕林业发展的现实需求和产

业化发展方向，优化林业产业结构，加快培育新产品、新技术、新业态和新模式，努力提高林业产业竞争力。坚持红线护林、创新活林、产业强林、文化繁林，推动湖南林业成为湖南农业中稳固的增长力。

第四节　畜牧业和渔业

一、畜牧业

1. 畜牧业概况

湖南是全国养殖业大省，2019 年畜牧业产值居全国第六位，生猪出栏量仅次于四川，居全国第二位。近年来，湖南通过整治畜牧业不规范行为，大力发展地方名特禽类生产，生猪品质得到提高，外销量不断扩大，生猪产业得到进一步发展，已形成宁乡花猪、湘西黑猪等知名品牌。衡阳湘黄鸡、武冈铜鹅、临武鸭等地方名特禽类生产规模不断扩大，市场上知名度较高。湘西黄牛、滨湖水牛、湘东黑山羊、马头山羊等草食动物生产异军突起。此外，还涌现了双汇、唐人神、新五丰、临武舜华鸭等一批畜牧加工龙头企业。

2. 畜牧业生产布局

（1）生猪生产。改革开放前，湖南的生猪养殖行业还未形成产业，养殖的主要目的是为其他行业提供生产资料，这一阶段，湖南的生猪产业的发展也可定义为副业型养殖阶段。1979～1984 年，湖南的生猪产量有了稳定的发展。1985 年后，生猪购销全面放开，促使了中国养猪业的发展，这一阶段，湖南生猪产量也开始飞速上升。1996 年，湖南出栏肉猪达 4387.5 万头（见图 8-9），居全国第二位。1996～2007 年，生猪产量稳中有升。2007 年以后，生猪养殖产业进入剧烈波动阶段，但仍保持上升趋势。2018～2019 年，全省生猪出栏量锐减，主要是因非洲猪瘟传入国内引起的，导致大量生猪病死或被扑杀。尽管如此，湖南依然是全国的生猪大省，2019 年湖南的出栏生猪量达到 4812.9 万头，列入全国生猪优势区域布局规划的县有 50 个，占全国生猪优势县总数的11.4%。目前，湖南省生猪产业可以分成五个地域特色相对明显的养殖产区，即长株潭产区、湘南产区、湘中产区、洞庭湖产区和湘西产区。

（2）牛羊类生产。2019 年全省牛存栏量为 410.40 万头。湘西和湘南地区牛的饲养量较多，永州市、邵阳市、怀化市、常德市年末的存栏量均超过 40 万头，分别为 72.9 万头、51.4 万头、49.7 万头和 40.4 万头，占全省牛的存栏总量数的 52.24%。娄底市、郴州市、衡阳市、岳阳市、湘西自治州，合计牛存栏

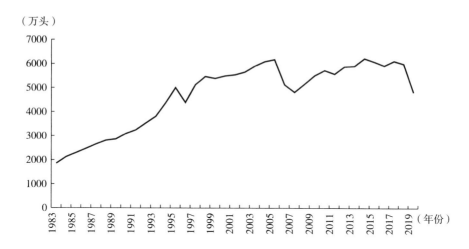

图 8-9　1983~2019 年湖南省生猪出栏量及其趋势

资料来源：相关年份《湖南统计年鉴》。

量为 137.6 万头，占全省总量的 33.53%。牛存栏量最少的是湘潭市，仅 6 万头。全省羊出栏量较多的市为常德市、怀化市、衡阳市、益阳市、永州市，出栏量较多的县市为石门县、桃源县、浏阳市、安化县、平江县、澧县等。

奶类生产在湖南分布不均衡，牛奶产量最多的是邵阳市和常德市，分别有 4.92 万吨和 1.35 万吨，占全省总产量的 75.32%，其中邵阳市的牛奶产量占全省的一半。邵阳市城步县的南山牧场是湖南省内唯一的大型牧场，于 1956 年开始筹建，是省内国家投资最多、人工开发面积最大的牧场。株洲市、张家界市、益阳市、湘西自治州则无牛奶生产产业。

3. 畜牧业发展的问题

（1）生产经营分散，发展水平较低。湖南畜牧业主要是农区畜牧业，其中生猪饲养比重较大，占全省牧业产值的 70% 左右，最显著的特点是小规模分散生产。湖南省畜牧水产事务中心数据显示，截至 2020 年 3 月底，全省万头以上大型规模猪场仅 267 个。全省的大型牧场数量非常少，仅有南山牧场 1 处，畜牧业发展仍处于相对落后水平。2019 年全省大型国有农牧场肉类总产量 12.44 万吨，仅占全省肉类总产量的 2.72%。作为家庭副业的畜牧业，虽然近年来在生产经营的规模、饲养技术、生产基地建设方面均有所发展，但分散经营、小规模养殖的兼业户及广大农户的家庭养殖仍然是畜牧业生产的主体，导致畜牧业整体发展水平不高。

（2）动物疫病防治水平不高。湖南省畜牧业虽发展优势明显，但动物疫病防治水平仍然不高，动物防疫体系不健全，乡镇畜牧兽医站基础设施薄弱，应对风险的能力较弱，直接影响到畜产品的出口，从而影响畜牧业的发展。如2018年非洲猪瘟扩散，湖南省是第一批被猪瘟疫情传染的省份，在全省超过60%的地区均有发生，生猪出栏量由2017年的6116.3万头锐减至2019年的4812.9万头，减少了21.3%。

4. 畜牧业发展的对策

（1）提升畜牧业产业化水平。加快养殖大户、家庭牧场、专业合作社、产业化龙头企业等新型经营主体培育，狠抓畜牧生产重点县、优势基地县的发展建设，促进集约化规模养殖。大力开展清洁养殖，开展标准化畜禽养殖场创建活动，提高畜禽标准化生产能力。健全质量安全追溯体系，努力实现生产记录可存储、产品流向可追踪、储运信息可查询。创新畜产品销售渠道，加强畜产品冷链物流建设，支持国家重点龙头企业扩容提质。

（2）提高饲草（料）保障水平。充分挖掘饲草（料）生产潜力，大力发展草牧业，形成粮草兼顾、农牧结合、循环发展的新型种养结构。积极推进饲用粮生产，进一步挖掘秸秆饲料化潜力，开展粮改饲和种养结合模式试点，促进粮食、经济作物、饲草（料）三元种植结构协调发展。拓展优质牧草发展空间，合理利用"四荒地"、退耕地种植优质牧草，加快建设人工草地。

（3）明确区域定位，调整畜牧结构。根据区域资源承载能力，明确区域功能定位，充分发挥区域资源优势，调整新一轮养殖区域布局，推进畜禽养殖由长株潭城市群等养殖高密度地区向湘西、湘南等密度低地区转移，形成特色鲜明、生态安全的优势畜禽产品区。加大畜牧业结构调整力度，继续稳定生猪、家禽生产，突出发展草牧业。生猪、家禽生产要以稳定数量为前提，提高质量安全水平，加快发展地方特色猪种和特色家禽。肉牛、肉羊生产要充分利用好天然草地资源优势，加大天然草地改良和品种改良力度，扩大牛羊产业发展；奶牛生产则要引进和支持现代化的大型规模奶牛养殖场和良种奶牛基地建设。大力发展饲料兽药工业，全面推行高效、环保、安全的饲料兽药生产厂。大力发展冷鲜畜禽产品交易，支持畜禽加工企业改善生产和技术条件。支持龙头企业创新机制、培育品牌，打造集养殖生产、良种繁育、精深加工、废弃物综合利用于一体的产业集团。

二、渔业

1. 渔业概况

湖南是全国著名的淡水鱼产区，渔业历史悠久，天然鱼类共160多种，以鲤科为主，主要有鲤、青、草、鳙、鲢、鳊、鲫、鲂等，著名的鱼种有中华鲟、白鲟、银鱼、鲥鱼、鳗鲡等。通过多年合理养护与综合开发，湖南渔业在20世纪 80 年代就跻身于"全国渔业十强省"。2019 年全省淡水养殖面积 642.32 万亩，其中，湖泊 82.79 万亩，池塘 362.33 万亩，水库 154.85 万亩，其他水面 26.34 万亩。水产品总产量 264.85 万吨，渔业产值 411.82 亿元，渔业产值在全省农业总产值的比重达 6.90%，一些重点县渔业产值的比重占当地农业总产值的 15% 以上（见图 8-10）。水产品成为湖南农业中居粮食、生猪之后的第三大宗农产品，渔业已成为农业、农村经济中具有活力的支柱产业和经济增长点。

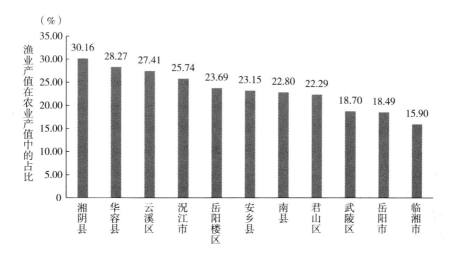

图 8-10　2019 年渔业重点县产值所占比例

资料来源：《湖南统计年鉴 2020》。

2. 渔业生产布局

　　湖南省渔业产业发展主要分布在北部洞庭湖区、"四水"流经区，其中，岳阳、常德、益阳三市水产品年产量均超过了 40 万吨。部分渔业发达地区把发展名特优水产摆在突出位置，根据不同资源状况和区位特点，打造一批优势产业带。如洞庭湖区的珍珠占全国养殖产量的 1/4，常德市的珍珠养殖产量占到全省的 60%，岳阳市的河蟹产量占全省的 55%，益阳市的斑点叉尾鱼产量占全省的 60%，虹鳟已成为郴州市最具特色的养殖品种，该市银鱼养殖为全省最早，产量也占全省养殖总量的 70%。全省在建设优势水产品原料生产基地的同时，极力开发城郊和水乡旅游区的休闲渔业，提升渔业产业层次。2019 年，湖南省休闲渔业产值超过 26 亿元，占全省渔业流通和服务业总产值的 21.81%。随着特色产业的规模化发展，水产品外销和出口份额不断增大，水产养殖效益稳步上扬。

　　此外，湖南省先后建设鱼类原种场、中华鳖原种场、鲴鱼原种场、洞庭湖鱼类原种场 4 个国家级原种场；张家界大鲵国家级自然保护区、益阳南洞庭湖濒危水生野生动物自然保护区、岳阳东洞庭湖江豚自然保护区等 36 个国家级水产保护区。全省实施养殖证制度涵盖水域面积 500 多万亩，发放养殖证 4.3 万本，无公害产地认定近 600 万亩水面、40 多个水产品通过无公害产品认证，同时加强水产品质量监测，水产品质量安全水平稳步提高。规范的行业管理和良好的产品质量为湖南渔业的永续发展奠定了坚实的基础。

3. 渔业发展的问题

（1）渔业产业化经营程度较低。近年来，渔业加工和销售两大产业化环节发展迅速，尤其是民营渔业企业的涌现促进了渔业产业化格局的形成，但企业规模小，市场开发落后，市场占有率不高，生产效率不高，产业化经营程度依然较低，应对市场风险的能力较弱，大型鱼类原种场还有很大发展空间。

（2）渔业生产资源环境问题。渔业生产存在电鱼、毒鱼、炸鱼等各种破坏渔业资源、水生野生动物的违法行为，还有部分自然保护区的核心区和缓冲区因建设现代渔业设施而造成了一定破坏，这表明突发性水域污染快速反应机制有待建立健全，依法调查处理渔业污染事故的效率有待加强。

4. 渔业发展对策

（1）加强规划引导，优化渔业区域布局。把渔业发展纳入地区现代农业发展规划和经济社会发展总体规划，将渔业发展有机融入经济社会发展大局。科学划定水产适养区、水产精养区、种质资源保护区、饮用水源保护区，合理有效配置现代渔业生产要素，促进渔业发展规模化、标准化、集约化。在环洞庭湖区重点建设一批现代水产养殖基地，着力培植和发展一批主导产品和支柱产业，打造优势产业带；在湘中、湘南地区围绕提高养殖效益建立高效池塘精养基地，通过发展标准化养殖区和规模养殖户，把资源优势转化为产品优势与经济优势；在大中型水库发挥水体资源优势，适当发展增殖渔业。

（2）推进退田还湿，严格控制捕捞。加强重要河湖、重要湿地保护与恢复，有计划推进退耕还湿、退养还滩，建设一批水生生物保护区和水产种质资源保护区，实施水生生物湿地、重要鱼类栖息地及渔业经济物种保护。严格控制捕捞强度，扩大水生生物资源增殖放流规模，加大伏季休渔禁渔力度，研究适当延长休渔期，严厉打击非法捕鱼，促进渔业资源永续利用。

（3）推进渔业经济强县建设。积极开展现代渔业示范县创建工作，大力推进现代渔业综合区和特色产业示范区建设，重点围绕发展基础好、市场影响大的甲鱼、大口鲶、黄鳝、鳜鱼、乌鳢、鲌鱼、河蟹、大鲵等品种调整养殖结构，形成优势产业带。力争建成 30 个水产品年产量超 5 万吨、产值超 10 亿元的渔业经济强县，其水产品产量和产值分别占全省总量的 50% 左右[8]。

（4）遵循自然规律和经济规律，合理有效配置渔业生产要素。在环洞庭湖区充分利用丰富的水域资源和名特优资源优势，建设一批现代水产养殖基地。在湘中、湘南地区围绕提高养殖效益和建立高效池塘精养基地，通过发展标准化养殖区和规模养殖户，把资源优势转化为产品优势与经济优势；在湘南湘西丘陵山区大力推广已经积累的稻田养鱼成功经验，进一步扩大稻田养鱼规模。在大中城市郊区适应城市消费需求，发展各具特色的休闲渔业。在大中型水库充分发挥特有的深水资源、冷水资源和静水资源，发展深水性、冷水性鱼类养殖和增殖渔业[9]。

第五节　农村发展与乡村振兴

改革开放以来，湖南省农业综合生产能力明显提高，农村经济整体实力显著增强，农民收入大幅增加、生活质量逐步提升，农村社会事业蓬勃发展，农村面貌焕然一新。

一、农村发展概况

1. 农村人口

1999~2019 年，湖南省总人口数稳步增长，2019 年湖南省户籍总人口为 7319.53 万人，与 1999 年相比增长了 787.53 万人，平均每年增加 39.38 万人，年均自然增长率保持在 0.57%。与此同时，湖南农村人口呈持续下降趋势，2019 年农村人口为 4808 万人，比 1999 年减少了 45.82 万人。根据湖南省第三次农业普查结果，湖南 60 岁及以上的常住人口的比例为 21.16%，0~9 岁人口的比例为 12.96%，这两个数据比第二次农业普查结果分别高了 4.5 个百分点和 1.5 个百分点。随着城镇化进程的推进，许多农村人口纷纷向外迁移，导致农村家庭结构、人口结构发生变迁，农村常住人口年龄结构转向老龄化、低龄化，中老年人和儿童成为农村留守人口的主要群体。

2. 农村经济

近年来，湖南在提高城市化水平的过程中也在着力发展农村经济，农村农业发展质量稳步提升。1999 年，湖南省的农林牧渔业总产值仅为 1200.94 亿元，2019 年，全省农林牧渔业实现总产值 6405.06 亿元，比 1999 年增长了 5204.12 亿元。1999~2019 年，粮食总产量从 2725.4 万吨增长到 2974.8 万吨，高档优质稻面积不断增加，超级杂交稻试验平均亩产达到 1203 公斤，再次创新世界纪录，畜禽、粮食、蔬菜全产业链产值突破 2000 亿元。

随着经济的不断发展，湖南省的农村产业结构不断调整优化。在改革开放初期，湖南农村经济以农业生产为主，1985 年第一、第二、第三产业占社会总产值的比重分别为 42.2%、36.3% 和 21.5%。社会经济的快速发展、城市化进程加快与新型旅游产业的崛起，农村经济产业结构不断发生转变，第二、第三产业比重不断上升。1999 年第一、第二、第三产业占社会总产值的比重分别为 24.2%、37.0% 和 38.8%。随着"离土不离乡、进厂不进城"政策的实施，农村劳动力逐步由第一产业向第二、第三产业流动。与 1978 年相比，第一产业下降了 18 个百分点，第二产业与第三产业分别提高了 0.7 个和 17.3 个百分点。乡镇企业的兴起，农村劳动力在农村内部加速流动。2009 年农村劳动力就业于第一、第二、第三产业的比重分别为 14.1%、43.0% 和 42.9%。随着资本密集程度的提高、乡镇企业吸纳能力的下降，农村剩余劳动力开始向城市流动。2019 年农村劳动力就业从事第一、第二、第三产业的比重分别为 9.17%、37.63% 和 53.2%（见图 8-11）。

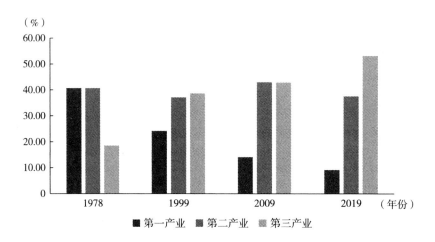

图 8-11 1978~2019 年湖南省农村劳动力从事三次产业的比重
资料来源：相关年份《湖南统计年鉴》。

3. 农民生活

1978 年以来，全省农民生活显著改善，经济体制的变革不仅带来了农村经济的长足发展，还促进了农民收入的显著增加，扭转了长期以来农民生活水平提高缓慢的状况。2019 年全省农村居民人均纯收入由 1978 年的 142.6 元增加到 15394.8 元，按当年价格计算增长了 106.99 倍。

农民生活消费支出增长迅速。2019 年全省农民人均生活消费支出已达 15278 元，相比 1978 年增长了 99.2 倍。与农民消费水平提高相适应，农民的消费结构日趋合理，传统的消费行为和消费习惯受到冲击，消费结构由生存资料为主开始向享受资料和发展资料转变。

二、脱贫攻坚的历程

湖南省是全国扶贫开发主战场。2013 年，湖南省共有 51 个扶贫开发重点工作县，包括 20 个国家级贫困县、31 个省级贫困县，省内有武陵山和罗霄山脉两大集中连片贫困区[10]。

1949 年中华人民共和国成立后，特别是自 20 世纪 70 年代末实行改革开放政策以来，湖南省响应国家号召，致力于经济和社会全面发展，在全省范围内实施了以解决贫困人口温饱问题为主要目标的有计划、有组织的大规模扶贫开发，极大地缓解了贫困现象[11]。

1. 救济式扶贫阶段（1949~1977 年）

这一阶段的扶贫体现在变革生产关系和加快工业化进程，以铲除剥削和重工业推进为特征。1949 年初期，生产力水平异常低下，农村居民普遍处于贫困状态。贫困的根源来自封建土地所有制下的剥削制度。为此，变革生产关系成为唯一手段。截至 1978 年底，湖南省农村贫困人口高达 4458 万人，无论从农村居民生产条件还是生活质量来看，农村贫困相当严重。

2. 体制改革推动扶贫开发阶段（1978~1985 年）

我国自 1978 年开始的改革，首先是土地经营制度的变革，即以家庭联产承包责任制取代人民公社的集体经营制度。这种土地制度的变革极大地激发了农民的劳动热情，进一步解放生产力，提高了土地的产出率。与此同时，在农村进行的农产品价格逐步放开、大力发展乡镇企业等多项改革，也为解决农村贫困人口问题提供了出路。这些改革，促进了国民经济的快速发展，并通过农业产业结构向附加值更高的产业转化以及农村劳动力在非农领域就业三个方面的渠道，将利益转移给贫困人口，使许多贫困农民得以脱贫致富，农村贫困现象大幅缓解。1979~1985 年，湖南省农村未解决温饱的贫困人口从 1152 万人下降到 551 万人，减少了 601 万人；农村贫困发生率从 25% 下降到 10%，下降了 15个百分点。这一阶段是农村经济发展速度最快、农村贫困人口减少最多的时期。由于这一阶段的反贫困主要依靠农村政策，靠农村经济体制改革的惯性作用，对整个农村的作用力具有均衡性[12]。

3. 大规模开发式扶贫阶段（1986~1993 年）

"八五"期间的开发式扶贫开发战略主要通过有计划的扶贫开发与一定的宏观经济政策相结合，旨在以扶持贫困地区经济的发展为主来缓解农村贫困。20世纪 80 年代中期，在改革开放政策的推动下，中国农村绝大多数地区凭借自身的发展优势，经济得到快速增长。然而，贫困地区与其他地区在经济、社会、文化等方面的差距逐步扩大，为帮助广大贫困地区群众摆脱贫困，进而改变生产条件，提高生产力，中央和国务院把扶贫工作作为国家的一项任务提出。1986 年 3 月全国人大六届四次会议将"老、少、边、穷"地区脱贫作为一项重要内容，同年 6 月，我国政府成立了国务院贫困地区经济开发领导小组，负责组织、领导、协调、监督、检查贫困地区的经济工作。从此以后，中国政府在全国范围内开展了有组织、有计划、大规模的扶贫开发工作。湖南省按照当时农民收入水平确定了 31 个贫困县，正式纳入国家和省的重点扶持对象。从 1986 年到 1993 年，经过 7 年时间的努力，湖南省贫困地区农民人均纯收入提高到 852 元，比 1985 年增加 687 元；全省农村未解决温饱的贫困人口下降到 433 万人，减少了 118 万人，贫困发生率下降到 8.2%，减少了 1.8 个百分点。

4. 农村扶贫开发攻坚阶段（1994～2000 年）

随着农村改革的深入发展和国家扶贫开发力度的不断加大，贫困人口逐年减少，贫困特征也随之发生较大变化，贫困人口分布呈现明显的地缘特征，自然条件恶劣、基础设施薄弱和社会发展落后等成为导致贫困的主要因素。正因为发生了这种变化，使扶贫逐渐从体制改革带动、经济增长带动和项目开发三种方式并重的局面转变为只能靠项目开发一种方式带动的局面。由于贫困地区自然条件恶劣，区域制度改革和经济增长难以带动贫困人口超越生存线而进入发展阶段，这就从客观上决定了必须实施扶贫到户战略，解决贫困人口的基本生存问题。1994 年 3 月《国家"八七"扶贫攻坚计划》公布实施，计划明确提出，集中人力、物力、财力，动员社会各界力量，力争用七年左右的时间，也就是到 2000 年末，基本解决全国 8000 万农村贫困人口的温饱问题，农村贫困人口下降到 3200 万人，中国的扶贫开发进入了攻坚阶段。

1994 年湖南省委、省政府依据中央精神制定了《湖南省实施〈国家八七扶贫攻坚计划〉的意见》，1996 年《中共湖南省委、湖南省人民政府关于贯彻〈中共中央、国务院关于尽快解决农村贫困人口温饱问题的决定〉的意见》出台，进一步加大了扶贫开发工作力度，明确了一系列新的更加有效的措施，形成了全党动手、全社会动员、全民参与、合力攻坚的扶贫开发新局面。1994～2000 年，湖南省贫困地区农民人均收入从 653 元提高到 1583 元，增加了 930 元，全省农村未解决温饱的贫困人口从 433 万人下降到 130 万人，减少了 303 万人。贫困发生率从 8.58% 下降到 2.81%，下降了 5.77 个百分点，实现了"八七"扶贫攻坚目标。

5. 综合扶贫开发、巩固温饱成果和夯实发展阶段（2001～2012 年）

2001 年 5 月，国务院制定了《中国农村扶贫开发纲要 2001—2010 年》（以下简称《纲要》），就未来 10 年的农村扶贫开发进行了全面的部署，提出 10 年奋斗目标，以尽快解决极少数贫困人口温饱问题，进一步改善贫困地区的基本生产生活条件，巩固温饱成果，提高贫困人口的生活质量和综合素质，加强贫困乡村的基础设施建设，改善生态环境，逐步改变贫困地区社会、经济、文化的落后状况，为达到小康创造条件。根据《纲要》，湖南省制定了《湖南省农村扶贫开发规划（2001-2010年）》，将扶贫开发工作任务从温饱调整为解决温饱与巩固温饱并重，提出了产业开发等四大任务，进一步加大加快了开发式扶贫工作力度和步伐，采取了"领导办点、部门联村、三级联创"的形式，先后派出机关党员干部近4万人次，组成1万多个工作组，进驻1万多个行政村，深入开展农村基层组织建设和扶贫开发工作，取得了显著成效。

6. 全面脱贫摘帽与精准扶贫阶段（2013~2020年）

自"精准扶贫"重要论述提出以来，湖南成为精准扶贫的首倡地。到2020年底，全省51个贫困县全部脱贫摘帽，6920个贫困村全部脱贫出列，682万建档立卡贫困人口全部脱贫，全面消除绝对贫困和区域性整体贫困。贫困地区农村居民人均可支配收入从2013年的6165元增加到2020年的12406元，水、电、路、讯等基础设施和教育、医疗等基本公共服务明显改善，贫困群众获得感、幸福感明显增强。尤其是全省以51个贫困县为脱贫攻坚主阵地，探索了"四跟四走"产业扶贫、"1143"扶贫劳务协作、"无抵押、无担保、基准利率"小额信贷、"互联网+社会扶贫"、"互联网+监督"等一批"湖南经验"，打造了一批类如花垣县十八洞村精准脱贫"村级样本"[13]。2014~2019年，51个贫困县减少贫困人口456.3万人，占全省减贫总量的70.1%；贫困发生率由19.49%下降到0.48%，降幅高出全省平均水平7.19个百分点；农民人均可支配收入由5137元提高到11344元，增幅高于全省平均水平3.43个百分点。

三、乡村振兴

乡村兴则国家兴，乡村衰则国家衰。党的二十大提出加快建设农业强国，扎实推动乡村产业、人才、文化、生态、组织振兴，对中国式现代化做出了深刻而系统的阐述，对推进乡村振兴工作作出了科学规划和详细部署，要把农业农村优先发展作为现代化建设的一项重大原则。全面建成小康社会和全面建设社会主义现代化强国，最艰巨、最繁重的任务在农村，最广泛最深厚的基础在农村，最大的潜力和后劲也在农村。实施乡村振兴战略，是解决新时代我国社会主要矛盾、实现下一个百年奋斗目标和中华民族伟大复兴中国梦的必然要求，具有重大现实意义和深远历史意义。湖南省农业人口基数大，是我国的农业大省，其地势南高北低，湘南、湘中、湘西其他乡村地区多丘陵、山地，农业发展相对滞后，"三农"问题严重影响着湖南实施乡村振兴战略，进而也影响着全国的乡村振兴战略。

1. 乡村振兴所面临的困境

（1）工农业发展不协调，城乡经济联动不足。改革开放以来，全省的经济高速发展，工农业发展都有了质的飞跃。1978 年，全省农林渔牧业总产值为81.37 亿元，全省规模以上工业企业营业收入为 124.40 亿元，是农林渔牧业总产值的 1.53 倍，工农业发展水平较为均衡；2019 年，全省农林渔牧业总产值为6405.06 亿元，而全省规模以上工业企业营业收入高达 37919.60 亿元，是农林渔牧业总产值的 5.92 倍。总体来说，工农业在改革开放后高速发展，但是在这个过程中，因大力发展工业，而忽略了对农业生产的保护，导致工农产业发展不平衡、不协调、不可持续，传统发展模式难以为继。在农业科技项目上的投资甚少，现有的农业技术相对落后，农民受教育水平低，极大地限制了农业科技进步。超重型的产业结构使农村的生产要素无法与来自城市的资金、技术、管理等生产要素充分结合，不能形成强有力的现实生产力，进而不能实现产业结构的优化升级。城乡统筹发展缺乏财力支持，难以做到以工补农、以城带乡[14,15]。

（2）乡村人才流失严重，职业素质有待提高。城乡就业政策体系缺乏协调，劳动力、人才流动体制阻碍诸多，农民收入增速持续下滑难以吸引人才留守农村，乡村振兴人才流失严重。湖南省是一个外出务工的农业大省，外出务工人员主要以青壮年人群为主，而在乡村建设中留守人员以老弱病残人员居多。一方面，由于乡村发展条件受限、产业发展滞后，很难吸引专业人才投身于乡村建设；另一方面，农民文化层次参差不齐，在农村从事农业生产的人员文化素质都不高，绝大多数为初中文化水平及以下，高素质人才相对匮乏[14,15]。

（3）农村公共服务水平偏低，城乡差距明显。在教育方面，全省农村青年教师流失严重，优秀青年教师趋向城市发展与生活，导致农村教师老龄化和教育水平下降，加之"留守儿童"和农村办学条件差，城乡教育体现出巨大的差距。在医疗方面，城乡医疗资源配置失衡，城乡居民医疗卫生服务水平差距较大，农村医疗资源缺乏，医疗卫生队伍有待壮大，尤其在部分边远山区，医疗设施落后，卫生员水平低，医疗资源供给总量不足，农民看病难、看病贵的问题依然很明显。城乡社会保障体系不健全，城乡居民社保水平差距较大，公共服务均等化水平低。城乡居民社会保障模式不同，制度之间衔接不畅，城乡待遇差别较大，农民社会保障水平偏低[14,15]。

（4）农村人居环境有待进一步改善。近年来，全省围绕新农村建设实施了一系列工程，使农民的生产生活条件明显改善，农村整体面貌发生了较大变化。但是，由于自然和历史的原因，农村人居环境总体水平与农民群众的现实需求、与建设美丽湖南的目标要求还有较大差距。村容不整洁问题依然较明显，垃圾乱倒、污水乱排、粪污乱流、废弃物乱堆乱放的现象还普遍存在。尤其在部分偏远山区，生态环境脆弱，地质灾害较多，且基础设施依然薄弱，农村安居环境较差，农民生产生活条件还没有得到根本改善[14,15]。

2. 推进乡村振兴的主要对策

湖南乡村发展已经取得了长足的进展，但仍然面临经济基础薄弱、公共资金投入缺口大等难题。党的二十大报告提出要促进区域协调发展，深入实施区域协调发展战略、新型城镇化战略，推动农业农村优先发展和城乡融合发展。为拉动乡村实现多元化、可持续的全面振兴，需持续加大对乡村的公共投入和制度供给，促使劳动力、资金、土地和技术等要素回流农村，发展多极化的特色经济片区、特色小城镇以及特色乡村，通过"多点多级""点面结合"来辐射整个乡村的内生性发展[16]。

（1）大力发展农村新兴产业，促进农村产业融合发展。湖南省农村经济增长长期以来依靠传统农业支撑，呈粗放型增长模式，在当前城市化快速推进的背景下，大力发展农村新兴产业是农村传统经济发展模式的一项突破，也是合理利用农村闲置资源的重要举措。要发展乡村特色产业，拓宽农民增收致富渠道。巩固拓展脱贫攻坚成果，增强脱贫地区和脱贫群众内生发展动力。当前，湖南省农村特色新兴产业主要包括创意农业、生物医药技术产业、油茶产业、生物育种产业、微生物产业等。在未来的发展中，要根据各地的自然条件和资源禀赋，在产业体系、生产体系、经营体系等方面加强社会化服务和政策支持，打造农业品牌，全面提升农业品质，满足高端农产品需求。充分利用农业的观光、教育等多重属性，大力促进农村第一、第二、第三产业深度融合，延长农业的产业链，提高农业的经济附加值、全要素生产率和综合效益。大力支持农业科技创新与农业科技应用，发展低碳、高效、包容的绿色农业、生态农业和智慧农业，通过推广节水灌溉技术、减少农药化肥使（施）用、促进农业废弃物再利用等，破除资源环境对农业振兴的约束。

（2）关注相对贫困地区，巩固拓展脱贫攻坚成果。湖南省武陵山片区内特色产业规模偏小，缺乏具有明显区域特色的大企业、大基地，产业链条不完整，没有形成具有核心竞争力的产业或产业集群，对持续巩固拓展区域脱贫攻坚成果效力不足。区域内仓储、包装、运输等基础条件差，金融、信息等基础设施严重滞后，物流成本高。在当前市场化、全球化、信息化的趋势下，要立足武陵山片区县域经济实际，创新发展思维，实施县域经济发展"1234"战略，即实施县域"产业集中"战略，加快县城和园区两个载体建设，推进新型工业化、农业现代化和新型城镇化"三化"进程，建设现代农业基地、劳务品牌基地、绿色产品基地、生态旅游和红色旅游基地"四大基地"。产业集中是重要的投资环境，要推进招商引资专业化，产业发展集群化。每个县（市、区）都应在现有产业中选择最有发展前景、最有市场空间和各种优势（资源优势、产业群体优势、人力资本优势）的产业重点发展，作为本县（市、区）的支柱产业，做大做强、做出特色，提高市场占有率。

罗霄山片区为革命老区，经济社会发展水平整体较低，低收入人口多生活在自然条件较差的边远山区，因灾、因病返贫风险依然存在。片区地质结构复杂，旱涝灾害频发，是山洪、滑坡、塌方、泥石流等自然灾害多发区，部分地区水土流失、石漠化现象严重，土地贫瘠；基础条件较为薄弱，交通瓶颈制约依然明显，国省干线公路技术等级偏低；产业发展困难，第一产业占比过高，农村经济以分散经营为主，经济效益低。同时，片区是湘江、赣江、珠江和东江湖等流域的上游及重要生态安全屏障，水源涵养、水土保持和环境污染防治任务重。在今后的发展中要坚持基础先行，统筹推进片区交通、水利、能源、信息以及城镇基础设施建设，加快构建适度超前、功能配套、安全高效的现代基础设施网络，为巩固拓展脱贫攻坚成果提供支撑和保障；要以新型城镇化为引领，以美丽乡村建设为切入点，加快小城镇和中心镇建设，进一步巩固易地搬迁扶贫成果，努力改善农业生产条件和农村生活条件，提升农村人居环境质量；要从资源优势、区位特点和产业基础出发，以市场为导向，改造提升传统优势产业，培育发展战略性新兴产业，加快发展现代服务业，努力打造具有区域特色的产业体系，增强片区经济发展的内生动力。

（3）强化农村人才振兴，为乡村振兴战略提供智力保障。教育、科技、人才是全面建设社会主义现代化国家的基础性、战略性支撑。要加快乡村振兴战略的实施就需要大力培育农村人才，开展人才振兴策略。在未来一段时间内，湖南省在继续推进户籍与公共福利分离政策以促进农业人口转移的同时，应注重农村人才的回流和培育。以教育、科技等领域为突破点，通过解决农村教育投入不足、网络不连通等基础性难题，提高新一代农村居民的知识水平和技能水平，培育新型职业农民等乡村可持续发展的内生人才，使人人都有通过勤奋劳动实现自身发展的机会。通过内部培养、外部引进、志愿帮扶等多种渠道，扶持懂农业、爱农民的"三农"人才回归农村，建立一支有想法、有能力、有干劲的工作队伍，鼓励专家学者、政府官员、社会企业等各方主体参与乡村振兴，优化乡村人口结构。拓宽农民增收渠道，出台扶持普通农户生产经营的政策，带动小农户参与农业现代化进程，让农民成为乡村振兴战略的真正受益者。

（4）培育乡村内生增长动力，夯实乡村振兴的硬件和软件基础。党的二十大对乡村振兴提出要求，硬件方面要统筹乡村基础设施和公共服务布局，建设宜居宜业和美丽乡村；软件方面要巩固和完善农村基本经营制度，发展新型农村集体经济，发展新型农业经营主体和社会化服务，发展农业适度规模经营。湖南省可通过健全农村信用体系，加快农村金融、农村电商等领域的创新创业，运用政府和市场的力量支持带动特色种养、乡村旅游、"互联网+农业"等多种形式产业发展，实现产业融合和产业兴旺。通过构建生态补偿机制，全面推进农村面源和点源污染治理，并通过多元融资方式解决污水处理、垃圾处理等农村公共设施建设运营资金难题，健全完善城乡统一的公共服务，实现生态宜居。传承发展农耕文明和乡村优秀传统文化，通过培育"道德评议堂"、"红白理事会"、网络点赞团等农村微组织，推动移风易俗，实现乡风文明。通过加强农村基层管理体制创新，发挥好乡贤、理事会、议事会等个人或组织的作用，构建自治、法治和德治相结合的治理体系，实现治理有效。

参考文献

［1］曾良贵，陈可明，揭红科，等.湖南省水稻生产概况及发展策略［J］.湖南农业科学，2013（2）：17-19.

［2］王昊，欧阳涛.湖南省农业经济增长的科技贡献率分析［J］.湖南农机，2012，39（7）：123-125+129.

［3］陈文胜，王文强.全国农村农业信息化示范省建设的湖南实证研究［J］.湖南社会科学，2014（6）：160-164.

［4］覃丽娜，方威.湖南省农产品流通的现状及发展对策［C］// 湖南省市场学会.湖南省市场学会2009年会暨"两型社会与营销创新"学术研讨会论文集.长沙：湖南省社会科学界联合会学会工作处，2010.

［5］刘明月.湖南蔬菜产业现状与发展对策［J］.湖南农业科学，2015（5）：109-111.

［6］巩养仓，李飞，贺云新，等.湖南棉花生产现状与发展对策［J］.中国棉花，2017，44（1）：1-4.

［7］李晋中.湖南茶业产业化现状分析及对策研究［D］.长沙：湖南农业大学，2010.

［8］湖南省人民政府办公厅.关于加快全省现代渔业建设的意见［Z］.2014.

［9］张珊.湖南现代渔业发展研究［D］.长沙：湖南农业大学，2013.

［10］谭雪兰，安悦，王振凯，等.湖南省乡村贫困的影响因素及调控路径研究［J］.地理研究，2019，38（11）：2804-2815.

［11］谭雪兰，蒋凌霄，米胜渊，等.湖南省县域乡村反贫困绩效评价与空间分异特征［J］.地理科学，2019，39（6）：938-946.

［12］李继文.湖南省农村扶贫开发问题研究［D］.长沙：国防科学技术大学，2010.

［13］谭雪兰，蒋凌霄，王振凯，等.地理学视角下的中国乡村贫困——源起、进展与展望［J］.地理科学进展，2020，39（6）：913-923.

［14］周作武，李建，王向志，等.湖南实施乡村振兴战略面临的问题及对策研究［J］.南华大学学报（社会科学版），2020，21（1）：13-20.

[15] 刘润秋，黄志兵.实施乡村振兴战略的现实困境、政策误区及改革路径 [J].农村经济，2018 (6)：6-10.

[16] 刘加林，王晓军，贺桂和，等.新时代下湖南乡村振兴战略实施路径探析 [J].湖南人文科技学院学报，2019，36 (1)：44-50.

第九章　基础设施布局

基础设施是社会经济活动正常运行的基础、经济布局合理化的前提和社会经济现代化的重要标志。中华人民共和国成立以来，湖南省大力推动交通、能源、信息、水利等基础设施建设，基础设施布局不断优化，服务能力显著增强，有力支撑了湖南社会经济发展。

第一节　交通网络

交通基础设施的完善能够促进内部要素流动、节约运输成本、促进经济发展[1]。中华人民共和国成立初期，湖南省交通基础设施建设十分落后，全省公路通车里程仅 3142 千米，单线铁路里程不足 1000 千米，农村地区交通闭塞，水运交通装备落后，航道基本处于未开发状态，航空运输更是一片空白，严重阻碍了经济社会发展进程。改革开放后，湖南省大力推进交通建设，交通基础设施发生了巨大变化，水陆空综合交通网纵横交错，网络结构和布局明显改善，技术水平日益提高，运输能力显著增强。

一、公路网络

公路交通作为交通运输体系的重要组成部分，以强大的通行能力、快捷的运行速度、灵活的运行方式等特性极大地提高和丰富了运输的能力和内容，对调整产业结构、创造就业机会、合理开发自然资源以及发挥城市的经济辐射作用有着重要意义。根据我国《公路工程技术标准》（JTG B01-2014），公路按使用任务、功能和适应的交通量可分为高速公路、一级公路、二级公路、三级公路、四级公路五个等级；按等级分为国道、省道、县道、乡道以及专用公路五个等级。公路网络是指在全国或一个地区，根据交通运输的需要由各级公路组成一个四通八达的网状系统。

1. 发展历程

湖南省的第一条公路长潭路始建于 1913 年，由于历经军阀连年混战，于

1921 年才竣工通车。改革开放之后，湖南省公路发展速度加快，建设规模扩大，投资多、成效好，公路里程逐年增加（见图 9-1）。从 1977 年至 1984 年，湖南省共新修公路 13741 千米；1984 年湖南省开始实施干线公路大规模技术改造；从 1985 年初至 1990 年底，湖南省共拓宽改造公路 3363 千米；国道 107 线（湖南段）新改建工程于 1991 年竣工通车，结束了湖南省无高等级公路的历史；1994 年湖南省第一条高速公路长永路建成通车，高速公路实现零的突破。"八五"和"九五"期间，湖南省公路桥梁建设整体水平有较大提升；"十五"和"十一五"期间，湖南省农村公路呈现飞跃式发展，同时进一步加快了旅游公路、景区公路的建设。截至 2019 年底，湖南省公路总里程 24 万千米，是 1949年的 76 倍，公路网络密度达 113.58 千米/百平方千米，公路总里程、路网密度和通达度居全国前列，建成桥梁 47293 座，基本形成了"干支配套、网状连接、深度通达、功能齐全"的公路网，服务经济发展能力持续增强，给交通出行、商贸物流、旅游产业发展带来红利。

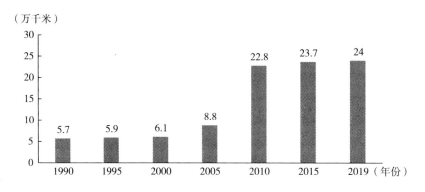

图 9-1　湖南省公路里程

资料来源：湖南省交通运输厅。

2. 公路网结构

（1）高速公路。高速公路作为现代交通的重要手段，在运输通道中起主导作用，具有大流量、高速度、广辐射等特点。湖南省高速公路建设起步较晚，自 1994 年 12 月 28 日湖南省第一条高速公路——长永高速建成通车以来，湖南省高速公路从无到有、从点到面、从线到网，经历了快速、优质的建设过程，把湖南省经济社会发展引领到崭新的时代。2019 年湖南省高速公路里程达到6802 千米，居全国第 4 位；共有 44 条高速公路，连通湖南省 121 个县（市、区），实现"每个县（市、区）30 分钟上高速"；建成出省通道 25 个，与周边广东、江西、广西、贵州、重庆和湖北等省份高速公路网络全部实现对接；基本形成"七纵九横"的高速公路主干架网络。"七纵"由东向西依次为武深（G0422）、京港澳（G4）、华常（S71）、许广（G0421）、二广（G55）、龙吉（S99）、包茂（G65）；"九横"由北向南依次为杭瑞（G56）、长张（G5513）、杭长（G6021）、长芷（S50）、娄新（S70）、沪昆（G60）、衡邵（S80）、泉南（G72）、厦蓉（G76）。高速公路路网结构有效改善了湖南省的区位和运输条件，大大提高了湖南经济和社会的开放度，有力推动了湖南省的产业转型升级，大大增强了湖南经济的发展后劲。

（2）国省道普通公路。国省普通公路是重要的交通运输通道，在湖南综合运输体系中占有重要的地位。目前湖南省已形成由 20 条普通国道、188 条普通省道组成的总里程 3.1 万千米的国省普通公路网，居全国第 4 位，拥有省际通道 89 个，覆盖全省所有（市、区）及重要乡镇，对拉动内需、改善环境、扩大就业等方面起到了重要作用，为湖南省稳增长、调结构、促发展作出了积极贡献。

（3）农村公路。农村公路是保障农村社会经济发展最重要的基础设施，是促进城乡交流的重要设施载体[2]，包括县道和乡道两个层次。湖南省始终把农村公路建设作为改善民生的重要任务。2003 年以来，湖南省连续 17 年将农村公路建设列为重点民生实事考核项目。截至 2019 年，湖南省农村公路里程近 21 万千米，建制村通畅率达 99.97%，通客班车率达 99.70%，以县城为中心、乡镇为节点、村组为网点的农村公路交通网基本形成。同时，大力推进"四好农村路"（建好、管好、护好、运营好）建设，到 2020 年已成功创建"四好农村路"全国示范县 7 个、省级示范县 29 个，创建示范路 2.2 万千米、示范乡镇 393 个。农村公路建设在促进湖南省行政村与乡镇之间的互联互通，推动乡村要素流动，释放乡村经济活力，弥补乡村基础设施短板等方面具有积极的促进作用。

3. 存在的问题

（1）路网结构有待优化。随着湖南省外向型经济联系的加强，高速公路出省通道仍然显得不足。省内东部地区尤其是长株潭城市群交通需求迅速增长，高速公路的大通道尚未形成完整的网络结构，在日常出行高峰以及节假日交通拥堵时有发生，高速公路的运输压力逐渐增大。

（2）交通运输能力偏低。国省干线公路技术等级总体偏低，难以满足经济发展和日益增长的出行需求，建设与管护困难重重，部分高速公路服务区服务能力不足，普通公路沿线服务设施偏少，运输转换衔接不便，公路出行服务信息量不足降低出行效率。

（3）区域和城乡交通差距仍较突出。长株潭城市群作为湖南省的增长极地区，公路交通基础设施完善，以省会城市长沙市为中心形成了较为完善的公路网络体系。湘西地区由于其自然基底条件较差、经济水平较低等原因，公路建设起步较晚，历史任务艰巨，公路设施存在着等级低、基础差、窄路多、网络化程度低等突出问题。近年来，随着精准扶贫和乡村振兴战略的实施，湖南省乡村地区的交通基础设施水平得到提升，但是通达度依然存在不足，农村公路总量不足、结构不优、安保设施不完善，部分建制村与干线公路的距离较远。除此之外，部分乡镇、建制村修建的水泥路多为硬化改造的泥土路，缺乏科学的规划和资金支持，导致修建的路面窄、路程短、质量差、树状分布，甚至存在大量的"断头路"，增加了许多安全隐患。

4. 发展方向

（1）优化等级结构，提升服务能力。继续完善高速路网建设，加速形成长株潭1小时、"3+5"城市群2小时、全省4小时高速圈。大力推动国省干线路网改造升级，加快建设干线公路出省通道，尽快实现与周边省区市干线公路通道的互联互通。加快提升普通国道二级及以上公路的占比，所有具备条件的县城通二级及以上公路。不断地提升公路服务水平，完善服务区的相关配套设施。推进智慧交通建设，不断利用物联网、云计算、人工智能、自动控制、移动互联网等技术，推动传统公路运输方式向智能交通转变，提升服务能力。

（2）加快连接线建设，促进互联互通。建设路网衔接项目，结合国道、高速公路连接线，有效衔接高速公路出入口，基本解决高速公路与干线公路衔接不畅问题，充分发挥干线路网整体效率。加强公路与铁路、航空、水运等其他运输方式的协调衔接，提升高速公路与其他层次路网、城市道路、邻省公路、枢纽站场的协调度，充分发挥普通干线公路承上启下的功能特征，提高综合交通运输体系的组合优势和整体效率。

（3）继续重视农村公路网建设，推动乡村振兴。加强农村公路建设，推进窄路加宽、县乡道改造、乡村旅游路、资源路、产业路、重要县乡道、自然村通水泥（沥青）路、危桥改造、安保设施建设。继续推行"四好农村路"建设工程，全面加强养护，全力推进城乡客运一体化，稳步提升县道、乡道的双车道里程，形成以县道为局域骨干、乡村道为基础的干支相连、布局合理、具有现代化水平的农村公路网，为乡村振兴战略的顺利实施和建设富饶美丽幸福新湖南提供强大的路网支撑。

二、铁路网络

铁路具有安全可靠、能耗少、成本低、运力巨大的特点，是国家的重要基础设施和"大动脉"，在综合交通体系中处于骨干地位，在经济社会发展中具有重要的特殊地位和作用。根据基础设施设计速度的标准，铁路可分为高速铁路（250千米/小时以上）、快速铁路（200千米/小时左右）和普速铁路（160千米/小时以内），简称高铁、快铁和普铁。

1. 发展历程

湖南省铁路的创建与发展，至今已有百余年的历史。1898年，清朝政府拨款修建萍醴铁路，1903年7月建成。后又将萍醴铁路展筑至株洲，于1905年12月建成，全长90.5千米，改称株萍铁路，这是湖南省的第一条铁路。中华人民共和国成立前，湖南省铁路通车里程为950千米，境内仅有京广、湘桂、浙赣三条铁路通过，且均为单线运行。中华人民共和国成立以后，为解决经济发展"大动脉"问题，国家和湖南省先后投资兴建铁路干线、支线和地方铁路。"一五"期间，湖南省对省内所有铁路旧线进行了全面整治和技术改造，并新建了湘潭湘江铁路大桥和衡阳湘江铁路公路两用大桥及一批车站，提高了铁路的行车速度和线路的通行能力。改革开放以来，从蒸汽机车到内燃机车、电力机车，再到动车、高铁，时速从几十千米提升到300多千米，铁路运输进入了"日行千里"的高铁时代，人们的出行更高效、便捷。2009年12月26日，贯穿湖南省的武广高铁开通运营，从长沙到广州的时间由8小时缩短到2小时，湖南省迎来第一条高速铁路，从此，湖南省高铁建设驶入快车道。武广高铁和沪昆高铁在长沙火车南站形成"十字"交汇。2018年，长沙直达香港九龙的高铁开通，湘港合作迈入"高铁时代"。截至2019年底，湖南省全省铁路营运里程共5271千米（见图9-2），其中，高速铁路1986千米，居全国第3位。高铁带来人才、资金、技术、信息等要素的快速流动，成为促进湖南省经济发展的"快速路"。

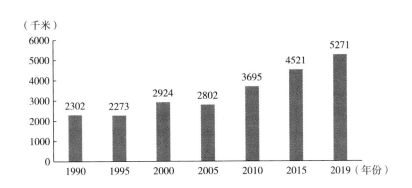

图9-2 湖南省铁路里程

资料来源：相关年份《湖南统计年鉴》。

2. 铁路网结构

湖南省铁路网络发达，有京广线、沪昆线等干线铁路，醴茶铁路、怀邵衡铁路、长株潭城际铁路等支线，有京广高速铁路、沪昆高速铁路和湘桂快速铁路，另有数条正在加快建设中，所有市州通高铁目标即将实现。铁路网络日益完善，目前已形成"五纵五横"普通铁路网和"一纵四横"的高速铁路网。"五纵五横"普通铁路网中的"五纵"分别是浩吉铁路、醴茶铁路、京广铁路、洛湛铁路、焦柳铁路，"五横"分别是石长铁路、渝怀铁路、沪昆铁路、吉衡铁路、湘桂铁路。"一纵四横"的高速铁路网中的"一纵"是京广高速铁路，"四横"是黔张常高速铁路、沪昆高速铁路、怀邵衡高速铁路、衡柳高速铁路。总体上，与中部地区其他五省相比，湖南省的铁路分布较为均衡，以省会城市为出发点的放射性线路较少，大体上呈东西向或南北向走向的线路较多。

（1）京广铁路。作为连接北京和广州的国家一级客货共线铁路，呈南北向贯穿湖南，在湖南省内经停岳阳、长沙、衡阳以及郴州等市。武广高铁是京广高铁的重要组成部分，它的建成使武汉、长沙、广州3地联系更加紧密，标志着湖南省正式迈入高铁时代。

（2）沪昆铁路。连接上海和昆明，是原浙赣铁路与湘黔铁路的合并，全线串联上海、浙江、江西、湖南、贵州以及云南五省一市，沿线自然、旅游、矿产等资源丰富，在湖南省内经停株洲、湘潭、娄底、邵阳、怀化等市，沪昆铁路建成通车对连通我国东西交通、开发大湘西乃至我国大西南具有重要意义。

（3）醴茶铁路。北与浙赣铁路相连，向南行至茶陵西站，全长约108千米，是贯通株洲市南北的重要交通通道，被称为株洲革命老区的"连心路"、连接湘东红色景区的"红色路"、湘赣边区的"致富路"。

（4）湘桂铁路。自衡阳站从京广铁路线向西南方向引出、经过永州、在越城岭东侧进入广西壮族自治区直通东南亚，铁路沿线旅游资源丰富，是一条旅游铁路专线，与京广、洛湛、焦柳铁路相连接。

（5）浩吉铁路。又称蒙华铁路，连接内蒙古浩勒报吉与江西吉安，是我国"北煤南运"重要的战略运输通道，湖南省境内途经岳阳与长沙两市。

（6）黔张常铁路。自渝怀铁路黔江站东行，途经重庆市黔江区，在张家界市与焦柳铁路衔接，再向东经常德市与石长铁路相连，横跨重庆、湖北、湖南三省，处于中国中西结合部，是我国"八纵八横"高铁主通道之一"厦渝通道"的重要组成部分。

（7）焦柳铁路。作为中国三横五纵铁路网的一纵，在湖南省内经停常德、张家界、吉首、怀化、洪江等市。

（8）洛湛铁路。北起河南洛阳南至广东湛江，是湖南铁路网中南北向的又一主干线，在湖南省境内的位置意义特殊，经停常德、益阳、娄底、邵阳、永州等市。处于焦柳铁路和京广铁路这两大南北向铁路主干线的中间，弥补湖南省中部南北向铁路网稀疏的短板，对于缓解南北向运输压力、促进中部与东西地区的互联互通具有重要意义。

（9）石长铁路。连接焦柳铁路和京广铁路、经过洛湛铁路这三大南北向铁路干线，横跨湘、资、沅、澧"四水"，它的建成结束了湘西北不通火车的历史，也拉通了焦柳、京广两条南北干线，对湘西北经济发展和旅游资源开发产生了显著效应。

（10）渝怀铁路。连接重庆市和湖南省怀化市，呈东南—西北走向，渝怀铁路的开通大大提升了武陵山片区的交通便捷度，降低了物流成本，改善了投资环境，对于提高湘西北地区的发展水平、缩小该区域与省内其他较发达地区的差异具有重要意义。

3. 城市轨道

城市轨道交通具有鲜明的准时性、快捷性、舒适性等优点。湖南省轨道装备制造业发展迅速，在轨道交通领域表现突出，截至 2020 年，城市轨道交通拥有地铁 6 条、磁浮线 1 条、城际铁路 1 条。

地铁是在城市中修建的快速、大运量、用电力牵引的轨道交通。截至 2020 年 6 月，长沙轨道交通运营线路共 6 条，形成"米"字形构架。长沙地铁的修建对长沙市地面交通发挥了强大的疏解能力，使市民的出行更便利，生活变得更加便捷、舒适。长沙地铁线网与多种交通方式形成了无缝连接，开启"以大容量轨道交通为骨干、常规公交为主体、出租汽车为补充、慢交通为延伸，公共基础设施完善"的城乡一体化协调发展的网络化公共大交通新时代。

长沙磁浮快线是世界最长中低速磁浮线，位于湖南省长沙市雨花区、长沙县境内，设磁浮高铁站、磁浮榔梨站、磁浮机场站三座车站，全长 18.55 千米，连接高铁站与机场，总投资 42.9 亿元。长沙磁浮列车设计最高速度为 100 千米/小时，是中国首条投入商业运行的中低速磁浮线路，这标志着中国磁浮技术实现了从研发到应用的全覆盖，中国成为世界上少数几个掌握该项技术的国家之一。长沙磁浮快线是湖南省构建国家中部空铁一体化综合交通枢纽，促进世界磁浮技术发展和实现磁浮技术工程化、产业化的重大自主创新项目，也是我国首条完全拥有自主知识产权的磁浮商业运营示范项目。

建设"两型"社会必须以基础设施建设为突破口[3]，长株潭城际铁路是湖南省"两型社会"建设的先导工程，是长株潭城市群铁路网的骨架线路和核心部分，处于长株潭城市群的中心地带，铁路客流的空间分布和网络结构演化体现了城市群的空间结构与相互作用关系[4]。长株潭城际铁路全长 105 千米，共设 24 个站点，其主要功能是促进长沙至株洲和湘潭城际的客流运输以及主城区城市轨道的交通，放大长沙、株洲和湘潭的"同城效应"，意在实现长株潭 8 大城市群连接成网，互联互通，建立可达、畅通、快捷的城市群。

4. 主要铁路枢纽

交通枢纽是构建高效综合运输体系的重要组成部分之一，也是构建高效空间体系和空间网络的基础，大都依托于某个城市，因此对城市的形成和发展有着重要的影响[5]。铁路枢纽是铁路干线的衔接点，是对铁路运输工具进行技术作业和调度的重要站点，是铁路网系统的重要组成部分，对铁路和综合交通运输系统的形成和发展具有重要作用。

（1）长沙铁路枢纽。作为国家交通枢纽，京广铁路贯穿城区南北，沪昆铁路连接东西，还有连接长沙与常德石门的石长铁路。京广高速铁路与沪昆高速铁路在长沙火车南站交会，该站位于雨花区黎托乡花侯路以东，是中南地区的区域性铁路客运中心。京广铁路、石长铁路及长株潭城际铁路在长沙站交汇，该站位于芙蓉区车站中路与五一大道交会处以东、京广线客车外绕线上。长沙铁路枢纽依靠完善的场站、发达的线路以及繁忙的物流车流，形成了功能强大的铁路枢纽体系，并与长株潭境内公路、水路、航空运输一起成为中南地区经济发展畅通的"血管"和强劲的"传送带"。

（2）株洲铁路枢纽。我国华南地区重要的铁路枢纽之一，位于京广铁路和沪昆铁路交会形成的"十"字形铁路枢纽上。此外，还有武广客专连接长沙南站与衡阳东站。株洲素来有"被火车拖来的城市"之称。市域内主要有株洲站、株洲北站、株洲西站、长株潭城际铁路株洲站。株洲市东部45千米处有醴陵站和醴陵东站，吉衡铁路在株洲南3县设有攸县南站、茶陵南站、炎陵站3个客运站。株洲火车站为客运站，位于芦淞区人民南路以东，京广铁路与沪昆铁路交会于本站内。株洲北站为货运站，位于石峰区北站路以西，是全国十大路网性编组站，沟通华东、华南、西南和北方。株洲西站位于天元区群丰镇，北接长沙南站，南连衡阳东站。

（3）衡阳铁路枢纽。在1938年建成"丁"字形枢纽，连接京广线、湘桂线、京广高铁线、湘桂高铁、吉衡铁路、怀邵衡铁路，目前已成为湖南省运输能力第二大的铁路枢纽。衡阳城区现有客运站2个，即衡阳火车站、衡阳东站；货运站4个，即湘桂铁路原有的衡阳西站、湘桂高铁的衡阳南站、怀邵衡铁路的衡阳北站、位于茶山坳镇的茶山坳编组站。

（4）怀化铁路枢纽站。作为全国九大枢纽站之一，历来把守着湖南省的"西大门"重地。史有"黔滇门户，全楚咽喉"之称。现有沪昆铁路、焦柳铁路、渝怀铁路、沪昆高铁、怀邵衡铁路以及正在建设的张吉怀高铁6条铁路在此交会，渝怀高铁增建二线怀化至梅江段和焦柳铁路怀化至柳州段电气化改造线路在接入怀化站后将同步开通运营，届时怀化市铁路枢纽功能更加完善。

5. 存在的问题

（1）铁路运输建设仍有待进一步提升。总体上看，近几年湖南铁路运输基础设施建设取得了突破性的发展，但湖南省现有的铁路基础设施总体规模仍然偏小，铁路网密度低于同在中部地区的山西、安徽和河南等省份，不能完全满足经济社会发展对铁路运输不断增长的需求。

（2）运输能力与区域发展不太匹配。虽然湖南省 14 个市州都有铁路经过，但是铁路等级和承载能力存在着显著的差异，各地区面临的问题也不同。京广铁路沿线（包括岳阳、长沙、株洲、湘潭、衡阳、郴州）是湖南经济发达地区，形成"京广"经济带，该经济带的出行需求大，但是铁路的运输效率与需求矛盾也最为突出，运能不足导致货物运输不畅，阻碍人流、信息流的流动。"呼南高铁"沿线（包括常德、益阳、娄底、邵阳、永州）的湘中经济走廊，为湖南中部地区打通了北上鄂豫晋内、南下粤桂琼、西联成渝城市群的大通道，但是该地区的铁路网密度小、等级较低，铁路发展主要围绕该地区矿产资源丰富区，客货运比例失衡，客运发展相对滞后。"张吉怀"沿线（包括张家界、湘西自治州、怀化）的湘西经济带有着丰富的旅游资源，拥有武陵山—雪峰山生态屏障，但是该地区铁路运输设施标准较低，与湘东和湘中地区存在明显的差异，且物流人才匮乏，难以满足顾客特定的需求。

（3）大湘西地区铁路枢纽等级较低。从铁路枢纽的空间分布来看，基本集中分布在长株潭地区，湘中和湘西的铁路枢纽较少且等级偏低，许多偏远的地区距离铁路枢纽较远，难以发挥铁路枢纽城市的辐射带动作用。

6. 发展方向

（1）加快铁路运输通道建设，缓解"瓶颈"制约。进一步加快湖南省省内铁路建设，提升铁路通道运输能力，适应国民经济发展的需要，促进地区社会经济可持续发展和湖南省社会经济快速发展，尽快缓解铁路"瓶颈"制约，增强湖南省与全国各地区之间的交流与合作，充分利用地形地貌优势，加快补齐铁路运输短板，不断完善路网结构，同时提升铁路建设质量、优化铁路布局，积极引导大宗货物从公路运输更多地转向铁路运输，切实优化交通运输结构，进一步提升运输能力和服务质量。

（2）分类施策，推动三大铁路经济带发展。"京广"经济带应依靠其区位、科研、制造业基础以及通道优势和旅游资源优势，完善铁路站点的相关配套服务设施，充分利用大数据和智能出行技术，促进与粤港澳大湾区、长三角、成渝城市群的合作交流，实现互联互通、产业互补、市场互通、资源互享，形成对湖南省经济外向拉动的龙头。湘中经济走廊充分发挥其对接粤港澳大湾区和开拓中西部的重要纽带作用，促进铁路网优化升级，增加湘中地区铁路枢纽的数量以扩大其服务范围，该区域有着优越的劳动力和土地使用成本，承接企业转移，吸引人才和资源集聚。湘西经济走廊一方面要充分利用旅游资源、农业资源和矿产资源，吸引人流物流的会聚；另一方面要加强铁路网提质改造，为偏远的县域以及特色景点设置铁路公路无缝转运衔接机制，提升运输效率。

（3）加强铁路枢纽信息化建设，提升服务水平。强化交通协同服务能力，将长沙、株洲、湘潭建设成为国家综合交通枢纽和面向全球的国际交通门户，将岳阳、衡阳、怀化、永州、常德建设成为全国性区域综合交通枢纽，提升跨省运输和便捷集散服务水平，推动其他市州建设区域性综合交通枢纽，强化枢纽衔接运转能力，促进不同层次枢纽城市分工协作，加强综合交通枢纽一体化规划建设，实现不同运输方式在枢纽节点的高效衔接，提高旅客换乘和货物接驳转运效率。发展智慧交通、完善交通物流、运输调度、应急指挥等信息平台，提高交通设施信息化水平。

三、航空网络

航空是交通运输体系的一个重要组成部分，是一种较铁路、水运、公路汽车运输更为现代化的运输方式，具有速度快、机动性大、舒适、安全、基本建设周期短、投资小等特点，在现代社会的政治、经济生活中占据着重要地位，发挥着十分重要的作用。

1. 发展历程

湖南省首个民航站成立于 1957 年 2 月，同年 4 月 21 日正式开通长沙到广州、武汉、郑州以及北京的航线。1986 年长沙市黄花国际机场开工修建，于 1989 年 8 月建成并通航，结束湖南民航不能起降大型客机的历史。2015 年，长沙黄花国际机场被定位为区域性国际航空枢纽，旅客吞吐量进入全球百强，开通航线 175 条。同时，也加快推进张家界、常德、怀化机场改扩建和永州零陵机场建设项目，目前形成以长沙为中心，张家界、衡阳、常德、永州、怀化、邵阳、岳阳相互配合的"一枢纽一干六支"航空网，航空运输能力显著增强。民航开通了直飞洛杉矶、法兰克福、悉尼、墨尔本、莫斯科、伦敦、内罗毕等 22 个国家和地区的 57 条国际和地区航线，货运开通了长沙至北美、越南、泰国、菲律宾等多条全货机航班。近年来，民航运输所承担的客货运输量和周转量呈现明显的增幅（见图 9-3、图 9-4）。

2. 主要机场

经过多年的发展，湖南已经形成了由长沙黄花国际机场、张家界荷花国际机场、衡阳南岳机场、常德桃花源机场、永州零陵机场、怀化芷江机场、邵阳武冈机场、岳阳三荷机场八个机场组成的机场群（见表 9-1），其中国际干线机场 2 座、国内支线机场 6 座。此外，湘西里耶机场和郴州北湖机场正在施工建设。机场群成为推动湖南省经济发展的重要力量。

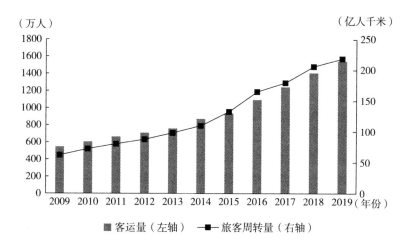

图 9-3　2009~2019 年湖南省民航客运量与旅客周转量

资料来源：相关年份《湖南统计年鉴》。

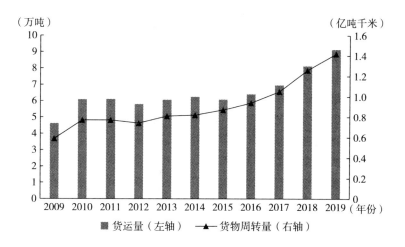

图 9-4　2009~2019 年湖南省民航货运量与货物周转量

资料来源：相关年份《湖南统计年鉴》。

表 9-1　湖南民航机场现状

机场名称	通航时间	飞行区等级	机场类型	2019 年旅客吞吐量（万人次）
长沙黄花国际机场	1989 年	4F	民用	2691.14
张家界荷花国际机场	1994 年	4D	民用	287.09
常德桃花源机场	1960 年	4D	民用	96.58
衡阳南岳机场	2014 年	4C	民用	110.29

续表

机场名称	通航时间	飞行区等级	机场类型	2019 年旅客吞吐量（万人次）
怀化芷江机场	2005 年	4C	民用	60.65
岳阳三荷机场	2018 年	4C	民用	52.63
邵阳武冈机场	2017 年	4C	民用	38.64
永州零陵机场	2001 年	4C	军民合用	7.08

资料来源：根据网络资料整理而成。

（1）长沙黄花国际机场。位于长沙县黄花镇，西距长沙市中心 23.5 千米，为 4F 级国际机场，是我国十二大干线机场之一，1989 年正式开航。30 多年来，黄花机场从年旅客吞吐量几万人次到现在的两千多万人次，航线网络从国内延伸到国外，进入双跑道、双航站楼时代。2019 年，长沙黄花国际机场运营航线 295 条，通航国内外 156 个机场，成为全球百强机场。

（2）张家界荷花国际机场。距张家界市区约 10 千米，占地面积 247.49 公顷，是湖南省第二大国际机场。1994 年 8 月 18 日正式建成通航。机场自通航以来，已与北京、广州、上海、长沙、香港、澳门等 50 多个城市架起了空中桥梁，开通航线 48 条。

（3）常德桃花源机场。位于常德市鼎城区斗姆湖镇桃花源路，距常德市中心 13 千米，与长沙黄花国际机场、张家界荷花国际机场互为备降机场，开通航线 13 条。常德桃花源机场作为常德市对外开放门户，可辐射整个湘西北旅游经济圈，对常德市打造立体交通体系、建设区域中心城市具有重大意义。

（4）衡阳南岳机场。位于衡阳市衡南县，距衡阳市区约 24 千米，为 4C 级民用运输机场，定位为国家主要支线机场、湘中南地区航空中心。南岳机场的建成运营填补了湘中南地区民用机场的空白，为促进中南地区的经济文化交流起到重要推动作用，是促进衡阳空间运输交通、形成国际水陆空大立体交通格局的关键一步，同时能够通过拉动南岳经济区的产业集群，辐射带动周边地区的经济发展。

3. 存在的问题

（1）部门管理体制不全，缺乏统筹协调。机场管理平台系统不够完善，协调机构不够健全，装备制造、基础设施规划建设审批、空域管理、航空服务、飞行监管等分属不同的行业部门，各部门之间缺乏统筹协调，难以形成合力。

（2）服务保障资源不足，货运能力薄弱。湖南省航空产业总体规模偏小，航空发展基础薄弱，大部分通航飞机依赖进口，技术人才缺乏，相关基础设施和服务体系不健全，航空燃油、运营基地、飞行服务站、维修站等航空资源保障能力不足。长期以来，湖南省存在航空货运与湖南开放强省、经济强省的战略地位不相符的状况，货物运输能力较为薄弱。

（3）航空运输空间结构不平衡，支线机场与枢纽机场差距悬殊。2019年长沙市黄花国际机场承担了湖南省78%的客运量，而其他8个机场的客运量不足22%，与国内同类型的机场比较也处于中下水平，导致航空运输的空间分布极不平衡，支线机场的运输能力与枢纽机场相比存在较大的差距。

4. 发展方向

（1）强化组织协调，优化航空产业发展。为实现湖南省航空运输产业链的优化和快速可持续发展，需健全政府部门之间的组织协调管理制度，致力于构建信息平台并实现信息沟通、信息对接、人力资源、资金金融等优先快速对接，形成政府、企业、研究机构、市场等多维参与的战略合作，形成产业链的完整生产力。同时，进一步完善航空产业集聚与专业技术人才集聚的平台，实现政府、学校、企业3个方面的战略合作，形成产业集聚效应与人才集聚效应。各级部门齐心协力、密切配合，在职责范围内最大限度地支持航空运输产业的发展。

（2）完善保障机制，加快弥补航空货运短板。航空运输的发展需要税收返还、贷款贴息等方面的资金扶持，构建多渠道、多层次、多元化的投融资体系，要加快推进国内外经营管理体制完善、资金实力雄厚的企业入驻，为湖南省航空运输的发展营造良好的环境与竞争机制。积极争取政府资金支持，重点用于机场基础设施建设和航空服务质量提升等领域。同时要加快相关领域的人才培养，引进和培养并重，增加通航技术人员和服务人员数量，为湖南省航空事业发展提供人才支撑。明确航空货运是国家重要战略资源，尽快转变"重客轻货"的运输观念，增加货运包机，加强与大型制造业、龙头贸易公司、跨国公司等大型货主的合作，加快补齐航空货运发展短板，发挥航空货运在经济社会发展中的支撑作用。

（3）加强支线机场建设，缓解枢纽机场压力。机场对区域经济的发展常常表现为尖端优势，即只对航线起点城市产生积极影响，而对其他城市的影响甚微[6]。支线机场的建设和航线的扩展至关重要。一方面，可以为支线机场开通专线旅游航线，大力开通包机旅游航班，发展廉价航空，满足各地游客对湖南省的旅游出行需求，为乘机游客减少交通费用，实现旅游与航空发展的良性双向促进，同时，加快完善航空和公路的衔接转运体系，减轻枢纽机场的客运压力；另一方面，可以大力加强支线机场的货运能力，使其成为提升湖南省航空货运能力的重要力量，尤其是对怀化、武冈、张家界等市州，提升其机场等级和运输能力，有利于促进大湘西与其他地区的交流与合作。

四、水运网络

水运主要承担大数量、长距离的运输，是在干线运输中起主力作用的运输形式，具有运量大、成本低、效率高、能耗少、投资省的优点，同时也存在速度慢、环节多、自然条件影响大、机动灵活性差等缺点。湖南省内河网密布，水系发达，湘、资、沅、澧干流和众多支流贯穿全省汇入洞庭湖，再注入长江，内河航道条件优越，"一湖四水"联通长江、辐射全省，发展内河水运十分有利。

1. 发展历程

湖南水运历史悠久，最早可以上溯到春秋战国时期，史载"舳舻蚁集，商贾云臻，连阁千里，炊烟万户"，便是对湖南省水运鼎盛时期的生动描述。水运在湖南省历史上具有举足轻重的地位。中华人民共和国成立初期，湖南省内河通航里程虽有10913千米，但滩多水急，无等级航道。中华人民共和国成立后，湖南省不断加大内河航运的建设力度，先后系统治理了湘江、沅水、淞虎航线、澧湘航线等主要航道，在全省布局并建成了一批港口。进入20世纪90年代，随着公路、铁路、航空等立体交通网络形成与完善，水上货运大量分流，加上湘江航道不畅，湖南省内河航运急剧萎缩，出现了"只能行小船，而无大船"的通航困境。近年来，湖南省水运基础设施建设加快发展，整治河道，兴建港口，水运条件大为改观，在促进地区经济合作和物资交流、推动腹地社会经济发展等方面发挥着重要作用。2019年底，湖南省水路通航总里程11968千米，位居全国第三。其中，七级及以上等级航道里程4219千米，占总里程比重35.3%。拥有长沙、株洲、湘潭和岳阳4个规模以上内河港口，其中，长沙、岳阳港为全国内河28个重点港口。目前，以洞庭湖为中心，长江、湘江、沅水、澧水等干流为依托，长株潭港口群、岳阳港和其他地区重要港口为节点的"一江一湖四水"的内河水运网基本形成。

2. 主要港口

港口是水陆交通的交接点、工业活动的基地、综合物流的中心和城市发展的增长点，具有社会经济发展促进效应。湖南省港口众多，湘江干流航道上分布有长沙港、岳阳港、湘潭港、株洲港、衡山港、衡阳港、永州港等13个港口，沅水干流自下而上主要有常德港、桃源港、沅陵港、泸溪港、辰溪港、洪江港6个港口，资水干流及主要支流上有益阳港、桃江港、安化港、新化港、邵阳港、新邵港、隆回港、邵阳港、新宁港9个港口，澧水干流及主要支流航道上有津市港、临澧港、澧县港、石门港、慈利港、张家界港、桑植港7个港口。此外，洞庭湖区各主要支流航道上分布有南县港、沅江港、安乡港、汉寿港等，这些港口为全省区域经济发展发挥了重要作用。

（1）岳阳城陵矶港是长江八大深水良港之一，是湖南省最大港口、长江中游水陆联运、干支联系的综合枢纽港口，联通了湖南省 74 个县（市），也是湖南省水路第一门户、国家一类口岸。位于岳阳市东北 15 千米长江与洞庭湖交汇的右岸，距市中心区 7.5 千米，隔长江与湖北省监利县相望。2015 年，城陵矶港与上港集团合作，将岳阳港、长沙港优质资源加以整合，组建运营城陵矶国际港务集团。通过与上海洋山港合作，城陵矶港打通了到东盟、澳大利亚的接力航线，以及到欧美的远洋航线，实现了"江海联运"。物流通道打通以后，实现了资源整合、联动发展，对地方经济的增长拉动非常大，提升了城陵矶港的综合竞争力，城陵矶港将成为长江中游及中部地区区域性航运物流中心。

（2）长沙港是全国内河 28 个主要港口之一。长沙港霞凝中心港区位于城北的开福区，距中心城区约 10 千米，湘江中下游东岸，与长江干支线各港口相连，东靠贯穿南北的京广"大动脉"、南依东西走向的长石铁路，毗邻长沙新铁路货运站。港区建设进港道路和铁路专线及物流园区用地共计 1125 亩，有公路与京珠高速、上瑞高速、长常高速和 107 国道相连，可直达黄花国际机场，基本形成了铁、公、水、航空立体交通网络。长沙港已发展有 7 条国际集装箱内支运输线、数十条国际航线，每周有进出口国际集装箱航班 40 多个，货物通过湘江入长江经上海港口中转运往世界各基本港，形成了"通江达海、物流全球"的水路网络体系。港口具备运输管理、中转换装、装卸存储、多式联运、信息服务，海关、商检、海事已进驻港口，为进出口货物提供通关报检多项功能，现代物流公共平台的优势越来越凸显，较好地服务于湖南省、长沙市外向型经济的发展。现建设千吨级（兼顾 2 千吨级）泊位 14 个、工作船泊位 1 个，港口设计年吞吐能力集装箱 38 万 TEU，件杂货 210 万吨。

3. 存在的问题

（1）水运建设投入不足，航道等级不高。长期以来，政府优先发展公路、铁路建设，一定程度上忽视了内河航运的开发，资金投入相对不足，水运量在综合交通体系中比例偏低，水运基础设施建设难以满足国民经济的发展需求，制约了湖南外向型经济的发展。2017 年湖南省航道投资 21 亿元，2019 年下降到7.6 亿元。运输能力开发远远不够，等级航道里程少，只占总里程的 35.3%，比全国平均水平低 16.6 个百分点；能通航千吨级及以上货船的三级以上高等级航道比例严重偏低。而同属中部地区省份的河南、安徽、湖北和江西的等级航道分别占常年通航里程的 90.8%、89.5%、70.1% 和 41.7%。

（2）配套设施不足，现代化港口集疏运系统尚未健全。虽然近年来湖南省泊位有所增加，但是规模较大、等级较高的港口机械化程度依然偏低，集疏运系统不完善，辐射能力弱，公共物流信息平台建设没有得到应有的重视，尚未形成运行有效的现代化港口集疏运系统。

（3）水运支线建设缓慢，多式联运发展受阻。湖南省近年来注重内河湘江高等级航道建设，取得了一定成效，基本上覆盖到长株潭城市群核心区域，但是水运支线推进较为缓慢，尚未形成网络化水运多式联运。此外，由于进港铁路建设所需投资较大，港口运营企业自身难以获得充足的建设资金，加上跨部门沟通衔接困难，现有的港口和铁路独立建设难以达到无缝衔接。目前，多式联运的货代运输市场缺乏统一完善的管理机制，恶性竞争惨烈，造成社会运输资源的浪费，多式联运的推进缺乏主体动力，导致与市场脱节的局面。

4. 发展方向

（1）抓住发展机遇，提升航道等级。内河航运的建设与发展已经引起广泛重视，长江黄金水道建设是我国历年水运建设的重要项目，湖南省要抓住这一战略机遇期，高度重视水运的发展，统筹水资源的综合开发利用，将内河航道建设提升至同铁路、公路、航空同等重要的位置，制定科学可行的内河航运建设投融资机制，设立专项资金用于航道升级改造。有序推进资水、澧水等级航道建设和涟水复航，打通洞庭湖入长江第二黄金水道，提升"一湖四水"通航能力。

（2）完善配套设施服务功能，构建现代化集疏运系统。做好港区岸线利用规划，对散货、大件以及危险品进行功能规划，不断提升临港产业新区物流配套服务功能体系。促进岳阳、长株潭、常德、益阳等港口集约化、规模化发展。一方面提高港口的综合经营实力，另一方面增强临港产业新区的吸引力。

（3）完善水运网络建设，构建水运多式联运体系。建设连通工业集中地的重要支线航道。加强水运通道和水运节点的使用保障体系建设，形成多式联运的水运网络。同时推进铁路部门的交流合作，按需推进省内进港铁路的建设，促进水铁联运高效衔接，为多式联运体系建设提供良好基础。引导多式联运市场资源的整合，培育规模较大、影响力强的货代企业作为带领多式联运市场的经营主体，联合相关企业加快形成多式联运市场的经营网络。深化跨省跨区域的协调机制，借助长江黄金水道建设的东风加强与沿江以及相邻省份的沟通协作，推进信息共享，互惠互利，争取构建省际水运多式联运协作模式。

第二节　能源网络

能源是人类社会赖以生存和发展的物质基础，是实现国民经济现代化和提高人民生活水平的物质基础，在国民经济中具有重要的战略地位，主要包括电力、天然气、石油及新能源等。湖南缺煤、无油、少气，"水电靠天吃饭、火电找米下锅"，能源对外依存度超过50%，属于典型的能源输入省。近年来，湖南省按照"优化发展水电、积极鼓励煤电联营的清洁火电、加快气化湖南、加大能源输入力度、有序发展新能源、创新发展储能技术"发展思路，加快推动能源基础设施建设，已基本构建了"五纵六横三通道"的能源基础设施网络，包括"三纵四横"电网网架、"两纵两横"天然气网架以及祁韶±800千伏直流输电、浩吉铁路运煤专线、新粤浙天然气管道湖南段"三条"省外输入通道。

一、电力

电力网的任务是输送与分配电能，改变电压。在输配电电压等级中，6千伏、10千伏、20千伏、35千伏、66千伏为中压，110千伏、220千伏为高压，330千伏、500千伏、750千伏为超高压，直流800千伏、交流1000千伏及以上为特高压。

1. 发展历程

湖南省电力发展基础十分薄弱。中华人民共和国成立初期，几个分散在不同城市的小电厂和配套建立的小电网既孤立又弱小，全省发电装机容量仅1.53万千瓦，年发电量约2265万千瓦时。中华人民共和国成立后，湖南电网已然走过了由小到大、由弱到强、由城市到乡村全覆盖的辉煌历程，为湖南经济社会发展提供着强劲动能。湖南电网发展主要经历了四个阶段：第一阶段，1980~1988年，湘中北与湘南电网通过220千伏电网联为一体，形成全省统一电网；第二阶段，1988年至20世纪末，与华中电网实现500千伏联网，跨入超高压电网行列；第三阶段，21世纪初至2017年，步入大电网时代，电网覆盖全部城市和95%以上乡（镇）村；第四阶段，2017年6月以来，祁韶特高压直流投产，湖南电网进入特高压时代。

湖南省自2019年已实现电网全面覆盖，建成1条±800千伏直流特高压[7]，拥有20座500千伏变电站。截至2022年，已形成以特高压为支撑、500千伏电网"三纵四横"、220千伏电网"手拉手""环网"供电的坚强智能主网架结构。城市配电网电压由35千伏逐步提高到110千伏和220千伏。农网改造深入推进，"户户通"工程全面完成，农村地区彻底告别用不上电的时代，湖南省供电能力和可靠性显著提升。2019年投资新建各类电厂，永州电厂、平江火电厂、平江抽水蓄能电站、五强溪扩机工程开工建设。浏阳、雁城500千伏变电站建成投产，城乡配电网建成投资132亿元，基本建成"西电东送、北电南送"的骨干输电通道和覆盖湘东、湘南负荷中心的受端环网，形成坚强智能的主网架结构。

电网的枢纽和平台作用不断发挥，为湖南经济社会发展提供了稳定、可靠的电力保障。

湖南省内电源集中在西部和北部（装机占比达63%），负荷中心位于东部和南部（负荷占比超过60%）。省内电力空间流向：煤电主要流向东部、北部地区；水电主要流向西部地区，占比56%；风电集中流向南部地区，占比77%。2019年湖南省发电量为1505.5亿千瓦时，其中，火力发电量为903.7亿千瓦时，占比60.03%；水力发电量为528亿千瓦时，占比35.07%；风力发电量为64.6亿千瓦时，占比4.29%；太阳能发电量为9.203亿千瓦时，占比0.61%。

2. 存在的问题

湖南省电力能源禀赋不足，电源结构不尽合理。省内火电用煤超过80%靠外省输入，不利于发展火电，水电资源已开发98%以上，风电、太阳能目前还难以作为基础支撑电源。省内电源规划少、落地难，且峰谷差大、电网调峰能力不足，电力电量平衡十分困难[8]。

电网结构不强，规模小、结构弱。"强直弱交"问题严重，清洁能源装机占比高，是国网系统最为复杂的省级电网之一，存在较为突出的安全隐患。

3. 发展方向

（1）优化完善电网主网架。在湘东地区建设以长沙特高压、祁韶直流为依托的500千伏内外部立体双环网，在湘南地区建设"日"字形500千伏环网，建设湘西北和湘北环网，实现500千伏电网市州全覆盖和220千伏电网县级全覆盖。

（2）加强配电网升级改造。全面提高城网可靠性和智能化水平，大幅提升城农配网的供电可靠率和电压合格率，将长沙打造为一流城市配电网，实施农村电网巩固提升工程，着力加强县城电网建设，全面提升农村供电能力，基本实现城乡供电服务均等化。

（3）拓展外电入湘通道建设。充分挖掘相邻省份电源点，争取利用已有电力通道为湖南省供电，积极开展湖南电网与南方电网联网可行性研究，充分利用三广直流输电通道，打通湖南与南网之间的输电通道，建成荆门—长沙—南昌交流和祁韶、雅江直流相结合的强交强直特高压网，为湖南省电力发展提供资源保障。

二、天然气

天然气是优质、高效、清洁、方便的低碳能源，能够与可再生能源形成良性互补，对于优化能源结构、保护生态环境、提高人民生活质量、促进经济社会可持续发展等方面都具有十分重要的意义。利用管道输送天然气，是陆地上大量输送天然气的主要方式。管道运输具有运量大、占地少、费用低、安全可靠、连续性强等特点。

1. 发展历程

湖南省利用天然气的时间较短，真正大规模开始利用天然气始于忠武线的潜湘支线投产，天然气实现从无到有。2005 年 6 月 30 日，忠武线潜湘支线建成投产，配套建设长常、湘醴、潭衡 3 条支线，长沙、株洲、湘潭、岳阳、衡阳、常德、益阳、醴陵 8 个城市用上管道天然气。2015 年全面启动"气化湖南工程"，开辟了缅甸、中亚、俄罗斯、海上 LNG 和国内多气源保障，年输送能力近 60 亿方。截至 2019 年底，湖南省天然气管网总里程超过 2000 千米，覆盖全省 63 个县（市、区）。目前天然气长输管道框架逐步成形，形成了以"两纵两横"为基础的天然气长输管道骨干网。"两纵"即潜湘支线和湘潭—衡阳支线、新粤浙干线湖南段；"两横"即樟湘支线和湘娄邵支干线、长沙—常德支干线。在此基础上，一批省内支线逐渐建设成网，覆盖区域不断扩大。湖南拥有中石油、中石化两大管道气源。

2. 存在的问题

（1）管网建设有待优化。省内天然气基础设施建设分布较为集中，总体呈枝状分布，主要集中在长株潭地区及附近地市，郴州、永州、张家界、怀化和湘西等南部和西部的 5 市州尚未通达管道天然气，支线建设推进相对迟缓。

（2）气源相对单一。湖南省内尚未发现常规气田，天然气供应全部依赖外输。目前，省内天然气主要由中国石油的西二线樟树—湘潭支干线和忠武线的潜江—湘潭支线供应。作为管道天然气的补充供应气源，LNG 和 CNG 主要通过槽车从湖北省、重庆市、四川省和贵州省等周边省份调入。新粤浙管道（即中国石化新疆煤制天然气外输管道工程）潜江—韶关段已于 2017 年 9 月动工，目前已向湖南省供气。受内河运输多重安全因素制约，海上 LNG 通过长江大规模入湘无法实现。湖南省可供气源渠道较为有限。

（3）管道安全问题仍然突出。随着城镇化进程加快推进，天然气长输管道不断延伸，老旧铸铁管网改造任务艰巨，安全保护问题比较突出。管道安全管理和监督体制机制尚未建立，事中事后监管不到位，对影响管道安全的非法违法行为查处力度不够。相关法律缺乏配套的行政法规和实施细则，管道技术标准执行不严，落实不到位，管道建设用地补偿、管道途经地区收益分配等政策有待进一步完善。

（4）调峰压力大，调峰储气设施亟待完善。随着天然气消费量不断增长，各地冬季保供调峰压力不断加大。湖南省冬季寒冷，夏季炎热，居民用气存在较大的季节调峰需求。根据长株潭近年用气量统计，其月高峰系数达到 1.65，长沙冬夏峰谷差比例接近 5：1，调峰压力较大。目前，调峰储运设施薄弱，部分城市调峰储气设施建设进度滞后，应急备用气源和季节调峰能力严重不足。

3. 发展方向

（1）优化管网布局。深入推进"气化湖南工程"，依托新粤浙干线、忠武线潜湘支线、西二线樟湘支线、新粤浙广西支线等"一干三支"国家天然气管道，构建长株潭"日"字形环网，促进湘西、湘中、湘南地区连环成网，基本实现"县县通"，加快城镇管网建设，逐步推进天然气"进镇入乡"。

（2）建立综合储气调峰设施。按照因地制宜、合理布局、分步实施的原则，在长株潭、常德、邵阳、郴州和怀化配套建设 5 座 LNG 应急调峰储配站。在岳阳长江沿岸建设 150 万吨/年的 LNG 战略储备中心（LNG 接收站），同时作为湖南省天然气应急储备和调峰中心。在衡阳建设区域性 LNG 储备中心，作为衡阳、郴州和永州地区的补充气源。鼓励现有接收站新建储罐、泊位，扩建增压、气化设施，提高接收站储转能力。结合天然气消费和调峰需求分布，将城市燃气调峰设施建设计划纳入特许经营实施方案，鼓励城市燃气企业建设调峰储气设施。

（3）加强天然气管网保护。按照"谁主管、谁负责，分门别类、突出重点，依法依规、标本兼治"的原则，督促天然气企业严格落实企业安全生产主体责任，按照国家和省内统一部署，开展油气隐患排查整治攻坚行动，进一步完善管道保护和管理机制，有效防止管道隐患反弹和新隐患出现，坚决防止管道生产安全事故发生。

三、石油

湖南省石油资源较为匮乏，缺少可供大规模开采的油田，不生产原油。当前，全省范围内已建成投产的石油管道 1152 千米。石油空间流向总体呈现"北油南输"格局，其中，原油主要通过仪征—长岭原油管道运输，汽柴油通过中石油兰郑长线、中石化长郴线运输，航空煤油通过易家湾—黄花机场扩建管道进行运输。今后，应加快推进长郴、兰郑长、长炼—黄花机场、邵怀、娄邵永"四纵一横"成品油管网建设，保障省内石油资源的可靠供应，拓展能源供应渠道，尽快实现运输管道地市全覆盖，提高能源输入能力；同时，提升石油能源利用率，建立安全的石油能源供应体系，满足能源增长需求。

四、新能源

随着常规能源开采有限性以及环境问题的日益突出，以环保和可再生为特质的新能源越来越得到重视。湖南新能源资源尤其是生物质能、页岩气、地热能较为丰富，太阳能和风能还有很大的发展空间。

1. 发展情况

湖南省坚持稳中求进总基调，大力推进改革创新，扎实推进项目建设，推动新能源有序、健康、快速发展。其中，风电快速增长，装机达427万千瓦，发电量75亿千瓦时，弃风率1.8%，风电开发集中在风力资源较好的永州、郴州、邵阳、怀化等地区。截至2019年底，全省累计建成并网光伏发电项目343.86万千瓦。生物质发电稳步增长，装机达到79万千瓦，发电量32.8亿千瓦时，可再生能源装机占比排名全国第7位，已建和在建生物质发电的项目主要分布在岳阳、益阳、常德、邵阳、衡阳等北部种植业和中南部林业较发达地区，截至2019年11月底，太阳能发电和生物质发电累计并网装机容量分别为324万千瓦和75万千瓦。此外，内氢能技术也快速发展，省内氢源主要来源为天然气制氢与煤制氢，部分来源为工业副产氢。目前，株洲、岳阳等地已经率先开展氢能产业相关工作，株洲计划建设省内首座加氢站。湖南省页岩气已探明储量约9.2万亿立方米，占全国总量的10%，可采资源量达1.5万亿~2万亿立方米，主要分布在湘西、湘北的洞庭湖区和湘东南[9]。湖南省已探明铀矿储量2.6万吨，居全国前三位。"十三五"期间，湖南省建成公共充电桩约2.8万个，主要分布在公园、酒店、政府机构、园区等公共场所，新能源汽车建桩数量在全国居中等水平。

2. 存在的问题

新能源消纳问题严峻。湖南省新能源受限于新能源反调峰特性、负荷峰谷差大、丰水期大量水电不具备可调节性、外来电入湘以及火电保安全开机方式与旋转备用等因素，丰水期电网调峰能力有限，新能源消纳矛盾逐渐凸显[10]。湖南省风电消纳形势相对严峻，尤其在湖南省的南部、西南部存在较大消纳压力。

3. 发展方向

未来湖南省需根据新能源和可再生能源禀赋特性，坚持技术先进、环境友好、经济可行的原则，充分发挥市场引导作用，从以下几个方面进行发展：

（1）加快发展太阳能。以湘北、湘南等太阳能资源相对丰富地区为重点推广光伏发电，并建设光伏发电站，提高光伏产业研发制造水平和系统集成能力，扩大光伏产业多元利用。

（2）规范发展风能。重点加强湘南、湘西南等资源富集区风能开发，推进湘东及洞庭湖地区风电建设，加快发展分散式风电。

（3）有序发展生物质能。因地制宜发展生物质发电、供气、成型燃料和液体燃料等，加快推进燃煤与农林废弃残余物耦合发电，鼓励将生物质发电与供热等相结合，实现生物质梯级利用，积极发展生物质燃料，鼓励开发利用废弃油脂资源和非食用油料资源，在大中城市和人口大县适当布局垃圾焚烧项目，加快长沙市、衡阳市、益阳市等垃圾焚烧项目建设。

（4）推进水电提质扩能。坚持水电开发与移民安置、环境保护、水资源综合利用相协调，适度规划布局抽水蓄能调峰电站。建成五强溪水电站扩机工程，推进凤滩、柘溪水电站增容改造。

（5）稳步推进地热能。坚持资源开发与环境保护并重，因地制宜开展浅层、中深层和深层地热能的开发利用，实现节能减排目标，为可持续发展提供保障[11]。积极推进水（地）源热泵技术工程应用，加快建设长沙滨江新城、洋湖垸等可再生能源区域供冷（供热）项目，开展长株潭、岳阳、郴州、衡阳、常德等地可再生能源区域供冷（供热）示范工程。

第三节　信息网络

以光纤、微波、卫星、移动通信为代表的信息基础设施，既是国家和信息化建设的基础支撑，又是社会生产和人民生活的基本设施。信息网络的建设特点是投资规模大，建设周期长，通用性强，且具有一定的公益性，更具军民共享性。在进入高质量发展阶段的中国，5G、人工智能、互联网等作为新型基础设施建设的重要内容显得尤为重要[12]。

一、发展情况

近年来，湖南省信息网络建设日益完善，行政村逐渐实现网络全覆盖，城乡数字鸿沟进一步缩小。国家超级计算长沙中心、省电子政务云平台、运营商以及各类企业云计算、大数据中心相继投入运营。湖南省100%的城镇和行政村、55%以上的自然村实现光纤网络通达，移动网络覆盖水平逐步提高。省会长沙已完成约700座5G基站的建设，实现了核心商圈、湘江新区、马栏山视频文创产业园和岳麓山国家大学科技城部分区域的覆盖。5G网络的应用，不仅能够大幅提高信息传播效率，而且能够使互联网与物联网融合发展。

当前，新一代网络技术不断创新突破，数字化、网络化、智能化深入发展，经济的数字化转型俨然成为大势所趋，湖南省互联网发展态势良好，网络覆盖范围和支撑能力显著增强，互联网用户的满意度明显改善，为国民经济社会发展提供了有力的支撑。根据调查统计数据，截至2019年末，互联网宽带接入端口2997.9万个，接入用户1873.8万户，移动互联网上网用户总数5489.7万户。

互联网正改变着一代又一代人的生活，代表着新的生产力和新的发展方向。

智慧城市是指利用先进信息技术，将城市的系统和服务打通、集成，以提升资源运用的效率，优化城市管理和服务，以及改善市民生活质量。在国家新型城镇化背景下，智慧城市的建设符合城市发展趋势[13]。智慧城市是城市提质的新理念、新模式。目前，湖南省已有株洲市、常德市、长沙县等 19 个地区列入国家智慧城市试点，完成数字城管、数据平台、地下管网和基础设施信息管理等多项建设任务。随着湖南省互联网与经济社会各领域深度融合，智慧城市必定惠及全省人民。

二、存在的问题

1. 互联网普及率依然偏低

互联网普及率能够较为客观准确地衡量该国家或地区的信息化发达程度。2019 年我国互联网普及率达 61.2%，北上广等经济发展水平较高的省份已超过70%，湖南省互联网普及率长期低于全国平均水平（见图 9-5）。

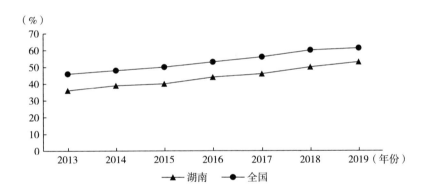

图 9-5　2013~2019 年湖南省和全国互联网普及率

资料来源：相关年份《中国互联网络发展状况统计报告》。

2. 农村光纤建设不足

近年来，湖南省实行"宽带乡村""数字乡村""淘宝村"等试点建设项目，农村地区的光纤通达率得到大幅提升，但是在全国各省份中排名仍然不高，究其原因，是因为湖南省山地丘陵地区占比大，许多农村地处偏远山区，接通光纤网络需要耗费大量的人力、财力、物力，相关设施建设难度大，难以满足大部分居民的接入需求。

3. 运营管理存在欠缺

在运营管理方面，惠及片区实行运营承包制和引入民营资本能够有效缓解建设资金不足的问题，但是也带来一系列新的矛盾。一方面，光纤网络建设质量不高，网络末端建设不符合行业标准，并且广大农村地区的光纤覆盖区往往只有一家电信公司，存在市场垄断行为；另一方面，一线人员的服务意识不够，综合素质不够高，难以满足广大顾客的需求。

三、发展方向

1. 完善信息基础设施

湖南省应着眼于完善互联网基础设施建设，壮大网民规模和优化网民结构，促进互联网应用深入发展，增强互联网政务应用发展，维护互联网安全，满足用户的个性化需求；紧扣重要战略机遇新内涵，促进"互联网+"对乡村产业的优化升级，进一步提升新兴信息技术的创新驱动能力。加大对农村地区，尤其是处于广大偏远山区行政村的光纤网络建设投入，积极改善农村地区基础设施建设。

2. 健全运营管理体系

各基础运营企业需要以问题为导向，不断健全运营管理体系，统一行业标准，在加快宽带网络建设、落实提速降费任务要求、完善市场推广机制、加大应用创新推广、改善客户服务质量、提升企业管理能效、争取政府和社会更大支持等方面取得突破，让更多的人民群众共享互联网发展成果，有效解决湖南省互联网普及率低的问题。

3. 大力推进"智慧湖南"建设

互联网技术的快速发展推动了以信息化建设为重点的智慧城市建设[14] 和数字乡村建设，推进"智慧湖南"发展需要多方主体共同努力。首先是市场方面，互联网企业要以目标为导向，不断提升自身的项目质量和服务能力。积极落实"提速降费"任务，针对不同的客户群体推行不同的资费方案，有效降低客户通信费用；加强相关服务人员的培训，切实提高服务意识；乡村企业依托农村电子商务实施"互联网+"农产品出村进城工程，充分利用互联网及新媒体资源拓展市场需求。其次是政府方面，各级政府和有关部门要完善顶层设计，做好规划衔接，加强组织领导，落实工作职责，抓好监督考核，从政策层面给予相关优惠和支持，将互联网普及率的相关指标如固定宽带覆盖率、移动互联网上网用户数量、互联网宽带接入端口数等纳入地方绩效考核项目；深度构建乡村治理体系，充分发挥信息化在推进乡村治理体系和治理能力现代化中的作用，加快"互联网+政务服务"向乡村地区延伸；开展舆论宣传，加强社会各类群体对互联网的正确认识，同时增强网络安全意识，为互联网的普及营造良好的环境。

第四节　水利设施

水利是发展的根基，是民生的根本。水利设施主要指对自然界的水进行控制、调节、开发、利用和保护，以减轻和免除水旱灾害，并利用水资源，适应人类社会和自然环境需要的设施。水利基础设施种类较多、建设周期长、投入资金大[15]，常见的水利设施包括堤防、闸坝、河渠、渡槽、水库等，具有防洪、灌溉等功能。水利设施是农业发展的重要支撑，是保障民生的基础性工程，完善的水利设施能够保障农业的健康发展，有效缓解自然灾害对经济、社会、产业等造成的影响。

一、发展历程

中华人民共和国成立前，湖南省水利建设基本处于一片空白，初步统计仅有小二型水库 10 余座，山塘 100 余口。中华人民共和国成立 70 多年来，湖南水利事业得到快速发展。特别是近几年来，湖南省水利建设和管理投入稳定增加，初步形成了防洪、治涝、灌溉、供水、发电、水土保持等综合水利工程体系，建成了以水库、水电站、闸坝等工程为节点，以河湖治理、江河湖库水系连通、堤防等工程为线，以蓄滞洪区安全建设、灌区等工程为面的水利设施网络体系，民生水利发展成效显著，防汛抗旱减灾体系日趋完善，对湖南省经济发展、社会稳定做出了重要贡献。

（1）防灾减灾体系日趋完善。中华人民共和国成立初期，湘、资、沅、澧"四水"干流及主要支流上缺少控制性水利工程。洞庭湖区大小堤垸 900 多个，垸老堤矮、水系紊乱，湖南省堤防长度 6400 多千米，其中险堤占比 50% 以上。随着防洪体系的不断完善，湖南省洪灾经济损失大幅减少，溃坝、堤垸溃决的数量明显减少，死亡人数呈下降趋势。与 20 世纪 90 年代相比，近 10 年洪涝灾害年均损失率从 8.56% 下降到 0.72%。

（2）供水保障水平全面提升。各类蓄水、引水、提水工程以及水力发电均取得显著成绩。1949 年以前，湖南仅有 16 座小型水库，灌溉面积十分小，农业发展受到影响，因此湖南省不断筑坝挖渠，完善水利设施，目前已建成各类水库达 14121 座，占全国水库数量的 1/7，水库总数居全国第一，为湖南省农业生产提供了保障，主要水库基本情况如表 9-2 所示。

表 9-2 湖南省主要水库基本情况

水库名称	地理位置	建设日期	主要指标	主要功能
东江水库	耒水上游,资兴市东江镇上游	1958~1992 年	总库容 91.5 亿立方米,有效库容 56.7 亿立方米,库容系数 1.25,平均发电量 13.2 亿千瓦小时	发电为主,兼有防洪、航运、城镇工业及生活用水等综合利用功能
五强溪水库	沅陵县沅水下游	1989 年 9 月至 1994 年底	总库容 42 亿立方米,有效库容 13.6 亿立方米,库容系数 0.031,总装机容量 120 万千瓦,年发电量 53.7 亿千瓦时	防洪功能为主
柘溪水库	安化县资水中游	1958~1963 年	控制流域面积 22640 平方千米,总库容 35.7 亿立方米,防洪库容 7 亿立方米,电站装机容量 44.75 万千瓦,年发电量 22.2 亿千瓦时	防洪功能为主
江垭水库	慈利县澧水一级支流娄水中游	1995 年 7 月至 1999 年底	坝址以上控制流域面积 3711 平方千米,总库容 17.41 亿立方米,防洪库容 7.4 亿立方米,水电站装机容量 300 兆瓦	防洪为主,兼顾发电、灌溉、航运、旅游等功能,国家 4A 级风景区
凤滩水库	沅陵县境内沅水支流酉水下游	1970~1979 年,2001~2004 年扩建	总库容 17.33 亿立方米,正常水位 205 米,相应库容 13.9 亿立方米,死水位 170 米,相应库容 3.3 亿立方米,有效库容 10.6 亿立方米,库容系数 0.067	发电为主,兼有防洪、航运等功能
皂市水利枢纽	洞庭湖水系澧水流域的一级支流溇水上	2004 年至 2008 年 12 月	水库正常蓄水位 140 米,总库容 14.4 亿立方米,防洪库容 7.83 亿立方米,电站装机容量 120 兆瓦,年发电量 3.33 亿千瓦时	防洪为主,兼顾发电、灌溉、航运等功能
双牌水库	湘江一级支流潇水中游	1958~1963 年	总库容 6.9 亿立方米,设计灌溉农田 32 万亩。电站装机 3 台、容量 13.5 万千瓦,设计年发电量 6.2 亿千瓦时,控制流域面积 10330 平方千米	灌溉为主,结合发电、航运、滞洪等功能
涔天河水库	江华县东田乡潇水支流涔天河口	1966~1970 年,2016 年完成扩建	控制流域面积 2423 平方千米,平均产水量 26 亿立方米,校核库容 1.05 亿立方米,水电站装机容量 180 兆瓦,平均发电量 4.309 亿千瓦时	灌溉为主,兼顾发电、航运、防洪等功能

资料来源:根据网络资料整理而成。

(3)饮水安全问题全面解决。湖南省投入大量财力、物力和人力解决农村群众饮水问题。从 2016 年开始，国家启动实施了农村饮水安全巩固提升工程。围绕全面建成小康社会和实施精准扶贫的目标任务，采取新建、改扩建、配套、联网升级等措施，建设大水厂，构建大管网，全面提升农村供水规模、效益和水质。农村饮水安全工程成为覆盖面较广、受益人口较多的惠民工程之一。

（4）水生态文明建设成效显著。湖南省大力治理水土流失，落实水资源管理制度，持续推进湘江保护与治理，深入开展洞庭湖水环境综合治理，全面建立河湖长制。同时，落实节水优先方针，推进县域节水型社会建设，对省级重要水源地、水功能区、省界、市州界断面等开展水质监测，有效促进了生态环境的保护。

二、存在的问题

1. 防洪减灾能力仍然薄弱

洞庭湖区洪灾风险仍然很大，蓄滞洪区建设落后，不能实现有效蓄洪，且重点垸、一般垸堤防标准不高，排涝体系有待完善，城市防洪治涝标准亟待提高。农村地区山洪地质灾害隐患多、防御难度大，然而河段、水库、水闸治理仅集中在局部地区，面对洪水存在安全隐患，仍需进一步加强防洪减灾能力。

2. 灌溉供水保障能力仍然不足

农村饮水工程与农田灌溉用水保障率均不高，衡邵干旱走廊、湘西、湘南和洞庭湖北部地区缺水问题凸显。城市用水规模相较于乡村地区更大，并且受污染程度远远超过农村地区，而城市开发建设并未充分考虑水资源的承载力，加之用水管理机制存在欠缺，致使城市水资源供需矛盾突出。尽管近年来用水效率有所提高，但工业、农业、生活用水都呈显著增加趋势，结构性缺水问题时常出现。

3. 农田水利建设仍然滞后

农田水利设施老化失修情况较为普遍，部分中小型灌区、干支渠完好率有待提升，大中型灌区续建配套与节水改造投入不足，配套与节水改造率低。同时，农业灌溉技术水平落后，水土流失较严重，用水方式粗放，浪费严重，利用率较低。水环境也逐步遭到破坏，废水排放增大，水污染恶化现象严重，城市黑臭水体治理难度大。农村河塘沟渠生态功能退化，湿地生态系统生物多样性减少。

三、发展方向

1. 继续完善防洪格局

围绕洞庭湖水系防洪安全，以"四水"流域为重点单元、县级以上城市为重点对象，完善防洪格局。提升洞庭湖防洪能力，持续推进长江岸线崩岸滑坡治理，加固洞庭湖重要堤防，降低防洪保护区溃垸风险。加强"四水"防洪保障，加快"四水"防洪控制性工程建设和病险水库除险加固，加强河道整治与堤防等建设，提高"四水"流域蓄洪、泄洪和除涝能力。加强城市和县城排水防涝设施建设，更新改造老城区排水设施，高标准规划建设新城区排涝设施。

2. 继续完善饮水格局

加快现有水库功能调整，启动实施一批跨流域跨区域调水工程，推进城市第二水源及备用水源建设，提高城乡供水保障能力和应急保障能力。推进城乡供水一体化，加强农村供水规模化、标准化建设，保障农村饮水安全。

3. 继续完善用水格局

以衡邵干旱走廊、洞庭湖北部地区为重点，加快大中型骨干水源点建设和区域水资源配置工程前期论证，新建一批大型灌区，推进现有大中小型灌区续建配套和现代化改造，增强农业抗旱能力。

4. 提高用水效率

实施节水行动，健全水资源有偿使用制度，建立完善水资源承载能力监测预警机制，强化计划用水管理，推进区域节水和行业节水管理，强化全民节水意识，推动经济发展方式与水资源承载能力相适应。

5. 加大水安全保护力度

加快流域综合整治进程，推进"一湖四水"生态环境综合整治，加强水土保持，加快生态环境修复。以河长制、湖长制为抓手推进水生态环境保护，加强河湖保护基础工作，推动河湖面貌持续改善，打造山清水秀的生态家园。

参考文献

［1］何文举.交通基础设施建设对城市化发展质量影响的空间计量研究——以湖南省为例［J］.城市发展研究，2016，23（9）：101-106.

［2］孙喆，蔡文婷.县城市政基础设施供给充分与平衡性评价——以湖南省为例［J］.城市发展研究，2019，26（2）：92-99.

［3］张强，洪科，李远航.湖南省基础设施投融资体制创新研究［J］.经济地理，2010，30（8）：1283-1287.

［4］戴特奇，金凤君，王姣娥.空间相互作用与城市关联网络演进——以我国20世纪90年代城际铁路客流为例［J］.地理科学进展，2005（2）：80-89.

［5］金凤君.基础设施与经济社会空间组织［M］.北京：科学出版社，2012.

［6］丁金学，金凤君，王姣娥，等.高铁与民航的竞争博弈及其空间效应——以京沪高铁为例［J］.经济地理，2013，33（5）：104-110.

［7］钟胜，黄娟娟，李泰军，等.酒泉至湖南±800kV特高压直流规划运行曲线［J］.电力建设，2015，36（9）：96-102.

［8］周四军，戴思琪.长江经济带能源高质量发展的测度与聚类分析［J］.工业技术经济，2020，39（10）：116-124.

［9］刘亦红.湖南新能源产业发展研究［J］.湖南社会科学，2013（5）：152-154.

［10］王玎，沈阳武，邵筑，等.湖南电网新能源消纳关键影响因素量化分析［J］.湖南电力，2021，41（2）：65-69.

［11］龙西亭，袁瑞强，皮建高，等.长沙浅层地热能资源调查与评价［J］.自然资源学报，2016，31（1）：163-176.

［12］郭凯明，潘珊，颜色.新型基础设施投资与产业结构转型升级［J］.中国工业经济，2020（3）：63-80.

［13］郭理桥.城市发展与智慧城市［J］.现代城市研究，2014（10）：2-6.

［14］韦颜秋，李瑛.新型智慧城市建设的逻辑与重构［J］.城市发展研究，2019，26（6）：108-113.

［15］华坚，祁智国，马殷琳.基于超效率DEA的农村水利基础建设投入产出效率研究［J］.经济问题探索，2013（8）：55-60.

第十章　生态建设与可持续发展

湖南省拥有"一湖三山四水"的生态空间格局，生态优势凸显，但随着工业化与城镇化的快速发展，区域生态环境承载力变弱，生态系统服务价值下降。党的十八大以来，湖南省积极响应美丽中国建设、打好污染防治攻坚战等国家重大决策部署，坚持生态文明建设，扎实推进污染防治，加快生态环境治理与修复，建立健全生态文明体制机制，依托主体功能区与可持续发展实验区建设，努力提升区域可持续发展水平，实现绿色发展，着力建设人与自然和谐共生的现代化新湖南。

第一节　区域生态建设

湖南省是全国生态建设重点地区和生态环境的脆弱区，经过改革开放40余年的高强度建设与人口快速增长，形成了高耗能、高污染的生产方式和粗放的城镇化发展模式，区域生态环境受到比较严重的破坏。特别是21世纪初，空气污染、水污染、固体废物污染等问题日益凸显[1]，导致出现酸雨、水土流失、土地重金属污染、土地荒漠化、生物多样性减少、自然灾害频发等一系列问题，严重制约区域可持续发展[2]。进入新发展阶段、构建新发展格局、贯彻新发展理念、推动高质量发展、创造高品质生活等对湖南省加强生态文明建设提出了更高、更新要求，积极推进生态环境治理与修复，构建生态安全保护格局，加快生态文明体制机制建设，既是新时代的重大战略选择，也是应对各种社会经济问题的必然发展路径。

一、生态建设的主要成就

中华人民共和国成立以来，在全国环境保护制度改革背景下，湖南省生态环境保护与建设大致经历了五个阶段：非理性战略探索期（1949～1971年）、"三废"综合治理期（1972～1980年）、可持续发展期（1981～2006年）、"两型"社会建设期（2007~2011 年）与生态文明建设期（2012 年至今）[3]，生态环境保护战略由强调单一生态效益向兼顾社会—经济—生态综合效益不断深化，生态环境保护政策不断完善，生态环境保护范围由局部空间扩展至整个生态系统。特别是近年来，湖南省作为长江经济带的重要组成部分，在生态环境治理方面践行"山水林田湖草生命共同体"思想，科学合理划定生态保护红线，以"一湖四水"系统联治为重点，扎实推进湘江保护和治理"一号重点工程"以及洞庭湖生态环境治理，积极展开大气、水、土壤污染防治与"夏季攻势"行动计划，努力抓好城市黑臭水体整治、重金属污染治理、人居环境改善等工作，全力推进污染防治攻坚战。2019 年湖南省生态环境状况指数为 79.02，生态环境状况等级为"优"，等级为"较差"或"差"的市（县）全部清零，区域生态治理与修复成效显著，生态文明体制机制得到不断完善，绿色发展不断提供新消费动能和经济增长点。

1. 生态安全保护格局基本确定

（1）生态保护红线划定。按照优化国土空间功能格局、推动经济绿色转型、改善人居环境的基本要求，在重点生态功能区、生态敏感区和脆弱区划定生态保护红线。根据《湖南省人民政府关于印发〈湖南省生态保护红线〉的通知》（湘政发〔2018〕20 号），湖南省生态保护红线为 4.28 万平方千米，占全省国土面积的 20.23%，整体呈现"一湖三山四水"的空间格局。"一湖"为洞庭湖（主要包括东洞庭湖、南洞庭湖、横岭湖、西洞庭湖等自然保护区和长江岸线），主要生态功能为维护生物多样性、调蓄洪水。"三山"包括武陵—雪峰山脉生态屏障，主要生态功能为维护生物多样性与保持水土；罗霄—幕阜山脉生态屏障，主要生态功能为生物维护多样性、涵养水源和保持水土；南岭山脉生态屏障，主要生态功能为涵养水源和维护生物多样性，其中南岭山脉生态屏障是南方丘陵山地带的重要组成部分。"四水"为湘资沅澧（湘江、资水、沅江、澧水）的源头区及重要水域。从生态保护红线空间分布来看，主要有武陵山区生物多样性维护生态保护红线、雪峰山区生物多样性维护—水源涵养生态保护红线、越城岭生物多样性维护生态保护红线、洞庭湖区生物多样性维护生态保护红线（包括长江岸线）、南岭水源涵养—生物多样性维护生态保护红线、罗霄山水源涵养—生物多样性维护生态保护红线、幕阜山水源涵养—生物多样性维护生态保护红线、长株潭城市群区域水土保持生态保护红线与湘中衡阳盆地—祁邵丘陵区水土保持生态保护红线；重点区域包括洞庭湖区（含长江岸线）、武陵山区、南岭山区、幕阜山区及湘资沅澧"四水"。湖南省生态红线的划定明确了各区域主导生态功能，提高了区域生态环境承载力，为湖南省生态保护与建设、自然资源有序开发和产业合理布局提供重要支撑，为建设富饶美丽幸福新湖南奠定生态基础。

（2）生态环境分区管控。湖南省在划定生态保护红线的基础上，实施"生态保护红线、环境质量底线、资源利用上线和生态环境准入清单"生态环境分区管控。湖南省共划定 860 个环境管控单元，其中，优先保护单元 253 个，面积占全省国土面积的 37.50%；重点管控单元 358 个（全省 144 个省级以上产业园区均划为重点管控单元），面积占比 21.38%；一般管控单元 249 个，面积占比 41.12%。同时，湖南省以环境管控单元为基础，从空间布局约束、污染物排放管控、环境风险防控和资源利用效率等方面明确准入、限制和禁止的要求，建立"1+14+860"生态环境准入清单管控体系："1"为湖南省生态环境分区管控意见，包括生态环境质量改善目标、环境管控单元划定结果、生态环境分区管控总体要求；"14"为各市州生态环境管控基本要求；"860"为湖南省落地的环境管控单元生态环境准入清单。湖南省环境管控单元实施差异化管理，优先保护单元内禁止或限制大规模、高强度的工业和城镇建设，优先开展生态保护修复活动；重点管控单元中优化空间布局，加强污染物排放控制和环境风险防控，不断提升资源利用效率，解决生态环境质量不达标、生态环境风险高等问题；一般管控单元主要落实生态环境保护基本要求，保障长江湖南段和湖南省"一湖三山四水"生态安全格局，促进"长株潭、洞庭湖、大湘南、大湘西"区域优势充分发挥与协调发展。

2. 生态治理与修复的成效显著

（1）大气环境综合治理。为深入推进大气污染防治工作，改善环境空气质量，湖南省先后出台了《湖南省大气污染防治专项行动方案（2016-2017 年）》《湖南省污染防治攻坚战三年行动计划（2018-2020 年）》和《湖南省"蓝天保卫战"实施方案（2018-2020 年）》等政策文件，重点从转型升级、污染治理、重污染天气防范三个层面部署工作。转型升级具体包括促进产业结构调整、加快绿色交通体系建设、推进油品提质升级等；污染治理包括推动工业污染源稳定达标排放、加强工业企业无组织排放管控、加强工业园区大气污染防治、推动重点地区和重点行业执行大气污染物特别排放限值、推进火电钢铁行业超低排放改造、全面推进工业 VOCs 综合治理、打好柴油货车污染治理攻坚战、加强非道路移动机械和船舶污染管控、加强扬尘污染治理、严禁秸秆露天焚烧、加强生活面源整治等措施；重污染天气防范具体包括建立完善中心城市大气污染联防联控机制、提升重污染天气预报预警能力、积极应对重污染天气、编制大气污染物排放源清单、编制环境空气质量达标规划和完善监测网络体系等。从区域治理来看，湖南省以长株潭城市群为主战场，全面落实大气污染防治行动计划，统筹解决工业污染、压煤、控车、禁烧、抑尘、增绿等问题，特别是多领域协同压减散煤消费量与绿色交通体系建设加强，并且初步建立了统一协调、联合执法、信息共享、区域预警的联防联控机制和防治立体网络[4]，着力打好"蓝天保卫战"。

截至 2019 年，湖南省 14 个城市环境空气质量平均优良天数比例为 83.7%，轻度污染天数比例为 13.0%，中度污染天数比例为 2.1%，重度及以上污染天数比例为 1.2%。城市空气质量优良天数比例由高到低依次为湘西州、郴州市、张家界市、怀化市、永州市、娄底市、邵阳市、衡阳市、岳阳市、株洲市、常德市、长沙市、湘潭市、益阳市。按照城市环境空气质量综合指数评价，湖南省市州空气质量从好到差依次为湘西州、张家界市、郴州市、怀化市、永州市、娄底市、邵阳市、衡阳市、常德市、岳阳市、长沙市、益阳市、株洲市、湘潭市（见图 10-1）。

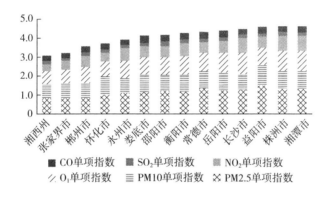

图 10-1 2019 年湖南省各市州环境空气质量综合指数
资料来源：《2019 年湖南省生态环境状况公报》。

（2）水环境综合治理。湖南省水资源丰富，水系发达。为改善全省江河水系水质、加强水环境治理和保护工作，2015 年湖南省政府印发《湖南省贯彻落实〈水污染防治行动计划〉实施方案（2016-2020 年）》，制定了水环境治理的行动计划。尤其是近年来湖南省政府又印发了《统筹推进"一湖四水"生态环境综合整治总体方案（2018—2020 年）》《洞庭湖生态环境专项整治三年行动计划（2018—2020 年）》和《湖南省湘江保护和治理第三个"三年行动计划"（2019-2021 年）实施方案》等有关文件，为湖南省水环境综合治理提供了坚实的制度政策支撑。具体来看，首先，湖南省统筹考虑水陆、江湖之间的密切联系，以洞庭湖生态环境专项整治和湘江保护治理三年行动计划为突破，向资江、沅江、澧水延伸，构建一体化的生态环境综合治理格局。其次，坚持分区施策，根据不同空间格局生态环境的突出问题，制定差别化的保护策略与管理措施，

湖南经济地理

实施精准治理，全省陆续关停"十小企业"，对六大重点行业 31 家企业完成清洁化改造，144 个省级及以上工业集聚区建成或配套污水集中处理设施。最后，建立以党政领导负责制为核心的责任体系，明确各级河长及相关部门职责，整合各方力量，协调推动河湖管理保护与水污染防治设施建设工作。截至 2019 年，湖南省 251 处非法码头已全部关停，3193 艘"僵尸船"已处置，县级及以上城镇实现生活污水收集处理设施全覆盖，地级城市污水处理率 95.53%，县级城市污水处理率 92.67%。

2019 年，湖南省地表水环境质量总体保持稳定，在 345 个评价考核断面中，达到 I 类水质的断面有 24 个，II 类水质断面有 271 个，III 类水质断面有 34 个，I ~ III 类水质断面合计 329 个，占 95.4%；IV 类水质断面有 14 个，占 4.1%；劣 V 类水质断面有 1 个，占 0.3%。在江河水质方面，湘江流域、资江流域、沅江流域、澧水流域、长江湖南段和环洞庭湖河流水质总体为优，珠江流域水质良好。在湖库水质方面，主要湖库评价考核断面为 21 个，I ~ III 类水质断面有 8 个，占 38.1%；IV 类水质断面有 12 个，占 57.1%；V 类水质断面有 1 个，占 4.8%。在饮用水水源地水质方面，14 个城市的 29 个饮用水水源地中有 28 个水源地水质达标，集中式饮用水水源地水质达标率为 96.6%。在地下水质方面，全省 226 个国家级监测站点中，I 类水质点有 4 个，II 类有 9 个，III 类有 109 个，IV 类有 104 个，无 V 类；77 个省级及以下监测站点中，I 类水质点有 6 个，II 类有 33 个，III 类有 13 个，IV 类有 25 个，无 V 类。

（3）土地综合整治。湖南省于 2007 年出台了《湖南省土地开发整理项目管理办法》[5]，并推进一系列土地整治工程，如高标准农田建设、综合整治归并大量零散田块、改善农村基础设施等，保障了粮食生产能力，实现了耕地占补动态平衡。在乡村振兴和新型城镇化建设背景下，湖南省又制定了《湖南省土地整治规划（2016-2020 年）》，大力推进农用地整理，大规模建设高标准农田，加强耕地质量建设，推进其他农用地整理，做好耕作层土壤剥离再利用工作[6]。同时，规范开展农村建设用地整治，优化农村建设用地布局，推进农村闲置低效土地整治，严格落实城乡建设用地增减挂钩政策，科学高效开发宜耕后备资源，有效补充耕地资源，努力提高宜耕后备资源的使用率。从农用地整治区域来看，农用地整理重点区分布在环洞庭湖平原区、娄邵盆地区；宜耕后备资源开发重点区域分布在湘南丘陵地区；土地复垦重点区域分布在湘北环洞庭湖自然灾害损毁土地复垦区，湘东北金属、非金属开采复垦区，湘中煤、非金属开采复垦区和湘西金属、非金属开采复垦区；旱地改水田重点区域主要分布在环洞庭湖区、涔天河流域的旱地改水田重点区域。

城镇工矿用地亦是土地综合整治的重点，湖南省鼓励有条件的地区开展旧城镇改造，稳步推进城中村改造，积极进行旧工矿改造，优化土地整治资源时空配置；遵循地域差异性、兼顾生态保护等原则，开展土地综合整治重点区域划定工作，因地制宜实施土地整治措施。湖南省将土地综合整治与生态文明建设有机结合，实施了多类农田防护、生态环境保持工程，通过土地生态整治有效促进了生态环境质量提升。

（4）森林资源保护建设。湖南省森林资源保护具体体现在五个方面：一是完善自然保护地管理制度，通过统一设置、分级管理、分区管控，逐步构建以国家公园为主体、自然保护区为基础、各类自然公园为补充的自然保护地体系。科学划分核心保护区和一般限制区，合理调整边界范围和功能分区，完善森林资源保护制度，编制天然林保护修复中长期规划，实行天然林保护与公益林管理并轨，完善林业改革创新制度，积极探索林长制改革。二是重点落实长株潭绿心生态保护修复、林业灾害防控、野生动物保护监管等工作，提高生态保护修复水平。同时，继续推动国土绿化，进一步加强生态廊道建设。三是推进"互联网+全民义务植树"，并在韶山风景名胜区、岳阳市森林生态博览园、常德市河洑国有林场启动建设了3个全国"互联网+全民义务植树"基地，其中韶山风景名胜区被授予首批国家"互联网+全民义务植树"基地称号。四是加强森林资源保护管理，巩固提高国土绿化成果，开展森林草原执法、森林督查、涉林采石采砂取土问题清理等系列专项行动。五是着力解决绿化攻坚"硬骨头"，包括石漠化治理、矿区和重金属污染地复绿、城乡绿化均等化建设、绿化资金投入等。

总体来说，湖南省践行"绿水青山就是金山银山"理念，着力深化生态保护、生态修复、生态惠民，有力促进了生态文明建设和绿色发展。截至2019年底，全省完成营造林106.58万公顷，森林覆盖率达59.90%，森林蓄积量达5.95亿立方米，在扩充绿量的同时提升了国土绿化质量和效能。

（5）土壤污染防治。土壤污染防治作为重大环境保护和民生工程，已纳入国家环境治理体系。湖南省为切实加强土壤污染防治，逐步改善全省土壤环境质量，于2016年率先出台了《湖南省土壤污染防治项目储备库建设工作方案》，成为全国唯一土壤项目库建设试点省份，此后又先后出台了《湖南省土壤污染防治工作方案》《湖南省土壤污染防治条例》《湖南省实施〈中华人民共和国土壤污染防治法〉办法（2020年）》，从开展土壤污染调查、建立健全法规标准体系、实施农用地分类管理、加强建设用地准入管理、强化未污染土壤保护、强化污染源监管、开展污染治理与修复、加强科技研发和推广、发挥政府主导作用、强化目标考核10个方面对全省土壤污染防治作出要求[7]。2017年，湖南省各市州提交《土壤污染防治目标责任书》，湖南省成为全国第一个签订省市两级土壤污染防治责任状的省份。湖南常德成为我国土壤污染综合防治先行建设区之一，石门县等地通过"植物萃取+农作物套作""钝化+植物阻隔"等特色措施，确保土地安全利用[8]。

"十三五"期间，湖南省基本完成土壤与农产品重金属污染加密调查、重点行业企业用地调查、受污染耕地和污染地块安全利用率、涉镉污染源排查、农村生活污水治理等硬指标和硬任务，净土保卫战和农业农村污染治理攻坚战取得阶段性成效。

（6）矿山生态修复。湖南省矿业开发历史悠久，素有"有色金属之乡"和"非金属之乡"的美誉。近年来，湖南省加快矿产资源治理和开发工作，出台了《湖南省国土资源厅关于推进矿产资源全面节约和高效利用的实施意见》《湖南省矿产资源开发整合总体方案》《湖南省人民政府办公厅关于全面推动矿业绿色发展的若干意见》等多个文件，有效处理了违法违规出让转让矿业权、矿业权设立不符合规划、违法违规勘查开采矿产资源等问题，全面促进了矿山地质环境保护与治理恢复。具体包括：一是有序、集约开发矿产资源，科学合理配置资源，以娄底、衡阳和郴州三市为重点，形成煤炭集中生产基地，并建立相应的洗选煤基地；二是合理利用浅层地热和中低温地热水资源，探索高温地热水综合途径；三是围绕铁矿、锰矿资源开发和深加工，建设了永州、湘西自治州、益阳锰矿开采与深加工基地；四是进一步加强对贫铁、难选冶铁矿石的开发利用研究；五是推广和应用先进采选方法、工艺、设备，提高矿产资源开采回采率、选矿回收率、综合利用率。同时，对59个重点矿区资源进行整合，将具有生态环境保护功能和基础设施保护功能的一定区域、重要城镇以及军事禁区划定为禁止开采区，共划分禁止开采区103个、重点开采区15个、限制开采区22个。此外，湖南省积极开展重点生态保护区矿业活动专项整治行动，对位于各级各类自然保护地、生态保护红线范围内的矿业权、选冶加工企业进行清理整治，依法分类处置。

湖南省矿山生态修复、绿色矿山建设进展显著。2019年湖南省采矿权缩减487个，采矿权数量由2018年年初的5496个减少到2019年的5009个，争取到中央投资2.7亿元，启动了545个废弃矿山生态修复[9]。湘江流域和洞庭湖生态保护修复工程完成投资25.98亿元，完成了湘江流域露天开采非金属矿专项整治，关闭矿山59家，整改29家，并遴选出68家符合生态文明建设的绿色矿山。

（7）固定废弃物处置。固体废物环境管理是环境保护与治理工作的重要组成部分，随着湖南省社会经济的快速发展，其一般工业固体废物、医疗废物、危险废物等固体废弃物产生量较大，由此带来的环境问题受到社会广泛关注。

为进一步规范固体废物环境管理,改善环境质量,湖南省先后出台了《湖南省重点固体废物环境管理"十三五"规划》《湖南省工业固体废物资源综合利用示范创建工作方案》等文件,从制度层面对固体废弃物处置问题做了整体部署。

具体而言,主要采取了以下行动与措施:一是落实企业主体责任,提升污染防控能力。固体废弃物企业将固体废物污染防治纳入到日常生产经营活动中,自觉承担固体废物污染防治的主体责任。二是严格环境许可,降低危险废物经营环境风险。高度重视重金属超标和土壤环境风险凸显问题,严把经营单位准入关,探索危险废物经营单位绩效评估考核和退出机制[10]。三是立足区域统筹,优化固体废物处理设施布局。坚持就近集中处置原则,遵循各地区主导产业及相应危险废物产生特征,合理规划建设固体废物处理项目,优化区域布局。四是创新管理模式,完善固体废物管理制度。规范固体废物环境管理,并建立健全危险废物规范化管理长效机制,组织开展全省危险废物规范化管理督查考核等。五是加强能力建设,夯实工作基础。不断提升固体废物专业化处置能力和环境管理水平,有针对性地开展调查摸底工作。六是严格监管执法,严厉打击环境违法行为。坚持"以属地管理为主,专属管辖为辅,省级环保部门督查为补充"的原则,市、县环保部门承担监管职责。七是坚持创新引领,强化科技支撑。重点针对危险废物、大宗工业固体废物等进行战略性、前瞻性研究,同时加快推进生活垃圾分类试点示范,发展垃圾焚烧发电,探索垃圾无害化、资源化多种处理方式。

截至 2019 年底,湖南省建有生活垃圾卫生填埋场 95 座,乡镇垃圾中转站 1414 座,建成生活垃圾焚烧处理厂 11 座,设计日处理能力达 1.48 万吨,设市城市生活垃圾无害化处理率达 99.95%;全省投入运行的医疗废物集中处置中心有 12 家,年处置能力达 6.78 万吨,实际处置为 5.41 万吨;投入运行的危险废物集中处置中心、工业园区配套建设危险废物处置企业、水泥窑协同处置企业有 10 家,年处置能力达 27.66 万吨,实际处置为 6.91 万吨。全省危险废物综合利用企业 104 家,年利用能力达 389.51 万吨,实际利用为 115.87 万吨[11]。2017 年,长沙市建成湖南省首个市级固废管理信息化平台,并入选全国垃圾分类试点重点城市[12]。

3. 绿色低碳发展基础不断夯实

(1)全面推行绿色制造体系。一是加大绿色制造体系建设。湖南省于 2020 年制定出台了《湖南省绿色设计产品评价管理办法》与《湖南省绿色制造体系建设管理暂行办法》,开展省级绿色设计产品评价与推广应用,对绿色制造体系建设实施动态管理,并在全国率先实施绿色 GDP 评价体系。二是扎实推进沿江化工企业搬迁改造和"散乱污"企业整治。截至 2019 年底,湖南省共完成提升改造企业 487 户，整合搬迁企业 65 户，关停取缔企业 1563 户[13]，淘汰煤炭产能 600 多万吨。2019 年，湖南省环保产业产值达 3004.6 亿元，初步形成了绿色环保产业体系。

（2）推进农业生产绿色发展。湖南省积极推进农业生产绿色发展。一是建立一批优质湘米生产基地、绿色精细高效示范基地，加快实施耕地轮作休耕试点，推广稻渔综合种养，2020 年全省发展稻渔综合种养面积 477.32 万亩，同比增长 1.66%。二是推动养殖业转型升级，全省畜禽粪污综合利用率达到 85% 以上，规模养殖场粪污处理设施装备配套率为 99.97%，江河、湖泊等天然水域已全面禁止投肥养鱼，饮用水源一级保护区的养殖网箱全部清理拆除。三是推进农药、化肥减量增效行动，2020 年湖南省化肥使（施）用量同比减少 3.68 万吨，降幅达 1.61%；农药使用量 4.23 万吨，同比降低 4.2%；农药利用率达40% 以上，主要农作物病虫害专业化统防统治面积 2634 万亩、覆盖率为 40.1%[14]。

（3）大力推进资源综合利用。一是开展工业节能及资源综合利用，抓好高耗能的重点行业、企业的节能降耗，同步推进节能监察执法和诊断服务，积极推进工业固体废物资源综合利用示范创建，如新能源汽车动力蓄电池回收利用试点等；二是开展农业节水及废弃物综合利用，推广农业节水灌溉，实施节水农业工程建设与技术推广，倡导秸秆综合利用以及农膜、农药包装废弃物等回收。据统计，2019 年湖南省秸秆综合利用率超过 86%，浏阳市、岳阳县等 8 个县（市、区）的农药包装废弃物回收处置试点取得明显成效，试点示范区农药包装废弃物田间回收率达 85% 以上[15]。

4. 生态文明体制机制不断完善

（1）生态环境保护责任体系不断健全。湖南省于 1972 年 8 月成立第一个生态环境保护机构——省基本建设领导小组办公室所属"三废"治理组[16]。此后，省级环保机构经历了省环境保护办公室（1979 年）、省环境保护局（1984年）、省环境保护厅（2009 年）、省生态环境厅（2018 年）四次升级，从一个只有 3 人的"三废"治理组发展成为省政府组成机构，并陆续出台了《湖南省生态环境保护工作责任规定》和《湖南省重大环境问题（事件）责任追究办法》，要求生态环境保护工作坚持保护优先、预防为主、综合治理、公众参与、损害担责的基本原则，按照"属地管理、分级负责"和"谁决策、谁负责""谁监管、谁负责""谁污染、谁担责"的要求，建立责任体系以及问责制度。责任主体包括全省各级党委、人大、政府及其有关部门，各级纪检监察机关、审判机关、检察机关，中央在湘单位，以及其他有关单位和组织，同时明确了各级各部门的生态环境保护工作职责。各市州党委政府主要领导亲自挂帅、靠前指挥、现场督办，推动各项工作层层落实落地，14 个市州和 80% 的县（市、区）也制定出台了相应的实施方案或细则[17]，走在全国前列。

（2）环境保护制度机制不断创新。湖南省各市州健全生态环境损害赔偿、环境信用评价等制度，建立环境空气质量奖惩、流域生态保护补偿等机制，严格执行环境准入政策，倒逼淘汰落后产能和产业布局调整，扶持壮大生态环保产业；制定《湖南省环境保护条例》《湖南省"十三五"环境保护规划》《湖南省长株潭城市群生态绿心地区保护条例》等制度性文件，为区域生态建设提供切实保障；推进中央环保督察及"回头看"反馈问题整改以及污染防治攻坚战等工作；认真履行《水俣公约》、遗传资源相关项目，建立长江生态环境保护修复驻点跟踪研究机制；积极参加全国和国际性生态环境保护治理活动，成功举办亚太绿色低碳发展高峰论坛；自 2017 年开始连续五年发起污染防治攻坚战"夏季攻势"，分类明晰生态环境污染防治重点任务，并将"夏季攻势"任务完成情况纳入市州绩效评估和省政府督查中；创新自然资源管理与保护机制，严格进行国土空间用途管制，统筹"山水林田湖草"全域全要素管理，推行网格化的"河长制""田长制""林长制"等制度，并建立生态环境保护考核评价体系；建立生态环境风险排查机制，加强监管执法，组织对自然保护区、饮用水源地、矿山开采、尾矿库、工业园区等重点领域开展环境风险隐患排查和专项整治。基于此，湖南省先后争取到湘江源头区域等 4 个国家级生态文明先行示范区、江华瑶族自治县等 11 个国家生态文明建设示范市（县）以及国家公园、农村环境综合整治等 50 多项"国字号"改革试点，宁乡市、津市市、湘阴县等 26 个县（市、区）获得首批"湖南省生态文明建设示范县（市、区）"称号。

（3）生态保护补偿机制初步建立。湖南省生态补偿机制实践开始于 2000 年前后，最先在林业领域开展，随后逐渐扩展到湿地、流域、矿产资源等领域。在林地生态补偿方面，主要开展公益林管护补偿和退耕还林工程，其中，公益林管护补偿主要对防火、防虫害、补植和抚育以及乱砍滥伐行为执法等方面予以投入，并将国家级公益林中的集体和个人所有部分补偿标准提高到每年 17 元/亩；退耕还林主要采取对主动退耕和植树造林的农户给予补偿的方式进行，从 2000 年开始在永顺、沅陵、桑植、隆回四个县启动试点以来，一共实施了三轮退耕还林工作。在湿地生态补偿方面，2005 年湖南出台了《湖南省湿地保护条例》，首次提出对因保护湿地而受到损失的个人或者单位应当依法给予补偿，并积极申请湿地保护类资金，开展湿地监测、退化湿地恢复、湿地管护等工作；2015 年《湘江流域退耕还湿还林工作方案》编制完成，指导湘江流域 8 个市开展退耕还湿试点工作，计划恢复湖泊湿地面积 4.49 万亩。在流域生态补偿方面，湖南省主要在东江湖、湘江流域和洞庭湖区域开展了相关工作，旨在探索多元化生态补偿方式，引导和鼓励开发地区、受益地区与生态保护地区、流域上游与下游通过自愿协商建立横向补偿关系，积极探索市场化补偿模式，并于2014年出台了第一个地方性生态补偿办法——《湖南省湘江流域生态补偿（水质水量奖罚）暂行办法》，从湘江流域水污染防治、饮用水水源地保护、水土保持、生态保护、城镇垃圾污水处理设施建设等方面倡导生态共治。在矿产资源生态补偿方面，主要实施开征矿产资源税和矿山地质环境治理备用金制度，前者通过征税体现矿产资源的价值，后者则直接通过行政手段约束开采企业进行备用金筹集，以用于矿产开发引发的崩塌、滑坡、泥石流、地面塌陷、地裂缝等以及矿山地质环境治理和修复等[18]。

（4）生态保护治理现代化加强。湖南省深入推进生态环境治理体系和治理能力现代化，制定出台《湖南省生态环境保护工作"四严四基"三年行动计划》，加强污染源自动在线监控系统建设，成立监控中心，建立值班制度，建立数据响应机制，确保快速响应、及时处置；启动生态环境应急指挥大厅、生态环境大数据资源中心建设和"互联网+"督察、执法、审批、监测、监控、政务、党建、宣传八个"互联网+"平台建设，特别是审批权限的下放，极大推进了环评审批制度改革。

二、生态建设存在的主要问题

1. 保护与发展的矛盾较为突出

（1）区域生态建设与经济发展不协调。从区域整体来看，湖南省生态环境保护未能与经济发展实现协同共进。比如，虽然长株潭地区经济"领跑"，但是长株潭生态绿心地区的保护较为滞后，生态屏障与生态服务功能需进一步加强；洞庭湖区域作为湖南省重要的商品粮油、水产与养殖基地以及长江经济带的重要组成部分，其社会经济发展需求不可避免地对区域生态环境产生影响，表现为洞庭湖水域总磷浓度降幅减缓，短期内难以达到Ⅲ类标准，湖区饮用水水源地等隐患依旧存在；湘西地区拥有良好的生态旅游资源，但交通设施服务能力较差，区域经济发展相对滞后，生态优势转化不充分。

（2）自然生态保护面临快速城镇化冲击。随着城镇化快速推进，湖南省城市建设用地面积由2002年的923.16平方千米增长到2019年的1758.08平方千米，城市空间持续扩张，生态空间不断被"蚕食"，导致城镇建设空间与生态空间产生局部冲突[19]，生态景观人工化趋势显著，城乡绿色空间破碎化程度偏高，造成城市气候调节、污染净化、水源涵养等生态功能逐步退化。比如，长株潭生态绿心建设存在斑块破碎化、生态廊道不完整等问题[20]；洞庭湖区域湿地旱化、退化、破碎化，植被破坏较严重，部分生态缓冲带破坏严重或功能基本丧失，湿地生态系统的完整性和原真性受损，湿地生态系统调蓄洪水、净化水体、保护生物多样性的湿地功能亟待恢复。

2. 生态环境质量问题依然严峻

（1）生态环境改善成果不够稳固。大气环境质量仍然不高，湖南全省范围内一些重点城市重污染天气时有发生，PM2.5 与臭氧浓度偏高等问题依然突出，2019 年酸雨频率达 53.5%，大气环境质量主要指标出现反弹，2019 年湖南省空气质量优良天数比例与 2018 年相比下降了 1.7 个百分点。水环境问题依然存在，桃谷山与大通湖 2 个国考监控断面未达标，13 个重金属监测断面超标，个别国控、省控断面近几年退出劣 V 类和 V 类，总磷浓度较高，水质尚不稳定。洞庭湖面积从 19 世纪中叶的 6000 平方千米萎缩至 2020 年的 2625 平方千米，淤积泥沙 52.15 亿吨，调蓄能力弱化，水环境承载力不足，危及防汛与生态。水土流失形势仍然不容乐观，水土流失面积占湖南省国土面积的 10% 以上，湘西自治州、张家界市、郴州市、娄底市、永州市、邵阳市、衡阳市 7 个市州水土流失面积占比均高于全省均值[21]。湘西地区黑臭水体、饮用水水源地、畜禽水产规模养殖污染等重点领域问题突出；涟水、浏水等部分河流出现枯水期水质大幅下降问题；部分区域乡镇、农村水源水质超标，部分水厂出水水质不稳定等。城市垃圾年产生量较大，2018 年达 1000 万吨以上，但湖南省人均垃圾处理能力为 0.59 千克/日，小于东部地区的 1.11 千克/日[22]。土壤重金属污染仍较为严重，局部地区耕地受到不同程度的面源污染和重金属污染，资金需求大，受污染地块安全利用、污染耕地修复、废弃矿山及矿涌水和重金属污染等问题和风险依然存在。

（2）部分领域生态安全隐患仍未解决。矿业、化工企业生产历史遗留性问题仍较多。如株洲化工厂重金属污染程度深、面源污染广，重金属超标耕地修复、尾矿库治理、重金属超标断面整治、入河排污口整治、危险废物超期贮存治理等，后续整改任务依然繁重。部分区域环境整治项目存在反弹迹象，如洞庭湖地区存在已拆除或复绿的砂石码头堆场重新恢复生产、部分已退养的养殖场复养、已清退的欧美黑杨树兜发芽返青等情况。农业农村面源污染问题亟待破解，"大肥大药"的传统种养方式没有得到根本转变。养殖污染整治存在薄弱环节，如部分规模化养殖场治污设施建设标准不高、运行不到位，大多水产养殖户仍采用粗放型养殖方式，养殖尾水处理不够。城乡环保基础设施建设不平衡，农村垃圾、污水处理能力不足，垃圾乱倒及生活污水直排问题依然突出。

3. 生态环境治理能力依然偏弱

（1）生态协同治理能力不足。随着生态文明体制机制改革进入攻坚期、深水区，重点、难点改革任务不断增多，协同推进难度大，系统性、协调性有待进一步提高。主要原因有两点：一是环保垂直改革与综合执法改革的相关配套机制尚未完全理顺，各层级及部门间信息共享不充分，生态环保职责欠明晰，导致"三管三必须"的源头预防和治理责任未能有效压实，体制机制障碍仍存在；二是政府仍是生态建设的主要动力，而市场机制改革滞后，社会组织和公众参与治理的渠道、方式及权益保障等有待明确，企业环境信息披露、信用评价、联合惩戒机制等配套机制有待完善。

（2）要素保障支撑能力亟待提高。有限财力与治理需求之间的矛盾较为突出。生态环境存量污染治理的难度高、资金需求量大，在当前"三保"压力倍增且政府债务管控空前严格的情况下，各级财政进一步加大环保投入的空间有限。同时，由于环境领域事权与支出责任尚未明确，存在政府为污染主体承担治理责任的被动"买单"现象；部分地方"等、靠、要"思想明显，工作缺乏拓展性，过度依赖中央、省级的政策和资金支持。此外，人才、技术支撑严重不足，专业性人才缺乏，监管执法能力有待增强；信息化管理手段及技术支撑不足，先进适用技术研发与示范推广还不够。

三、未来生态建设重点与对策

"十四五"时期，湖南省在继续实施水、气、土等污染防治行动和推进突出生态环境问题整改的基础上，增加了助力构建新发展格局、实施"三高四新"战略、碳排放达峰与应对气候变化等新任务，区域生态建设要求更高。到2025年，湖南省将加快推进生产生活方式绿色转型，能源资源配置更加合理、利用效率大幅提高，国土空间开发与保护格局得到优化，污染物排放总量持续减少，环境质量持续改善，生态环境突出问题基本解决，重大环境风险基本化解，生态安全屏障更加牢固，城乡人居环境明显改善，生态环境治理体系和治理能力现代化水平明显增强，生态文明建设实现新进步。

1. "十四五"时期生态建设重点任务

（1）深入推进生态环境污染防治。扎实推进长江经济带生态环境突出问题整改，推动"一湖四水"系统联治，完成湘江保护和治理第三个"三年行动"计划，持续发起"夏季攻势"。抓好长江干支流入河排污口、城市黑臭水体、饮用水水源地环境问题整治。加强工业园区水环境管理，推动港口码头岸电全覆盖。大力提升空气质量，实施细颗粒物和臭氧协同控制，强化长株潭及传输通道城市大气污染联防联控，积极应对重污染天气。加强固体废弃物和磷污染治理、受污染耕地安全利用和严格管控，推进土壤重金属污染治理。完善生态环境监测网络，强化污染源自动在线监控、电力环保智慧监管，以及垃圾、污水等处理设施在线监管。

（2）持续加强生态保护与修复。加快推进长江岸线湖南段、"一湖四水"流域生态廊道建设，推进湘江流域和洞庭湖生态保护修复工程试点；加强河湖生态流量监管，持续推进河湖"清四乱"和"非法矮围"专项整治。开展国土绿化行动，推行林长制，加强天然林保护修复。深入推进砂石土矿专项整治和全域土地综合整治试点。加强生物多样性保护，严格落实禁捕退捕政策，强化禁食野生动物管控。

（3）加快推动绿色低碳发展。推进钢铁、建材、电镀、石化、造纸等重点行业绿色转型，大力发展装配式建筑、绿色建筑。积极探索零碳示范创建，统筹碳排放达峰行动，启动全省碳排放达峰相关工作，从产业结构调整、能源结构变革、精准高效减排、资源循环利用等方面协同推进，循序渐进推进单位国民生产总值的碳排放强度逐步降低，推进马栏山视频文创产业园低碳发展示范区建设，以点带面，推进重点领域、重点行业率先实现碳达峰，支持基础较好的园区、社区开展碳达峰和碳中和试点示范，积极争取将亚太绿色低碳发展高峰论坛升级为国家级论坛。全面建立资源节约集约循环利用制度，实行能源和水资源消耗、建设用地等总量和强度双控，开展工业固废资源综合利用示范创建，加强畜禽养殖废弃物无害化处理、资源化利用，加快生活垃圾焚烧发电等终端设施建设。全面倡导简约适度、绿色低碳生活方式，反对奢侈浪费和不合理消费，健全绿色消费长效机制，推广绿色产品，扩大绿色消费市场，抓好绿色矿山、绿色园区、绿色交通建设。

（4）完善生态文明治理体系。一是把握新时代特征，明确改革的方向与要求。坚持"绿水青山就是金山银山"发展理念，完善生态资产与生态产品交易机制，探索建立生态产品价值核算体系，加快推进生态产品管理现代化[23]。二是完善领导组织结构，提高政府决策的能力和水平。健全责任体系，理顺协调机制，持续推动"放管服"改革，建立协同发展机制，共同推进长江大保护及长江经济带协同融合发展，全面推广成果经验，建立健全标准体系，并运用现代信息手段，实施精准智慧监管。三是积极发挥市场主体，完善社会共治。建立市场化生态补偿机制，大力发展绿色金融，健全社会资本参与回报机制，并全面推进信息公开，强化公众监督。四是深入参与国际生态环境治理体系建设。建立双边或多边对话合作机制，加强与世界的对话交流与合作，推动生态环境治理双向沟通和技术水平提升。

2. "十四五"时期生态建设保障措施

一是进一步加强组织领导。各级各部门各司其职、各负其责，把生态规划目标、任务纳入湖南省国民经济和社会发展规划，加强组织领导和工作协同，明确责任分工和进度安排，确保各项工作落实到位。二是强化科技支撑。加快构建企业为主体、市场为导向、产学研相结合的绿色技术创新体系，加强科技攻关，突破技术壁垒，建设重点实验室、生态技术创新平台及成果转化平台。三是充分发挥示范引领作用。将已部署开展的长株潭"两型"社会试验区建设、长沙市国家循环经济示范城市、国家地下综合管廊试点、娄底市国家餐厨废弃物资源化利用和无害化处理示范城市等各类试点示范，统一纳入湖南省生态建设重点进行集中推进、形成合力。四是进一步完善支持政策。切实加大对生态文明建设的投入与支持力度，进一步完善环境投融资机制，积极引入社会资本。五是健全考核评估。深入推进"党政同责""一岗双责"等机制，建立领导干部自然资源资产离任审计和责任追究制度，完善党政领导干部政绩差别化考核与激励机制，探索成立生态环境保护执法司法专门机构，为建设人与自然和谐共生的现代化新湖南提供有力的法治保障。

第二节　区域可持续发展

区域可持续发展包括区域内部和区域间关系的可持续发展，强调区域经济和社会同人口、资源、生态环境等按照一定时序、在一定区域范围内保持和谐、高效、优化有序的发展[24]。为适应中国经济由高速增长阶段转向高质量发展阶段，湖南省通过积极优化产业结构、转变发展模式、治理生态环境等，探索出一条资源节约、环境友好的"两型"社会建设新道路，以促进区域可持续发展。

一、区域可持续发展综合分析

可持续发展水平是衡量一个区域经济发展质量的重要指标，也是区域发展调控方向的重要依据。此处，主要引用《中国可持续发展评价报告（2020）》中的评价结果，对湖南省区域可持续发展状况进行综合分析。

1. 可持续发展总体水平分析

区域可持续发展水平评价与测度需要考虑区域社会、经济与生态发展的各个方面，中国国际经济交流中心、美国哥伦比亚大学地球研究院与阿里研究院国际合作项目从经济发展、社会民生、资源环境、消耗排放、治理保护五个方面构建了省级可持续发展指标体系（见表10-1）。研究结果显示，湖南省的可持续发展水平总体呈上升趋势。此外，从该成果对中国100座大中城市可持续发展指标体系数据的验证分析结果可知，湖南省内部各市州区域可持续发展水平存在较大的差异，总体呈现长株潭城市群区域可持续发展水平较高而其他三大板块区域可持续发展水平较低的空间格局特征[25]，重视对不同区域"短板"要素的提高和优化是湖南省可持续发展能力提升的关键。

表 10-1 中国可持续发展评价指标体系（CSDIS）

指标维度	CSDIS 省级指标集	CSDIS 市级指标集
经济发展	城镇登记失业率、GDP 增长率、第三产业增加值占 GDP 比例、全员劳动生产率、研究与发展经费支出占 GDP 比例	人均 GDP、第三产业增加值占 GDP 比重、城镇登记失业率、财政性科学技术支出占 GDP 比重、GDP 增长率
社会民生	城乡人均可支配收入比、每万人拥有卫生技术人员数、互联网宽带覆盖率、财政性教育支出占 GDP 比重、人均社会保障和就业财政支出、公路密度	房价—人均 GDP 比、每万人拥有卫生技术人员数、人均社会保障和就业财政支出、财政性教育支出占 GDP 比重、人均城市道路面积
资源环境	空气质量指数优良天数、人均水资源量、人均绿地（含森林、耕地、湿地）面积	人均水资源量、每万人城市绿地面积、空气质量指数优良天数
消耗排放	单位二三产业增加值所占建成区面积、单位 GDP 氨氮排放、单位 GDP 化学需氧量排放、单位 GDP 能耗、单位 GDP 二氧化硫排放、单位 GDP 水耗	每万元 GDP 水耗、单位 GDP 能耗、单位二三产业增加值占建成区面积、单位工业总产值二氧化硫排放量、单位工业总产值废水排放量
治理保护	城市污水处理率、生活垃圾无害化处理率、一般工业固体废物综合利用率、能源强度年下降率、危险废物处置率、财政性节能环保支出占 GDP 比重	污水处理厂集中处理率、财政性节能环保支出占 GDP 比重、工业固体废物综合利用率、生活垃圾无害化处理率

资料来源：中国国际经济交流中心，美国哥伦比亚大学地球研究院，阿里研究院. 中国可持续发展评价报告（2020）［M］. 北京：社会科学文献出版社，2020.

2. 可持续发展均衡程度分析

从省级可持续发展综合评价的分项维度来看，湖南省属于区域可持续发展中不均衡的省份（见图 10-2）。综合来看，湖南省生态环境保护治理工作扎实、成效显著，但未来应注重社会民生的提质发展。

二、可持续发展实验区建设

为推进区域可持续发展，国家从中央和地方两级建设可持续发展实验区，探索不同类型地区的经济、社会和人口、资源、环境协调发展的机制和模式。湖南省积极秉承国家可持续发展战略，建设了一批具有典范示范作用的可持续发展实验区。目前，湖南省共创建 39 个可持续发展实验区，其中，国家级可持续发展实验区有资兴市、韶山市、湘乡市、望城区、石峰区、华容县、邵东市和永兴县 8 个，省级可持续发展实验区有武陵源区、冷水滩区、苏仙区、浏阳市、临湘市、汨罗市、津市市、耒阳市、常宁市、冷水江市、吉首市、宁乡市、湘潭县、攸县、湘阴县、岳阳县、平江县、石门县、宜章县、祁东县、祁阳市、新宁县、绥宁县、江华县、双牌县、中方县、新晃县、通道县、凤凰县、花垣县、永顺县 31 个，初步形成了功能明确、层次分明、空间布局合理的实验区发展体系。

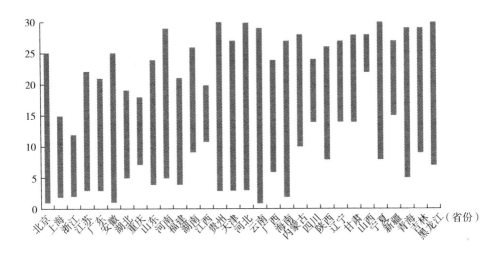

图 10-2 2019 年中国省级可持续发展均衡程度

资料来源：中国国际经济交流中心，美国哥伦比亚大学地球研究院，阿里研究院.中国可持续发展评价报告（2020）［M］.北京：社会科学文献出版社，2020.

1. 可持续发展实验区建设的主要模式

自 1996 年以来，湖南省加快建设可持续发展实验区，并在政策、项目、资金等方面给予倾斜支持，形成了生态经济类、资源开发类、产业转型类、"两型"示范类、循环经济类五种典型发展模式[26]，成为支撑县域经济发展的空间载体。

（1）生态经济类。生态经济类实验区有资兴市、韶山市、津市市、武陵源区等 22 个县（市、区），数量最多，其以生态文化旅游、特色生态产业、城乡一体和环境保护等为着力点，重点发展生态经济。一是发展生态文化旅游。武陵源区、新宁县结合世界自然遗产、世界地质公园实际情况，以加强世界自然遗产保护为前提，以生态旅游、生态人居为主题，实施科技兴旅战略，建设国际旅游休闲度假区。韶山市、平江县等地红色文化、生态文化内涵丰富，红色旅游业已成为其主导产业。凤凰县、通道县、宜章县等以保护生态环境为主，突出民族文化和生态旅游，配套发展现代农业，打造县域经济特色县和文化生态旅游示范县。二是发展特色生态产业。无论是拥有丰富独特自然资源的新晃县、江华县、永顺县、双牌县，还是坚持大农业发展思路的冷水滩区、中方县、平江县，抑或定位于生态经济发展的祁东县、祁阳市、宜章县，都立足于生态特色，发展生态产品，把生态优势转化为经济优势和社会优势。冷水滩区、津市市走以现代农业为主体，农产品加工业、粮食安全建设为两翼的生态发展之路。资兴市以东江湖水资源保护和合理开发利用为重点，发展循环型工业、生态农林业、生态旅游业。三是优先保护生态环境。石门县、新晃县、通道县、绥宁县、新宁县、永顺县、祁东县、平江县等以加强生态建设和环境保护为前提，大力发展生态农业、生态工业和生态旅游业。湘阴县、岳阳县、临湘市、津市市等以生态宜居城乡建设、湘江和洞庭湖生态环境保护为切入点，加强洞庭湖湿地保护和生态保护力度，为洞庭湖区生态经济发展提供示范。华容县狠抓国际重要湿地生态环境保护、血吸虫病防控。

（2）资源开发类。资源开发类实验区主要有耒阳市、临湘市、冷水江市、常宁市等7个县（市、区），均以有色金属、煤炭等矿产资源开采、加工为主导产业，面对产业结构单一、矿产资源过度开采、生态环境破坏和产业转型、城市转型等难题，致力于传统资源产业的改造升级、新兴替代产业的发展和生态环境的综合治理。一是改造升级传统资源产业。耒阳市、攸县整合煤炭资源，促进优势资源向强势企业集中，以科技创新带动新产品开发，提高煤矿产品附加值。临湘市对桃林铅锌矿实施转型升级，发展矿产资源的精深加工。花垣县、吉首市通过采矿权证和开采区整合来加快锰锌矿产资源的高效利用、加强资源回收循环利用。冷水江市致力于整合煤炭资源产业，调优锑矿、铁矿石、锰矿石、锡矿等资源产业，发展钢铁精深加工产品。二是积极发展绿色替代产业。耒阳市优化冶炼产业的产品结构，加大新型墙体材料和新型建筑装饰材料的产业化力度。临湘市利用黄盖湖三国文化、屈原故地等深厚文化底蕴，力促生态旅游业发展。花垣县发展以生物医药和特色农产品加工业为主的植物生化产业，扶持富硒大豆、茶油、黄牛、水产等特色农业，开发苗族特色人文风俗旅游。冷水江市积极培育先进制造、生物医药、新材料等战略性新兴产业，发展生态旅游业，壮大绿色食品加工业。吉首市发展特色生物医药、自然风情和民族文化旅游业。三是大力开展环境综合整治。耒阳市、常宁市重拳整治涉重金属企业，以项目推动环境保护。临湘市、攸县加强矿区环境整治，进行生态修复，加固矿坝、恢复尾矿库的植被和人工生态系统覆盖裸露的砂石景观。花垣县积极从源头上控制工业环境污染，推进清洁生产，完善污水、废渣等污染防治设施等。

（3）产业转型类。产业转型类实验区主要有湘乡市、石峰区、苏仙区、邵东市，多为老工业基地或新工业聚集区。老工业区通常存在资源消耗大、环境污染和生态破坏严重等问题，因此其探索改造升级和高新科技应用、节能减排和环境治理，走出超越传统工业的发展路子成为重要课题。一是推进老工业区改造升级。湘乡市通过技术改造生产优质的含镍生铁或高碳锰铁，开发中高档次氟化盐产品、建材新产品，提升产业档次。石峰区淘汰污染严重企业，改造落后产能，设立"重金属冶炼和造纸废水深度处理关键技术与工程示范""株洲清水塘典型冶化工业区固体废物梯级利用产业链关键技术开发"等科技重大专项，治理区域和流域重金属污染。二是推进高新技术应用。湘乡市推进韶峰集团的信息化和余热综合利用、五矿湖铁的铬污染治理和烟尘治理、氟化学公司的氟石膏利用及技术难题攻关，促进产业转型。石峰区以田心高新科技工业园为主战场，打造"国际一流轨道科技之都、全国示范低碳活力新城"；以南车集团为龙头，形成轨道交通装备制造产业集群、风力装备制造产业集群；以株冶集团为核心，发展再生型替代原料利用、节能降耗与余温利用等技术。邵东市建设工业聚焦区，促进民营经济从仿制走向创制。三是推进节能减排和环境治理。湘乡市在铁合金、化工、皮革、建筑等重点行业积极推广应用节能减排实用技术，实现含氟废水达标排放和氟石膏资源化利用。石峰区在清水塘工业区实施工业废水处理利用、含重金属废渣综合治理、受重金属污染居民搬迁等工程。苏仙区推进湘江流域重金属污染治理、矿山地质环境恢复等。

（4）"两型"示范类。"两型"示范类实验区主要有望城区、宁乡市、湘潭县、浏阳市，以"节能减排""产业转型""生态保护"等为主题，构建"两型"产业体系和建设"两型"生态园区，为全国资源节约型和环境友好型社会建设提供示范。一是构建"两型"产业体系。宁乡市重点发展新能源、新材料、先进装备制造、节能环保产业，配套建设工程机械产业园、远大住宅示范园，促进产业集聚；发展生态旅游和创意旅游业，建设关山新农村、凤凰山国家森林公园。望城区依托自然资源和秀丽的山水田园风光，发展乡村观光休闲游、生态度假游、农业农村体验游等业态。湘潭县以天易示范区为载体，发展现代服务、农产品精深加工，积极培育节能环保、新材料产业，建设装备制造产业集群；依托生猪、湘莲、油茶、大米等农产品资源，发展农产品专、新、特、精加工和物流，建设农产品精深加工基地。浏阳市着力建设生物医药产业和再制造产业集群，发展下一代信息技术产业、生态旅游业。二是建设"两型"生态城乡。宁乡市、望城区、浏阳市发展都市农业、创意休闲农业，构建城乡互动的生态休闲农业新模式，建设绿色产品聚集地和"两型"新农村。浏阳市、望城区、湘潭县推进城乡规划、产业布局、基础设施、劳动就业和社会管理一体化，推进农村生活环境、公共服务和消费方式城镇化，建设"两型"社会展示区和新农村建设样板区，建立以城带乡、以工促农、城乡互动的长效机制，形成城乡一体化发展新格局。

（5）循环经济类。循环经济类实验区主要有永兴县和汨罗市，以资源的高效利用和循环利用为目标，推进可持续发展。永兴县以稀贵金属再生利用产业化、区域生态环境综合治理、产业提质升级为重点，整合升级金银冶炼产业，发展以稀贵金属绿色回收、再生利用为主导的循环经济；推进技术改造升级，引导再生资源产业集约化生产，形成产业集聚效应和企业间相互利用副产品、废品的产业链，建立稀贵金属检测中心、稀贵金属再生与深加工工程技术研究中心、稀贵金属交易所等服务平台。汨罗市构建"城市矿产"产业集群发展模式，通过发展再生资源集散市场，打造中南最大"城市矿产"示范基地；通过高标准环保设施建设和清洁生产审核，有效防治二次污染；通过科技创新和完善准入退出机制，提高园区整体技术装备水平；通过产业链升级、产品精深加工，创造良好经济效益；通过政府引导、管理创新、市场驱动，将"城市矿产"资源利用培育成战略性新兴产业。完善资源回收网，以信息化商贸物流网支持产品市场流通；完善再次循环体系和上下游产业链，形成技术型和知识密集型现代产业集群。

2. 可持续发展实验区建设的运行机制

在长期建设过程中，湖南省逐步形成了行政推进、市场调节、创新驱动和公众参与四大可持续发展实验区运行机制。这四大运行机制相互协同，共同促进实验区发展。

（1）行政推进机制。行政推进机制就是发挥政府在实验区建设中的强大作用。一是建立组织机构。各实验区都设立领导小组统筹谋划可持续发展工作，建立党委领导、行政一把手总负责，领导小组下设办公室，对可持续发展工作和目标作出科学规划和具体安排，相关职能部门通力合作的工作机制。二是完善政策制度。湖南省科技厅出台《湖南省可持续发展实验区管理暂行办法》，从管理机构及职责、申报与认定、组织与实施、检查与验收等方面对实验区的管理和建设进行了具体规定。三是创新管理方式。比如，临湘市推进政府绿色采购和环境资源有偿使用；凤凰县建立社区网络化管理、旅游环境长效管理、"大沱江"警务、交通事故快速处理等机制，促进旅游发展；耒阳市细化定性定量指标，形成考核工作小组初审、考核领导小组复审的工作流程。四是健全考核措施。对经济结构优化、民生改善、资源节约、环境保护、基本公共服务均等化、城乡统筹等进行多元化、全方位综合监督考核，建立内外沟通、上下结合的监督网络。比如，永兴县、冷水滩区等将实验区的建设工作纳入各乡镇、各部门年终绩效考核的重要内容。

（2）市场调节机制。一是优化市场资源配置。比如，石峰区根据自身资源特点，全力打造清水塘片区工业新城和田心片区轨道交通科技之都，引入环保项目治理重金属污染，引导社会资源向优势产业集聚；汨罗市发扬收"荒货"

传统，着力于"城市矿产"的规模化、产业化发展。二是形成多元化市场投入。通过政府投资、社会集资、银行贷款、吸引外资、上级支持等多种途径，拓宽实验区投资渠道，实现多元化投资。比如，资兴市开展招商引资、鼓励民间资本进入实验区发展；邵东市制定优惠政策筹措资金，大批项目依靠群众集资共同开发。三是打响区域特色品牌。比如，凤凰县借助历史文化品牌，实施文化古城保护和沱江生态治理；冷水江作为"世界锑都"，积极推进产业转型、替代和升级；武陵源区、新宁县等举办各种国际活动，提高旅游目的地知名度。

（3）创新驱动机制。湖南省把科技创新作为可持续发展源源不断的动力。一是支持企业技术创新。支持企业研发推广应用清洁生产技术、资源可持续利用技术、生物多样性保护技术、有害废物管理和资源化及处理处置技术，建立工程技术中心。比如，湘乡市在优势产业领域联合攻关，突破铁合金清洁生产、钢铁烧结生产节能与烟气脱硫等关键技术；石门县利用科技重点攻关项目和资金，集中发展生态经济。二是建设产学研合作平台。各实验区与高校、科研院所联合创办科研机构，搭建产学研合作平台，推进科技成果转化。比如，湘乡市、耒阳市等与中南大学等高校签署合作协议，组建"专家顾问团"，建立技术研发中心。三是开发人才队伍。各实验区建立专家咨询制度，成立专家指导委员会，进行科学化决策。比如，石门县组建产业技术服务队伍，加强生态建设和环境保护领域的技术创新与推广。

（4）公众参与机制。可持续发展战略目标和行动方案的落实，需要依靠公众的认同和支持，公众、民间团体和社会组织参与，能把可持续发展实验区的决策转化为广大民众的自觉行为。一是营造氛围。包括推广普及可持续发展理念，在全社会倡导节能减排、保护环境、恢复生态等先进理念和生产生活方式，提高全民可持续发展的意识，实现政府、专家和公众的三方互动。比如，资兴市在农村广泛开展以建设生态家园为重点的新生产生活运动，倡导健康、科学、文明的生产生活方式，农村风貌大有改观。二是开展科普。石峰区、攸县组织开展可持续发展的知识培训、知识教育，引导公众自觉投身可持续发展活动，形成实验区建设的强大合力。三是加强宣传。冷水滩区、临湘市等通过拍摄可持续发展实验区建设电视专题片，刊发实验区建设专题报道，营造全民参与可持续发展实验区建设的良好局面。

第三节　主体功能区战略

深入实施主体功能区战略，推进形成差异化发展的空间格局，是我国的一项重大战略决策及空间治理方式。湖南省积极推进主体功能区划编制，逐步确定了全省国土空间开发与保护格局，主体功能区建设更加完善，国土空间管制更趋精细科学。

一、总体方案

湖南省自 2008 年起开始对主体功能区规划进行编制探索，历时四年，《湖南省主体功能区规划》（以下简称《规划》）于 2012 年正式发布，成为湖南省首个国土空间开发类规划与全国首批发布的省级主体功能区规划之一[27]。该《规划》以明晰空间开发格局、优化空间结构、提高空间利用效率、增强区域发展协调性等为目标，构建了人口、经济、资源环境相协调，城镇、农业和生态空间相适应的开发格局[28]。

一是以"一核五轴四组团"为主体的城市化战略格局。以长株潭城市群为核心，以京港澳、长益常张、潭娄邵怀、常娄邵永、张吉怀五条交通走廊为轴线，以洞庭湖经济区、湘南、大湘西、湘中四大城市组团为重点，着力构建大中城市和小城镇协调发展的城市化战略格局，以实现中心带动、轴线辐射、集聚发展。

二是以"一圈一区两带"为主体的农业战略格局。以基本农田为基础，以发展大宗优质农产品为重点，着力培育以长株潭都市农业圈、环洞庭湖平湖农业区、娄邵衡永丘岗农业带和武陵、雪峰、南岭、罗霄山脉山地农业带为主体的农业战略格局。

三是以"一湖三山四水"为主体的生态安全战略格局。着力构筑以洞庭湖为中心，以湘水、资水、沅水、澧水为脉络，以武陵—雪峰、南岭、罗霄—幕阜山脉为自然屏障的生态安全战略格局。

湖南省通过主体功能区规划与建设，对空间基本功能、人口分布走势、要素空间组织、生态屏障构筑等进行主动引导和事前约束，实现国土开发格局的有序利用。随着主体功能区建设的深入推进，部分功能区有略微调整，茶陵县、南岳区等 19 个县（市、区）于 2016 年纳入国家重点生态功能区行列[29]，生态建设的财政、投资支持力度加大，主体功能区建设成效显著，但未来应进一步注重与全省国土空间规划相衔接。

二、城市化地区

1. 空间范围及发展定位

城市化地区是指资源环境承载力与要素集聚能力较强的重点开发区域，湖南省城市化地区主要包括环长株潭城市群、其他市州中心城市以及城市周边开发强度较高、工业化城镇化较发达的地区，共计43个县（市、区），面积约为4.02万平方千米，占全省国土面积的19%，扣除基本农田面积后约为3.3万平方千米，占全省国土面积的15.6%。此外，还包括点状分布的国家级、省级产业园区及划为农产品主产区和重点生态功能区的有关县城关镇和重点建制镇。其中，环长株潭城市群为国家层面重点开发区域，包括芙蓉区、岳麓区、开福区、天心区等30个县（市、区），以及与这些区域紧密相邻的县城关镇和重点建制镇，其他区域则为省级重点开发区域。城市化地区发展定位是适度拓展产业空间，扩大人居和生态空间，在优化结构、节约资源、保护环境的基础上，重点支持要素集聚、土地集约、人口集中，推动经济又好又快发展，成为全省经济和人口的密集地区，支撑富民强省和中部崛起的主要区域。

2. 城市化地区建设措施

一是加快产业发展。积极发展战略性新兴产业和生产性服务业，运用高新技术改造传统产业，增强产业配套能力，促进产业集群。以长株潭国家综合性高技术产业基地建设为平台，加强各类园区建设，主动承接长三角和珠三角等发达地区的产业转移。坚持走资源节约型、环境友好型的产业发展道路，大力发展循环经济，力求实现资源合理开发、节约使用和综合利用。二是促进人口集聚。加快人口城市化步伐，扩大中心城市规模，发展壮大与中心城市具有紧密联系的中小城市和小城镇，形成分工有序、优势互补的城镇体系。积极推进城乡基础设施和公共服务一体化，提高城镇集聚和承载人口的能力，坚持发展高新技术产业与劳动密集型产业并举，以创造更多的就业岗位，大规模有序吸纳农村转移人口。三是完善基础设施，加快区域基础设施一体化进程。四是保护生态环境。强化节能减排，努力减少工业化和城镇化对生态环境的影响，划定必须的生态空间，突出城市群绿心和城市绿地培育保护，加强生态敏感区生态保护，形成绿色相连、疏密相间、山水城林相融的生态格局。五是发展都市农业。切实加强耕地保护，同时划定必须的农业发展区，因地制宜发展城郊农业、建设蔬菜基地。

三、农产品主产区

1. 空间范围及发展定位

农产品主产区是指耕地面积较多、发展农业生产条件较好，对区域农产品安全具有重大或较大影响的农产品生产区域。湖南省的农产品主产区主要是"一圈一区两带"，即长株潭都市农业圈，包括长沙、株洲、湘潭城市外围地区；环洞庭湖平湖农业区，包括岳阳、常德、益阳部分地区；湘中南丘岗农业带，包括娄底、邵阳、衡阳、永州部分地区；武陵雪峰—南岭—罗霄山脉山地农业带，包括武陵山、雪峰山、南岭、罗霄山等地区的农产品主产区，共计 35 个县（市、区），面积约为 7.14 万平方千米，占全省国土面积的 33.7%，全部为国家级农产品主产区。农产品主产区以提供农产品、保障农产品供给安全为主，是发展现代农业的重要区域，也是重要的商品粮生产基地、绿色食品生产基地、畜牧业生产基地和农产品深加工区。

2. 农产品主产区建设措施

一是大力发展高产、高效、优质、安全的现代农业，加强农田水利等基础设施建设，努力提高农业综合生产能力、产业化水平、物资装备水平、支撑服务能力。二是加强耕地保护，加快中低产田改造和农田防护林建设，推进连片标准良田建设，稳定粮食作物播种面积。严格控制区内农用地转为建设用地，禁止违法占用耕地，严禁擅自毁坏、污染耕地等。三是提升农业规模化水平，引导优势和特色农产品适度集中发展，形成优势突出和特色鲜明的产业带。四是加快转变农业发展方式，大力发展循环农业和生态农业，推进农业清洁生产和废弃物资源化利用以及绿色（有机）食品基地建设，加大绿色（有机）食品和无公害农产品开发力度。同时，加强农业环境保护和监测，控制农产品主产区开发强度，以减少农业面源污染，完善农产品检验监测体系，确保农产品质量安全。五是统筹考虑人口迁移、适度集中、集约布局等因素，加快农村居民点以及农村基础设施和公共服务设施的建设，支持发展农产品深加工和第三产业，改善农村与农民生产生活条件。

四、重点生态功能区

1. 空间范围及发展定位

重点生态功能区是指生态系统较为脆弱但关系到国家或省内较大范围生态安全的生态产品供给区域。湖南省限制开发的重点生态功能区主要是洞庭湖及湘资沅澧"四水"水体湿地及生物多样性生态功能区、武陵山区生物多样性及水土保持生态功能区（含雪峰山区）、南岭山地森林及生物多样性生态功能区、罗霄—幕阜山地森林及生物多样性生态功能区 4 个片区，共计 44 个县（市、区），集中分布在湘南与湘西地区，面积约为 10 万平方千米，占全省国土面积的 47.3%。经全国重点生态功能区等级调整后，湖南省重点生态功能区除桂阳县为省级重点生态功能区以外，其余均为国家级重点生态功能区，包括石门县、慈利县、桑植县、永定区等 43 个县（市、区）。此外，湖南省主体功能区还规划了禁止开发区域，主要包括各级各类自然保护区、风景名胜区、森林公园、地质公园、重要湿地、历史文化自然遗产、基本农田、蓄滞洪区、重要水源地等。除基本农田、重要水源地和重点文物保护单位外，全省禁止开发区域共有

370 处，面积约为 4.55 万平方千米，占全省国土面积的 21.5%。其中，国家级自然保护区、世界文化自然遗产、国家级风景名胜区、国家森林公园和国家地质公园为国家层面禁止开发区域，后续新设立的相关区域也自动纳入禁止开发区域目录。

2. 重点生态功能区建设措施

一是涵养水源，加强植被保护和恢复，实施植树造林、封山育林和退耕还林等工程，严格监管矿产、水资源开发，禁止过度砍伐、毁林开荒等。二是保持水土，实施水土流失预防监控和生态修复工程，加强流域综合治理，营造水土保持林，禁止毁林开荒，推行节水灌溉，适度发展旱作农业。三是调蓄洪水，严禁围垦湿地（包括湖泊、水面），禁止在蓄滞洪区建设与行洪泄洪无关的工程设施，鼓励蓄滞洪区内人口向外转移，不断巩固平垸行洪、退田还湖成果。四是维护生物多样性，禁止乱捕滥采野生动植物，保护自然生态走廊和野生动物栖息地，全力保障自然生态系统恢复，加强对外来入侵物种的管理，保持野生动植物物种和种群平衡。五是合理发展产业，在不损害生态功能的前提下，因地制宜发展适度资源开采、农林产品生产加工等资源环境可承载的适宜产业，积极发展第三产业，严格限制高污染、高能耗、高物耗产业，淘汰污染环境、破坏生态、浪费资源的产业。六是合理布局城镇和产业园区，把城镇建设和工业开发严格限制在资源环境能够承受的特定区域内，加强已有产业园区的提升改造等。此外，对湖南省禁止开发区域依据法律法规和相关规划实行强制性保护，控制人为因素对自然生态和文化自然遗产原真性、完整性的干扰，严禁不符合主体功能定位的各类开发活动，引导人口逐步有序转移，实行污染物"零排放"，努力提高环境质量。

参考文献

［1］湖南省环境质量综合分析课题组，蒋益民.湖南省环境问题及其治理对策［J］.湖南社会科学，2002（S1）：56-61.

［2］董成森，邹冬生，熊鹰.湖南生态环境问题与可持续发展［J］.经济地理，2007（1）：103+173-175.

［3］王金南，董战峰，蒋洪强，等.中国环境保护战略政策 70 年历史变迁与改革方向［J］.环境科学研究，2019，32（10）：1636-1644.

［4］杜家毫.奋力开创新时代湖南生态文明建设新局面［J］.新湘评论，2018（19）：7-10.

［5］湖南省国土资源厅办公室.关于印发《湖南省土地开发整理项目管理办法》的通知［Z］.2007.

［6］湖南省人民政府.湖南省土地整治规划（2016—2020）［Z］.2018.

[7] 湖南省生态环境厅.湖南土壤污染防治有了"路线图"[EB/OL].（2017-03-09）.http：//sthjt. hunan. gov. cn/sthjt/xxgk/zdly/wrfz/trwrfz/201703/t20170309_4665855. html.

[8] 湖南省生态环境厅.土壤污染综合防治先行区建设显成效 各区积极"治土"寻良方[EB/OL].（2021-01-20）.http：//sthjt. hunan. gov. cn/sthjt/xxgk/zdly/wrfz/trwrfz/202101/t20210120_16547153. html.

[9] 湖南省2019年采矿权缩减487个[N/OL].中国矿业报，2020-01-19. http：//www. mnr. gov. cn/dt/dfdt/202001/t20200119_2498260. html.

[10] 湖南省生态环境厅.湖南省环境保护厅关于印发《湖南省重点固体废物环境管理"十三五"规划》的通知[EB/OL].（2017-11-28）.http：//sthjt. hunan. gov. cn/sthjt/xxgk/ghcw/ghjh/zxgh/201801/t20180111_4924029. html.

[11] 湖南省人民政府门户网站.2019湖南省生态环境状况公报发布——生态环境状况逐步向好[EB/OL].（2020-06-02）.http：//www. hunan. gov. cn/hnyw/bmdt/202006/t20200602_12254395. html.

[12] 人民网.探索垃圾分类治理"长沙模式"[EB/OL].（2020-11-19）.https：//baijiahao. baidu. com/s? id=1683739074944568582，2020-11-19.

[13] 湖南扎实推进"散乱污"企业整治工作 关停取缔企业1563户[N/OL].中国日报，2020-04-30. https：//baijiahao. baidu. com/s? id=1665375956071670264.

[14] 谈文胜，唐宇文，蔡建河.2020年湖南两型社会与生态文明建设报告[M].北京：社会科学文献出版社，2020.

[15] 王义正，刘一平.变废为宝，湖南持续推动农药包装废弃物回收处置工作[EB/OL].（2020-05-18）.https：//www. sohu. com/a/396037180_100180399.

[16] 湖南省生态环境厅.湖南省生态环境厅发布新中国成立70年来全省生态环境改革发展成就[EB/OL].（2019-09-25）.http：//sthjt. hunan. gov. cn/sthjt/tslm/xwfbh/201909/t20190925_5486235. html.

[17] 湖南省环境保护厅.湖南省2015年环境保护工作年度报告[N].湖南日报，2016-01-20（014）.

[18] 陈业强，石广明.湖南省生态补偿实践进展[J].环境保护，2017，45（5）：55-58.

[19] 周国华，彭佳捷.空间冲突的演变特征及影响效应——以长株潭城市群为例[J].地理科学进展，2012，31（6）：717-723.

[20] 朱佩娟，贺清云，朱翔，等.论城市空间破碎化研究[J].地理研究，2018，37（3）：480-494.

[21] 湖南频道.湖南年均流失土壤1. 19亿吨[EB/OL].http：hn. rednet. cn/c/2016/01/04/1073556. htm，2016-01-04.

[22] 邓义寰，萧和宽，张早平，等.湖南省县域垃圾处理现状调查及政策建议[J].环境卫生工程，2020，28（5）：83-87.

[23] 黄渊基，熊曦，郑毅.生态文明建设背景下的湖南省绿色经济发展战略[J].湖南大学学报（社会科学版），2020，34（1）：75-82.

［24］谷树忠，胡咏君，周洪.生态文明建设的科学内涵与基本路径［J］.资源科学，2013，35（1）：2-13.

［25］朱玉林，李莎，陈洪.湖南省区域可持续发展能力实证分析［J］.经济问题，2010（10）：122-124.

［26］梁志峰，唐宇文.2015年湖南经济展望［M］.北京：社会科学文献出版社，2015.

［27］尹少华，王金龙，张闻.基于主体功能区的湖南生态文明建设评价与路径选择研究［J］.中南林业科技大学学报（社会科学版），2017，11（5）：1-7+44.

［28］湖南省人民政府.湖南省人民政府关于印发《湖南省主体功能区规划》的通知［EB/OL］.（2012-12-26）.http：//www.hunan.gov.cn/xxgk/wjk/szfwj/201212/t20121226_4824548.html.

［29］湖南19个县市（区）纳入国家重点生态功能区［N/OL］.湖南日报，2016-09-30.http：//www.gov.cn/xinwen/2016-09-30/content_5114035.htm.

第十一章　区域发展战略的回顾与展望

区域发展战略是对区域发展过程中的重要空间资源利用与保护的全局性、长远性筹划和安排。区域发展战略的制定，既要立足现状，又要基于深入的历史分析；既要立足国内发展环境，又要树立全球视野、适应国际发展新形势。新时期湖南省发展战略的制定应准确把握新发展阶段的新特点，深入贯彻新发展理念，为实现湖南高质量发展、建设现代化新湖南提供支撑。

第一节　区域发展战略的回顾

改革开放 40 余年来，在宏观历史背景与省内发展需求的双重驱动下，湖南省先后多次制定《国民经济和社会发展规划（计划）》以及相关政策文件，出台相关规划方案，区域发展战略不断调整变化（见表 11-1），大致经历了相对均衡战略阶段、非均衡战略阶段和协调发展战略阶段三个阶段，其区域发展的总体格局也经历了"长株潭经济区"—"四大经济区"—"五大经济区+五区一廊"—"一点一线"—"三大板块+一带两廊"—"四大板块+一核三极四带多点"的发展过程，为促进省域经济社会的协调和高质量发展发挥了重要作用。

表 11-1　改革开放以来湖南省历次发展规划（计划）的主要发展部署

规划名称	主要发展部署
"六五"计划 （1981~1985 年）	加快中小城镇建设，充分发挥城市的经济中心作用。以城市为中心，带动农村，组织生产和流通，逐步形成以城市为依托的各种经济区
"七五"计划 （1986~1990 年）	发挥长沙、株洲、湘潭经济中心作用，逐步建立洞庭湖滨、湘南、湘西、娄邵经济区
"八五"计划 （1991~1995 年）	促进长株潭城市群体建设，协调发展湘东、湘北、湘南、湘中、湘西五大经济区 拟定和实行西线开发计划，从工业布局上考虑枝柳线战略地位 加强津市、吉首、怀化、洪江、永州、冷水滩、郴州、醴陵等边境城市建设 重点建设岳阳、长株潭、武陵源区等以开放型经济为主的开放城市和经济开发区

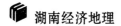
续表

规划名称	主要发展部署
"九五"计划 （1996~2000年）	沿京广铁路和京珠高速公路湖南段，建设优先发展区域带，并将省会城市建设作为重中之重 加快老少边穷地区经济发展，加速西部地区发展
"十五"计划 （2001~2005年）	注重发挥中心城市的带动辐射作用，以中心城市和交通干线为依托，逐步形成新的经济增长点和增长带 优先发展"一点一线"地区，大力推进长株潭经济一体化
"十一五"规划 （2006~2010年）	重点开发长株潭及一点一线地区、各市州县治所在地 依托洛湛铁路、高速公路等交通干线，培育形成新的经济增长带
"十二五"规划 （2011~2015年）	推动形成"一带两廊"区域发展战略格局 构建区域协调发展新格局：率先发展长株潭城市群，加速崛起大湘南，扶持发展大湘西，加大对老少边穷库地区的政策支持
"十三五"规划 （2016~2020年）	构建平衡发展新格局：推进长株潭、大湘西、湘南、洞庭湖四大板块协调发展；形成"一核三极四带多点"的空间结构

资料来源：根据历次《湖南省国民经济和社会发展规划（计划）》整理。

一、相对均衡发展战略阶段

改革开放以来到20世纪90年代中期，湖南省区域发展战略的突出特点是为促进横向经济合作，对全省经济区划的初步划定，强调各大经济区的协调均衡发展。1984年，"长株潭经济区"（金三角一体化）得到湖南省委、省政府的肯定，长沙、株洲、湘潭城市群体的经济中心作用开始受到重视。1986年，"七五"计划提出逐步建立几个以城市为中心的、各具特色的洞庭湖滨、湘南、湘西、娄邵经济区，在全省逐步形成中心辐射、多层次发展的经济格局，湘西地区扶贫开发开始受到重视。1991年，"八五"计划提出协调发展湘东、湘北、湘南、湘中、湘西五大经济区，拟定和实行西线开发计划，重视枝柳线战略地位。此后，1992年制定的《湖南省"五区一廊"经济社会发展规划》提出"放开南北两口、拓宽三条通道，建设'五区一廊'，加速西线开发"的战略构想，其中"五区一廊"即沿湘江流域从北到南的岳阳、长沙、株洲、湘潭、衡阳五个省辖市以及由此所形成的经济走廊。1994年，湖南省委、省政府要求加快西部地区发展步伐，逐步缩小西部地区与经济发达地区的差距，并于1995年印发《湖南省加速西线开发1995至2010年总体规划》。

经济区划既是对区域内生产力分布特点及其区域差异的认识，也是研究区域经济发展战略的基础。湖南省区域发展战略的具体谋划从建立"长株潭经济区""四大经济区"到"五大经济区＋五区一廊"战略格局，一方面明确了长株潭"金三角"地区带动省域经济发展的核心引领作用，另一方面也强调了以其他中心城市为经济中心的经济区的积极作用；西部枝柳线沿线、湘南地区及洞庭湖地区战略地位的提升，为带动湖南省内各大经济板块发展提供了机遇。总体上，体现了湖南省相对均衡的区域总体发展思路。

二、非均衡发展战略阶段

20 世纪 90 年代中期至 21 世纪初期，这一阶段湖南省发展战略的突出特点是采取重点区域优先发展的模式，强调重点轴线和节点率先发展起来，以先富带动后富，最终带动全省经济社会的全面发展。1996 年，"九五"计划提出加快建设"一点一线"地区优先发展区域带，即以长株潭为核心增长极，沿京广铁路和京珠高速公路湖南段重点发展，使之成为全省高效益的商贸走廊、高科技工业走廊和外向型经济走廊[1]。同时，"一点一线"地区优先发展的战略思路在"十五"期间得到进一步延续，并强调大力推进长株潭经济一体化。在区域优先发展战略下，"一点一线"地区经济社会发展迅速，长株潭核心带动作用增强，但省内区域发展的经济社会差距也进一步拉大。

三、协调发展战略阶段

21 世纪初期以后，进入"十一五"时期，"一点一线"地区优先发展的战略思路进一步延续，并开始强调健全区域协调互动机制，实施主体功能区发展战略，逐步形成区域协调、城乡一体的发展格局，湘西地区主攻扶贫开发和生态建设，依托洛湛铁路、高速公路等交通干线形成新的经济增长带，为此后区域协调发展战略的确定奠定了基础。2008 年，湖南省提出"3+5"城市群空间发展战略，构建"一核两圈三轴四带五心"的网络化城市群发展模式，以更好地带动全省其他市州的发展。"十二五"时期，提出充分发挥区域的比较优势，有重点、分步骤促进环长株潭城市群、大湘南、大湘西三大区域板块协调发展；空间战略格局扩容，提出建设"一带两廊"，其中，"一带"是以长株潭为发展核心的京广经济带，"两廊"分别是长常张和潭邵怀经济走廊。2015 年，湖南省委、省政府印发《湖南省新型城镇化规划（2015-2020 年）》，提出了"一核两带三组团"的新型城镇化发展格局，区域差异化发展、协调推进的发展思路基本确立。"十三五"规划提出构建区域平衡发展的新格局，促进四大板块协调发展，推进长株潭地区率先发展，扶持大湘西地区加快发展，推进湘南地区开放发展，推进洞庭湖地区生态发展；建设"一核三极四带多点"，壮大长株潭核心增长极，培育岳阳、郴州、怀化增长极，打造京广、环洞庭湖、沪昆、张吉怀经济带，培育若干新增长点。

这一阶段湖南省区域发展战略在强调板块协调发展的同时，既突出长株潭城市群以及京广沿线发展轴的带动作用，又注重发挥岳阳、怀化、郴州等其他区域节点城市和环洞庭湖、沪昆沿线等其他轴线承接极核辐射和带动周边区域发展的重要作用。这一时期，湖南省经济社会发展成效显著（见图 11-1），尤其是 2006 年以后，GDP 增长进入高速增长期，年均增速达到 11%，工业化率突破 40%。

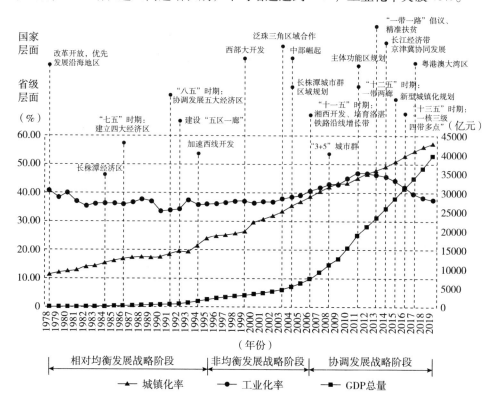

图 11-1　改革开放以来湖南省区域发展战略的阶段性演变
资料来源：根据相关年份《湖南统计年鉴》及相关政策资料绘制而成。

第二节　新时期区域发展战略的影响因素

一、区域发展新格局

1. 国内国际双循环新发展格局

在全球经济下行、国际环境不确定性增强的严峻形势下，2020 年 5 月，中共中央政治局常务委员会会议首次提出"构建国内国际双循环相互促进的新发展格局"。我国经济社会发展战略重点转向内需主导型发展战略，即通过创新驱动和内外开放释放内需潜力，拓展外需空间，探寻新的发展通道。虽然在畅通内外循环系统的战略导向下，但市场分割普遍存在、区域一体化进程缓慢、区域发展不平衡不充分等依然是制约湖南乃至全国区域发展的痛点问题[2-4]。湖南应立足"一带一部"区位优势，以自贸试验区建设为契机，主动服务、融入国家重大战略，以加快国际物流通道建设、强化产业链供应链的区域协同、促进省内省际联动发展为着力点，打造双循环新发展格局的湖南节点。

2. "一带一路"倡议

"一带一路"是"丝绸之路经济带"和"21世纪海上丝绸之路"的简称。"一带"主要沿陇海线，包括山东、江苏、河南、陕西、甘肃、宁夏、新疆等省份，依托国际大通道，以沿线中心城市为支撑，共同打造若干经济走廊；"一路"主要强调沿海地区海洋经济、港口航运和外贸发展，依托重点港口城市，以建设通畅安全高效的运输大通道为目标，共同建设一批海上战略支点。2015年8月，湖南省人民政府办公厅印发《湖南对接国家"一带一路"战略工作方案》，明确了落实湖南对接国家战略的相关工作[5]。作为国家战略构想的内陆核心经济腹地，湖南省应把握战略机遇，依托长株潭城市群全力打造内陆开放型经济高地，加强省内外相通的枢纽和节点交通建设；做好资金融通、推动贸易畅通，提升国际贸易能力和水平；发掘轨道交通、设备制造、烟花、瓷器等传统优势产业，为开展国际产业合作创造条件；促进民心相通，加强与共建"一带一路"国家和地区的人文交流。

3. 长江经济带发展战略

长江经济带覆盖上海、浙江、江苏、安徽、江西、湖南、湖北、重庆、四川、云南、贵州11个省份，人口和生产总值均超过全国的40%。长江经济带战略作为中国新一轮改革开放转型实施新区域开放开发战略，是具有全球影响力的内河经济带、东中西互动合作的协调发展带、沿海沿江沿边全面推进的对内对外开放带，也是生态文明建设的先行示范带。2016年3月，中共中央政治局审议通过《长江经济带发展规划纲要》，确立了"一轴、两翼、三极、多点"的发展新格局，坚持生态优先、绿色发展、共抓大保护、不搞大开发的战略定位。湖南省是长江经济带建设的重要节点，肩负长江经济带流域生态共建、共享、共治的重要使命，应紧抓洞庭湖生态区建设，发挥岳阳的"桥头堡"作用，主动做好与长江经济带的互动对接，为长江经济带绿色发展贡献湖南力量[6,7]。

4. 粤港澳大湾区建设

粤港澳大湾区包括香港特别行政区、澳门特别行政区和广州市、深圳市、珠海市、佛山市、惠州市、东莞市、中山市、江门市、肇庆市，总面积为 5.6 万平方千米，是我国开放程度较高、经济活力较强的区域之一，在国家发展大格局中具有重要战略地位。2019 年 2 月，中共中央、国务院印发《粤港澳大湾区发展规划纲要》，明确要带动泛珠三角区域发展，依托高速铁路、干线铁路和高速公路等交通通道，深化大湾区与中南地区和长江中游地区的合作交流，加强大湾区对西南地区的辐射带动作用[8]。湖南作为粤港澳大湾区辐射内地的前沿阵地，既要进一步发挥长株潭在工程机械、交通装备、新能源装备等制造产业方面的优势，强化科技创新的引领能力，建设长株潭高新技术经济圈，在湖南对接粤港澳大湾区中发挥龙头作用；又要充分发挥湘南、湘西承接产业转移示范区的平台作用，积极对接粤港澳大湾区产业转移和资源输出，重点培育发展新一代信息技术、生物技术、高端装备、新能源汽车等战略性新兴产业集群[9]。

5. 中部崛起战略

中部地区包括山西、安徽、江西、河南、湖北、湖南六省，占全国陆地国土总面积的 10.7%。境内资源丰富、历史厚重、承东启西，是我国新一轮工业化、城镇化、信息化和农业现代化的重点区域，也是支撑我国经济保持中高速增长的重要区域[10]。2016 年 12 月，国务院常务会议审议通过《促进中部地区崛起规划（2016-2025 年）》（以下简称《规划》），《规划》提出推动形成多轴、多极、多点的网络化空间开发格局。提升沿长江、沿京广、沿陇海、沿京九（向莆）经济发展轴带，培育沿沪昆、沿大湛、沿石太-太中银等新兴经济轴带，引导人口经济要素向轴带地区集聚，打造支撑中部地区全面崛起的主骨架；发展壮大长江中游城市群和中原城市群，形成南北呼应、共同支撑中部崛起的核心增长地带。湖南省东部京广发展轴、长株潭城市群同时被纳入重点发展区域，这些地区在区域经济一体化、产业转移与升级、基础设施投资等方面的优势将日益凸显。2021 年 3 月，中共中央政治局审议《关于新时代推动中部地区高质量发展的指导意见》，对中部地区产业转型发展、区域协同发展等方面作出了重要指示，对新时期湖南省高质量发展提出了更高要求。

6. 西部陆海新通道建设

2019 年 8 月，国家发展改革委印发《西部陆海新通道总体规划》（以下简称《规划》），以南北联通丝绸之路经济带与 21 世纪海上丝绸之路，协同衔接长江经济带，全方位引领西部内陆、沿海、沿边、沿江高质量开发开放，助推区域经济高质量发展。《规划》明确提出西部陆海新通道的四大战略定位，即推进西部大开发形成新格局的战略通道、连接"一带"和"一路"的陆海联动通道、支撑西部地区参与国际经济合作的陆海贸易通道、促进交通物流经济深度融合的综合运输通道。《规划》布局三大主通道，即建设自重庆经贵阳、南宁至北部湾出海口（北部湾港、洋浦港），自重庆经怀化、柳州至北部湾出海口，以及自成都经泸州（宜宾）、百色至北部湾出海口三条通路，形成纵贯我国西南地区，有机连接中国与东南亚、南亚、中亚、西亚以及中国内陆与沿海、东西双向的陆海贸易通道[11]。怀化作为西部陆海新通道的重要节点之一，在陆海联动发展格局中面临重大发展机遇。2018 年 6 月，怀化开通中欧班列，成为连接海上丝绸之路与陆上丝绸之路的重要节点城市之一，为推动怀化发展开放型经济、形成带动湘西地区发展的经济增长极提供支撑。"十四五"时期，湖南应积极融入西部陆海新通道建设，进一步强化怀化的区域增长极作用，着力加快既有铁路改造提升，确保与成渝地区联系通畅。

二、生态文明建设新要求

2012 年 11 月，党的十八大将生态文明建设提升到国家战略高度，成为新时期"五位一体"战略目标的重要组成部分。之后，国家层面先后发布《中共中央、国务院关于加快推进生态文明建设的意见》《生态文明体制改革总体方案》，提出了实施主体功能区战略与划定"三区三线"的空间管制要求。2017 年 10 月，党的十九大报告更是明确了"绿水青山就是金山银山"的绿色发展理念。严守生态底线、坚持保护优先，对构建区域生态保护格局、优化区域空间结构意义重大。为优化国土空间格局、改善人居环境、保障生态安全，湖南省于2018 年 7 月印发《湖南省生态保护红线》，在重点生态功能区、生态敏感区和脆弱区划定生态保护红线，为全省生态保护与建设、自然资源有序开发和产业合理布局提供重要支撑。党的二十大报告再次指明了生态文明建设的重要意义，并对中国实现碳达峰、碳中和目标做出了全局性和针对性部署。"十四五"时期，湖南应将碳达峰、碳中和纳入经济社会发展和生态文明建设整体布局，以绿色发展为导向，全面推进全省经济社会绿色低碳转型，构筑覆盖全域的国土空间保护格局，强化"三区三线"分类分级管控，以重点生态功能区和矿产资源开发集中区为重点，加强生态环境整治与修复，加快落实"三线一单"，将生态保护红线作为空间管制要求，将环境质量底线和资源利用上线作为容量管控和环境准入要求，强化环境资源管控。

三、产业与经济发展新形势

当今世界正在经历百年未有之大变局，国际经济形势复杂多变，部分发达国家对全球化认同度下降，贸易和投资保护主义升温，贸易冲突不断，多边贸易体制面临新的挑战，显著地冲击了全球贸易增长趋势、全球贸易政治取向和全球贸易治理方向，严重破坏了全球供应链与全球经济的稳定发展环境，区域全面融入经济全球化的风险加剧。新一轮科技革命和产业变革深入发展，科技创新配置资源的全球化竞争更加激烈，全球创新格局发生深刻变化，特别是新一代信息技术与制造业的深度融合，使产业加快向智能化和网络化方向发展，战略性新兴产业成为全球竞争的主战场[12,13]。

随着全球新一轮产业革命转向深化以及国际贸易格局重构，国内产业布局也发生了深刻变化，东部沿海地区劳动密集型、资源能源密集型产业逐渐向中西部地区转移，并呈现集群化、规模化转移势头。此外，随着国家对中西部地区高新技术产业发展的重视，中西部地区迎来了高新技术产业快速发展的大好机遇。湖南省应发挥自身在出版、广播影视、动漫、数字媒体等文化产业方面的比较优势，盘活人才、资本、科技等要素资源，积极培育高端装备、新材料、生物医药等战略性新兴产业，打造湖南省在中部地区以及全国乃至全球具有竞争力的优势产业。

四、人口要素变化新趋势

人口是区域发展最活跃的要素，与产业发展、基础设施布局、城市空间布局紧密相关，是影响区域战略的重要因素。本书第二章已经详细阐述了湖南省人口资源的空间布局与结构变化情况，人口要素的变化总体表现出以下特征：一是人口资源向经济相对发达的大中城市、城市群地区集聚；二是人口老龄化问题加剧、劳动力资源优势有所下降；三是乡村人口规模收缩，城乡人口分布格局不断变化。这些人口要素变化的新趋势，对新时期湖南省城乡空间布局、产业发展、公共资源配置等提出了新的挑战，城乡空间优化需要进一步强化城乡常住人口规模的研究与预测，医疗、教育等公共资源配置应充分考虑满足常住人口的基本需求，为经济社会健康稳定发展提供空间支撑。此外，社会保障制度、康养产业发展、公共服务设施建设等相关领域应逐步适应人口老龄化的发展形势，同时考虑"三孩"政策的实施，对人口结构、社会保障、社会发展、产业形态等的影响。

五、综合设施网络新发展

基础设施建设对区域发展具有重要影响，区域重大基础设施工程建设往往构成区域发展的基本框架，发达的基础设施网络不仅能够拉动经济的增长、缩小地区之间的差距、提高居民生活质量，还有利于促进区域国土空间良性开发、经济社会高质量发展。

从全国交通网络布局情况来看，根据《中长期铁路网规划（2016－2025

年）》，全国将构筑以"八纵八横"主通道为骨架，区域连接线衔接、城际铁路为补充的高速铁路网，中国将全面进入高速铁路时代，基本连接省会城市和其他 50 万人口以上的大中城市，实现相邻大中城市间 1~4 小时交通圈[14]。其中，"两纵两横"（京广、呼南、沪昆以及厦渝通道）贯穿湖南省，南北向铁路大幅缩短了岳阳、常德、长沙、株洲、衡阳、郴州、永州与粤港澳、京津冀、武汉城市群、北部湾城市群和中原城市群的时空距离，有利于更好地开展区际合作与交流；东西向铁路加强了与长三角、海峡西岸、成渝城市群的经济联系与合作。湖南应强化与国家重要交通联系通道建设的对接，加快形成纵向常永、横向长张高速通道，全面融入全国交通大通道建设。此外，湖南还应重视西部张吉怀铁路建设，带动湘西地区发展。

从湖南省内交通网发展情况来看，2014 年湖南省政府批复了《湖南省高速公路网规划（修编）（2014-2030 年）》，规划布局"七纵七横"高速公路网。实现长沙到周边省会城市一日可达，形成以长沙为中心覆盖全省其他市州的 4 小时交通圈；实现所有县（市、区）均可在 30 分钟内便捷上高速。综合交通的高速化和网络化将有效地缩短地区之间的经济距离与时间成本，促进人口与生产的流动与聚集；加强长株潭城市群、洞庭湖、湘西、湘南等经济板块之间及其内部的人口、资源、技术、信息等要素流通，并为这些生产要素在省域范围内得到有效配置提供了可能。当前，全省交通设施仍存在交通路网覆盖度有待提高、立体化综合化交通网有待完善、基础设施结构性问题突出、交通技术水平有待提升、交通安全形势仍然严峻等不足。湖南应进一步以完善高速公路主骨架、补齐落后地区县域交通短板为重点，建成省域内外畅通的现代化交通网络体系。

此外，以 5G 基站建设、特高压、城际高速铁路和城市轨道交通、新能源汽车充电桩、大数据中心，人工智能和工业互联网七大领域为重点的新型基础设施建设，将带动相关产业发展，增强上下游企业产品需求，催生产业新业态，进一步推动产业结构调整。

第三节　新时期区域发展战略构想

在国际环境日趋复杂、国内转向高质量发展新阶段的背景下，湖南省机遇与挑战并存，《湖南省国民经济和社会发展第十四个五年规划和二〇三五年远景目标纲要》基于省内外发展环境与自身发展基础的深入认识，明确提出了湖南省新时期战略目标与战略任务，聚力打造国家重要先进制造业高地、具有核心竞争力的科技创新高地、内陆地区改革开放高地，支撑建设现代化新湖南。

一、战略目标

牢固树立创新、协调、绿色、开放、共享的新发展理念，实施"三高四新"战略，奋力谱写新时代坚持和发展中国特色社会主义的湖南新篇章。一是经济结构更加优化，实现经济持续健康向好发展。二是坚持创新驱动，创新制度不断完善，创新资源加快集聚，自主创新能力显著增强。三是区域发展更加协调，错位发展、协同发展水平提高，城乡均等化效果显著，城乡基本公共服务、城乡居民收入水平差距进一步缩小。四是国土空间保护格局基本形成，生态环境根本好转，绿色生产生活方式广泛形成，人与自然和谐共生，城乡人居环境明显改善。五是社会治理特别是基层治理水平明显提高，防范化解重大风险体制机制不断健全，突发公共事件应急能力显著增强，自然灾害防御水平明显提升，发展安全保障更加有力[15]。

二、战略空间格局

1. 构建"四区"协同的总体空间格局

立足区域资源环境禀赋，确定不同区域发展定位、开发重点、保护内容和整治任务，发挥区域比较优势，最终实现长株潭城市群地区、洞庭湖生态经济区、湘南地区、大湘西地区四大板块优势互补、特色鲜明、错位协同的区域发展格局。当前，长株潭"两型"社会试验区、湘南湘西承接产业转移示范区、武陵山集中连片扶贫开发区、洞庭湖生态经济区已先后上升为国家战略，这种分区谋划、差异发展的战略发展模式，突破了行政区划的限制，促成了生产要素、产业布局等遵循地区比较优势实现科学配置，有助于各个经济板块间的有序合作与竞争。

2. 构建"一圈一群多点"城镇空间格局

立足全省资源禀赋、环境容量和发展基础，在资源环境承载能力较强、建设用地适宜性较高、集聚开发水平较高或潜力较大的地区，合理引导人口和产业相对集中布局，推动形成"一圈一群多点"的城镇空间格局，其中，"一圈"指以长株潭现代化都市圈为核心；"一群"指环长株潭城市群联动发展；"多点"指建设岳阳、衡阳两个省域副中心城市，以及培育常德、邵阳、张家界、益阳、郴州、永州、怀化等多个节点城市，支撑人口、产业等要素集聚和区域轴线发展[15]。聚力打造"城市群+节点城市+重要轴线+经济板块"耦合联动发展、点线面层次分明、覆盖全域的城镇空间格局。充分发挥省域发展轴带的纵深联通和辐射带动作用，加强沿线地区经济联系和分工协作，提升国土空间开发效率和整体竞争力。

3. 构建"一江一湖三山四水"生态空间格局

践行生态文明理念，坚持"共抓大保护，不搞大开发"，牢固树立底线思维，严守资源消耗上限、环境质量底线、永久基本农田和生态保护红线，加大城乡生态环境保护和修复力度，构建安全和谐的生态安全格局。以资源环境承载状况为基础，综合考虑不同区域的生态功能和资源环境问题，突出自然生态、水土资源、人居生态三大重点保护主题，加强环境分区管制，提高自然生态系统功能，严格水土资源保护，改善城乡人居环境，分类分级推动国土空间全域保护。落实"一湖三山四水"的生态保护红线空间格局，融入长江经济带的联防联治工作。

4. 构建"一圈四区"农业空间格局

以基本农田为基础，结合粮食生产功能区、重要农产品生产保护区、特色农产品优势区布局，以打造大宗优质农产品供应基地为重点，建设长株潭都市农业圈（包括长沙、株洲、湘潭城市外围地区）、环洞庭湖平湖农业区（包括岳阳、常德、益阳部分地区）、湘中南丘陵农业区（包括娄底、邵阳、衡阳、永州部分地区）和湘南、湘西山地生态农业区（包括武陵山、雪峰山、南岭山、罗霄山等地区）。促进高效、优质、绿色农业发展，构建具有湖湘特色的现代农业产业体系，引导生产、加工、物流、研发、服务等各环节有机衔接和相互贯通，推动产业集群发展、资源集约利用、功能集合构建，促进农业与第二、第三产业融合发展，延伸农业产业链，拓展农业多种功能，提高农业综合效益和竞争力，努力建成全国绿色优质农产品基地[15]（见表11-2）。

表11-2 湖南省农业"一圈四区"发展方向

"四区"	功能分区	发展重点
长株潭都市农业圈	农业优化发展区	以现代都市农业为主攻方向，重点发展优质蔬菜、花卉苗木，兼顾发展良种生猪、优质水果、优质畜禽、优质油料、名优水产和品牌茶叶，优化农产品结构，建设优质农产品生产、加工和流通中心
环洞庭湖平湖农业区	农业优化发展引领区	依托湖区资源，发展适水农业。重点发展优质稻米、优质棉花、名优水产、优质油料，兼顾发展优质蔬菜、特色水果、品牌茶叶、特色畜禽、良种生猪，建设综合性规模化农业商品生产基地和环洞庭湖生态渔业经济圈
湘中南丘陵农业区	农业适度发展区	重点发展优质稻米、优质蔬菜、良种生猪、特色水果、特色畜禽、优质油料，兼顾发展品牌茶叶、名特水产、道地药材。衡阳和永州地区突出发展优势农产品生产、深加工及流通，建设成为粤港澳农产品重要供应基地。娄底和邵阳地区主要发展节水农业，建设名优特色农业

续表

"四区"	功能分区	发展重点
湘南、湘西山地生态农业区	农业保护发展区	合理发展特色优势明显、农林牧复合经营的山地立体生态农业。重点发展特优稻米、特优水果、品牌茶叶、道地药材、优质油料,兼顾发展特色畜禽、良种生猪和特优水产,积极培育特色农产品品牌

资料来源:根据湖南省农业农村发展相关资料整理而成。

三、战略重点

1. 创新驱动,加快产业结构优化升级

湖南省"一带一部"的战略坐标,使湖南具备将沿海产业优势与内地科研优势结合起来的区位优势。近年来,湖南省战略性新兴产业集群不断发展壮大,综合科技创新能力位居全国前列。2018年12月,湖南省人民政府印发《湖南创新型省份建设实施方案》,以科技创新驱动湖南省高质量发展。

新时期,湖南应以创新型省份建设作为重要抓手,坚持创新是第一动力,以科技创新为核心,统筹推进产品创新、文化创新、管理创新等各领域全面发展,加快建设以长株潭为中心、其他城市为节点的创新空间格局,全面提升区域创新能力。以长沙"科创谷"、株洲"动力谷"、湘潭"智造谷"建设为引领,打造长株潭自主创新核心增长极。加快长株潭国家自主创新示范区、长株潭国家军民融合创新示范区、国家创新型城市、国家高新区的协同发展,带动衡阳、岳阳、常德、益阳、娄底等创新节点转型提升。加快建设具有湖南特色的重大科技创新基地和创新平台,依托中南大学、湖南大学、湖南师范大学等高校院所以及国家超级计算长沙中心等战略创新资源,构建多层次、多领域、多元化的创新平台网络,围绕重点领域及重大战略需求,培育一批国家级和省级重点实验室、工程研究中心、产业创新中心、技术创新中心等创新平台,鼓励发展众创空间、创新工场、虚拟创新社区等新型孵化平台。加强高新技术产业开发区建设,打造创新平台集聚地[16]。

以加快发展优势产业为抓手,有序推进产业结构优化升级。以先进制造业为主攻方向,着力推进质量变革、效率变革、动力变革,推动产业高端化、智能化、绿色化、融合化发展,不断提升产业基础能力和产业链现代化水平,完善产业生态,建设具有全国竞争优势的先进制造业示范引领区。围绕工程机械、轨道交通、航空动力三大产业,不断推动技术和产品迭代创新,提高全球竞争力,努力形成世界级产业集群。着重发展电子信息、先进材料、智能和新能源汽车、生物轻纺、智能装备等产业,建设国内一流的重要生产基地,形成全国

产业竞争新优势。积极推动新一代半导体、生物技术、绿色环保、新能源、高端装备等产业发展，构建一批产业发展新引擎。此外，在国际环境复杂多变、不稳定因素明显增加的发展形势下，应进一步重视产业发展韧性，提升产业链自主可控能力。聚焦全省产业链关键环节，加大重要产品和重大技术装备攻关力度，推广先进适用技术，推动产业链整体升级。在国际先进领域，大力推进关键生产设备、零部件和材料就近国产化替代；在国内领先领域，瞄准国际一流水平奋力实现产品攻关，不断突破一批"大国重器"。促进重点产业横向联合，加强顶层设计、应用牵引、整机带动，突破一批共性技术和通用零部件短板。加强国际、国内产业安全合作，推动上下游供应链多元化布局，完善装备、零部件供应多元化采购制度，形成具有更强创新力、更高附加值、更安全可靠的供应链，增强供应链的韧性和灵活性[15,16]。

2. 推进区域协调发展，构建新型城镇体系

立足"一带一部"区位优势，湖南省主动融入国家区域战略大格局，加强对接"一带一路"、长江经济带、粤港澳大湾区、长三角一体化等部署，整体优化省内区域发展格局，促进区域优势互补、协调发展，建立健全区域协调发展新机制，构建以中心城市和都市圈为核心的动力系统，优化形成"一核两副三带四区"区域发展格局，充分发挥枢纽、通道、县域和特殊类型地区比较优势，实现联动协调发展。

强化长株潭城市群核心带动作用。依托国家级"两型"试验区、自主创新示范区和湘江新区等平台建设，强化长沙、株洲、湘潭三大城市科技研发、金融服务、信息服务、文化创意等高端服务功能，加快推动长沙建成国家级中心城市。以基础设施、产业发展、公共服务、生态环境等重点领域一体化建设为抓手，加快推进长株潭一体化，提升城市群综合竞争力和辐射带动能力，聚力打造成为省域经济引擎。加快"3+5"环长株潭城市群联动发展，推动形成长岳、长益常、长韶娄等经济走廊，高标准建设长株潭衡"中国制造2025"示范城市群，将益阳、娄底建设成为长株潭都市圈的拓展区和辐射区[15,17]。

建设岳阳、衡阳两大省域副中心城市。岳阳要立足通江达海的地理区位优势，融入长江经济带建设，依托长江黄金水道和城陵矶港，借助自贸试验区岳阳片区等开放平台优势，扩大对外开放空间，建成港口型国际物流枢纽。依托铁路大通道，推动北联武汉、南联长沙、东联江西，密切联系跨省份城市之间的经济联动与创新协作，增强城市综合服务能级，打造"中三角"要素聚集流动的中心城市。衡阳应发挥老工业基地和交通枢纽优势，当好承接产业转移领头雁，加快形成工业品"大湾区研发、衡阳生产分拨"和农产品"衡阳加工集散、大湾区消费"的产业协同格局，做大做强先进装备、特色材料、轻工消费

品、数字经济等主导产业。全面提升衡阳在湘南、粤北、赣西、桂东北等区域的集聚承载能力，优化城市空间，布局建设区域性基础设施节点，完善综合物流、生产组织、现代商贸等区域性枢纽功能，成为湖南省连通长江经济带与粤港澳大湾区国际投资贸易走廊的重要支点[15]。

依托国家交通网布局及省内主要交通建设，建设三大高铁经济带。建设京广高铁经济带，依托京广高铁、京港澳高速、武广客运专线、107国道等重要交通线，连接岳阳、长沙、株洲、湘潭、衡阳、郴州等节点城市。要以长株潭城市群为核心，北向对接长江经济带，南向对接粤港澳大湾区，打造以先进制造业为主的高端产业走廊、联通长江经济带与粤港澳大湾区的国际投资贸易走廊、以人流物流消费流为特点的现代服务业示范带，辐射带动全省经济社会发展。建设沪昆高铁经济带，依托湘黔铁路、沪昆高铁、娄邵怀铁路、沪昆高速、320国道等交通线，连接株洲、湘潭、娄底、怀化等节点城市，形成现代制造、文旅康养、生物医药、商贸物流等产业特色鲜明的经济带，更好带动湘中和大湘西地区开放发展。建设渝长厦高铁经济带，依托石长铁路、常张高速和渝长厦高速铁路等交通线，连接长沙、益阳、常德、张家界等节点城市，深入挖掘和整合沿线文化、旅游、农业、生物、生态等优势资源，打造全国具有比较优势的生态文化旅游带、优质农产品供应带、中部消费经济带（见表11-3）[15]。

表11-3　湖南省三大高铁经济带

轴线名称	主要节点城市（地区）	依托交通线	发展方向
京广高铁经济带	岳阳、长株潭、衡阳、郴州	京广铁路、京珠高速、武广客运专线等	重点建设成为先进制造业、战略性新兴产业带和现代服务业示范带
沪昆高铁经济带	长株潭、娄底、怀化	湘黔铁路、沪昆高铁、娄邵怀铁路、沪昆高速等	重点发展精品钢材、有色加工、先进制造、食品加工、商贸物流等产业
渝长厦高铁经济带	长株潭、益阳、常德、张家界	石长铁路、常张高速和长渝高铁等	重点发展现代农业、农产品深加工和先进制造业

资料来源：笔者根据相关资料整理而成。

推进长株潭城市群、洞庭湖生态经济区、湘南地区、大湘西地区协调发展。强调弘扬地域特色，重点从产业转型、城镇化推进、乡村振兴等方面，探索差别化的区域发展路径。以基础设施、公共服务、环境保护、民生保障、产业发展等为抓手，推进长株潭一体化发展，全面提升综合实力，建设现代化的长株潭现代都市圈，努力打造"一带一部"中心枢纽、全国重要创新创意基地、全国城市群一体化发展示范区、中部崛起新高地。促进基础设施互联互通、成环成网，产业互补互助、成链成群，加速打造长株潭半小时交通圈，重点发展高端装备制造、先进半导体和智能终端、生物医药、新材料等高技术制造业，积极布局前沿和未来产业，共建世界级产业集群和具有核心竞争力的现代产业体系。加快洞庭湖地区生态发展，依托全国发展轴带（沿江发展轴）的区位优势，全面对接长江经济带建设，积极融入长江中游城市群区域合作，加强与武汉城市圈、长三角经济区的交流与合作，依托湖区集中连片优质基本农田，利用湖区水资源、农副产品等资源丰富的地方优势，大力发展绿色品牌农业、滨水产业、港口经济，积极发展与长株潭相衔接的电子信息和机械装备制造，建设更加秀美富饶的大湖经济区。加快湘南地区开放发展，把握沿海发达地区及全球产业转移新机遇，积极对接粤港澳大湾区、北部湾等战略区域建设，着力引进发展有比较优势的特色材料、特色生物轻纺、特色机械和电子消费品及零部件，把湘南地区建设成为中部地区承接产业转移的大平台、跨区域合作的引领区、加工贸易的集聚区和转型发展的示范区。以重点生态功能区为主体功能导向，加快大湘西地区绿色发展，依托西部大开发、革命老区建设、湘西地区开发等政策红利，通过政策及资金支持、自身比较优势和区域合作，增强内生发展能力，以民俗风情旅游、立体生态农业、农产品深加工等高附加值产业为重点，建设一批特色产业基地，将大湘西地区建成承接产业转移和特色优势产业发展集聚区、生态安全保障区等。

构建新型城镇体系，推进城乡融合发展。以重点开发轴带和开发集聚区为依托，以城市群为主体形态，以中心城市为高端要素集聚极核，带动大中小城镇和乡村地区协同发展，逐步形成"城市群—中心城市—中小城市—乡村"协同的高质量发展格局。以中心城市引领都市圈、以都市圈带动城市群、以城市群辐射全省，优化形成"一圈一群多点"的新型城镇格局[15]。做强长株潭现代化都市圈，扩大长株潭中心城市的整体能级效应，辐射带动省域经济发展。积极培育现代中小城市，大力发展县域经济，推进中小城市提质扩容，推动一批经济强县（市）率先发展成为中等城市；完善县城综合服务功能，增强人口经济集聚能力；以多样化、专业化和特色化为方向，积极发展一批特色鲜明、环境优美、宜居宜业宜游的现代化特色小城镇，将乡镇建成服务农民的区域中心。统筹城乡产业布局，引导乡村第二产业向重点乡镇及产业园区集中，带动乡村产业集约高效发展，逐步融入区域性产业链和生产网络。提升城乡基础设施一体化水平，以市县域为整体，根据人口密度统筹推动道路、通信、水电、环境治理等城乡基础设施一体化规划、建设与管护。推进城乡基本公共服务标准统一、制度并轨、普惠共享，加快发展城乡教育联合体、城市医联体和县域医共体，统筹城乡社会保障体系。

实施乡村振兴战略。按照产业兴旺、生态宜居、乡风文明、治理有效、生活富裕的总体要求，统筹推进农村经济建设、政治建设、文化建设、社会建设、生态文明建设和基层党的建设，补齐乡村发展不充分的基本矛盾，让农村成为安居乐业的美丽家园。以交通、物流、电力、通信等基础设施建设为重点，加强农村基础设施提质改造及管理维护。加强乡村风貌整体管控，充分发掘农村发展潜力与魅力，促进村庄建设与山水格局、自然环境相协调，因地制宜分类推进美丽乡村建设。建设立足乡土社会、富有湖湘特色、承载田园乡愁、体现现代文明的美丽宜居乡村，避免千村一面。

3. 绿色发展，建设美丽新湖南

牢固树立绿水青山就是金山银山的发展理念，针对湖南省面临的重点环境问题，因类施策，持续改善环境质量。加快推进水污染防治，系统推进长江经济带化工产业污染、农业面源污染和水产养殖抗生素滥用、船舶污染、尾矿库污染、城镇污水垃圾偷排直排、耕地占补平衡政策执行偏差等突出问题的整治；推进"一江一湖四水"联防联治，实施洞庭湖水环境综合治理，控制总磷污染；深入推进湘江保护和治理，着力解决重金属超标问题，解决资江流域锑污染、沅水流域锰污染、澧水流域大鲵自然保护区水环境风险等问题，持续改善流域水环境质量。开展地下水超采治理和污染防控，加快推进城乡黑臭水体整治，推进城镇污水管网全覆盖、提高污水收集率、推进污水资源化利用；推进土壤污染防治，持续推进重点区域土壤治理和修复，推进矿业转型发展和绿色矿山建设；健全回收利用体系，建设城乡生活垃圾分类配套体系；做好重金属、电子垃圾、危险化学品、持久性有机污染物等危险废物污染防治工作，防治危险固体废物污染；推进大气污染防治，加强长株潭及传输通道城市大气污染防治，健全大气特护期联防联控机制[15]。

大力发展绿色经济，倡导绿色生活方式和消费模式。加快构建绿色循环产业体系，打造多元化、多层次循环产业链，推动产业废弃物循环利用，发展再生产业。加快资源循环利用产业基地建设，积极创建国家级城市低值废弃物资源化示范基地，促进产业和园区绿色化、节能低碳化改造。提升资源循环利用服务，推动垃圾分类处理与再生资源利用"两网融合"，鼓励以市场方式建立逆向物流回收体系。完善绿色生产和消费法规政策体系，探索循环经济评价和考核体系。发展绿色金融，培育壮大绿色环保产业。推动绿色技术创新，建设绿色技术创新基地平台，积极创建长株潭绿色技术创新综合示范区。健全绿色消费长效机制，推广绿色产品，分类限制和禁止使用一次性产品，扩大绿色消费市场，引导生产生活方式和消费模式向节约、绿色、文明、健康的方向转变[15]。

4. 建设现代化基础设施网络，强化区域联系

湖南省统筹开发利用干线铁路、高速公路、高等级航道等资源，打造"三

纵五横"综合运输大通道。构建京港澳、呼南、焦柳三大纵向通道,构建沪昆、渝长厦、杭瑞、湘桂、厦蓉五大横向通道。以长株潭城市群为核心,以其他中心城市为节点,提升内联外通能力,努力建成国家综合交通枢纽。加快中西部铁路通道建设,实现高铁覆盖所有市州,建成全省 2 小时高铁经济圈及以长沙为中心,由怀邵衡、张吉怀、黔张常、常益长、沪昆客专、武广客专组成的高铁环线,构筑通达全国、畅行全省的综合交通运输体系。全面推进湘西、郴州、娄底等机场建设,拓展航空运输网,打造长江中游重要的国际空港枢纽。优化公路运输网,实现与周边六省高速公路多通道高效衔接。提升水路运输网,融合长江黄金水道建设,优化港口功能布局,建设通达便利的内河运输网。加快综合交通枢纽建设,建设长沙(株洲或湘潭)、岳阳、怀化、衡阳、常德等全国性、区域性综合交通枢纽,将黄花机场和长沙高铁南站打造成全国复合型交通枢纽[15]。

实施"宽带中国"战略,推进以长株潭为中心的信息基础设施布局,加强全省通信管线、基站等信息基础设施共建共享。借助 5G 网络、数据中心、工业互联网等新型基础设施建设的契机,推动国家广电骨干网湖南核心枢纽、下一代移动互联和广播电视网络的建设。全面推动 5G 与实体经济深度融合,以长沙、株洲为重点,着力构建湖南特色的 5G 应用产业链,打造有影响力的信息安全产业集聚区、示范区。提高基础接入网共建共享水平,加快骨干网、城域网、接入网、互联网数据中心和支撑系统的升级改造,推动物联网、云计算发展,支撑湖南省数字化、网络化、智能化高质量发展。

四、战略对策

1. 强化规划引导作用

湖南省强化规划对区域经济社会发展的指引性作用,建立以省级发展规划为统领,以空间规划为基础,以专项规划、区域规划为支撑,由省、市、县各级规划共同组成,制定定位准确、边界清晰、功能互补、统一衔接的规划体系。通过深入研究区域发展的一般规律,准确判断区域发展中的主要问题,把握区域发展的基本趋势,进而制定能够有效指引区域高质量发展的区域发展战略、路径与政策。通过规划部署,强化区域内部各个区块、各个领域的发展定位和目标任务,合理配置公共资源,强化土地、资金、人才、技术等资源要素的基础支撑和保障作用。围绕基本公共服务均等化、基础设施通达程度比较均衡、人民基本生活保障水平大体相当的目标,建立并不断完善区域协调发展评价指标体系,科学客观评价区域发展的协调性,为制定和调整区域政策提供参考。针对区域金融、生态、社会等易发生风险的领域,联合相关部门协同推进区域发展监测评估和风险预警体系，密切监控突出问题，预先防范和妥善应对区域发展风险[18,19]。

2. 增强区域治理能力

治理能力是指政权机构利用各种社会资源和社会力量，围绕发展目标、加强统筹协调、形成发展合力，以促进经济社会各方面不断进步的能力。湖南省要通过进一步优化政府职能，探索建立政府、企业、社会组织、公众等共同参与区域治理的协调机制、资源集聚整合机制，激发各级各类社会组织及社会群体的积极性和能动性，共同促进区域发展。完善区域政策制定、执行、监督、评估机制，找准区域发展定位，挖掘区域发展优势，吸引和集聚更多的资源要素，提升区域治理效能，推动区域经济结构优化升级。梳理科学正确的发展观和未来观，提升区域生态治理能力，健全生态文明的制度保障，深入推进生态环境建设和资源环境节约集约利用[20]。

以区域协同发展为导向，以组织结构、规划衔接、过程协调、监督落实等环节为切入点，进一步优化区域协同治理机制。落实区域联动协同发展的使命感，保障区域发展重大政策、重大项目工程的稳步推进，强化设施建设、产业布局、生态建设、城镇建设等重点领域的协作质量，推进区域治理制度化、规范化，区域公共服务标准化、一体化和便利化。

3. 创新区域治理政策体系

加快构建有利于协调发展的区域政策体系，围绕都市圈、城市群和重点经济区，打破行政壁垒，推进"行政区经济"向"经济区经济"转变，促进要素自由顺畅流动，推进区域一体化建设进程，深化"放管服"改革，加快完善现代市场体系，为推进区域现代化建设和高质量发展提供基础性支撑。

加快完善促进要素自由流动的政策体系。通过促进要素自主有序流动，不断提高要素配置效率，进一步激发全社会创造力和市场活力。推进土地要素市场化配置，充分发挥市场在资源配置中的决定性作用，为促进要素向中心城市、都市圈、城市群等优势地区集聚提供相应的土地支撑；进一步建立健全城乡统一的建设用地市场，逐步建立公平合理的集体经营性建设用地入市增值收益分配制度；积极盘活低效产业用地，促进产业用地高效集约利用。引导劳动力要素合理畅通有序流动，加快建立义务教育、医疗卫生、社会保障、就业创业等基本公共服务与常住人口挂钩机制，推动公共资源按常住人口规模配置；健全统一规范的人力资源市场体系，加快建立协调衔接的劳动力、人才流动政策体系和交流合作机制。加快培育数据要素市场，推进政府数据开放共享，优化经济治理基础数据库，加快推动各地区各部门间数据共享交换，制定出台数据共享责任清单，提升社会数据资源价值；探索建立统一规范的数据管理制度，提高数据质量和规范性，加强对政务数据、企业商业秘密和个人数据的保护[18]。

不断完善"放管服"的政策体系，因势利导推进区域间生产力合理布局和产业分工。进一步压缩负面清单范围，不断加大服务业、制造业、采矿业、农业等领域的开放力度，逐步减少不必要的限制，在更多领域允许外资控股或独资经营；充分发挥自贸区先行先试的作用，构建更加开放、便利、公平的投资环境，推进更大范围的全球产业链合作，逐步形成以国内大循环为主体、国内国际双循环相互促进的新发展格局；进一步完善政府部门的权力清单，推进法治政府建设，促进国家治理体系和治理能力现代化，提升行政权力依法规范公开运行质量，加快形成边界清晰、分工合理、权责一致、运转高效、依法保障的政府职能体系和科学有效的权力监督、制约、协调机制，全面推进依法行政[18]。

细化区域政策基本单元，提高区域政策的针对性。针对不同区域类型和区域发展中存在的突出问题，制定差别化的区域政策，不断细化区域政策的基本空间单元，不断提高区域政策的精准性和有效性。结合主体功能区战略和国土空间规划的实施，针对城市化地区、生态地区和农业地区等不同类型区，制定并不断完善相关的区域政策，构建区域政策的宏观框架体系。充分利用现代信息手段，不断细化区域政策的基本空间单元，提高区域政策的有效性和精准性。建立健全对老少边穷、资源枯竭地区等特殊类型地区的精准有效支持机制，充分考虑特殊类型地区的特点，提高财政、产业、土地、环保、人才等政策的精准性和有效性，对特殊类型地区的优势产业和特色产业发展给予必要的政策倾斜，因地制宜培育和激发特殊类型地区的发展动能[18,20]。

参考文献

[1] 赵少平，杨会全.湖南区域政策的演变——评价与反思［J］.南华大学学报（社会科学版），2016，17（4）：60-64.

[2] 柳思维，陈薇，张俊英.把握机遇　突出重点　努力推动形成双循环新发展格局［J］.湖南社会科学，2020（6）：26-34.

[3] 周跃辉.让湖南成为国内大循环和国内国际双循环的重要节点［J］.新湘评论，2021（2）：19-21.

[4] 孙久文，宋准.双循环背景下都市圈建设的理论与实践探索［J］.中山大学学报（社会科学版），2021，61（3）：179-188.

[5] 湖南省人民政府.湖南省人民政府办公厅关于印发《湖南对接国家"一带一路"战略工作方案》的通知［EB/OL］.（2015-08-19）.http：//www.hunan.gov.cn/xxgk/wjk/szfbgt/201508/t20150820_4825455.html.

[6] 陈礼平，刘贻石.长江经济带建设中湖南的战略定位与发展思路研究［J］.财经界（学术版），2016（22）：17+25.

［7］邹云，丁文杰，谢立言."一带一部"：战略坐标重构下的湖南崛起［EB/OL］.（2015-08-13）. http：//district. ce. cn/newarea/roll/201408/13/t20140813_3348441. shtml.

［8］中共中央，国务院.粤港澳大湾区发展规划纲要［EB/OL］. http：//www. gov. cn/gongbao/content/2019/content_5370836. html.

［9］北冰.找准定位，加快对接粤港澳大湾区［N］.湖南日报，2019-02-19（010）.

［10］中国经济导报评论员.开启中部地区全面崛起新征程［N］.中国经济导报，2016-12-28（A01）.

［11］国家发展改革委.国家发展改革委关于印发《西部陆海新通道总体规划》的通知［EB/OL］. http：//www. gov. cn/xinwen/2019-08/15/content_5421375. html.

［12］易信.新一轮科技革命和产业变革对经济增长的影响研究——基于多部门熊彼特内生增长理论的定量分析［J］.宏观经济研究，2018（11）：79-93.

［13］国务院发展研究中心课题组，隆国强，张琦，等.未来国际经济格局十大变化趋势［N］.经济日报，2019-02-12（012）.

［14］毛保华.以国家战略推动我国铁路网络升级换代［N］.中国改革报，2016-08-05（004）.

［15］湖南省人民政府.湖南省国民经济和社会发展第十四个五年规划和二〇三五年远景目标纲要［Z］.2021.

［16］湖南省人民政府.湖南省人民政府关于印发《湖南创新型省份建设实施方案》的通知［EB/OL］.（2018-12-30）. http：//www. hunan. gov. cn/xxgk/wjk/szfwj/201901/t20190110_5256378. html.

［17］湖南省人民政府.关于印发《长株潭城市群区域规划（2008-2020）》（2014年调整）的通知［EB/OL］. http：//fgw. hunan. gov. cn/xxgk70899/ghjh/201605/t20160517_3058399. html.

［18］贾若祥."十四五"时期完善我国区域政策体系和区域治理机制［J］.中国发展观察，2020（Z7）：57-62.

［19］中共中央　国务院关于建立更加有效的区域协调发展新机制的意见［N］.人民日报，2018-11-30（001）.

［20］俞鸿.全方位提升区域治理能力现代化水平［N］.绍兴日报，2020-01-06（004）.

后　记

在全国经济地理研究会的统一组织下，我们撰写了《中国经济地理》丛书之《湖南经济地理》。该书比较系统地介绍了湖南省的环境与资源、经济发展与布局、区域与城市发展等相关情况，并对湖南省区域发展战略进行了历史回顾与展望，对厘清湖南省自然、经济和社会发展基本情况，促进湖南省实施"三高四新战略"、实现高质量发展具有一定的参考价值。

本书由我负责设计整体框架和组织撰写。各章节撰写具体分工为：第一章：宾津佑、庞杨、于雪霞；第二章：戴柳燕、宾津佑；第三章：唐承丽、于雪霞、庞杨；第四章：王美霞、王永明；第五章：谭华云；第六章：贺艳华、陈研；第七章：周国华、沈旺、陈奕璋；第八章：谭雪兰、安悦；第九章：彭鹏、顾丹丹；第十章：崔树强、周国华；第十一章：周国华、戴柳燕。图表由戴柳燕、刘韵林编辑完成。本书数据根据相关年份的《湖南统计年鉴》《中国统计年鉴》和《国民经济和社会发展统计公报》等整理得到，数据来源已尽量在书中注明。本书参考并引用了报纸、书籍和网站中相关研究成果及各类规划与政府工作报告，除注释及各章末注明的参考文献外，无法做到一一署名，特此说明、致歉并致谢。

在《湖南经济地理》交付之际，特别感谢撰稿组全体人员，是团队的集体智慧和汗水凝结成了这本书；感谢朱翔教授、贺清云教授等对本书提出的建设性意见；感谢经济管理出版社在出版过程中给予的支持和帮助；感谢协助进行资料收集、文字校对等工作而没有在作者署名中体现的研究生；感谢所有为本书顺利完成和出版提供支持和帮助的单位和个人。

由于时间和水平所限，书中难免存在疏漏与不足，敬请广大读者谅解与指正。

周国华

2021 年 9 月于长沙